“十三五”普通高等教育规划教材

高级财务会计

主　编　王晓亮
副主编　杨瑞平

中国财经出版传媒集团
中国财政经济出版社

图书在版编目（CIP）数据

高级财务会计／王晓亮主编．—北京：中国财政经济出版社，2018.8
“十三五”普通高等教育规划教材
ISBN 978－7－5095－8354－8

Ⅰ.①高… Ⅱ.①王… Ⅲ.①财务会计－高等学校－教材 Ⅳ.①F234.4

中国版本图书馆 CIP 数据核字（2018）第 139910 号

责任编辑：葛 新　　　　责任校对：徐艳丽
封面设计：陈宇琰

中国财政经济出版社出版
URL：http：//www.cfeph.cn
E－mail：cfeph@cfeph.cn

社址：北京市海淀区阜成路甲 28 号　邮政编码：100142
营销中心电话：010－88191537　编辑部门电话：010－88190640
北京鑫海金澳胶印有限公司印刷　　　各地新华书店经销
787×1092 毫米　16 开　21.75 印张　503 000 字
2018 年 8 月第 1 版　2019 年 8 月北京第 2 次印刷
定价：45.00 元
ISBN 978－7－5095－8354－8
（图书出现印装问题，本社负责调换）
本社质量投诉电话：010－88190744
打击盗版举报热线：010－88191661　QQ：2242791300

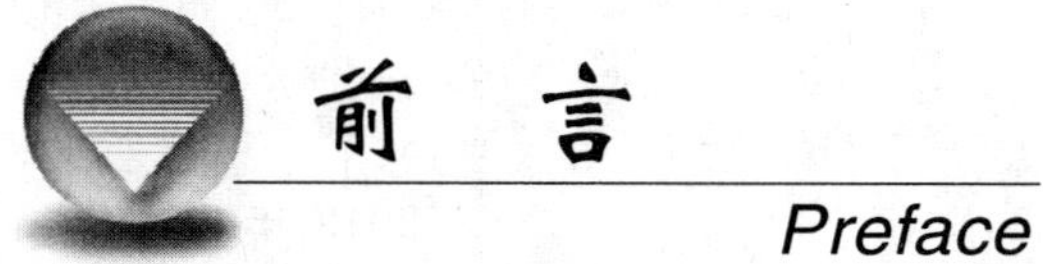

前 言
Preface

本书依托山西省“1331 工程”重点创新团队建设计划（晋教科［2017］12 号）；山西省高等学校教学改革重点项目——“MOOCS”下《中级财务会计》研究性教学改革研究：结构、模式与条件（J2017055）；2018 年度山西财经大学研究生课程建设项目——财务会计研究（晋财大研［2018］19 号）。

为了适应经济发展变化，满足会计教学要求，我们结合多年教学经验编写了《高级财务会计》教材。

如何界定高级财务会计的内容，目前尚无定论。我们重点选择了会计工作中新的经济现象和新的经济业务作为研究对象。对于确定的经济业务，按照会计准则规定进行处理；对于不确定的经济业务，在博采众家之长的基础上，作出自己的评述。在叙述时，既遵循会计教学渐进性的原则，又体现本课程“高、深、难”的特点，并力求做到理论与实际相联系，普及与提高相兼顾。

本书由山西财经大学会计学院王晓亮副教授任主编，负责全书的设计、修改、总纂和定稿工作；杨瑞平教授任副主编，负责全书的审核和校对工作。各章编写分工如下：宋晓敏、李荔编写第一章；房林中编写第二章；王晓亮、吴俊编写第三章；杨瑞平、宋坤编写第四章；李长艳编写第五章；黄贤环编写第六章；王晓亮、许晓泽编写第七章；黄义编写第八章；李宽编写第九章；张利云编写第十章；药茜编写第十一章。

本书既可作为普通高等财经院校会计专业主干课程的必备教材，又可作为成人教育会计专业及其他相关专业的首选教材，同时也可作为企业会计人员及其他管理人员的自学用书。

由于本书所讨论的问题难度较大，特别是编者水平有限，书中疏漏和错误之处在所难免，敬请读者批评指正。

编　者

2018 年 6 月

目 录

Contents

第一章 企业合并

【引言】

企业合并指的是企业之间的并购或兼并，其动机是落实企业战略，其实质是重新分配社会资源。本章首先论述企业合并的概念、动因、分类及其效应，然后介绍权益结合法和购买法的应用，在此基础上，重点阐述同一控制下企业合并和非同一控制下企业合并的会计处理。

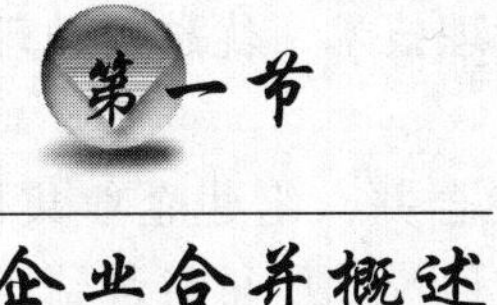

第一节 企业合并概述

企业合并是现代经济发展中一个突出的现象，早在西方工业发展的初期，就已出现企业合并的现象。随着市场发育程度的不断提高，各种制度的不断完善，在世界范围内掀起了一次又一次的企业合并浪潮。我国自改革开放以来，随着经济市场化的不断发展，企业合并作为企业实现快速扩张的重要手段被广泛使用。另外，随着全球化和国际化的不断深化，我国企业的跨国并购活动不断增加。企业通过企业合并来获得经营、管理、财务和市场等的协同效应。

一、企业合并的动因

（一）外在动因

企业合并的外在动因主要是来自于市场竞争的压力。市场经济的法则是优胜劣汰，适者生存。有市场就有竞争，在竞争激烈的浪潮中，作为市场主体的企业总是千方百计地通过收购兼并来增强自身的实力，获取更多的社会资源，以避免被淘汰出局。企业合并的外在动因主要有以下几个方面：

（1）实现资本保全。从宏观经济的角度来看，让经营良好的企业合并那些经营管理不善的企业，至少可以做到现有资本的保全，中止亏损企业对社会经济资源的浪费，避免给社会造成负面影响。在实现企业合并以后，由于被合并企业的生产要素要按照经营良好的企业的客观条件进行组合，使原来效益不佳的经济资源在新的组合下实现增值的目的。

（2）优化生产要素。企业合并可以促使有限的经济资源流向社会需要的产业，从而引起产业结构的调整。通过企业合并可以实现社会生产要素的合理流动，坚持优胜劣汰，调整了生产能力，提高了资产的使用效果，实现了国民经济的良性循环。

（3）防止资产损耗。企业合并不是破坏被合并企业的生产能力，而是将生产要素按新的要求重新组合，这样可以避免企业破产给社会带来的震荡，实现社会的稳定，防止资产损失。

（二）内在动因

企业合并的内在动因是追求利润的最大化。在商品经济社会中，企业存续的根本目的就是追求自身利益的最大化。通过合并企业可以迅速达到规模经济，降低成本，提高盈利率，从而获得更多的利润。具体来说，企业合并的内在原因主要有：

（1）实现规模效益。企业合并后能够实现资源共享，增强经济实力，其总体效益大于两个独立的企业效益的算术和，生产经营实现规模效益。

（2）降低经营风险。购买已有的产品生产线，接受现有的市场，通常要比开发新产品，拓展新市场风险小。特别是跨行业兼并时，能够有效地防止某个行业的不景气而给企业带来的经营风险。

（3）取得无形资产。企业合并可能是为了取得有形的经济资源，也可能是为了取得无形资产，如专利权、专营权、管理技术、优越的地理位置，甚至是进出口特许权等，这已成为有些企业合并的主要动因。

（4）获得税收优惠。通过企业合并，组建企业集团，可以获得税收上的优惠。我国和有些国家的税法对企业集团的增值税、所得税都给予了税收优惠条件，如在计算应税所得额时，企业集团内某一企业的亏损可抵销其他企业的盈利。

（5）实现企业战略转移。当今的世界已进入知识经济时代，为了适应知识经济发展的要求，企业一方面必须不断开发新产品；另一方面也可以通过兼并的方式，根据市场变化实现自己的战略转移。

二、企业合并的效应

（一）经营协同效应

韦斯顿协同效应理论表明，企业合并会提高生产经营效率，其最明显的作用表现为规模经济效益的取得常常会产生“1+1>2”的效应。

（二）管理协同效应

在经验成本曲线效应理论中，所谓“经验”主要是指企业在生产技术、市场占有、专利产品、管理组织和企业文化等方面的特长。众所周知，企业的经验一般是无法复制的。通过企业合并各方可以分享对方先进的管理经验，减少学习成本，节约企业发展费用，提高管理效率，实现管理协同效应。

（三）财务协同效应

通过合并还能为企业带来财务方面的效应。比如，通过企业合并可以实现合理避税，从而产生税收效应；通过企业合并可以使投资者在证券市场对企业股票的评价发生改变，从而影响股票价格，由此产生股价预期效应。

（四）市场份额效应

所谓市场份额是指企业的产品或劳务在市场上所占有的份额，也就是企业对市场的影响和控制能力。通过企业合并可以收购竞争对手，使企业取得对市场更广泛地控制，占有更大的市场份额，在同行业中保持较高的利润率，在激烈的市场竞争中保持企业的竞争优势。

三、企业合并的概念

《国际财务报告准则第 3 号——企业合并》中指出："企业合并是将单独的主体或业务集合为一个报告主体"，美国会计准则委员会颁布的关于《企业合并》意见书中指出："企业合并指一家公司与另一家公司或几家公司或非公司组织的企业合成一个会计主体。这一会计个体继续从事以前彼此分离、相互独立的企业的经营活动。"我国《企业会计准则第 20 号——企业合并》中指出："企业合并是指将两个或者两个以上单独的企业合并形成一个报告主体的交易或事项。"

从上述企业合并的定义来看，企业合并是指将两个或两个以上单独的企业合并形成一个报告主体的交易或事项。企业合并的结果通常是一个企业取得了对一个或多个业务的控制权。如果一个企业取得了对一个或多个业务的控制权，而被购买方（或被合并方）并不构成业务，则该交易或事项不形成企业合并。企业取得了不形成业务的一组资产或是净资产时，应将购买成本基于购买日所取得各项可辨认资产、负债的相对公允价值基础上进行分配，不按照企业合并准则进行处理。

业务是指企业内部某些生产经营活动或资产负债的组合。该组合具有投入、加工处理过程和产出能力，能够独立计算其成本费用或产生的收入，但一般不构成一个企业、不具备独立的法人资格，如企业的分公司、独立的生产车间、不具有独立法人资格的分部等。

从企业合并的定义来看，是否形成企业合并关键要看有关交易或事项发生前后是否引起报告主体的变化。报告主体的变化产生于控制权的变化。在交易事项发生以后，一方能够对另一方的生产经营决策实施控制，形成母子公司关系，涉及控制权的转移，该交易或事项发生以后，子公司需要纳入到母公司合并财务报表的范围中，从合并财务报告的角度形成报告主体的变化；交易或事项发生以后，一方能够控制另一方的全部净资产，被合并的企业在合并后失去其法人资格，也涉及控制权的变化及报告主体的变化，形成企业合并。

假定在企业合并前 A、B 两个企业为各自独立的法律主体，《企业会计准则第 20 号——企业合并》所界定的企业合并，包括但不限于以下情形：

（1）A 企业通过增发自身的普通股自 B 企业原股东处取得 B 企业的全部股权，该交易事项发生以后，B 企业仍持续经营。

（2）A 企业支付对价取得 B 企业的全部净资产，该交易事项发生后，撤销 B 企业的法人资格。

（3）A 企业以自身持有的资产作为出资投入 B 企业，取得对 B 企业的控制权，该交易事项发生以后，B 企业仍维持其独立法人资格继续经营。

四、企业合并的分类

（一）按照合并的法律形式分类

企业合并按照法律形式进行分类，可分为吸收合并、创立合并和控股合并。

1. 吸收合并

吸收合并也称兼并，是指一个企业通过发行股票、支付现金或发行债券等方式取得其他一个或若干个企业。吸收合并完成后，只有合并方仍保持原来的法律地位，被合并企业失去其原来的法人资格而作为合并企业的一部分从事生产经营活动。合并后的企业除对所有被合并企业的原有资产实行直接控制和管理外，往往还承担被合并企业的负债。例如，A公司对B公司和C公司进行吸收合并，合并后只有A公司保留法人资格，B公司和C公司都丧失了原来的法人地位。合并完成后，合并方（A公司）对被合并方（B公司和C公司）原有的资产实行控制和管理，同时还承担被合并方的负债，经营A、B、C三家公司共有的经济业务，而B公司和C公司则宣告解散，不复存在。

2. 新设合并

新设合并也称创立合并，是指两个或两个以上的企业联合组成一个新的企业，用新企业的股份交换原来各企业的股份。创立合并结束后，原来的企业均失去其法人资格，而由新成立的企业统一从事生产经营活动。新企业在接受已解散各企业的资产的同时，往往也承担其债务。新企业向原来企业的股东发行股票或签发出资证明书，从而使原企业的股东成为新企业股东。如果原企业的股东不愿成为新企业的股东，新企业应以发行债券或支付现金的方式向原股东支付产权转让价款。例如，A、B、C三家公司经协商达成协议，决定联合创立一个新公司——M公司。合并完成后，三家公司的全部资产都转移到M公司，M公司接受了三家公司全部资产，并承担了负债，同时发行了新的股份给各公司原有的股东。新成立的M公司作为一个独立的法律主体从事生产经营活动，原来的A、B、C三家公司则宣告解散，不复存在。

3. 控股合并

控股合并也称取得控制股权，是指一个企业通过长期投资取得另一个企业的控制性股权，使被投资企业成为投资企业的附属企业，但投资企业仍然以独立法律实体从事其生产经营活动。例如，E公司通过投资取得了F公司51%的股权，达到了控制F公司的目的。在这种情况下，控制公司（E公司）的法人资格仍然保留，并且继续从事其原来的生产经营活动。但由于E公司有权决定F公司的财务和经营政策，并能据以从F公司的经营活动中获取利益，两者实质上已形成一个整体。为了全面地反映这个整体的财务状况、经营成果及现金流量，E公司就需要编制合并报表。

（二）按照合并所涉及的行业分类

企业合并按其所涉及的行业不同进行分类，可分为横向合并、纵向合并和混合合并。

1. 横向合并

横向合并是指一个企业与从事同类生产经营活动的其他企业之间的合并，其特点是资本在同一行业或部门集中。横向合并的目的主要是消除同行业竞争，扩大市场份额及增加行业垄断。在国外，这种合并要受到政府的严厉管制。

2. 纵向合并

纵向合并是指生产过程或经营环节紧密相关的企业之间的合并，它实质上是生产同一种产品、不同生产阶段的企业之间的合并。例如，一家生产彩电的企业和一家生产彩色显像管的企业间的合并。纵向合并主要集中在加工制造业和与其联系紧密的原材料、运输、贸易等公司。企业之间通过纵向合并可以扩大生产经营规模，节约通用设备，加强生产过程各环节的配合，有利于协作化生产，还可以加速生产流程，缩短生产周期，节约运输费用、仓储费用和资源。

3. 混合合并

混合合并是指生产或经营彼此没有关联的产品或服务的企业之间的合并。混合合并又可分为产品扩张型、市场扩张型和多元型等形态。混合合并的主要目的是实现产品的系列化生产与销售，分散投资风险，开发新市场，提高企业对经营环境变化的适应能力，实施多元化经营战略。

（三）按照合并支付的方式分类

企业合并按照其支付方式不同进行分类，可分为现金合并、股票合并和杠杆合并。

1. 现金合并

现金合并是指由合并方支付现金，以取得被合并企业的所有权。这种合并的主要特点是，被合并企业原来的股东在取得了相应的现金或其他资产以后，就不再是新企业的投资者，不再参与新组建企业的经营管理，也不再分配新组建企业实现的税后利润。

2. 股票合并

股票合并是指合并公司采用增加发行本公司的股票达到合并的目的。这种合并的特点，一是不需要支付大量的现金，不影响合并公司的现金状况；二是被合并公司的股东不会失去他们的股权，只是从被合并公司转移到合并公司。

3. 杠杆合并

杠杆合并是指一家或几家公司在银行贷款或金融市场借贷的支持下进行的合并。这种合并的主要特点是，只需要少量的资本就可以进行合并活动，通常采用以被合并公司的资本和收益作为借贷抵押。

（四）按照参与合并的企业在合并前后是否受同一方或相同的多方最终控制分类

企业合并按照参与合并的企业在合并前后是否受同一方或相同的多方最终控制进行分类，可分为同一控制下的企业合并和非同一控制下的企业合并。

1. 同一控制下的企业合并

同一控制下的企业合并是指参与合并的企业在合并前后均受同一方或相同的多方最终控制，且该控制并非暂时性的。

同一控制下企业合并的判断应当遵循实质重于形式的原则。一般情况下，企业集团内部各子公司之间、母子公司之间的合并属于同一控制下的企业合并。

同一控制下的企业合并一般具有以下特点：

（1）企业集团的整体性质不变。从最终控制方来看，其所能够实施控制的净资产没有发生变化，因此原则上应保持其账面价值不变。

（2）从关联方及其交易判断，同一控制下的企业合并是关联方交易。这类合并发生于关联方之间，若以双方议定的价格作为核算基础，容易产生利润操纵。因此，《企业会计准则》规定，合并方在企业合并中取得的资产和负债，应当按照合并日被合并方的账面价值计量。

2. 非同一控制下的企业合并

非同一控制下的企业合并是指参与合并的企业在合并前后不受同一方或相同的多方最终控制，或者虽然受同一方或相同的多方最终控制，但这种控制是暂时性的。

非同一控制下的企业合并一般具有以下特点：

（1）参与合并的各方合并前具有独立性，不构成控制关系的企业集团，是非关联的企业之间进行的合并。

（2）从关联方及其交易判断，非同一控制下的企业合并具有公允性。这类合并以双方的公允价值作为核算基础，交易对价相对公平合理。

第二节 企业合并的会计处理方法

一、权益结合法

（一）权益结合法的定义

权益结合法又称股权联合法，它是将企业合并视为是两个或两个以上参与合并企业的经济资源的联合、股东权益的重新整合，而不是一个企业购买另一个或几个企业的资产交易行为。

（二）权益结合法的特点

1. 权益结合法将合并视为股权联合行为，而不是资产交易

权益结合法的实质是将企业合并视为原有的股东权益在新的会计主体的联合和继续，而不是企业之间发生的一种取得资产或筹集资本的交易。

2. 没有新的计价基础

参与合并企业的资产、负债均按其原来的账面价值计价。在权益结合法下，参与合并的企业其各自的资产与负债项目均保持原来的账面价值。如果属于吸收合并，则只需被合并企业的资产与负债按其原来的账面价值计价。如果属于控股合并需要编制合并财务报表时，只需在抵销有关项目后将各个公司相应资产与负债的账面价值相加。

3. 合并费用计入当期损益

企业合并过程中发生的所有相关费用，不论是直接相关费用还是间接相关费用，均计入当期损益。

4. 不产生商誉

由于在合并过程中合并方是按照被合并方资产和负债的账面价值入账，而不考虑公允价值，因此在权益结合法下不会产生商誉或负商誉。

5. 参与合并企业自期初至合并日的损益要包括在合并后企业的利润表中

在权益结合法下，不论企业合并发生在会计期间内的哪个时点，参与合并的企业自期初至合并日的损益要包括在合并后企业的利润表中。

6. 要调整会计政策和会计期间

在企业合并时，如果被合并方的会计政策和会计期间与合并企业的会计政策和会计期间不一致时，应进行追溯调整，并重新编制前期的财务报表。

（三）权益结合法的优点

1. 有利于促进企业合并的进行

由于权益结合法允许合并企业在合并当年的合并报表中将其净利润予以合并，因此有时能增加合并当年合并实体的利润，可以避免合并当年合并实体净资产收益率、每股收益率等指标的大幅度下降，从而给合并企业带来有利的影响。同时，由于对购买方的购买价格超过被购买企业资产账面价值部分不予以确认，因此不存在商誉，从而可避免合并后对已确认商誉部分的摊销或减值对合并后企业利润的不利影响，使上市公司避免因对合并商誉的摊销而造成合并后利润率的下降，减少投资者的风险。因此权益法有利于促进企业合并的进行。

2. 符合持续经营假设

权益结合法是以合并后各个参与合并企业的股权及经营活动的持续为前提，以原有资产、负债的历史数据为基础，合并前后的数据延续连贯，可以更好地反映参与合并企业股权的集合和存续，从而符合持续经营假设，也有利于对企业未来经营状况进行预测分析。

3. 方法简单，便于操作

对报告主体而言，运用权益结合法的成本较低，它保留了参与合并企业所有资产和负债的账面价值，无须确认、计量和报告参与合并企业原来尚未确认的资产和负债及其公允价值，而且合并双方的账面价值仅仅需要简单相加，大大节省了操作成本。权益结合法所追求的是反映合并主体各方的连续性，其会计处理相对简单。

（四）权益结合法的缺点

1. 不能准确反映企业合并的经济实质

其是权益结合法的主要缺点。采用权益结合法所记录的是参与合并的企业在合并前以历史成本计量的资产、负债的账面价值，这种处理忽视了一个重要的事实，那就是企业合并往往是长期的、艰难的讨价还价的结果。即使企业合并是通过股票交换进行的，股票作为有价证券也必然有其公允价值，企业之间进行股票交换实质上相当于进行了一次新的交易。实际上，企业并购作为产权交易，其本身也是一种资源，它可能使合并方受益于被合并方所具有的获取超额收益的能力，也可能通过合并产生协同效应，从而为参与合并的企业带来一定的价值。可见，在合并后企业的财务报表中不反映合并协议最终对资产、负债产生的影响，而仍然只反映基于历史成本计量的原账面价值，这种做法显然不符合真实性这一会计信息质量要求。

2. 不利于社会资源的优化配置

能够采用权益结合法进行会计处理的企业往往能够支付较高的收购价格，因为在被合并企业的可辨认净资产的公允价值高于账面价值的情况下，按原账面价值而不是合并日的公允价值计价，且不必确认商誉，有利于合并后企业的财务报表显示较好的业绩，从而能够避免对股票价格的不利影响。同时，由于采用权益结合法的企业其现金流量与采用购买法的企业无差异，经济实质无差别，因此财务报告中显示的盈余差异完全是会计处理的结果，但在市场经济条件下，资源配置往往偏向于那些报告收益较高的企业，从而最终导致社会资源配置实质上的不合理，这不但损害其他企业的利益，也会对整个资本市场造成不良影响。

3. 对实施合并企业的财务报表会产生较大影响

由于在被并企业的可辨认净资产的公允价值高于账面价值的情况下，权益结合法有可能避免较高的固定资产折旧、无形资产摊销，并可避免确认商誉，也可避免因资产价值重估所引起的每股收益的稀释，因此合并后各期收益相对购买法的收益高，这就容易给报表的使用者造成企业经济增长的错觉。

二、购买法

（一）购买法的定义

购买法又称收购法，它是假设企业合并是一个企业取得其他参与合并企业净资产的一种交易。在通常情况下，企业合并往往是一个参与合并的企业作为购买方，其他参与合并的企业作为被购买方，购买方以现金或其他代价购进被购买方的净资产。这种交易与购买方从市场购入原材料、固定资产并无本质的区别。

（二）购买法的特点

1. 购买法将合并视为购买交易行为

购买法将企业合并看成是并购企业与被并购企业之间的买卖交易。如果为吸收合并，则是购并方一揽子买进被并购企业的全部资产，并承担其全部责任；如果为控股合并，则是母公司购买子公司净资产的控制权，子公司置于母公司的控制之下，因而其股权发生了实质性的变化。

2. 有新的计价基础

采用购买法时，购买企业要按照购买日的公允价值对被合并企业的资产和负债进行计价。实施合并的企业要按购买日的公允价值记录所收到的资产和应承担的债务，取得被合并企业的成本要按与其他经济业务相同的方法加以确定，即按合并日的公允价值，将合并成本分配到所取得的可辨认资产和承担债务之上。

3. 合并中发生的直接相关费用要计入合并成本

企业合并过程中发生的各项直接相关费用要计入合并成本，但是对于间接相关费用仍然计入当期损益。

4. 可能产生商誉或负商誉

在购买法下，当合并成本大于所取得的被合并企业可辨认净资产的公允价值时，就产生商誉；当合并成本小于所取得的被合并企业可辨认净资产的公允价值时，就产生负商誉。

5. 合并后企业的当期收益不包括被合并企业自期初至购并日实现的收益

在采用购买法进行会计处理时，被合并企业自期初至购并日实现的收益不包括在合并企业的当期收益中。

6. 不需要对参与合并的其他企业的会计记录进行调整

在购买法下，由于被购买企业的资产和负债已按公允价值记账，因此不需要对参与合并的其他企业的会计记录加以调整。

（三）购买法的优点

购买法的最大优点就是坚持了资产购置的会计处理原则。因为在合并谈判的过程中，合并双方是以有关资产和负债的公允价值而不是账面价值为基础进行讨价还价。并且，企业合并是以转让资产、承担负债等方式实现的，企业合并作为一种市场交易，只能以公允价值为基础，而不能以账面价值为基础。所以，企业合并实质上是独立主体之间讨价还价的一种公平交易行为，购买法体现了这种交易的实质。它将企业合并视为收购方获得对另一家公司资产的控制权，并以公允价值对所取得的被合并企业的资产和负债计价，从而坚持了资产购置的会计处理原则。

（四）购买法的缺点

1. 公允价值有时难以确定

购买法要求建立新的计价基础，用公允价值重新计量被购买方的资产和负债，而要客观确定这些资产和负债的公允价值往往存在困难。此外，如果购买方是以本公司的股票作为合并的对价，则所发行股票的公允价值的确定也可能是一个问题。

2. 购买方与被购买方的计量基础不一致

购买法将关注的焦点集中于被购买方的资产和负债计价上，要求按公允价值对被购买方的资产和负债进行计价，而购买方原来的资产和负债仍然按历史成本记录，这就必然会导致合并后企业的财务报表新旧价格混杂。

3. 商誉的确认和计量存在争议

采用购买法会涉及对商誉如何确认和计量的问题，目前，对于商誉的确认和计量仍然存在争议。

4. 购买方有时难以确定

购买法假定可以将参与合并的一方确定为购买企业，其他方则为被合并企业。然而在实际交易中，有时很难确定谁是购买者，谁是被购买者。尽管可能找到一些判断的依据，比如，若一个合并实体的公允价值大大超过另一个合并实体的公允价值，则公允价值较大的实体可能是购买企业；若企业合并通过以普通权益工具换取现金或其他资产的交易方式实现，则放弃现金或其他资产的实体可能是购买企业。但对于具有股权连续性和规模类似性的合并企业来说，购买方与被购买方的区分有时是很困难的。

第三节 同一控制下企业合并的会计处理

一、同一控制下企业合并概述

（一）同一控制下企业合并的定义

同一控制下企业合并是指参与合并的企业在合并前后均受同一方或相同的多方最终控制且该控制并非暂时性的。

同一方是指对参与合并的企业在合并前后均实施最终控制的投资者，如企业集团的母公司等。

相同的多方通常是指根据投资者之间的协议约定，在对被投资单位的生产经营决策行使表决权时发表一致意见的两个或两个以上的投资者。

并非暂时性控制是指参与合并的各方在合并前后较长时间内受同一方或相同的多方最终控制，其控制时间通常在1年以上（含1年）。

(二) 同一控制下企业合并的示意图

受同一方最终控制的企业合并形式如图1-1所示。

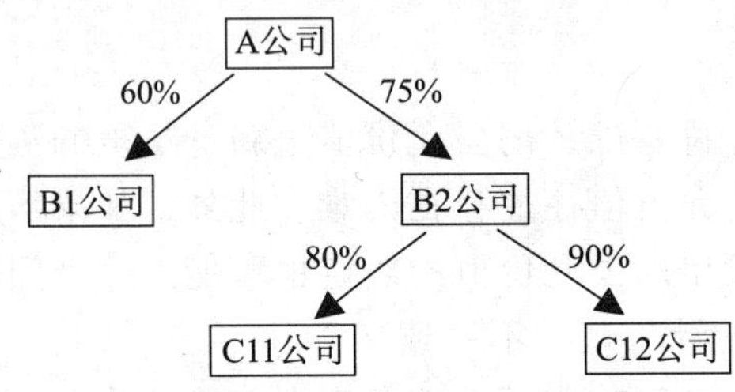

图1-1 受同一方最终控制的企业合并形式

在图1-1中，B1公司、B2公司、C11公司、C12公司四个公司均受A公司最终控制，因此，这四个公司中任意两个（或多个）公司的合并，如果合并并非暂时性的，都可认定为同一控制下的企业合并。

受相同多方最终控制的企业合并形式如图1-2所示。

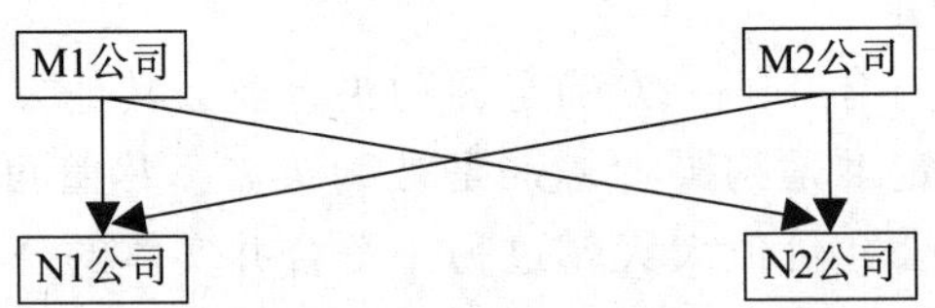

图1-2 受相同多方最终控制的企业合并形式

在图1-2中，N1公司和N2公司均受M1公司和M2公司共同控制，如果N1公司和N2公司合并，且该合并非为暂时性的，应当将其确认为同一控制下的企业合并。

(三) 关于控制

1. 控制的定义

控制是指投资方拥有对被投资方的权力，通过参与被投资方的相关活动而享有可变回报，并且有能力运用对被投资方的权力影响其回报金额。这里的相关活动是指对被投资方的回报产生重大影响的活动。被投资方的相关活动应当根据具体情况进行判断，通常包括商品或劳务的销售和购买、金融资产的管理、资产的购买和处置、研究与开发活动以及融资活动等。

2. 控制的特点

企业合并是以控制为前提的，控制的特点主要体现在以下两个方面：

(1) 决定一个企业的财务和经营政策是控制的主要标志。

（2）获取经济利益是控制的主要目的。

3. 控制的途径

控制的途径主要有以下几种方式：

（1）以所有权方式达到控制的目的。投资方持有被投资方半数以上的表决权。

（2）以所有权和其他方式达到控制的目的。投资方持有被投资方半数或以下的表决权，但通过与其他表决权持有人之间的协议能够控制半数以上表决权。

（3）以法律或协议形式达到控制的目的。以法律或协议形式达到控制的目的是指一方虽然不拥有另一方表决权资本的控制权，但可以通过法律或协议形成实质上能够控制另一方的财务和经营决策。如企业承包无投资关系的企业。

（四）其他概念

1. 合并方与被合并方

在合并日取得对其他参与合并企业控制权的一方为合并方，参与合并的其他企业为被合并方。

2. 合并日

合并日是指实际取得对被合并方控制权的日期。

3. 会计核算的业务范围

同一控制下企业合并的会计业务主要是从合并方出发，确定合并方在合并日对于企业合并事项应进行的会计处理业务。至于被合并方的会计处理业务，以及合并方在合并日后的会计处理业务，本章暂不考虑。

二、同一控制下企业合并处理的原则

对于同一控制下的企业合并，《企业会计准则第20号——企业合并》中规定的会计处理方法类似于权益结合法。该方法下，将企业合并看作是两个或多个参与合并企业权益的重新整合，由于最终控制方的存在，从最终控制方的角度看，该类企业合并一定程度上并不会造成企业集团整体的经济利益流入和流出，最终控制方在合并前后实际控制的经济资源并没有发生变化，有关交易事项不作为出售或购买。

首先，合并方在合并中确认取得的被合并方的资产、负债仅限于被合并方账面上原已确认的资产和负债，合并中不产生新的资产和负债。同一控制下企业合并，从最终控制方的角度看，其在企业合并发生前后能够控制的净资产价值量并没有发生变化，因此，即便是在合并过程中取得的净资产入账价值与支付的合并对价账面价值之间存在差额，同一控制下企业合并中一般也不产生新的商誉因素，即不确认新的资产，但被合并方在企业合并前账面上原已确认的商誉应作为合并中取得的资产确认。

其次，合并方在合并中取得的被合并方各项资产、负债应维持其在被合并方的原账面价值不变。被合并方在企业合并前采用的会计政策与合并方不一致的，应基于重要性原则，首先统一会计政策，即合并方应当按照本企业会计政策对被合并方资产、负债的账面价值进行调整，并以调整后的账面价值作为有关资产、负债的入账价值。进行上述调整的一个基本原因是将该项合并中涉及的合并方及被合并方作为一个整体对待。对于一个完整的会计主体，其对相关交易、事项应当采用相对统一的会计政策，在此基础上反映其财务状况和经营成果。在同一控制下企业合并中，被合并方同时进行改制并对资产负债进行评估调账的，应以评估调账后的账面价值并入合并方。

再次，合并方在合并中取得的净资产的入账价值与为进行企业合并支付的对价账面价值之间的差额，应当调整所有者权益相关项目，不计入企业合并当期损益。合并方在同一控制下企业合并本质上不作为购买，而是两个或多个会计主体权益的整合。合并方在企业合并中取得的价值量相对于所放弃价值量之间存在差额的，应当调整所有者权益。在根据合并差额调整合并方的所有者权益时，应首先调整资本公积（资本溢价或股本溢价），资本公积（资本溢价或股本溢价）的余额不足冲减的，应冲减留存收益。

最后，对于同一控制下的控股合并，应视同合并后形成的报告主体自最终控制方开始实施控制时一直是一体化存续下来的，体现在其合并财务报表上，即由合并后形成的母子公司构成的报告主体，无论是其资产规模还是其经营成果都应持续计算。编制合并财务报表时，无论该项合并发生在报告期的任一时点，合并利润表、合并现金流量表均反映的是由母子公司构成的报告主体自合并当期期初至合并日实现的损益及现金流量情况。相应地，合并资产负债表的留存收益项目应当反映母子公司如果一直作为一个整体运行至合并日应实现的盈余公积和未分配利润的情况。对于同一控制下的控股合并，在合并当期编制合并财务报表时，应当对合并资产负债表的期初数进行调整，同时应当对比较报表的相关项目进行调整，视同合并后的报告主体在以前期间一直存在。

三、同一控制下企业合并的会计处理

（一）吸收合并的会计处理

1. 合并对价为资产

在吸收合并情况下，合并对价为资产时，由于合并对价可能大于或小于被合并方净资产的账面价值，因此会计处理也不相同。

（1）合并对价大于被合并方净资产账面价值。在进行会计处理时，假设合并方为P公司，被合并方为S公司（下同）。则合并方编制的会计分录为：

借：资产类账户　　　　（S公司账面价值）
　　资本公积　　　　（合并对价大于被合并方净资产账面价值的差额）
　　盈余公积、未分配利润　　　　（资本公积不足冲减的数额）
　　贷：负债类账户　　　　（S公司账面价值）
　　　　资产类账户　　　　（P公司支付的合并对价）

（2）合并对价小于被合并方净资产账面价值。合并方编制的会计分录为：

借：资产类账户　　　　（S公司账面价值）
　　贷：资产类账户　　　　（P公司账面价值）
　　　　负债类账户　　　　（S公司账面价值）
　　　　资本公积　　　　（合并对价小于被合并方净资产账面价值的差额）

【例1-1】P公司与S公司在合并前均为同一母公司控制下的两个子公司，20×8年12月31日，P公司吸收合并S公司，20×8年12月31日开始，P公司能够对S公司实施控制，该日即为合并日。合并日S公司的有关资料如表1-1所示。

表 1-1　　资产负债表（简表）

20×8 年 12 月 31 日　　单位：元

项　目	P 公司账面价值	S 公司账面价值
货币资金	70 000 000	1 000 000
应收账款	6 000 000	2 000 000
存货	15 000 000	2 000 000
固定资产	40 000 000	30 000 000
无形资产		5 000 000
资产合计	131 000 000	40 000 000
应付账款	7 000 000	6 000 000
长期借款	20 000 000	4 000 000
负债合计	27 000 000	10 000 000
股本	50 000 000	20 000 000
资本公积	25 000 000	
盈余公积	9 000 000	3 000 000
未分配利润	20 000 000	7 000 000
所有者权益合计	104 000 000	30 000 000
负债及所有者权益合计	131 000 000	40 000 000

假定 P 公司购买价分别为 6 000 万元和 2 000 万元，用银行存款支付，不考虑其他因素。要求编制不同合并对价情况下 P 公司的会计分录。

第一种情况：合并对价大于被合并方净资产账面价值时，P 公司编制的会计分录如下：

借：货币资金　　1 000 000
　　应收账款　　2 000 000
　　存货　　2 000 000
　　固定资产　　30 000 000
　　无形资产　　5 000 000
　　资本公积　　25 000 000
　　盈余公积　　5 000 000
　　贷：应付账款　　6 000 000
　　　　长期借款　　4 000 000
　　　　银行存款　　60 000 000

第二种情况：合并对价小于被合并方净资产账面价值时，P 公司编制的会计分录如下：

借：货币资金　　1 000 000
　　应收账款　　2 000 000
　　存货　　2 000 000

固定资产　　30 000 000
无形资产　　5 000 000
贷：应付账款　　6 000 000
长期借款　　4 000 000
银行存款　　20 000 000
资本公积　　10 000 000

2. 合并对价为股票

在吸收合并的情况下，合并对价为股票时，由于合并对价可能大于或小于被合并方净资产的账面价值，因此会计处理也不相同。

(1) 合并对价大于被合并方净资产账面价值时，合并方编制的会计分录如下：

借：资产类账户　　(S公司账面价值)
资本公积　　(合并对价大于被合并方净资产账面价值的差额)
盈余公积、未分配利润　　(资本公积不足冲减的数额)
贷：负债类账户　　(S公司账面价值)
股本　　(面值总额)

(2) 合并对价小于被合并方净资产账面价值时，合并方编制的会计分录如下：

借：资产类账户　　(S公司账面价值)
贷：负债类账户　　(S公司账面价值)
股本　　(面值总额)
资本公积　　(合并对价小于S公司净资产账面价值的差额)

【例1-2】沿用【例1-1】资料，假定合并日P公司以增发普通股方式吸收合并S公司，P公司发行的普通股股数分别为5 000万股和2 000万股，每股面值1元，每股的市价为3元，不考虑税金及费用等其他因素。编制不同合并对价情况下P公司的会计分录如下：

第一种情况：合并对价大于被合并方净资产账面价值时，P公司编制的会计分录为：

借：货币资金　　1 000 000
应收账款　　2 000 000
存货　　2 000 000
固定资产　　30 000 000
无形资产　　5 000 000
资本公积　　20 000 000
贷：应付账款　　6 000 000
长期借款　　4 000 000
股本　　50 000 000

第二种情况：合并对价小于被合并方净资产账面价值时，P公司编制的会计分录为：

借：货币资金　　1 000 000
应收账款　　2 000 000
存货　　2 000 000

固定资产　　30 000 000
无形资产　　5 000 000
贷：应付账款　　6 000 000
长期借款　　4 000 000
股本　　20 000 000
资本公积　　10 000 000

（二）控股合并的会计处理

1. 合并对价为资产

在控股合并的情况下，合并对价为资产时，由于合并对价可能大于或小于被合并方净资产的账面价值，因此会计处理也不相同。

（1）合并对价的账面价值大于被合并方净资产账面价值时，合并方编制的会计分录如下：

借：长期股权投资　　（被合并方所有者权益×持股比例）
资本公积　　（合并对价账面价值大于被合并方净资产账面价值的差额）
盈余公积、未分配利润　　（资本公积不足冲减的数额）
贷：资产类账户　　（账面价值）

（2）合并对价的账面价值小于被合并方净资产账面价值时，合并方编制的会计分录如下：

借：长期股权投资　　（被合并方所有者权益×持股比例）
贷：资产类账户　　（账面价值）
资本公积　　（合并对价账面价值小于被合并方净资产账面价值的差额）

2. 合并对价为股票

在控股合并的情况下，合并对价为股票时，由于合并对价可能大于或小于被合并方净资产的账面价值，因此会计处理也不相同。

（1）合并对价（股票）大于被合并方净资产账面价值时，合并方编制的会计分录如下：

借：长期股权投资　　（被合并方所有者权益×持股比例）
资本公积　　（合并对价账面价值大于被合并方净资产账面价值的差额）
盈余公积、未分配利润　　（资本公积不足冲减的数额）
贷：股本　　（股票面值）

（2）合并对价（股票）小于被合并方净资产账面价值时，合并方编制的会计分录如下：

借：长期股权投资　　（被合并方所有者权益×持股比例）
贷：股本　　（股票面值）
资本公积　　（合并对价账面价值小于被合并方净资产账面价值的差额）

（三）同一控制下合并中合并费用的会计处理

在合并过程中，合并方不可避免地会发生一些合并费用，如审计费、评估费、法律服务费等。对于这些费用应当分别下列情况进行会计处理：

（1）合并方发生各项直接相关费用时，应当在发生时直接计入当期损益。

【例1－3】20×8年1月10日，A上市公司为进行企业合并发生审计费、评估费、法律服务费等共计25万元，均以银行存款支付，假定不考虑其他因素。A上市公司编制的会计分录为：

借：管理费用　　250 000

　　贷：银行存款　　250 000

（2）为企业合并发行的债券或承担其他债务支付的手续费、佣金等，应当计入所发行债券及其他债务的初始计量金额。

【例1－4】20×8年4月1日，B上市公司为进行企业合并而发行一批债券，债券面值为2 000万元，票面利率6%，发行价为2 045万元，发生手续费、佣金等费用共计15万元，假定不考虑其他因素。B公司编制的会计分录为：

借：银行存款　　20 300 000

　　贷：应付债券——面值　　20 000 000

　　　　　　　——利息调整　　300 000

（3）企业合并中发行权益性证券发生的手续费、佣金等，应当抵减权益性证券的溢价收入，溢价收入不足冲减的，应冲减企业的留存收益。

【例1－5】20×8年5月15日，C上市公司经批准发行一批普通股股票，以进行企业合并。股票面值总额300万元，实际发行价格为750万元，发生手续费、佣金等费用共计50万元，假定不考虑其他因素。C公司编制的会计分录为：

借：银行存款　　7 000 000

　　贷：股本　　3 000 000

　　　　资本公积　　4 000 000

第四节 非同一控制下企业合并的会计处理

一、非同一控制下企业合并概述

（一）非同一控制下企业合并的定义

非同一控制下企业合并是指参与合并的企业在合并前后不受同一方或相同的多方最终控制，或者虽然受同一方或相同的多方最终控制，但这种控制是暂时性的。非同一控制下企业合并，有一次交换交易实现的企业合并，也有通过多次交换交易分步实现的企业合并，如分次购买股份分阶段完成的企业合并。

（二）购买方与被购买方

非同一控制下企业合并，在购买日取得对其他参与合并企业控制权的一方为购买方，参与合并的其他企业为被购买方。

二、非同一控制下企业合并处理的原则

（一）确定购买方

购买法是从购买方的角度出发，该项交易中购买方取得了被购买方的净资产或是对净资产的控制权，应确认所取得的资产以及应当承担的债务，包括被购买方原来未予确认的资产和负债。就购买方自身而言，其原持有的资产及负债的计量不受该交易事项的影响。采用购买法核算企业合并的首要前提是确定购买方。购买方是指在企业合并中取得对另一方或多方控制权的一方。非同一控制下的企业合并中，一般应考虑企业合并合同、协议以及其他相关因素来确定购买方。在判断企业合并中的购买方时，应考虑所有相关的事实和情况，特别是企业合并后参与合并各方的相对投票权、合并后主体管理机构及高层管理人员的构成、权益互换的条款等。

（1）合并中一方取得了另一方半数以上有表决权股份的，除非有明确的证据表明不能形成控制，一般认为取得另一方半数以上表决权股份的一方为购买方。

（2）某些情况下，即使一方没有取得另一方半数以上有表决权股份，但存在以下情况时，一般也可认为其获得了对另一方的控制权：

①通过与其他投资者签订协议，实质上拥有被购买企业半数以上表决权。例如，A公司拥有B公司40%的表决权资本，C公司拥有B公司30%的表决权资本，D公司拥有B公司30%的表决权资本。A公司与C公司达成协议，C公司在B公司的权益由A公司代表。在这种情况下，A公司实质上拥有B公司70%表决权资本的控制权，在B公司的章程等没有特别规定的情况下，表明A公司实质上控制了B公司。

②按照章程或协议等的规定，具有主导被购买企业财务和经营决策的权力。例如，A公司拥有B公司45%的表决权资本，同时，根据法律或协议规定，A公司可以决定B公司的生产经营等政策，达到对B公司的财务和经营政策实施控制。

③有权任免被购买企业董事会或类似权力机构多数成员。这种情况是指虽然投资企业拥有被投资单位50%或以下表决权资本，但根据章程、协议等有权任免被投资单位董事会或类似机构的绝大多数成员，以达到实质上控制的目的。

④在被购买企业董事会或类似权力机构中具有多数投票权。这种情况是指虽然投资企业拥有被投资单位50%或以下表决权资本，但能够控制被投资单位董事会等类似权力机构的会议，从而能够控制其财务和经营政策，达到对被投资单位的控制。

（3）某些情况下可能难以确定企业合并中的购买方，如参与合并的两家或多家企业规模相当，这种情况下，往往可以结合一些迹象表明购买方的存在。在具体判断时可以考虑下列相关因素：

①以支付现金、转让非现金资产或承担负债的方式进行的企业合并，一般支付现金、转让非现金资产或是承担负债的一方为购买方。

②考虑参与合并各方的股东在合并后主体的相对投票权，其中股东在合并后主体具有相对较高投票比例的一方一般为购买方。

③参与合并各方的管理层对合并后主体生产经营决策的主导能力，如果合并导致参与合并一方的管理层能够主导合并后主体生产经营政策的制定，其管理层能够实施主导作用

的一方一般为购买方。

④参与合并一方的公允价值远远大于另一方的，公允价值较大的一方很可能为购买方。

⑤企业合并是通过以有表决权的股份换取另一方的现金及其他资产的，则付出现金或其他资产的一方很可能为购买方。

⑥通过权益互换实现的企业合并，发行权益性证券的一方通常为购买方。但如果有证据表明发行权益性证券一方的生产经营决策在合并后被参与合并的另一方控制，则其应为被购买方，参与合并的另一方为购买方。该类合并通常称为反向购买。

（二）确定购买日

购买日是购买方获得对被购买方控制权的日期，即企业合并交易进行过程中，发生控制权转移的日期。根据企业合并方式的不同，在控股合并的情况下，购买方应在购买日确认因企业合并形成的对被购买方的长期股权投资；在吸收合并的情况下，购买方应在购买日确认合并中取得的被购买方各项可辨认资产、负债等。

确定购买日的基本原则是控制权转移的时点。企业在实务操作中，应当结合合并合同或协议的约定及其他有关的影响因素，按照实质重于形式的原则进行判断。同时满足了以下条件时，一般可认为实现了控制权的转移，形成购买日。有关的条件包括：

（1）企业合并合同或协议已获股东大会等内部权力机构通过。企业合并一般涉及的交易规模较大，无论是合并当期还是合并以后期间，均会对企业的生产经营产生重大影响，在能够对企业合并进行确认形成实质性的交易前，该交易或事项应经过企业的内部权力机构批准，如对于股份有限公司，其内部权力机构一般指股东大会。

（2）按照国家有关规定，企业购并需要经过国家有关部门的批准，取得相关批准文件是对企业合并交易或事项进行会计处理的前提之一。

（3）参与合并各方已办理了必要的财产权交接手续。作为购买方，其通过企业合并无论是取得对被购买方的股权还是取得被购买方的全部净资产，能够形成与取得股权或净资产相关的风险和报酬的转移，一般需办理相关的财产权交接手续，从而从法律上保障有关风险和报酬的转移。

（4）购买方已支付了购买价款的大部分（一般应超过50%），并且有能力、有计划支付剩余款项。购买方要取得与被购买方净资产相关的风险和报酬，其前提是必须支付一定的对价，一般在形成购买日之前，购买方应当已经支付了购买价款的大部分，并且从其目前财务状况判断，有能力支付剩余款项。

（5）购买方实际上已经控制了被购买方的财务和经营政策，享有相应的收益并承担相应的风险。企业合并涉及一次以上交易的，例如，通过分阶段取得股份最终实现合并，企业应于每一交易日确认对被投资企业的各单项投资。“交易日”是指合并方或购买方在自身的账簿和报表中确认对被投资单位投资的日期。分步实现的企业合并中，购买日是指按照有关标准判断购买方最终取得对被购买企业控制权的日期。

例如，A企业于20×7年10月20日取得B公司30%的股权（假定能够对被投资单位施加重大影响），在与取得股权相关的风险和报酬发生转移的情况下，A企业应确认对B公司的长期股权投资。在已经拥有B公司30%股权的基础上，A企业又于20×8年12

月 8 日取得 B 公司 30% 的股权，在其持股比例达到 60% 的情况下，假定于当日开始能够对 B 公司实施控制，则 20×8 年 12 月 8 日为第二次购买股权的交易日，同时因在当日能够对 B 公司实施控制，形成企业合并的购买日。

（三）确定企业合并成本

企业合并成本包括购买方为进行企业合并支付的现金或非现金资产、发行或承担的债务、发行的权益性证券等在购买日的公允价值以及企业合并中发生的各项直接相关费用之和。通过多次交换交易分步实现的企业合并，其企业合并成本为每一单项交换交易的成本之和。

企业合并成本包括购买方在购买日支付的下列项目的合计金额：

（1）作为合并对价的现金及非现金资产的公允价值。以非货币性资产作为合并对价的，其合并成本为所支付对价的公允价值，该公允价值与作为合并对价的非货币性资产账面价值的差额，作为资产的处置损益，计入合并当期的利润表。

（2）发行的权益性证券的公允价值。确定所发行权益性证券的公允价值时，对于购买日存在公开报价的权益性证券，其公开报价提供了确定公允价值的依据，除非在非常特殊的情况下，购买方能够证明权益性证券在购买日的公开报价不能可靠地代表其公允价值，并且用其他的证据和估价方法能够更好地计量公允价值时，可以考虑其他的证据和估价方法。如果购买日权益性证券的公开报价不可靠，或者购买方发行的权益性证券不存在公开报价，则该权益性证券的公允价值可以参照其在购买方公允价值中所占权益份额、或者是参照在被购买方公允价值中获得的权益份额，按两者当中有明确证据支持的一个进行估价。

（3）因企业合并发生或承担的债务的公允价值。因企业合并而承担的各项负债，应采用按照适用利率计算的未来现金流量的现值作为其公允价值。预期因企业合并可能发生的未来损失或其他成本不是购买方为取得对被购买方的控制权而承担的负债，不构成企业合并成本。

（4）当企业合并合同或协议中提供了根据未来或有事项的发生而对合并成本进行调整时，符合《企业会计准则第 13 号——或有事项》规定的确认条件的，应确认的支出也应作为企业合并成本的一部分。某些情况下，合并各方可能在合并合同或协议中约定根据未来一项或多项或有事项的发生对合并成本进行一定的调整，例如，企业合并合同中规定，如果被购买方在未来特定期间实现利润达到既定水平，购买方需要在已经支付的企业合并对价基础上支付额外的对价。如果在购买日预计被购买方的盈利水平很可能会达到合同规定的标准，应将按照合同或协议约定需支付的金额计入企业合并成本。

企业在购买日对于可能需要支付的企业合并成本调整金额进行预计并且计入企业合并成本后，未来期间有关涉及调整成本的事项未实际发生或发生后需要对原估计计入企业合并成本的金额进行调整的，或者在购买日因未来事项发生的可能性较小、金额无法可靠计量等原因导致有关调整金额未包括在企业合并成本中，未来期间因合并合同或协议中约定的事项很可能发生、金额能够可靠计量，符合有关确认条件的，应对企业合并成本进行相应调整。

（5）合并中发生的各项直接相关费用。非同一控制下企业合并中发生的与企业合并直接相关的费用，包括为进行合并而发生的会计审计费用、法律服务费用、咨询费用等，应当计入管理费用。这里所称合并中发生的各项直接相关费用，不包括与为进行企业合并发行的权益性证券或发行的债务相关的手续费、佣金等，该部分费用应比照本章关于同一控制下企业合并中类似费用的处理原则处理。

（四）企业合并成本在取得的可辨认资产和负债之间的分配

非同一控制下企业合并中，购买方取得了对被购买方净资产的控制权，视合并方式的不同，应分别在合并财务报表或个别财务报表中确认合并中取得的各项可辨认资产和负债。

（1）购买方在企业合并中取得的被购买方各项可辨认资产和负债，要作为本企业的资产、负债（或合并财务报表中的资产、负债）进行确认，在购买日，应当满足资产、负债的确认条件。有关的确认条件包括：

①合并中取得的被购买方的各项资产（无形资产除外），其所带来的未来经济利益预期能够流入企业且公允价值能够可靠计量的，应单独作为资产确认。

②合并中取得的被购买方的各项负债（或有负债除外），履行有关的义务预期会导致经济利益流出企业且公允价值能够可靠计量的，应单独作为负债确认。

（2）企业合并中取得无形资产的确认。购买方在企业合并中取得的无形资产应符合《企业会计准则第 6 号——无形资产》中对于无形资产的界定且其在购买日的公允价值能够可靠计量。按照该准则的规定，没有实物形态的非货币性资产要符合无形资产的定义，关键要看其是否满足可辨认性标准，即是否能够从企业中分离或者划分出来，并能单独或者与相关合同、资产、负债一起用于出售、转移、授予许可、租赁或者交换；或者应源自于合同性权利或其他法定权利，无论这些权利是否可以从企业或其他权利和义务中转移或分离。

公允价值能够可靠计量的情况下，应区别于商誉单独确认的无形资产一般包括：商标、版权及与其相关的许可协议、特许权、分销权等类似权利、专利技术、专有技术等。

（3）企业合并中产生或有负债的确认。为了尽可能反映购买方因为进行企业合并可能承担的潜在义务，对于购买方在企业合并时可能需要代被购买方承担的或有负债，在购买日，可能相关的或有事项导致经济利益流出企业的可能性还比较小，但其公允价值能够合理确定的情况下，即需要作为合并中取得的负债确认。

（4）对于被购买方在企业合并之前已经确认的商誉和递延所得税项目，购买方在对企业合并成本进行分配、确认合并中取得可辨认资产和负债时不应予以考虑。在按照规定确定了合并中应予确认的各项可辨认资产、负债的公允价值后，其计税基础与账面价值不同形成暂时性差异的，应当按照《企业会计准则第 18 号——所得税》的规定确认相应的递延所得税资产或递延所得税负债。

在非同一控制下的企业合并中，购买方确认在合并中取得的被购买方各项可辨认资产和负债不仅局限于被购买方在合并前已经确认的资产和负债，还可能包括企业合并前被购买方在其资产负债表中未予确认的资产和负债，该类资产和负债在企业合并前可能由于不符合确认条件未确认为被购买方的资产和负债，但在企业合并发生后，因符合了有关的确认条件则需要作为合并中取得的可辨认资产和负债进行确认。例如，被购买方在企业合并前存在的未弥补亏损，在企业合并前因无法取得足够的应纳税所得额用于抵扣该亏损而未确认相关的递延所得税资产，如按照税法规定能够抵扣购买方未来期间实现的应纳税所得额，而且购买方在未来期间预计很可能取得足够的应纳税所得额的情况下，有关的递延所得税资产应作为合并中取得的可辨认资产予以确认。

（五）企业合并成本与合并中取得的被购买方可辨认净资产公允价值份额之间差额的处理

购买方对于企业合并成本与确认的被购买方可辨认净资产公允价值份额的差额，应视情况分别处理：

（1）企业合并成本大于合并中取得的被购买方可辨认净资产公允价值份额的差额，应确认为商誉。在控股合并情况下，该差额是指合并财务报表中应列示的商誉；在吸收合并情况下，该差额是购买方在其账簿及个别财务报表中应确认的商誉。

商誉在确认以后，持有期间不要求摊销，企业应当按照《企业会计准则第8号——资产减值》的规定对其进行减值测试，对于可收回金额低于账面价值的部分，计提减值准备。

（2）企业合并成本小于合并中取得的被购买方可辨认净资产公允价值份额的差额，应计入合并当期损益。《企业会计准则第20号——企业合并》规定，在该种情况下，要对合并中取得的资产、负债的公允价值作为合并对价的非现金资产或发行的权益性证券等的公允价值进行复核，复核结果表明所确定的各项可辨认资产和负债的公允价值确定是恰当的，应将企业合并成本低于取得的被购买方可辨认净资产公允价值份额之间的差额，计入合并当期的营业外收入，并在会计报表附注中予以说明。

在吸收合并的情况下，上述企业合并成本小于合并中取得的被购买方可辨认净资产公允价值的差额，应计入合并当期购买方的个别利润表；在控股合并的情况下，上述差额应体现在合并当期的合并利润表中。

（六）企业合并成本或合并中取得的可辨认资产、负债公允价值的调整

按照购买法核算的企业合并，其基本原则是确定公允价值，无论是作为合并对价付出的各项资产的公允价值，还是合并中取得被购买方各项可辨认资产、负债的公允价值，如果在购买日或合并当期期末，因各种因素影响无法合理确定的，合并当期期末，购买方应以暂时确定的价值为基础进行核算。

（1）购买日后12个月内对有关价值量的调整。合并当期期末，对合并成本或合并中取得的可辨认资产、负债以暂时确定的价值对企业合并进行处理的情况下，自购买日算起12个月内取得进一步的信息表明需对原暂时确定的企业合并成本或所取得的可辨认资产、负债的暂时性价值进行调整的，应视同在购买日发生，进行追溯调整，同时对以暂时性价值为基础提供的比较报表信息，也应进行相关的调整。

例如，A企业于20×7年9月20日对B公司进行吸收合并，合并中取得的一项固定资产不存在活跃市场，为确定其公允价值，A企业聘请了有关的资产评估机构对其进行评估。至A企业20×7年财务报告对外报出时，尚未取得评估报告。A企业在其20×7年财务报告中对该项固定资产暂估的价值为300 000元，预计使用年限为5年，净残值为0，按照直线法计提折旧。该项企业合并中 A 企业确认商誉 1 200 000 元。假定 A 企业不编制中期财务报告。

20×8 年 4 月，A 企业取得了资产评估报告，确认该项固定资产的价值为 450 000 元。则 A 企业应视同在购买日确定的该项固定资产的公允价值为 450 000 元，相应调整 20×7 年财务报告中确认的商誉价值（调减 150 000 元）及利润表中的折旧费用（调增 7 500 元）。进行有关调整后，A 企业在其 20×8 年会计报表附注中应对有关情况作出说明。

（2）超过规定期限后的价值量调整。自购买日算起 12 个月以后对企业合并成本或合并中取得的可辨认资产、负债价值的调整，应当按照《企业会计准则第 28 号——会计政策、会计估计变更和会计差错更正》的规定进行处理，即对于企业合并成本、合并中取得可辨认资产、负债公允价值等进行的调整，应作为前期差错处理。

（3）购买日取得的被购买方在以前期间发生的经营亏损等可抵扣暂时性差异，按照税法规定可以用于抵减以后年度应纳税所得额的，如在购买日因不符合递延所得税资产的确认条件未确认所产生的递延所得税资产，以后期间有关的可抵扣暂时性差异带来的经济利益预计能够实现时，企业应确认相关的递延所得税资产，减少利润表中的所得税费用，同时将商誉降低至假定在购买日即确认了该递延所得税资产的情况下应有的金额，减记的商誉金额作为利润表中的资产减值损失。按照上述过程确认递延所得税资产，原则上不应增加因企业合并成本小于合并中取得的被购买方可辨认净资产公允价值的份额而计入合并当期利润表的金额。

三、非同一控制下企业合并的会计处理

（一）非同一控制下吸收合并的会计处理

1. 合并对价为资产

非同一控制下吸收合并，合并对价为资产时，不仅要考虑不同形态的资产，而且还要考虑合并对价可能大于或小于被合并方净资产的账面价值。在不同的方式下，会计处理也不相同。

（1）合并对价为固定资产、无形资产、货币资金。其又分为以下两种情况：

①合并对价（固定资产、无形资产、货币资金）的公允价值大于被购买方净资产公允价值的情况。

【例 1－6】 假定 P 公司和 S 公司在合并前均不受同一方或相同多方共同控制，P 公司用固定资产、无形资产和部分银行存款作为合并对价合并 S 公司。合并日 S 公司资产类的公允价值为 100 万元，负债类的公允价值为 40 万元，净资产公允价值为 60 万元。P 公司作为合并对价的固定资产账面原价 20 万元，已提折旧 5 万元，公允价值 23 万元，无形资产账面价值 30 万元，已提摊销 10 万元，公允价值 27 万元，支付银行存款 15 万元。假定不考虑其他因素，P 公司编制的会计分录如下：

冲销固定资产的账面记录时：

借：固定资产清理	150 000	
累计折旧	50 000	
贷：固定资产		200 000

登记取得的资产和负债时：

借：资产类账户	1 000 000	
累计摊销	100 000	
商誉	50 000	
贷：固定资产清理		150 000
无形资产		300 000
负债类的账户		400 000
银行存款		150 000
营业外收入		150 000

②合并对价（固定资产、无形资产、货币资金）的公允价值小于被购买方净资产公允价值的情况。

【例1-7】假定P公司和S公司在合并前均不受同一方或相同多方共同控制，P公司用固定资产、无形资产和部分银行存款作为合并对价合并S公司。合并日S公司资产类的公允价值为100万元，负债类的公允价值为40万元，净资产公允价值为60万元。P公司作为合并对价的固定资产账面原价20万元，已提折旧5万元，公允价值23万元，无形资产账面价值30万元，已提摊销10万元，公允价值27万元，支付银行存款5万元。假定不考虑其他因素，P公司编制的会计分录如下：

冲销固定资产的账面记录时：

借：固定资产清理	150 000	
累计折旧	50 000	
贷：固定资产		200 000

登记取得的资产和负债时：

借：资产类账户	1 000 000	
累计摊销	100 000	
贷：固定资产清理		150 000
无形资产		300 000
负债类的账户		400 000
银行存款		50 000
营业外收入		200 000

需要说明的是，上述分录中P公司的营业外收入20万元，其中15万元是资产公允价值大于账面价值的差额，另外的5万元则是合并对价的公允价值小于被购买方净资产公允价值的差额。

（2）合并对价为存货。其又分为以下两种情况：

①合并对价（存货）的公允价值大于被购买方净资产公允价值的情况。

【例1-8】沿用【例1-6】资料，假定P公司用一批存货合并S公司，合并日存货的账面价值为50万元，合并对价（存货）的公允价值为65万元，其他资料不变，不考虑税费等因素。P公司编制的会计分录如下：

登记取得的资产和负债时：

借：资产类账户　　1 000 000

　　商誉　　50 000

　　贷：负债类账户　　400 000

　　　　主营业务收入　　650 000

结转存货的成本时：

借：主营业务成本　　500 000

　　贷：存货　　500 000

②合并对价（存货）的公允价值小于被购买方净资产公允价值的情况。

【例1-9】 沿用【例1-6】资料，假定P公司用一批存货合并S公司，合并日存货的账面价值为50万元，合并对价（存货）的公允价值为55万元，其他资料不变，不考虑税费等因素。P公司编制的会计分录如下：

登记取得的资产和负债时：

借：资产类账户　　1 000 000

　　贷：负债类账户　　400 000

　　　　主营业务收入　　550 000

　　　　营业外收入　　50 000

结转存货的成本时：

借：主营业务成本　　500 000

　　贷：存货　　500 000

2. 合并对价为股票

非同一控制下吸收合并，合并对价为股票时，由于合并对价可能大于或小于被合并方净资产的账面价值，因此会计处理也不相同。

（1）合并对价（股票）的公允价值大于被购买方净资产公允价值的情况。

【例1-10】 假定P公司和S公司在合并前均不受同一方或相同多方共同控制，P公司吸收合并S公司，合并日，S公司资产的公允价值为100万元，负债的公允价值为40万元，净资产的公允价值为60万元。合并时P公司增发普通股50万股，每股面值为1元，每股市价（公允价值）为3元，不考虑其他因素。P公司编制的会计分录如下：

借：资产类账户　　1 000 000

　　商誉　　900 000

　　贷：负债类账户　　400 000

　　　　股本　　500 000

　　　　资本公积　　1 000 000

（2）合并对价（股票）的公允价值小于被购买方净资产公允价值的情况。

【例1-11】 沿用【例1-10】资料，假定P公司发行普通股20万股，每股面值1元，每股市价（公允价值）1.5元，其他资料不变。P公司编制的会计分录如下：

借：资产类账户　　1 000 000

　　贷：负债类账户　　400 000

　　　　股本　　200 000

资本公积 100 000

营业外收入 300 000

（二）非同一控制下控股合并的会计处理

在控股合并方式下，被合并方不会失去其法人资格，合并方只是取得了对被合并方的控股权。所以购买方所涉及的会计处理问题主要是两个方面，一是购买日因进行企业合并形成的对被购买方的长期股权投资初始投资成本的确定；二是该成本与作为合并对价支付的有关资产账面价值之间差额的处理。在进行会计处理时，应当按照《企业会计准则第2号——长期股权投资》的有关规定进行。

1. 合并对价为资产

在非同一控制下控股合并时，作为合并对价的资产可以是不同的资产，因此其会计处理也不相同。

（1）合并对价为固定资产、无形资产、货币资金。

【例1-12】 P公司和S公司在合并前不受同一方和相同的多方共同控制。20×8年1月1日，P公司用固定资产、无形资产和部分现金取得S公司65%的股权。P公司作为合并对价的有关资产在购买日的公允价值为65万元，账面价值为50万元。为简化核算，在本例中省略了P公司有关资产的具体内容及其价值的资料，合并日S公司净资产的有关资料也作了省略，并且不考虑税费等因素。P公司编制的会计分录如下：

借：长期股权投资 650 000

　贷：资产类账户 500 000

　　营业外收入 150 000

【例1-13】 假定【例1-12】中，P公司作为合并对价的有关资产的账面价值为70万元，其他的资料不变。P公司编制的会计分录如下：

借：长期股权投资 650 000

　营业外支出 50 000

　贷：资产类账户 700 000

（2）合并对价为存货。

【例1-14】 假定【例1-12】中，P公司用一批存货取得S公司65%的股权，存货的公允价值为65万元，账面价值为50万元，不考虑税费等其他因素。P公司编制的会计分录如下：

①借：长期股权投资 650 000

　贷：主营业务收入 650 000

②借：主营业务成本 500 000

　贷：库存商品 500 000

2. 合并对价为股票

在非同一控制下，以股票作为合并对价进行控股合并时，其会计处理如下：

【例1-15】 20×8年1月1日，P公司通过增发普通股方式取得S公司65%的控股权。合并日P公司增发普通股50万股，每股面值1元，市价3元，不考虑其他因素。P公司编制的会计分录如下：

借：长期股权投资　　1 500 000
　　贷：股本　　500 000
　　　　资本公积　　1 000 000

四、多次交换交易分步实现的企业合并的会计处理

（一）应注意的问题

1. 合并成本的确定

如果企业合并不是通过一次交换交易实现，而是通过多次交换交易分步实现的，其合并成本应为每一单项交易成本之和。为此，投资企业在每一单项交易发生时，应确认对被投资单位的投资。

2. 购买日的确定

如果企业合并是通过多次交换交易分步实现的，交易日是指各单项投资在购买方财务报表中确认之日，购买日则是指获得控制权之日。也就是说，每一单项交易之日并不一定就是购买日，购买日应为多项交易之后实现控制权转移之日。

3. 合并商誉的确定

投资企业通过多次交换交易分步实现合并时，应分别将每一单项交易的成本与该交易发生时被投资单位可辨认净资产公允价值的份额进行比较，确定每一单项交易中产生的商誉，达到企业合并时点应确认的商誉（或合并财务报表中应确认的商誉）为每一单项交易中应确认的商誉之和。

（二）会计处理步骤

对于多次交换交易分步实现的企业合并，在实现合并时的会计处理应按以下步骤进行：

（1）调整长期股权投资的账面余额。分步实现的企业合并，达到企业合并前长期股权采用成本法核算的，其账面余额一般不需要调整；达到企业合并前长期股权投资采用权益法核算的，则应当进行调整。在调整时，一方面应将长期股权投资的账面价值恢复至取得投资时的初始投资成本；另一方面应调整留存收益等。

（2）确定商誉的金额（或应予确认损益的金额）。分步实现企业合并时，要比较每一单项交易时的成本，与交易时应享有被投资单位可辨认净资产的公允价值的份额，以便确定每一单项交易应予以确认的商誉（或应计入发生当期损益的金额）。每一单项交易产生的商誉之和即为购买日应确认的商誉金额（或应予确认损益的金额）。

（3）调整所有者权益项目。被购买方在购买日与交易日之间可辨认净资产公允价值变动，相对于原持股比例应享有的部分，在合并财务报表（吸收合并是指购买方个别财务报表）中应调整所有者权益相关项目，其中属于原取得投资应调整留存收益，差额调整资本公积。

【例 1-16】 甲公司于 20×7 年 7 月初用银行存款 2 500 万元取得乙公司 20% 的股份，当日乙公司可辨认净资产账面价值为 9 800 万元，公允价值为 10 000 万元。取得投资后甲公司派人参与乙公司的生产经营决策，对该投资采用权益法核算。20×7 年下半年乙公司实现净利润 1 500 万元，甲公司确认投资收益 300 万元，在此期间，乙公司未宣告发放现

金股利或利润。20×8年1月，甲公司以6 800万元的价格又购入乙公司40%的股份，购买日乙公司可辨认净资产的账面价值为11 300万元，公允价值为15 000万元。假定乙公司净资产公允价值高于账面价值的差额属于固定资产的评估增值，不考虑相关税费及其他会计事项。

根据上述资料，有关账务处理如下：

①按成本法对原按照权益法核算的长期股权投资进行追溯调整（假定甲公司按净利润的10%提取盈余公积），将原持有的对被购买方的投资账面价值恢复调整至最初取得成本。

借：盈余公积　　300 000
　　利润分配——未分配利润　　2 700 000
　　贷：长期股权投资　　3 000 000

②确认购买日进一步取得的股份。

借：长期股权投资　　68 000 000
　　贷：银行存款　　68 000 000

③计算商誉。

第一次交易取得20%股份时应确认的商誉＝2 500－10 000×20%＝500（万元）

第二次交易取得40%股份时应确认的商誉＝6 800－15 000×40%＝800（万元）

购买日合并财务报表中应确认的商誉金额＝500＋800＝1 300（万元）

④编制购买日合并资产负债表工作底稿相关抵销与调整分录如下：

借：股本等股东权益项目　　113 000 000（98 000 000＋15 000 000）
　　固定资产　　37 000 000（增值部分150 000 000－113 000 000）
　　商誉　　13 000 000（按规定计算）
　　贷：长期股权投资　　93 000 000（25 000 000＋68 000 000）
　　　　少数股东权益　　60 000 000（150 000 000×40%）
　　　　留存收益　　3 000 000（15 000 000×20%）
　　　　资本公积　　7 000 000（差额）

经过此项调整，使得合并报表中对被购买方固定资产的报告价值等于公允价值。

五、反向购买的会计处理

非同一控制下企业合并，以发行权益性证券交换股权的方式进行的，通常发行权益性证券的一方为收购方。但某些企业合并中，发行权益性证券的一方因其生产经营决策在合并后被参与合并的另一方所控制的，发行权益性证券的一方虽然为法律上的母公司，但其为会计上的被收购方，该类企业合并通常称为“反向购买”。例如，A公司为一家规模较小的上市公司，B公司为一家规模较大的贸易公司。B公司拟通过收购A公司的方式达到上市目的，但该交易是通过A公司向B公司原股东发行普通股用以交换B公司原股东持有的对B公司股权方式实现的。该项交易后，B公司原股东持有A公司50%以上股权，A公司持有B公司50%以上股权，A公司为法律上的母公司，B公司为法律上的子公司，但从会计角度，A公司为被购买方，B公司为购买方。

（一）企业合并成本

反向购买中，法律上的子公司（购买方）的企业合并成本是指其如果以发行权益性证券的方式为获取在合并后报告主体的股权比例，应向法律上母公司（被购买方）的股东发行的权益性证券数量与权益性证券的公允价值计算的结果。购买方的权益性证券在购买日存在公开报价的，通常应以公开报价作为其公允价值；购买方的权益性证券在购买日不存在可靠公开报价的，应参照购买方的公允价值和被购买方的公允价值两者之中有更为明显证据支持的作为基础，确定假定应发行权益性证券的公允价值。

（二）合并财务报表的编制

反向购买后，法律上的母公司应当遵从以下原则编制合并财务报表：

（1）合并财务报表中，法律上子公司的资产、负债应以其在合并前的账面价值进行确认和计量。

（2）合并财务报表中的留存收益和其他权益性余额应当反映的是法律上子公司在合并前的留存收益和其他权益余额。

（3）合并财务报表中的权益性工具的金额应当反映法律上子公司合并前发行在外的股份面值以及假定在确定该项企业合并成本过程中新发行的权益性工具的金额。但是在合并财务报表中的权益结构应当反映法律上母公司的权益结构，即法律上母公司发行在外权益性证券的数量及种类。

（4）法律上母公司的有关可辨认资产、负债在并入合并财务报表时，应以其在购买日确定的公允价值进行合并，企业合并成本大于合并中取得的法律上母公司（被购买方）可辨认净资产公允价值的份额体现为商誉，小于合并中取得的法律上母公司（被购买方）可辨认净资产公允价值的份额确认为合并当期损益。

（5）合并财务报表的比较信息应当是法律上子公司的比较信息（即法律上子公司的前期合并财务报表）。

（6）法律上子公司的有关股东在合并过程中未将其持有的股份转换为对法律上母公司股份的，该部分股东享有的权益份额在合并财务报表中应作为少数股东权益列示。因法律上子公司的部分股东未将其持有的股份转换为法律上母公司的股权，其享有的权益份额仍仅限于对法律上子公司的部分，该部分少数股东权益反映的是少数股东按持股比例计算享有法律上子公司合并前净资产账面价值的份额。另外，对于法律上母公司的所有股东，虽然该项合并中其被认为被购买方，但其享有合并形成报告主体的净资产及损益，不应作为少数股东权益列示。

应予说明的是，上述反向购买的会计处理原则仅适用于合并财务报表的编制。法律上母公司在该项合并中形成的对法律上子公司长期股权投资成本的确定，应当遵从《企业会计准则第 2 号——长期股权投资》的相关规定。

（三）每股收益的计算

发生反向购买当期，用于计算每股收益的发行在外普通股加权平均数为：

（1）自当期期初至购买日，发行在外的普通股数量应假定为在该项合并中法律上母公司向法律上子公司股东发行的普通股数量；

（2）自购买日至期末发行在外的普通股数量为法律上母公司实际发行在外的普通股

股数。

反向购买后对外提供比较合并财务报表的，其比较前期合并财务报表中的基本每股收益，应以法律上子公司的每一比较报表期间归属于普通股股东的净损益除以在反向购买中法律上母公司向法律上子公司股东发行的普通股股数计算确定。

上述假定法律上子公司发行的普通股股数在比较期间内和自反向购买发生期间的期初至购买日之间内未发生变化。如果法律上子公司发行的普通股股数在此期间发生了变动，计算每股收益时应适当考虑其影响进行调整。

【例1－17】 A上市公司于20×7年9月30日通过定向增发本企业普通股对B企业进行合并，取得B企业100%股权。假定不考虑所得税影响。A公司及B企业在合并前简化资产负债表如表1－2所示。

表1－2　　合并前资产负债表

20×7年9月30日　　单位：万元

项　　目	A公司	B企业
流动资产	2 000	3 000
非流动资产	14 000	40 000
资产总额	16 000	43 000
流动负债	800	1 000
非流动负债	200	2 000
负债总额	1 000	3 000
所有者权益		
股本	1 000	600
资本公积		
盈余公积	4 000	11 400
未分配利润	10 000	28 000
所有者权益总额	15 000	40 000

其他资料如下：

①20×7年9月30日，A公司通过定向增发本企业普通股，以2股换1股的比例自B企业原股东处取得了B企业全部股权。A公司共发行了1 200万股普通股以取得B企业全部600万股普通股。

②A公司普通股在20×7年9月30日的公价值为20元，B企业每股普通股当日的公允价值为40元。A公司、B企业每股普通股的面值均为1元。

③20×7年9月30日，A公司除非流动资产公允价值较账面价值高3 000万元以外，其他资产、负债项目的公允价值与其账面价值相同。

④假定A公司与B企业在合并前不存在任何关联方关系。

对于该项企业合并，虽然在合并中发行权益性证券的一方为A公司，但因其生产经营决策的控制权在合并后由B企业原股东控制，B企业应为购买方，A公司为被购买方。

该项合并业务的处理程序如下：

①确定该项合并中B企业的合并成本。

A公司在该项合并中向B企业原股东增发了1 200万股普通股，合并后B企业原股东持有A公司的股权比例为54.55%（1 200/2 200），如果假定B企业发行本企业普通股在合并后主体享有同样的股权比例，则B企业应当发行的普通股股数为500万股（600÷54.55% -600），其公允价值为22 000万元，企业合并成本为20 000万元。

②企业合并成本在可辨认资产、负债的分配。

企业合并成本	20 000
A公司可辨认资产、负债：	
流动资产	2 000
非流动资产	17 000
流动负债	(800)
非流动负债	(200)
商誉	2 000

该项业务合并以后，A公司编制的合并资产负债表如表1-3所示。

表1-3　合并资产负债表

编制单位：A公司　20×7年9月30日　单位：万元

项　目	金　额
流动资产	5 000
非流动资产	57 000
商誉	2 000
资产总额	64 000
流动负债	1 800
非流动负债	2 200
负债总额	4 000
所有者权益	
股本	1 100
资本公积	19 500
盈余公积	11 400
未分配利润	28 000
所有者权益总额	60 000

③每股收益。本例中，假定B企业20×6年实现合并净利润1 200万元，20×7年A公司与B企业形成的主体实现合并净利润2 300万元，自20×6年1月1日至20×7年9月30日，B企业发行在外的普通股股数未发生变化。

A公司20×7年基本每股收益=2 300/（1 200×9÷12+2 200×3÷12）=1.59（元）

提供比较报表的情况下，比较报表中的每股收益应进行调整，即：

A公司20×6年的每股收益=1 200/1 200=1（元）

④少数股东权益。本例中，B企业的全部股东中假定只有其中的90%以原持有的对B

企业股权换取了A公司增发的普通股。A公司应发行的普通股股数为1 080万股（600×90%×2）。企业合并后，B企业的股东拥有合并后报告主体的股权比例为51.92%（1 080/2 080）。通过假定B企业向A公司发行本企业普通股在合并后主体享有同样的股权比例，在计算B企业须发行的普通股数量时，不考虑少数股权的因素，故B企业应当发行的普通股股数为500万股（600×90%÷51.92%－600×90%），B企业在该项合并中的企业合并成本为20 000万元［（1 040－540）×40］，B企业未参与股权交换的股东拥有B企业的股份为10%，享有B企业合并前净资产的份额为4 000万元，在合并财务报表中应作为少数股东权益列示。

六、购买子公司少数股权的会计处理

企业在取得对子公司的控制权形成企业合并后，购买少数股东全部或部分权益的，实质上是股东之间的权益性交易，应当分别母公司个别财务报表以及合并财务报表两种情况进行处理：

（1）母公司个别财务报表中对于自子公司少数股东处新取得的长期股权投资，应当按照《企业会计准则第2号——长期股权投资》的规定，确定长期股权投资的入账价值。

（2）在合并财务报表中，子公司的资产、负债应以购买日（或合并日）开始持续计算的金额反映。母公司新取得的长期股权投资成本与按照新增持股比例计算应享有子公司自购买日（或合并日）开始持续计算的可辨认净资产份额之间的差额，应当调整合并财务报表中的资本公积（资本溢价或股本溢价），资本公积（资本溢价或股本溢价）的余额不足冲减的，调整留存收益。

【例1－18】 A公司于20×7年12月29日以8 000万元取得对B公司70%的股权，能够对B公司实施控制，形成非同一控制下的企业合并。20×8年12月25日，A公司又出资3 000万元自B公司的少数股东处取得B公司20%的股权。假定A公司与B公司的少数股东在交易前不存在任何关联方关系。其他资料如下：

①20×7年12月29日，A公司在取得B公司70%股权时，B公司可辨认净资产公允价值总额为10 000万元。

②20×8年12月25日，B公司有关资产、负债的账面价值、自购买日开始持续计算的金额（对母公司的价值）如表1－4所示。

表1－4　　B公司资产和负债账面价值　　单位：万元

项　目	B公司的账面价值	B公司资产、负债自购买日开始持续计算的金额（对母公司的价值）
存货	500	500
应收款项	2 500	2 500
固定资产	4 000	4 600
无形资产	800	1 200
其他资产	2 200	3 200
应付款项	600	600

续表

项　　目	B公司的账面价值	B公司资产、负债自购买日开始持续计算的金额（对母公司的价值）
其他负债	400	400
净资产	9 000	11 000

该项合并业务的处理程序如下：

①确定A公司对B公司长期股权投资的成本。

20×7年12月29日为该非同一控制下企业合并的购买日，A公司取得对B公司长期股权投资的成本为8 000万元。

20×8年12月25日，A公司在进一步取得B公司20%的少数股权时，支付价款3 000万元。该项长期股权投资在20×8年12月25日的账面余额为11 000万元。

②编制合并财务报表时的处理。

第一，商誉的计算。

A公司取得对B公司70%股权时产生的商誉=8 000－10 000×70%＝1 000（万元）

在合并财务报表中应体现的商誉总额为1 000万元。

第二，所有者权益的调整。

合并财务报表中，B公司的有关资产、负债应以其对母公司A的价值进行合并，即与新取得的20%股权相对应的被投资单位可辨认资产、负债的金额为2 200万元（11 000×20%）。

因购买少数股权新增加的长期股权投资成本3 000万元与按照新取得的股权比例（20%）计算确定应享有子公司自购买日开始持续计算的可辨认净资产份额2 200万元之间的差额800万元，在合并资产负债表中调整所有者权益相关项目，首先调整资本公积（资本溢价或股本溢价），在资本公积（资本溢价或股本溢价）的金额不足冲减的情况下，调整留存收益（盈余公积和未分配利润）。

七、被购买方的会计处理

非同一控制下企业合并中，购买方通过企业合并取得被购买方100%股权的，被购买方可以按照合并中确定的可辨认资产、负债的公允价值调整其账面价值。除此之外，其他情况下被购买方不应因企业合并改记有关资产、负债的账面价值。

第五节 企业合并信息披露

一、企业合并信息披露概述

企业合并是一项比较复杂的工作，合并以后会对企业的财务状况、经营成果及现金流量产生较大的影响。为了规范企业合并的确认、计量和相关会计信息，根据《企业会计准则》的规定，企业合并发生当期的期末，合并方应在财务报表的有关附注中对合并业务的有关信息进行披露。

由于同一控制下企业合并和非同一控制下企业合并的会计处理不同，所以在财务报表附注中披露的信息也有所区别。

二、同一控制下企业合并的合并方信息披露

根据《企业会计准则第20号——企业合并》的规定，同一控制下企业合并时，合并方应披露下列有关信息：

（1）参与企业合并的基本情况。其具体包括参与合并企业的注册地、组织形式、总部所在地，以及参与合并企业的业务性质和主要经营活动等基本情况。

（2）属于同一控制下企业合并的判断依据。判断是否属于同一控制下企业合并的依据，主要是分析参与合并的企业在合并前后是否均受同一方或相同的多方最终控制，而且该控制并非暂时性的。在附注中需要披露同一方（如企业集团母公司）或相同多方（如在被投资单位的生产经营决策行使表决权时发表一致意见的两个或两个以上的投资者）的基本情况。

（3）合并日的确定依据。在同一控制下企业合并中，合并日是指合并方实际取得对被合并方控制权的日期。企业合并是通过一次交换交易实现时，合并日应根据合并协议中规定的合并方取得被合并方实际控制权的日期确定；如果企业合并是通过多次交换交易分步实现的，合并日应根据具体情况加以确定。

（4）合并对价在合并方的账面价值及股份比例。同一控制下企业合并时，合并方以支付现金、转让非现金资产以及承担债务作为合并对价的，应披露所支付对价在合并日的账面价值；以发行权益性证券作为合并对价的，应披露合并中发行权益性证券的数量、定价原则，以及参与合并各方交换有表决权股份的比例。

（5）被合并方有关资产、负债、收入、净利润及现金流量。同一控制下企业合并时，合并方还应披露被合并方的资产、负债在上一会计期间资产负债表日及合并日的账面价值；被合并方自合并当期期初至合并日的收入、净利润以及现金流量等情况。

（6）承担的或有负债。同一控制下企业合并，如果按照合并合同或协议约定，合并方有义务承担被合并方的或有负债时，也应当予以披露。

（7）会计政策不一致时所作调整的说明。同一控制下企业合并时，如果被合并方的会计政策和会计期间与合并企业的会计政策和会计期间不一致时，应进行追溯调整。调整的项目、方法及金额应当予以披露。

（8）其他信息。除上述资料以外，企业合并中发生的其他有关重要信息，比如，企业已处置或拟处置被合并方资产、负债的账面价值、处置价值等，也应当予以披露。

三、非同一控制下企业合并的合并方信息披露

根据《企业会计准则第20号——企业合并》的规定，非同一控制下企业合并时，购买方应当披露下列有关信息：

（1）参与企业合并的基本情况。包括参与合并企业的注册地、组织形式、总部所在地，以及参与合并企业的业务性质和主要经营活动等基本情况。

（2）购买日的确定依据。在非同一控制下企业合并中，购买日是指购买方获得被购买方控制权的日期。即企业合并交易过程中，发生控制权转移的日期。在确定购买日时，要严格按照会计准则规定的条件予以确认，并将确认的依据予以披露。

（3）购买方的价值。在非同一控制下企业合并时，购买方应当披露合并成本的构成、账面价值、公允价值，以及公允价值的确定方法。

（4）被购买方的有关价值。在非同一控制下企业合并时，还应当披露被购买方各项可辨认资产、负债在上一会计期间资产负债表日及购买日的账面价值和公允价值。

（5）承担的或有负债。在非同一控制下企业合并时，如果按照合并合同或协议约定，购买方有义务承担被合并方的或有负债时，也应当予以披露。

（6）被合并方有关资产、负债、收入、净利润及现金流量。非同一控制下企业合并时，购买方还应披露被购买方的资产、负债在上一会计期间资产负债表日及合并日的账面价值；被合并方自合并当期期初至合并日的收入、净利润以及现金流量等情况。

（7）商誉及其金额。非同一控制下企业合并时，购买方对合并成本大于合并中取得的被购买方可辨认净资产公允价值份额的差额，应当确认为商誉。对于合并中取得的商誉及其金额，以及商誉确定的方法，都应当在报表附注中予以披露。

（8）合并成本小于被购买方可辨认净资产公允价值的份额。非同一控制下企业合并时，购买方因合并成本小于合并中取得的被购买方可辨认净资产公允价值份额的差额，应当计入当期损益。对于这部分计入当期损益的金额，也应当予以披露。

（9）其他信息。除上述资料以外，企业合并中发生的其他有关重要信息，比如，企业已处置或准备处置被合并方资产、负债的账面价值、处置价值等，也应当予以披露。

本章关键概念

企业合并　吸收合并　新设合并　控股合并　控制　同一控制下企业合并　非同一控制下企业合并　权益结合法　购买法　合并费用　合并成本　合并对价　商誉

复习思考题

1. 什么是企业合并？如何界定企业合并？
2. 企业合并有哪些方面的动因？
3. 按照不同的标准企业合并可以分为哪些类型？
4. 什么是权益结合法？其有何特点？

5. 什么是购买法？其有何特点？
6. 同一控制下企业合并应如何进行会计处理？
7. 非同一控制下企业合并应如何进行会计处理？
8. 企业合并应披露哪些信息？

第二章 合并财务报表

【引言】

合并财务报表是指反映母公司和其全部子公司形成的企业集团整体财务状况、经营成果和现金流量的财务报表。合并财务报表的合并范围应当以控制为基础予以确定。企业在能够对子公司生产经营活动实施控制的情况下，均应编制合并财务报表，应将能够控制的子公司全部纳入合并报表的合并范围。合并财务报表主要包括合并资产负债表、合并利润表、合并现金流量表、合并所有者权益变动表等。

第一节 合并财务报表概述

合并财务报表是以母公司和子公司组成的企业集团为一报告主体，以母公司和子公司单独编制的个别财务报表为基础，由母公司编制的综合反映企业集团财务状况、经营成果及现金流量的财务报表。

一、合并财务报表的组成

合并财务报表主要包括合并资产负债表、合并利润表、合并所有者权益变动表（或合并股东权益变动表）、合并现金流量表以及附注。它们分别从不同的方面反映企业集团财务状况、经营成果及其现金流量情况，构成一个完整的合并财务报表体系。其中，合并资产负债表是反映母公司和子公司所形成的企业集体某一特定日期财务状况的报表。合并利润表是反映母公司和子公司所形成的企业集团整体在一定期间内经营成果的报表。合并所有者权益变动表（或合并股东权益变动表）是反映母公司在一定期间内，包括经营成果分配在内的所有者（或股东）权益增减变动情况的报表。他是从母公司的角度，站在母公司所有者的立场反映企业所有者（或股东）在母公司中的权益增减变动情况的。合并现金流量表是反映母公司和子公司所形成的企业集团在一定期间现金流入、流出量以及现金增减变动情况的报表。附注是对在合并资产负债表、合并利润表、合并现金流量表和合并所有者权益变动表（或合并股东权益变动表）等报表中列示项目的文字描述或明细资料，以及对未能在这些报表中列示项目的说明等。

二、合并财务报表的合并理论

到目前为止，编制财务报表的合并理论主要有母公司理论、主体理论以及所有权理论等。

（一）母公司理论

所谓母公司理论是将合并财务报表视为母公司本身的财务报表反映的范围扩大来看待，从母公司角度来考虑合并财务报表的合并范围、选择合并处理方法。母公司理论认为合并财务报表主要是为母公司的股东和债权人服务的，为母公司现实的和潜在的投资者服务的，强调的是母公司股东的利益。

在采用母公司理论的情况下，在确定合并范围时，通常更多的是以法定控制为基础，以持有多数股权或表决权作为是否将某一被投资企业纳入合并范围的依据，或者通过一家公司处于另一家公司法定支配下的控制协议来确定合并财务报表的合并范围。在采用母公司理论编制合并财务报表情况下，所采用的合并处理方法都是从母公司本身的股东利益来考虑的，如对于子公司少数股东的权益，在合并资产负债表中通常视为一项负债来处理；对于企业集团内部销售收入的抵销，需要考虑销售的顺销（母公司将商品销售给子公司）和逆销（子公司将商品销售给母公司）两种情况，对于顺销，编制合并财务报表时只抵销子公司中母公司持有股权相对的份额，即多数股东的份额，而对于少数股东股权相对应的份额，则视为实现销售处理，不需要进行抵销处理。这一理论忽视了母公司股东以外的少数股东的利润和信息需要。

（二）实体理论

实体理论认为合并财务报表是企业集团各成员企业构成的经济联合体的财务报表，编制合并财务报表是为整个经济体服务的。它强调的是企业集团中所有成员企业所构成的经济实体，它对构成企业集团的持有多数股权的股东和拥有少数股权的股东一视同仁、同等对待。该理论认为只要是企业集团成员股东，无论是拥有多数股权，还是拥有少数股权，都是共同组成的经济实体的股东。

在运用实体理论情况下，对于少数股东权益通常视为股东权益的一部分，在合并资产负债表中股东权益部分列示和反映。由于对构成企业集团的成员企业的所有股东均视为企业集团的股东，对于企业集团内部各成员企业相互之间发生的销售行为，其内部销售商品或提供劳务过程中所实现的销售损益，均属于未实现内部销售损益，应当予以抵销。无论是顺销还是逆销，其实现的内部销售损益，对于由成员企业全体股东构成的企业集团来说都是未实现内部销售损益，均属于抵销范围。

采用实体理论编制的合并财务报表，有利于企业集团内部管理人员从整体上把握企业集团经营活动的情况，相对来说更能够满足企业集团内部管理人员对财务信息的需要。因此，目前《国际财务报告准则》及我国《企业会计准则》主要采用的就是实体理论。

（三）所有权理论

所有权理论运用于合并财务报表编制时，既不强调企业集团中存在的法定控制关系，也不强调企业集团各成员企业所构成的经济实体，而是强调编制合并财务报表的企业对另一企业的经济活动和财务决策具有重大影响的所有权。所有权理论认为母公司理论和实体理论都不能解决隶属于两个或两个以上企业集团的企业的合并财务报表编制问题。例如，某一企业的全部股权由两个投资企业投资形成，各拥有其50%的股权，即共同控制企业。在这种情况下，其中任何一个投资企业都不能对该投资实施控制，根据母公司理论和实体理论都很难确定该企业的财务报表由哪一投资企业合并。因为在这种情况下，既没有单一的母公司，也没有少数股权的股东；既不存在法定支配权也不存在单一的经济主体。为了弥补母公司理论和实体理论的不足，有的国家在编制合并财务报表时就提出了所有权理论，以期解决共同控制下的合并财务报表的编制问题。

在采用所有权理论情况下，对于其拥有所有权的企业的资产、负债和当期实现的净损益，均按照一定的比例合并计入合并财务报表。这也是一些国家合并财务报表相关准则规定比例合并法的理论基础。

三、合并财务报表的编制原则

合并财务报表作为财务报表，必须符合财务报表编制的一般原则和基本要求。这些基本要求包括真实可靠、内容完整。合并财务报表又与个别财务报表不同，它反映母公司和子公司组成的企业集团整体财务情况，反映的是若干个法人共同形成的会计主体的财务情况。因此，合并财务报表的编制除在遵循财务报表编制的一般原则和要求外，还应当遵循以下原则和要求：

（1）以个别财务报表为基础编制。合并财务报表并不是直接根据母公司和子公司账簿编制，而是利用母公司和子公司编制的反映各自财务状况和经营成果的财务报表提供的数据，通过合并财务报表的特有方法进行编制。以纳入合并范围的个别财务报表为基础，可以说是客观性原则在合并财务报表编制时的具体体现。

（2）一体性原则。合并财务报表反映的是企业集团的财务状况和经营成果，反映的是由多个法人企业组成的一个会计主体的财务情况，在编制合并财务报表时应当将母公司和所有子公司作为整体来看待，视为一个会计主体，母公司和子公司发生的经营活动都应当从企业集团这一整体的角度进行考虑。因此，在编制合并财务报表时，对于母公司与子公司、子公司相互之间发生的经济业务，应当视同同一会计主体内部业务处理，视同同一会计主体之下的不同核算单位的内部业务。

（3）重要性原则。与个别财务报表相比，合并财务报表涉及多个法人主体，涉及的经营活动的范围很广。母公司与子公司经营活动往往跨越不同行业界限，有时母公司与子公司经营活动甚至相差很大。而合并财务报表要综合反映这样的会计主体的财务情况，必然要涉及重要性的判断问题。特别是在拥有众多子公司的情况下，更是如此。在编制合并财务报表时，特别必须强调重要性原则的运用。例如，对一些项目在企业集团中的某一企业具有重要性，但对于整个企业集团则不一定具有重要性，在这种情况下根据重要性的要求对财务报表项目进行取舍，则具有重要的意义。此外，母公司与子公司、子公司相互之间发生的经济业务，对整个企业集团财务状况和经营成果影响不大时，为简化合并手续也应根据重要性原则进行取舍，可以不编制抵销分录而直接编制合并财务报表。

第二节

合并范围的确定

一、以“控制”为基础，确定合并范围

合并财务报表的合并范围应当以控制为基础予以确定。控制是指投资方拥有对被投资方的权力，通过参与被投资方的相关活动而享有可变回报，并且有能力运用对被投资方的权力影响其回报金额。当投资方因参与被投资方的相关活动而享有可变回报，且有能力运用对被投资方的权力来影响上述回报时，投资方即控制被投资方。

因此，投资方要实现控制必须具备以下基本要素：一是因涉入被投资方而享有可变回报；二是拥有对被投资方的权力，并且有能力运用对被投资方的权力影响其回报金额。投资方只能同时具备上述两个要素时才能控制被投资方。

实际工作中，投资方在判断其能否控制被投资方时，应综合考虑所有相关事实和情况，以判断是否同时满足控制的两个要素。相关事实和情况主要包括：被投资方的设立目的和设计；被投资方的相关活动以及如何对相关活动作出决策；投资方享有的权利是否使其目前有能力主导被投资方的相关活动；投资方是否通过参与被投资方的相关活动而享有可变回报；投资方是否有能力运用对被投资方的权力影响其回报金额；投资方与其他方的关系。其中，对被投资方的设立目的和设计的分析贯穿于判断控制的始终，也是分析上述其他事实和情况的基础。如果事实和情况表明上述控制要素中的一个或多个发生变化，投资方应当重新判断其还能否控制被投资方。

投资方应从三个方面判断能否控制被投资方。

（一）被投资方的设立目的和设计

当判断对被投资方的控制时，投资方应考虑被投资方的设立目的及设计，以明确哪些是相关活动，相关活动的决策机制，谁拥有现时能力主导这些活动，以及谁从这些活动中获得可变回报。

了解被投资方的设立目的和设计有助于了解每个投资方的目的，即，投资方为何参与被投资方的相关活动，参与了哪些活动。因此，在识别哪个投资方控制被投资方时，了解被投资方的设立目的和设计非常关键。被投资方的设立目的和设计在控制判断的很多环节都需要考虑。具体来说，了解被投资方的设立目的和设计有助于确定以下方面：①被投资方存在哪些风险，投资方参与被投资方相关活动可能产生哪些风险？②相关活动是指哪些活动？③被投资方相关活动的决策机制是怎样的？④哪个投资方有能力主导被投资方的相关活动？⑤哪些投资方能够通过参与被投资方相关活动而享有其可变回报？⑥被投资方相关活动如何影响投资方的回报？⑦如果投资方拥有对被投资方的权力、享有其可变回报，那么它是否有能力运用其对被投资方的权力影响其回报金额？

如果对被投资方的控制是通过持有被投资方权益工具而获得一定比例表决权或是潜在

表决权的方式来实现，在不存在其他改变决策机制的安排时，控制的判断主要着重于判断哪一方能够通过行使表决权来决定被投资方的财务和经营政策。例如，在最简单的情况下，在不存在其他因素时，通常持有半数以上表决权的投资方控制被投资方，但是如果章程或者其他协议有某些特殊约定，如被投资方相关活动的决策需要2/3以上表决权比例通过，在这种情况下，拥有半数以上表决权并不意味着必然能够对被投资方实施控制。

如果在被投资方的设计中表决权不是判断能否控制被投资方的决定性因素，其仅与被投资方的日常行政管理活动有关，而被投资方的相关活动可能是由其他合同安排规定的，则在这种情况下，投资方在考虑被投资方的设立目的和设计时，还应考虑被投资方的设立带来了哪些风险和收益；被投资方将哪些风险和收益转移给了参与其活动的各方；投资方是否面临这些风险和收益。所考虑的风险不仅包括下行风险，也包括可能的上行收益。

【例2－1】 A企业为有限合伙企业，经营期限为3年。A企业将其资金全部用于对非关联方B公司的一家全资子公司C公司增资，增资完成后，A企业持有C公司60%的股权及表决权，B公司持有C公司40%的股权及表决权。根据协议，B公司将在3年后以固定价格回购A企业持有的C公司股权。C公司是专门建造大型资产并用于租赁的项目公司，其建造期为5年，A企业增资的时候，C公司的资产已经建造了2年。

本例中，被投资方的业务活动是用5年的时间建造大型资产，之后以租金的方式取得回报。A企业增资的时候，C公司的资产建造已经开始，很可能许多与建造事项有关的重要事项的决策已完成，当A企业的经营期限结束并将持有的C公司股份以固定价格出售给B公司时，C公司刚刚完成建造活动，尚未开始产生回报。在这种情况下，A企业并不能主导C公司的相关活动，而且A企业也无法通过参与C公司活动取得可变回报，A企业是通过B公司回购股权来收回其投资成本并取得收益的。因此，即使A企业拥有半数以上的表决权，也不能控制被投资方C公司。

（二）判断通过涉入被投资方的活动享有的是否为可变回报

1. 可变回报的定义

享有控制权的投资方，通过参与被投资方相关活动，享有的是可变回报。可变回报是不固定且可能随着被投资方业绩而变化的回报，可以仅是正回报或仅是负回报，或者同时包括正回报和负回报。

2. 可变回报的形式

投资方在评价其享有被投资方的回报是否可变以及可变的程度时，需基于合同安排的实质，而不是法律形式。例如，投资方持有固定利息的债券投资时，由于债券存在违约风险，投资方需承担被投资方不履约而产生的信用风险，因此投资方享有的固定利息回报也可能是一种可变回报。又如，投资方管理被投资方资产而获得的固定管理费也是一种变动回报，因为投资方是否能获得此回报依赖于被投资方能否获得足够的收益以支付该固定管理费。

可变回报的形式主要包括：

（1）股利、被投资方经济利益的其他分配（如被投资方发行的债务工具产生的利息）、投资方对被投资方的投资的价值变动。从被投资方获取股利是投资方的可变回报的通常表现形式。但在某些情况下，受限于法律法规的相关规定，投资方无法通过分配被投资方利润或结余的形式获得回报，例如，当被投资方的法律形式为信托机构时，其盈利可能不是以股利形式分配给投资者。这种情况下，需要根据具体情况，以投资方的投资目的为出发点，综合分析投资方是否获得除股利以外的其他可变回报，即，被投资方不能进行利润分配并不必然代表投资方不能获取可变回报。

（2）因向被投资方的资产或负债提供服务而得到的报酬、因提供信用支持或流动性支持收取的费用或承担的损失、被投资方清算时在其剩余净资产中所享有的权益、税务利益、因参与被投资方而获得的未来流动性。

（3）其他利益持有方无法得到的回报。例如，投资方将自身资产与被投资方的资产整合以实现规模经济，达到节约成本的目的；投资方通过涉入被投资方，从而保证稀缺资源的供应、获得专有技术或者限制被投资方某些运营或资产，从而达到提高投资方其他资产价值的目的。

此外，尽管只有一个投资方能够控制被投资方，但可能存在多个投资方分享被投资方的回报。如少数股东权益的持有者可以分享被投资方的利润。

（三）判断投资方是否对被投资方拥有权力，并能够运用此权力影响回报金额

1. 权力的定义

控制的第一个要素是权力。投资方能够主导被投资方的相关活动时，称投资方对被投资方享有“权力”。在判断投资方是否对被投资方拥有权力时，应注意以下几点：①权力只表明投资方主导被投资方相关活动的现时能力，并不要求投资方实际行使其权力。即，如果投资方拥有主导被投资方相关活动的现时能力，即使这种能力尚未被实际行使，也视为该投资方拥有对被投资方的权力。②权力是一种实质性权利，而不是保护性权利。③权力是为自己行使的，而不是代其他方行使。④权力通常表现为表决权，但有时也可能表现为其他合同安排。

2. 相关活动

（1）识别相关活动。从上述权力的定义中可以看出，要判断投资方是否拥有对被投资方的权力，首先需要识别被投资方的相关活动。相关活动是指对被投资方的回报产生重大影响的活动。可见，判断相关活动时，应关注的是那些对被投资方的回报具有重大影响的活动，而不是对被投资方回报影响甚微或没有影响的行政活动。

对许多企业而言，经营和财务活动通常对其回报产生重大影响。但不同企业的相关活动可能是不同的，应当根据企业的行业特征、业务特点、发展阶段、市场环境等具体情况来进行判断，这些活动可能包括但不限于：商品或劳务的销售和购买；金融资产的管理；资产的购买和处置；研究与开发活动；确定资本结构和获取融资。

同一企业在不同环境和情况下，相关活动也可能有所不同。

【例2－2】 A公司设立一家投资公司——B公司，A公司占B公司30%的股权，剩余70%股权由与A公司无关联关系的公众投资者持有，这些投资者的持股比例十分分散。此外，B公司还向其他公众投资者发行一项债务工具。B公司使用发行债务工具和权益工具所筹集的资金进行金融资产组合投资（均投资于债务工具），B公司可能会面临与该金融资产组合投资相关的因债务人不履约而导致投资本金和利息不能收回的信用风险。在所持金融资产组合投资出现违约事项时，首先由B公司的权益工具持有人承担由违约事项

带来的损失，如果违约事项带来的损失超过权益工具金额之后，则剩余损失由债务工具持有人承担。在违约事项带来的损失超过权益工具金额之前，A公司管理B公司的投资组合，当违约事项带来的损失超过权益工具金额之后，由债务工具持有人指定的其他方开始管理B公司的投资资产。

本例说明，企业在不同环境和情况下的相关活动可能不同。在未发生违约事项或违约事项带来的损失小于权益工具金额时，B公司的相关活动是管理金融资产投资组合，而在违约事项带来的损失超过权益工具的金额后，B公司的相关活动转变为管理存在违约事项的资产及剩余金融资产投资。

（2）分析相关活动的决策机制。在大多数情况下，当投资方通过持有表决权或类似权利主导被投资方时，其权力往往是通过统驭被投资方的战略性经营和财务政策而获得的，但对于并非由表决权或类似权利主导的被投资方，以及当多个利益方对被投资方的不同活动同时拥有决策权的时候，识别相关活动尤其重要。判断被投资方的相关活动后，了解谁拥有对被投资方的权力的下一个重要步骤是分析此类活动的决策机制。就相关活动作出的决策包括但不限于：①对被投资方的经营、融资等活动作出决策，包括编制预算；②任命被投资方的关键管理人员或服务提供商，并决定其报酬，以及终止该关键管理人员的劳务关系或终止与服务提供商的业务关系。投资方在分析相关活动的决策机制时，应当重点关注被投资方设立的目的和设计以及如何作出有关下列活动的决策：变更战略方向，包括收购和处置子公司；购买或处置主要资本性资产；委任董事及其他关键管理人员并确定其酬劳；批准年度计划、预算和股利政策。

另外，清晰了解被投资方的治理结构对识别相关活动的决策方式至关重要。在实务中，相关的监管要求和股东间的协议不同，企业的治理结构也可能各不相同。在某些情况下，相关活动一般由企业章程及协议中约定的权力机构（如股东会、董事会）来决策，但在特殊情况下，相关活动的决策也可能基于合同协议约定等原因由其他机构来主导，如专门设置的管理委员会等。有限合伙企业的相关活动可能由合伙人大会决策，也可能由普通合伙人或者投资管理公司等机构或人员决策。

（3）两个或两个以上投资方能够分别单方面主导被投资方的不同相关活动时，如何判断哪方拥有权力。被投资方的相关活动通常有多个，并且可能不是同时进行。当两个或两个以上投资方能够分别单方面主导被投资方的不同相关活动时，能够主导对被投资方回报产生最重大影响活动的一方拥有对被投资方的权力。在具体判断哪个投资方对被投资方拥有权力时，投资方通常需要考虑的因素包括：①被投资方的设立目的；②影响被投资方利润率、收入和企业价值的决定因素；③各投资方拥有的与上述决定因素相关的决策职权的范围，以及这些职权分别对被投资方回报的影响程度；④投资方对于可变回报的风险敞口的大小。

【例2-3】A公司和B公司共同投资C公司，C公司的主营业务活动为药品研发和销售。根据C公司章程和合资协议的约定，在所研发药品获得相关监管部门的生产批准前，A公司可以单方面主导C公司药品研发活动，而在获得相关监管部门的生产批准后，则由B公司单方面主导该药品的生产和营销决策。

在本例中，C公司的研发、生产和营销活动均是会对C公司的回报产生重大影响的活动。投资方除须结合上述四点进行综合分析以外，还需要考虑以下具体因素：获得监管部门批准的不确定性和难易程度、考虑投资方成功开发药品并获取生产批准的历史纪录、产品定位、目前药品所处的开发阶段、预测所需开发时间、同类药品开发的难易程度、取得同类药品营销渠道的难易程度、开发完成后哪一方投资者可实际控制该药品相关的经营活动（如取得同类药品营销渠道和实现销售业绩的难易程度）等。

当药品研发属于最相关活动时，能够主导研发的投资方 A 公司拥有对被投资方的权力；当药品生产和销售属于最相关活动时，能够主导产品生产和销售的投资方 B 公司拥有对被投资方的权力。

3. "权力"是一种实质性权利

权力源于权利。但是，这并不意味着在判断权力时需要考虑投资方及其他方对被投资方的所有权利。在判断投资方是否拥有对被投资方的权力时，应区分投资方及其他方享有的权利是实质性权利还是保护性权利，仅实质性权利才应当被加以考虑。

（1）实质性权利。实质性权利是指持有人在对相关活动进行决策时，有实际能力行使的可执行权利。"有实际能力行使"意味着对于投资方拥有的实质性权利，即便投资方并未实际行使，也应在判断投资方是否对被投资方拥有权力时予以考虑。为了使一项权利成为实质性权利，在作出可主导被投资方相关活动的决策时，该项权利应当是可行使的。通常情况下，实质性权利应当是当前可执行的权利，但在某些情况下，目前不可行使的权利也可能是实质性权利，如某些潜在表决权。

【例 2－4】 投资方持有一份将于 25 天后结算的远期股权购买合同，该合同结算后，投资方能够持有投资方的多数表决权股份；30 天后才能召开的特别股东大会是能够对相关活动进行决策的最早决策日；除此之外，其他投资方不能对被投资方相关活动的现行政策作出任何改变。

在本例中，虽然投资方持有的 25 天后才能结算的远期股权购买合同不是当前可执行的权利，但是由于最早可能召开的股东大会必须在 30 天之后，晚于此远期股权购买合同的可行权日（25 天后），在投资方执行远期股权购买合同之前的时间段内，也没有其他任何一方可以改变与被投资方相关活动有关的决策，所以该权利虽然当前不可执行，但仍然为一项实质性权利，是该投资方当前有能力主导被投资方的相关活动。

判断一项权利是否为实质性权利，应当综合考虑所有相关因素。相关因素包括但不限于以下各项：

①权利持有人行使权利是否存在经济或其他方面的障碍。例如，财务处罚或奖励阻止权利持有人行使该权利；行权价或转换价格产生了财务障碍导致权利持有人不行使权利；合同条款或条件的限定导致该等权利不太可能被行使（如对于权利行使的时间有严格限制条件）；在设立被投资方的文件或相关法律法规中缺乏明确合理的机制让权利持有人行使其权利；权利持有人不能获得可以行使权利的必要信息；运营方面的障碍或诱因阻止权利持有人行使权利（如没有其他管理者愿意或能够取代现有的管理者向被投资方提供专业服务，或提供专业服务并承担现有管理者持有的权益）；法律法规的限制导致权利持有人无法行使权利（如外国投资者被禁止行使其权利）。

②当权利由多方持有或者行权需要多方同意时，是否存在实际可行的机制使得这些权

利持有人在其愿意的情况下能够一致行使权利。缺乏这种机制可能表明权利是非实质性的。需要一致行使权利的投资方越多，权利是实质性权利的可能性越小。然而，独立于决策者的董事会可以作为一个众多投资方一致行使权利的机制。因此，相较于众多投资方单独持有的罢免权，独立的董事会持有的同样的罢免权更有可能是实质性权利。

③权利持有人能否从行使权利中获利。如潜在表决权持有人应考虑行权价格或转换价格。当投资方能在行权或转换中因价格或其他原因获利时（如实现投资方和被投资方的协同效应），潜在表决权的条款和条件就更有可能是实质性的。

有时候，被投资方的其他投资方也可能拥有实质性权利，从而使投资方不能控制被投资方。其他方拥有的实质性权利不一定是待决策事项的提议权，可能仅是一些批准或否定议案的权利，只要这些权利不仅仅是保护性权利，则其他方拥有的这些实质性权利可能会使得投资方不能控制被投资方。

（2）保护性权利。保护性权利旨在保护持有这些权利的当事方的权益，而不赋予当事方对这些权利所涉及的主体的权力。仅持有保护性权利的投资方不能对被投资方实施控制，也不能阻止其他方对被投资方实施控制。例如，贷款方限制借款方进行会对借款方信用风险产生不利影响从而损害贷款方利益的活动的权利；少数股东批准超过正常经营范围的资本性支出或发行权益工具、债务工具的权利；贷款方在借款方发生违约行为时扣押其资产的权利。

保护性权利通常仅适用于被投资方的活动发生根本性改变或某些特殊例外的情况，但并非所有在例外情况下行使的权利或在不确定事项发生时才行使的权利都是保护性权利。例如，当被投资方的活动和回报已被预先设定，只有在发生某些特定事项时才需要进行决策，且这些决策对被投资方的回报产生重大影响，则该等事项引发的活动属于相关活动，对这些相关活动行使的权利就不是保护性权利。对于有权主导这些相关活动的投资者，在判断其对被投资方是否拥有权力时，不需要考虑这些特定事项是否已经发生。

被投资方为被特许人时，特许经营协议经常给予特许人保护特许品牌的权利，也通常会赋予特许人某些与被特许人经营相关的决策权。在对被投资方进行分析时，需要区分两种权利，一是目前有能力作出对被特许人回报产生重大影响的决策的权利；二是有能力作出保护特许品牌的决策的权利。但两种权利并不完全相同。一般而言，通过签订特许经营协议，被特许人依据特许经营协议的条款能够自行决定其业务的运营；特许人的权利并不限制其他方有能力作出对被特许人回报有重大影响的决策，也不必然导致特许人目前有能力主导对被特许人的相关活动。被特许人的法律形式和资本结构等基本决策可能由特许人之外的其他方来决定，并且这些决策可能会对被特许人的回报产生重大影响。当其他方享有现时权利使其目前有能力主导被特许人的相关活动时，特许人不拥有对被特许人的权力。特许人提供的财务支持越少，特许人面临的被特许人的回报的变动性越小，特许人就越有可能只拥有保护性权利。

4. 权力的持有人应为主要责任人

权力是能够“主导”被投资方相关活动的现时能力，可见，权力是为自己行使的（行使人为主要责任人），而不是代其他方行使权力（行使人为代理人）。

代理人代表其他方（主要责任人）行动并服务于该其他方的利益。主要责任人可能将其对被投资方的某些或全部决策权授予代理人，但代理人代表主要责任人行使此类权力时，代理人并不对被投资方拥有控制。在评估控制时，代理人的决策权应被视为由主要责任人直接持有，权力属于主要责任人，而非代理人。

当存在多个主要责任人时，每个主要责任人需评估其是否拥有对被投资方的权力。决策者不会仅仅因为其他方能从其决策中获益而成为代理人。决策者在确定其是否为代理人时，应总体考虑自身、被投资方以及其他方之间的关系，尤其需考虑下述四项因素，除非某一方拥有罢免该决策者的实质性权利，且能够实现无理由罢免，否则应当全面分析评价下述四项因素的影响。根据具体情况，下述四项因素的相对重要性程度可能存在差异：

（1）决策者对被投资方的决策权范围。在评估决策权范围时，应考虑相关协议或法规允许决策者决策的活动，以及决策者对这些活动进行决策时的自主程度。与该评估相关的因素包括但不限于：被投资方的设立目的与设计、被投资方所面临的风险及转移到其他投资方的风险、决策者在设计被投资方过程中的参与程度。例如，如果决策者在被投资方设计过程中的参与度较深（包括确定决策权范围），则可能表明决策者有机会及动机获得权利使其有能力主导相关活动，但该情况本身并不足以认定决策者必然能够主导相关活动。主导相关活动的决策权范围越广，越能表明决策者（如资产管理人）拥有权力，但并不意味着该决策者一定是主要责任人。

（2）其他方享有的实质性权利。其他方享有的实质性权利可能会影响决策者主导被投资方相关活动的能力。其他方持有实质性罢免权或其他权利可能显示决策者是代理人。

当存在单独一方拥有实质性罢免权并能无理由地罢免决策者时，单凭这一点就足以表明决策者是代理人。如果存在多于一方拥有这样的权利（且不存在单独一方能不经其他方同意即可罢免决策者的情况），那么这些权利本身不足以得出决策者是主要代表其他方且为了其他方利益进行决策的结论。在罢免决策者时需要联合一致行使罢免权的各方的数量越多，决策者的其他经济利益（即薪酬和其他利益）的量级和可变动性越大，则其他方所持有的权利在评价决策者是否是代理人时的权重就越小。

在判断决策者是否是代理人时，应考虑其他方所拥有的限制决策者自由决策的实质性权利，这与考虑罢免权的方法相似。例如，如果决策者在进行决策时仅需要取得数量较少的其他方许可，则基本上可以判断该决策者是代理人。

在考虑其他方持有的权利时，应评估被投资方董事会（或其他权力机构）可行使的权利及其对决策权的影响。

（3）决策者的薪酬水平。相对于被投资方活动的预期回报，决策者享有的薪酬的量级和可变动性越大，决策者越可能是主要责任人。就薪酬而言，在确定决策者是主要责任人还是代理人时，应考虑是否存在以下情况：

①决策者的薪酬与其所提供的服务相称。

②薪酬协议仅包括在公平交易基础上针对类似服务和技能水平商定的安排中常见的条款、条件或金额。

如不能同时满足上述条件，则决策者必然不是代理人。但仅满足上述这些条件并不足以表明决策者是代理人，还需结合决策者的决策权范围、其他方享有的实质性权利、决策者因持有其他权益而承担的可变回报风险等因素进行进一步分析。

（4）决策者因持有被投资方的其他权益而承担可变回报的风险。对于在被投资方持有其他权益（如对被投资方进行投资或提供被投资方业绩担保）的决策者，在评估其是否为代理人时，应考虑决策者因该权益所面临的可变回报的风险。持有被投资方其他权益表明该决策者可能是主要责任人。在评估由于在被投资方的其他利益而面临的可变回报风险时，应考虑以下因素：

①决策者享有的经济利益的量级和可变动性。将决策者的薪酬和其他利益结合在一起的总体经济利益的量级和可变动性越大，该决策者越有可能是主要责任人。

②决策者面临的可变回报风险是否与其他投资方不同，如果不同，这些不同是否会影响其行为。例如，决策者持有次级权益，或向被投资方提供其他形式的信用增级。

决策者应评估其所承担的可变回报风险相对于被投资方总体回报变动风险的程度。该评价应主要基于预期从被投资方的活动中得到的回报，但也应考虑决策者通过持有其他利益而承担的被投资方可变回报的最大风险。

上述四项因素中的前两项因素涉及决策者对被投资方拥有的权力范围以及对这些权力设定的限制的程度。后两项因素与可变回报有关，要求考虑决策者从被投资方中获得的、相对于被投资方活动所产生总报酬的部分（预期值和最大值）的量级和可变动性。

【例2－5】某主体A作为资产管理人发起设立一项投资计划，为多个投资者提供投资机会。主体A在投资授权设定的范围内，以全体投资者的利益最大化为前提作出决策，其拥有广泛的决策权以主导投资计划的相关活动，包括具体资产配置、买入卖出时点以及投资资产出现风险时（如信用违约等）的后续管理等。主体A按照计划资产净值的1%加上达到特定盈利水平后投资计划利润的20%收取管理费，该管理费符合市场和行业惯例，与主体A提供的服务相称。以上事实适用于下列情况1至情况4（各示例之间相互独立）：

情况1，参与该计划的投资者人数众多，单个投资者的投资比例均小于0.5%且投资者之间不存在关联关系。没有单一的投资者可以无理由罢免主体A的资产管理人资格。该计划设有年度投资者大会，经占2/3以上份额的投资者一致通过，可以罢免主体A的资产管理人资格。主体A自身持有该投资计划2%的份额，主体A没有为该计划的其他投资者提供保证收回初始投资及最低收益率的承诺，主体A对超过其所拥有的2%投资以外的损失不承担任何义务。

在情况1下，由于没有任何一方可以无条件罢免主体A的资产管理人资格，因此，主体A在确定其是投资计划的主要责任人还是代理人时需要结合其他因素进一步分析。

主体A对于投资计划享有广泛的决策权利，可以主导投资计划的相关活动。虽然投资计划设立了年度投资者大会，但由于投资者人数众多，且单个投资者之间不存在关联关系，众多非关联投资者集合在一起进行表决并否决主体A的可能性较小。因此，结合主体A的决策权范围和其他方持有的权利，可以认为主体A拥有对该投资计划广泛的实质性权利。

主体A收取的管理费与其服务相称，该因素表明主体A可能作为代理人行使权力。然而仅凭此证据还不足以判断其必然是代理人。

除收取管理费外，主体A还持有该投资计划2%的份额，该投资加大了主体A面临的可变回报风险，但该风险尚未重大到表明主体A是主要责任人。

综合考虑后，主体A应被认定为该投资计划的代理人。

情况2，在主体A违反合同的情况下，投资者有权罢免主体A。主体A自身持有该投资计划20%的份额，主体A没有为该计划的其他投资者提供保证收回初始投资及最低收益率的承诺，主体A没有对超过该20%的投资承担任何额外损失的义务。

在情况2下，投资者有权在主体A违约时罢免主体A。由于该权利只有在主体A违约时才能行使，该权利属于保护性权利，主体A拥有对该投资计划广泛的实质性权利。主体A通过与其服务相称的管理费以及20%的直接投资承担并有权获取投资计划的可变回报，且该回报的量级和可变动性均较为重大，表明主体A通过对投资计划行使权力而影响其回报的金额和程度较大，主体A为该投资计划的主要责任人。然而在不同事实和情况下（如资产管理人的薪酬或其他因素不同）形成控制所要求的投资比例可能会不同。

情况3，投资计划设有董事会，所有董事都独立于主体A，并由其他投资者任命。董事会每年任命资产管理人。如果董事会决定不继任主体A，主体A提供的服务可以由同行业的其他主体接替。主体A自身持有该投资计划20%的份额，主体A没有为该计划的其他投资者提供保证收回初始投资及最低收益率的承诺，主体A没有对超过该20%的投资承担任何额外损失的义务。

在情况3下，主体A收取的管理费以及持有的20%投资使得主体A承担并有权获取投资计划的可变回报，并且该回报的量级和可变动性可能表明其是主要责任人，但由独立于主体A的投资者组成的董事会提供了其他投资者罢免主体A的机制，使得其他投资者有可能据此获得罢免主体A的实质性权利。因此，需要综合考虑董事会的构成、决策机制等情况评估该罢免权是否为实质性权利；如果该罢免权属于实质性权利，则在分析主体A是否为代理人时，应给予该项实质性罢免权以更大的权重。本例中，尽管主体A拥有广泛的决策权，并面临重大的可变回报风险，如果综合相关因素判断其他投资者享有实质性罢免权，则表明主体A是代理人。

情况4，在主体A违反合同的情况下，投资者有权罢免主体A。主体A自身持有该投资计划5%的份额，主体A为该投资计划的其他投资者提供了保证收回初始投资的承诺。

在情况4下，主体A拥有对该投资计划的广泛实质性权力，其他投资方拥有的罢免权为保护性权利。尽管主体A通过管理费以及5%的投资面临的可变回报风险不足以表明主体A是主要责任人，但主体A还为该投资计划的其他投资者提供了保证本金的担保，这一安排加大了主体A承担的可变回报风险，同时使主体A所面临的可变回报风险与其他投资者不同。这种情况下，应结合投资计划可能的业绩情况，主要基于投资计划的预期业绩评估主体A承担的可变回报风险，同时考虑主体A承担的可变回报的最大风险，对于主体A承担的可变回报风险作出评估（包括考虑该项可变回报风险的差异是否会影响主体A的行为），从而得出主体A是主要责任人还是代理人的结论。

5. 权力的一般来源——来自表决权

投资方对被投资方的权力可能源自各种权利，例如，表决权、委派或罢免有能力主导被投资方相关活动的该被投资方关键管理人员或其他主体的权利、决定被投资方进行某项交易或否决某项交易的权利、由管理合同授予的决策权利。这些权利单独或者结合在一起可能赋予对被投资方的权力。

通常情况下，当被投资方具有一系列对回报产生重要影响的经营及财务活动，且需要就这些活动连续地进行实质性决策时，表决权或类似权利本身或结合其他安排，将赋予投资者权力。

表决权是对被投资方经营计划、投资方案、年度财务预算方案和决算方案、利润分配方案和弥补亏损方案、内部管理机构的设置、聘任或解聘公司经理及确定其报酬、公司的基本管理制度等事项进行表决而持有的权利。表决权比例通常与其出资比例或持股比例是一致的，但公司章程另有规定的除外。

（1）通过直接或间接拥有半数以上表决权而拥有权力。当被投资方的相关活动由持有半数以上表决权的投资方表决决定，或者主导相关活动的权力机构的多数成员由持有半数以上表决权的投资方指派，而且权力机构的决策由多数成员主导时，持有半数以上表决权的投资方拥有对被投资方的权力。

【例2-6】情况1，A企业和B企业分别持有C企业60%和40%的普通股，C企业的相关活动通过股东会议上多数表决权主导，在股东会议上，每股普通股享有一票投票权。假设不存在其他因素，C企业的相关活动由持有C企业大多数投票权的一方主导。因此，如果不存在其他相关因素，A企业拥有对C企业的权力，因其是C企业大多数投票权的持有者。

情况2，A企业和B企业分别持有C企业60%和40%的普通股，C企业的相关活动以董事会会议上多数表决权主导，A企业和B企业根据其享有C企业所有者权益的比例，各自有权任命6名和4名董事。因此，如果不存在其他相关因素，A企业拥有对C企业的权力，因其有权任命主导C企业相关活动的董事会的大多数成员。

值得注意的是，在进行控制分析时，投资方不仅需要考虑直接表决权，还需要考虑其持有的潜在表决权以及其他方持有的潜在表决权的影响，进行综合考量，以确定其对被投资方是否拥有权力。

潜在表决权是获得被投资方表决权的权利，如可转换工具、认股权证、远期股权购买合同或期权所产生的权利。确定潜在表决权是否给予其持有者权力时，需要考虑的因素包括：在分析控制时，仅考虑满足实质性权利要求的潜在表决权；投资方是否持有其他表决权或其他与被投资方相关的决策权，这些权利与投资方持有的潜在表决权结合后是否赋予投资方拥有对被投资方的权力；潜在表决权工具的设立目的和设计，以及投资方参与被投资方的其他方式的目的和设计，包括分析相关工具和安排的条款和条件，以及投资方接受这些条款和条件的可能性、动机和原因。

【例2-7】情况1，A公司与B公司分别持有被投资方70%及30%的表决权。除此之外，根据A公司与B公司签订的期权合同，B公司可以在目前及未来两年内以固定价格购买A公司持有的被投资方50%的表决权。根据该价格，上述期权在目前及预计未来两年内都是深度价外期权（即依据期权合约的条款设计，使得买方B公司到期行权的可能性极小）。历史上，A公司一直通过表决权主导被投资方的相关活动。

这种情况下，B公司目前拥有购买A公司表决权的可行使期权，一旦行使将使B公司拥有被投资方80%表决权。但由于这些期权在目前及预计未来两年内都为深度价外期权，B公司无法从该期权的行使中获利，因此这些期权并不构成实质性权利，在评估B公司对于被投资方是否拥有权力时不应予以考虑。

情况2，A公司与其他两个投资方各自持有被投资方1/3的表决权。除了权益工具外，A公司同时持有被投资方发行的可转换债券，这些可转换债券可以在目前及未来两年内的任何时间以固定价格转换为被投资方的普通股。按照该价格，目前该期权为价外期权，但非深度价外。被投资方的经营活动与A公司密切相关。如果可转换债券转换为普通股，A公司将持有被投资方60%的表决权，可以据此主导被投资方的相关活动，从而实现协同效应并从中获益（如降低A公司的运营成本、确保稀缺产品的供应等）。这种情况下，A公司持有的潜在表决权为实质性权利。A公司持有的表决权与实质性潜在表决权相结合，使得A公司拥有了对于被投资方的权力。

（2）持有被投资方半数以上表决权但并无权力。确定持有半数以上表决权的投资方是否拥有权力，关键在于该投资方是否拥有主导被投资方相关活动的现时能力。在被投资方相关活动被政府、法院、管理人、接管人、清算人或监管人等其他方主导时，投资方无法凭借其拥有的表决权主导被投资方的相关活动，因此，投资方此时即使持有被投资方过半数的表决权，也不拥有对被投资方的权力。

如果投资方虽然持有被投资方半数以上表决权，但这些表决权并不是实质性权利时，则投资方并不拥有对被投资方的权力：当其他方拥有现时权利使其可以主导被投资方的相关活动，且该其他方不是投资方的代理人时，则投资方不拥有对被投资方的权力；当投资方所拥有的表决权并非实质性权利时，即使持有多数表决权，投资方也不拥有对被投资方的权力。例如，由于无法获得必要的信息或法律法规方面的障碍，投资方虽持有半数以上表决权但无法行使，则该投资方不拥有对被投资方的权力。

半数以上表决权通过只是作出决策的通常做法。在有些情况下，根据相关章程、协议或其他法律文件，主导相关活动的决策所要求的表决权比例高于持有半数以上表决权的一方持有的表决权比例。例如，被投资方的公司章程规定，与相关活动有关的决策必须由出席会议的投资方所持2/3以上的表决权通过。这种情况下，持有半数以上但不足2/3表决权的投资方，虽然表决权比例超过半数，但该表决权本身不足以赋予投资方权力，应结合其他因素进行进一步的分析与判断。

（3）直接或间接结合，也只拥有半数或半数以下表决权，但仍然可以通过表决权判断拥有权力。持有半数或半数以下表决权的投资方（或者虽持有半数以上表决权，但仅凭自身表决权比例仍不足以主导被投资方相关活动的投资方），应综合考虑下列事实和情况，以判断其持有的表决权与相关事实和情况相结合是否可以赋予投资方对于被投资方的权力：

①考虑投资方持有的表决权相对于其他投资方持有的表决权份额的大小，以及其他投资方持有表决权的分散程度。与其他方持有的表决权比例相比，投资方持有的表决权比例越高，越有可能有现时能力主导被投资方相关活动。为否决投资方而需要联合一致的行动方越多，投资方越有可能有现时能力主导被投资方相关活动。

【例2-8】情况1，A投资者持有被投资者48%的投票权，剩余投票权由数千位股东持有，但除A之外，没有任何股东持有超过1%的投票权，没有任何股东与其他股东达成协议或能够作出共同决策。当以其他股权的相对规模为基础判断所获得的投票权的比例时，A 投资者确定 48% 的权益将足以使其拥有控制权。在这种情况下，A 投资者无需考虑权利的任何其他证据，即可以其持有股权的绝对规模和其他股东持有股权的相对规模为基础，确定其拥有充分决定性的投票权以满足权力的标准。

情况 2，A 投资者持有被投资者 40% 的投票权，其他 12 位投资者各持有被投资者 5% 的投票权，股东协议授予 A 投资者任免负责相关活动的管理人员及确定其薪酬的权利，若要改变协议，须获得 2/3 的多数股东表决权同意。在这种情况下，单凭投资者持有的投票权的绝对规模和与其他股东持有的相对规模，无法对投资者是否拥有足以赋予其权力的权利作出结论。但是，股东协议条款赋予 A 投资者任免管理人员及确定其薪酬的权利，足以说明 A 投资者拥有对被投资者的权力。

情况 3，A 投资者持有被投资者 45% 的投票权，其他 2 位投资者各持有被投资者 26% 的投票权，剩余投票权由其他 3 位股东持有，各占 1%。不存在影响决策的其他安排，在这种情况下，只要其他 2 位投资者联合起来，就能够阻止 A 投资者主导被投资者的相关活动。因此，凭 A 投资者投票权的规模及与其他股东持有的投票权的相对规模，足以得出 A 投资者不拥有权力的结论。

情况 4，A 投资者持有被投资者 45% 的投票权，其他 11 位投资者各持有被投资者 5% 的投票权，股东之间不存在合同安排以互相协商或作出共同决策。在这种情况下，单凭投资者持有的投票权的绝对规模和与其他股东持有的投票权的相对规模，无法对 A 投资者是否拥有足以赋予其权力的权利作出结论。还应考虑其他可能为 A 投资者是否拥有权力提供证据的额外事实和情况。

情况 5，A 投资者持有被投资者 35% 的投票权，其他 3 位股东各持有被投资者 5% 的投票权，剩余投票权由众多股东持有，而没有任何一位股东持有超过 1% 的投票权，股东之间不存在合同安排以互相协商或作出共同决策，涉及被投资者相关活动的决策须获得股东会议上大多数投票权的批准（在近期的股东会议上被投资者 75% 的投票权投了票）。在这种情况下，其他股东在近期股东会议上积极参与的事实表明 A 投资者不具有单方面主导相关活动的实际能力，无论投资者是否因足够数量的其他股东与其作出相同表决而主导了相关活动。

②考虑与其他表决权持有人的协议。投资方自己拥有的表决权不足，但通过与其他表决权持有人的协议使其可以控制足以主导被投资方相关活动的表决权，从而拥有被投资方的权力。该类协议需确保投资方能够主导其他表决权持有人的表决，即，其他表决权持有人按照投资方的意愿进行表决，而不是与其他表决权持有人协商根据双方协商一致的结果进行表决。

【例 2 -9】情况 1，E 企业拥有 4 位股东，分别为 A 企业、B 企业、C 企业和 D 企业，A 企业持有 E 企业 40% 的普通股，其他 3 位股东各持有 20%。E 企业的相关活动由其董事会主导，董事会由 6 名董事组成，其中 3 名董事由 A 企业任命，剩余 3 名分别由 B 企业、C 企业和 D 企业任命。A 企业和 B 企业单独签订合同安排，规定 B 企业任命的董事必须与 A 企业任命的董事以相同方式进行表决。若不存在其他因素，该合同安排赋予 A 企业在董事会会议上获得涉及相关活动的大多数投票权，从而使得 A 企业拥有对 E 企业的权力，即使 A 企业并未持有 E 企业的大多数投票权。

情况2，假定为避免董事审议陷入僵局，股东们签订协议赋予A企业任命的其中1名董事作为董事会主席，并且在董事会会议上享有额外的一票。除此以外，其他事实与情况1一致。在这种情况下，股东协议有效地赋予A企业在董事会会议上获得相关活动的大多数投票权，如果不存在其他因素，这将使A企业拥有对E企业的权力，即使A企业并未持有E企业的大多数投票权。

投资方还应当考虑其与其他各方之间关系的性质以及其他各方是否代表投资方行动，即，识别投资方的“实质代理人”。当投资方或有能力主导投资方活动的一方有能力主导其他方代表投资方行动时，其为投资方的实质代理人。在这种情况下，投资方在评估对被投资方是否存在控制时，应将自身和实质代理人的决策权及其通过实质代理人而间接承担或者享有的可变回报的风险或权利与其自身的实质性权利一并考虑。根据各方关系的性质判断，表明一方可能是投资方的实质代理人的情况包括但不限于：投资方的关联方；因投资方出资或提供贷款而取得其在被投资方中权益的一方；未经投资方同意，不得出售、转让或抵押其持有的被投资方权益的一方（但不包括此项限制系通过投资者和其他非关联方之间通过自愿基础上的协商一致而实现的情形）；没有投资方的财务支持，就不能获得资金来支持经营的一方；该另一方系与投资方的权力机构的多数成员或关键管理人员相同的被投资方；与投资方具有紧密业务联系（如专业服务的提供者与其一家重要客户的关系）的一方。

③考虑其他合同安排产生的权利。投资方可能通过拥有的表决权和其他决策权相结合的方式使其目前有能力主导被投资方的相关活动。例如，合同安排赋予投资方在被投资方的权力机构中指派若干成员的权利，而这些成员足以主导权力机构对相关活动的决策。又如，投资方可能通过表决权和合同安排给予的其他权利，使其目前有能力主导被投资方的生产活动，或主导被投资方的其他经营和财务活动，从而对被投资方的回报产生重大影响。但在不存在其他权利时，仅仅是被投资方对投资方的经济依赖（如供应商和其主要客户的关系），不会导致投资方对被投资方拥有权力。

④如果结合表决权和上述第①至③项所列因素，仍不足以判断投资者能否控制被投资方，则还需要考虑是否存在其他事实或情况，能够证明投资方拥有主导被投资方相关活动的现时能力。例如，投资方能够任命或批准被投资方的关键管理人员，这些关键管理人员能够主导被投资方的相关活动；投资方能够出于自身利益决定或者否决被投资方的重大交易；投资方能够控制被投资方董事会等类似权力机构成员的任命程序，或者从其他表决权持有人手中获得代理投票权；投资方与被投资方的关键管理人员或董事会等类似权力机构中的多数成员存在关联关系；投资方与被投资方之间存在特殊关系，如被投资方的关键管理人员是投资方的现任或前任职工，被投资方的经营活动依赖于投资方，被投资方活动的重大部分有投资方参与其中或者是以投资方的名义进行，投资方自被投资方承担可变回报的风险或享有可变回报的收益的程度远超过其持有的表决权或其他类似权利的比例等。

投资方所持有的被投资方表决权比例越低，否决投资方所提关于相关活动的议案所需一致行动的其他投资者数量越少，投资者为了证明其拥有主导被投资方权力的权利，就需要在更大程度上证明存在这些“其他事实或情况”。

对于被投资方的相关活动通过表决权进行决策，而投资方持有的表决权比例不超过半数的情况，如果投资方在综合考虑了所有相关情况和事实后仍不能确定投资方是否拥有被投资方的权力，则投资方不控制被投资方。

【例2-10】情况1，B公司为A公司的第一大股东，其对A公司的持股比例为40%，A公司剩余股东的持股比例高度分散。除B公司外，A公司的其他前十大股东的持股比例均小于3%，合计不超过10%。剩余股东持股比例均小于0.1%。A公司的各股东之间不存在关联关系。A公司的各股东均未持有潜在表决权。

A公司董事会由9名董事组成，其中3名为独立董事。B公司有权向A公司提名4名非独立董事，其中1名任A公司董事长，另1名任A公司副董事长。A公司董事长同时兼任B公司的董事长，A公司的1名董事同时兼任B公司的总经理。A公司最高权力机构为股东大会，与A公司相关活动有关的重大决议应由出席股东大会的股东所持表决权的1/2以上表决通过。A公司董事会在股东大会授权范围内，负责拟定与A公司相关活动有关的议案并报股东大会批准，执行股东大会的决议。在历年来的股东大会中，出席股东大会的股东所持的表决权总数未超过47%。

在情况1中，A公司的相关活动通过股东大会半数以上的表决权所主导，然而，B公司所持表决权仅为40%，未超过半数。因此，B公司在确定其是否有主导A公司相关活动的权力时，应综合考虑如下因素：

一是各方持有的潜在表决权。本例中，A公司的各股东均未持有潜在表决权。

二是投资方持有的表决权比例与其他方持有的表决权比例和分散程度的比较。B公司持股比例虽然不足半数，但是其他前十大股东的持股比例均小于3%，合计小于10%。剩余股东持股比例均小于0.1%。因此，B公司的持股比例相对其他股东而言较大，并且其他股东持股比例的分散程度较高。

三是来源于其他合同安排的权利。本例中，除公司章程规定外，A公司的各股东均未持有其他合同安排的权利。

四是其他事实或情况。A公司的9名董事当中有4名非独立董事由B公司提名，且1名董事任A公司董事长，另1名任副董事长。由此可见，B公司除直接持有表决权外，还可以通过任命对B公司相关活动有重大影响力的关键人员来获取权利。此外，A公司董事长还同时兼任B公司的董事长，A公司的1名董事还同时兼任B公司的总经理。由此可见，A、B公司之间除股权关系外，还存在核心管理层交叉的情况。另外，与A公司相关活动有关的重大决议应由出席股东大会的股东所持表决权的1/2以上表决通过。A公司历年来的股东大会中，出席股东大会的股东所持的表决权总数未超过47%。B公司所持40%的表决权已经超过了出席股东大会的股东所持过半数的表决权。

综上考虑，B公司认定其具有对A公司的权力。

情况2，A公司的第二、第三及第四大股东的持股比例分别为12%、10%及8%，其他股东持股比例均小于1%。在历年来的股东大会中，出席股东大会的股东所持的表决权总数约88%左右。除此以外，其他事实与情况1一致。

在情况2下，B公司对A公司的持股比例相对其他股东而言，并不显著高于其他股东。B公司虽然为第一大股东，但第二、第三及第四大股东持股比例合计达到30%，已经接近于第一大股东40%的持股比例。此外，A公司历年来的股东大会中，出席股东大会的股东所持的表决权总数约为88%。B公司所持40%的表决权也未能超过出席股东大会的股东所持过半数的表决权。

综合考虑，B公司并不具有对A公司的权力。

6. 权力来自于表决权以外的其他权利——来自合同安排

在某些情况下，某些主体的投资方对其的权力并非源自于表决权（如表决权可能仅与日常行政活动工作有关），被投资方的相关活动由一项或多项合同安排决定，如，证券化产品、资产支持融资工具、部分投资基金等结构化主体。

结构化主体是指在确定其控制方时没有将表决权或类似权利作为决定因素而设计的主体。通常情况下，结构化主体在合同约定的范围内开展业务活动，表决权或类似权利仅与行政性管理事务相关。

结构化主体通常具有下列特征中的多项或全部：

（1）业务活动范围受限。通常情况下，结构化主体在合同约定的范围内开展业务活动，业务活动范围受到了限制。例如，从事信贷资产证券化业务的结构化主体，在发行资产支持证券募集资金和购买信贷资产后，根据相关合同，其业务活动是将来源于信贷资产的现金向资产支持证券投资者分配收益。

（2）有具体明确的目的，而且目的比较单一。结构化主体通常是为了特殊目的而设立的主体。例如，有的企业发起结构化主体是为了将企业的资产转让给结构化主体以迅速回收资金，并改变资产结构来满足资产负债管理的需要；有的企业发起结构化主体是为了满足客户特定的投资需求，吸引到更多的客户；还有的企业发起结构化主体是为了专门从事研究开发活动或开展租赁业务等。

（3）股本（如有）不足以支撑其业务活动，必须依靠其他次级财务支持。次级财务支持是指承受结构化主体部分或全部预计损失的可变收益，其中的“次级”代表受偿顺序在后。股本本身就是一种次级财务支持，其他次级财务支持包括次级债权、对承担损失作出的承诺或担保义务等。通常情况下，结构化主体的股本占资产规模的份额较小，甚至没有股本。当股本很少或没有股本，不足以支撑结构化主体的业务活动时，通常需要依靠其他次级财务支持来为结构化主体注入资金，支撑结构化主体的业务活动。

（4）通过向投资者发行不同等级的证券（如分级产品）等金融工具进行融资，不同等级的证券，信用风险及其他风险的集中程度也不同。例如，以发行分级产品的方式融资是对各级产品的受益权进行了分层配置。购买优先级的投资者享有优先受益权，购买次级的投资者享有次级受益权。投资期满后，投资收益在逐级保证受益人本金、预期收益及相关费用后的余额归购买次级的投资者，如果出现投资损失，先由购买次级的投资者承担。由于不同等级的证券具有不同的信用风险、利率风险或流动性风险，发行分级产品可以满足不同风险偏好投资者的投资需求。

由于结构化主体的权力并非源自于表决权或类似权利，并且通常还具备上述典型的常见特征，这无形中加大了投资方分析此类主体的相关活动和是否对该类主体具有权力的判断难度。投资方在判断能否控制结构化主体时，还需要结合下列四项因素进行进一步的分析：

①在设立被投资方时所作出的决策及投资方对其设立活动的参与度。投资方需考虑其

是否参与设计被投资方的设立，考虑被投资方初始设立时作出的决策，以评估该参与以及交易的相关安排是否为投资方提供了足够权利使其拥有对被投资方的权力。参与被投资方的初始设立，其本身虽不足以表明参与方控制被投资方，但该参与可能使投资方有机会获得使其拥有对被投资方权力的权利。通过评价被投资方初始设立时所作的决策，可有助于确定交易条款是否为某参与者提供了足以构成权力的权利。另外，此类主体在设立后的动作过程中，其法律上的权力机构所表决的事项往往仅仅与行政事务相关。

表决权对其投资方的回报往往不具备直接和重大关联。在这种情况下，投资方在分析其目的和设计时，应考虑其被专门设计来承担何种的可变性，投资方通过参与其相关活动是否承担了部分或全部的可变性。可变性既包括下行风险也包括上行潜能险。

②考虑其他相关合同安排。投资方需考虑此类主体初始设立时的合同安排是否赋予投资方掌控与被投资方密切相关的活动的权利。例如，看涨期权、看跌期权、清算权及其他可能为投资方提供权力的合同安排。当这些合同安排所涉及的活动与此类主体密切相关时，即使该等活动并未在此类主体的法律框架内发生，而是在其他主体中发生。该等活动也应被视为是形成此类主体的相关活动的有机组成部分。因此，投资方在与该等活动相关的合同安排中，投资方明确或者没有明确地享有的决策权均需要进行详细地评估。

③考虑仅在特定情况或事项发生时开展的活动。对于某些此类主体而言，其仅在某些特定情况或者事项发生时才发生相关活动。这些主体的设计使其明确按照既定的流程和安排开展某些固定的活动且其相应的回报也是可确定的，除非发生某些特定情况或事项。在这种情况下，只有在发生这些特定情况或事项时，此类主体所开展的对其回报具有重大影响的活动相关的决策才是其相关活动。相应地，对相关活动具有决策权的投资方才享有权力。投资方享有权力并不依赖于这些特定情况或事项已经发生的事实。决策权依赖于特定情况或特定事件发生这一事实本身也并不表示该权利为保护性权利。

④投资方对被投资方作出的承诺。为确保此类主体持续按照原定设计和计划开展活动，投资方可能会作出明示或暗示的承诺。上述承诺可能会放大投资方可变回报的风险敞口，因而促使投资方更有动机获取足够多的权利，使其获得主导被投资方的权力。因此，投资方作出确保此类主体遵守原定设计经营的承诺可能是投资方拥有控制权力的迹象，但是其本身并不足以证明权力必然存在或阻止其他方拥有权力。

【例 2-11】 A 公司为一家小额贷款公司，其发起设立主体 C，A 公司向主体 C 转让一个资产池，其中包含众多笔 A 公司向不同的第三方发放的期限在 12 个月内的小额贷款。主体 C 向众多第三方投资者发行一项资产管理计划，计划存续期为 3 年，存续期内分期发行，每期期限为 1 年。计划的基础资产为主体 C 向 A 公司购买的资产池。第三方投资者共认购该计划 75% 的份额（每个单一投资者认购的比例都小于 0.5%），A 公司认购剩余 25% 的份额。

根据主体 C 初始设立时订立的章程和协议安排，主体 C 唯一的经营活动是按照既定的还款计划向贷款人收取本金和利息，并在收到款项后，在既定时间内扣除按与市场水平相当的费率计算的固定比例手续费后，将款项按份额比例支付给各个投资方。主体 C 日常活动的事务，例如，人事、财务、行政等管理事务等均由与 A 公司和主体 C 不存在关联的第三方资产管理公司 B 负责管理并按市价收取管理费。计划存续期间的所有相关资金流均由独立于各方的第三方银行D托管并按市价收取资金托管费。

如果主体C在既定还款时间收取既定的款项，主体C则按照投资者的投资比例将收取的款项分配给投资者。如果主体C未能在既定的还款时间内收取既定的款项，主体C则先将已收取的款项按等比例分配后支付给除A公司以外的投资者，剩余部分再支付给A公司。当应收款出现违约时，A公司有权根据违约时间、抵押品情况、违约方信用等级来调整主体C下一步的收款计划。当已收取的款项已经无法向除A公司以外的投资方进行足额支付时，主体C将会按照某个事先约定的价格将应收款项全部出售给A公司，由A公司开展进一步的收款或者债务重组安排。

本例中，第一，应先识别出被投资方为主体C，A公司参与了主体C的初始设立。主体C设立的目的是管理和回收A公司发放的小额贷款。A公司在创设主体C时的安排，例如，认购计划的相对较大部分的份额（25%）、承担劣后偿付的风险（如果未能在既定的还款时间内收取既定的款项，主体C先将已收取的款项按等比例分配后支付给除A公司以外的投资者，剩余部分再支付给A公司）以及A公司向主体C签出以固定价格行权的看跌期权，这些统统显示出A公司承担了重大的可变性，其有足够的动机要获取对主体C的权力。

第二，主体C的相关活动是对违约应收款的管理活动，理由一是主体C在应收款违约之前的活动仅仅是按照固定的还款计划向贷款人收取预先确定的款项并过手转交给投资方并收取固定比例的收款手续费，在款项违约前，主体C的回报不存在重大不确定性；二是在应收款出现违约时，如何根据实际情况管理违约应收款并调整收款计划，以及按照固定价格将应收款出售给A公司会对主体C的回报产生重大影响。因此，主体C的相关活动是对违约应收款的管理活动，即使应收款出售给A公司后，进一步管理违约资产的活动由A公司开展而并非在主体C的法律框架下开展。

第三，在识别出主体C的相关活动后，在评估投资方对主体C的权力时，只应考虑与管理违约应收款相关的权利，尽管该权力只会在应收款发生违约的特定情况下才会被运用。很明显，本例中，当应收款出现违约时，A公司有权根据违约时间、抵押品情况、违约方信用等级来调整主体C下一步的收款计划或者债务重组安排，因此A公司享有对主体C的权力。

第四，由于A公司认购了主体C发行资产计划25%的份额，由此承担了由于主体C应收款无法收回时的损失本金和利息的重大风险。此外，A公司认购的份额还属于劣后偿付级别且向主体签出按照固定价格回购应收款的看跌期权，与其他的投资方相比，A公司承担了更加重大的可变性。

第五，A公司承担的可变回报与其对主体C所拥有的权力密切相关。本例中，A公司通过行使其对主体C所拥有的权力主导主体C的相关活动——对违约应收款的管理活动，这一权力的实际行使情况将直接影响到A公司从主体C可获得的可变回报。

综上，A公司享有对主体C的控制权，应将主体C纳入合并范围。

7. 权力与回报之间的联系

投资方不仅必须拥有对被投资方的权力和因涉入被投资者而承担或有权获得可变回报，而且要有能力使用权力来影响因涉入被投资者而获得的投资方回报。只有当投资方不仅拥有对被投资方的权力、通过参与被投资方的相关活动而享有可变回报，并且有能力运用对被投资方的权力来影响其回报的金额时，投资方才控制被投资方。

二、纳入合并范围的特殊情况——对被投资方可分割部分的控制

投资方通常应当对是否控制被投资方整体进行判断。但在少数情况下，如果有确凿证据表明同时满足下列条件并且符合相关法律法规规定的，投资方应当将被投资方的一部分视为被投资方可分割的部分，进而判断是否控制该部分（可分割部分）。

（1）该部分的资产是偿付该部分负债或该部分其他利益方的唯一来源，不能用于偿还该部分以外的被投资方的其他负债；

（2）除与该部分相关的各方外，其他方不享有与该部分资产相关的权利，也不享有与该部分资产剩余现金流量相关的权利。

实质上该部分的所有资产、负债及其他相关权益均与被投资方的剩余部分相隔离，即，该部分的资产产生的回报不能由该部分以外的被投资方其他部分享有，该部分的负债也不能用该部分以外的被投资方资产偿还。

如果被投资方的一部分资产和负债及其他相关权益满足上述条件，构成可分割部分，则投资方应当基于控制的判断标准确定其是否能控制该可分割部分，考虑该可分割部分的相关活动及其决策机制，投资方是否目前有能力主导可分割部分的相关活动并据以从中取得可变回报。如果投资方控制可分割部分，则应将其进行合并。在此情况下，其他方在考虑是否合并被投资方时，应仅对被投资方的剩余部分进行控制及合并的评估，而将可分割部分排除在外。

【例2-12】 A公司为有限责任公司，专门从事房地产开发项目，其主要经营活动为在B地块上开发住宅和商业地产项目。B地块的开发分三期执行，各期地块的开发成本和销售收入分设三个独立子账套进行单独核算管理，但与各期开发相关的开发支出均由A公司作为同一法人主体进行清偿，各期项目相关的土地增值税及所得税等相关税收也均由A公司作为同一纳税主体进行统一申报和清算。各地块的相关经营决策互相独立，其经营损益分别归属于不同的权利人。

在本例中，虽然各期开发项目区分了三个账套进行独立核算管理，然而，这并不足以说明其中一期开发项目的有关资产、负债和权益均与其余各期的剩余部分相隔离。各期开发支出和相应税负仍以A公司作为单一主体进行清偿就表明某期资产并非仅承担与该期资产相关的负债，某期资产也并非是该期开发相关的负债的唯一支付来源。因此，本例中的各期开发项目并非可分割的部分，不应被认定为可分割部分。

三、合并范围的豁免——投资性主体

（一）豁免规定

母公司应当将其全部子公司（包括母公司所控制的被投资单位可分割部分、结构化主体）纳入合并范围。但是，如果母公司是投资性主体，则只应将那些为投资性主体的投资活动提供相关服务的子公司纳入合并范围，其他子公司不应予以合并，母公司对其他子公司的投资应当按照公允价值计量且其变动计入当期损益。

一个投资性主体的母公司如果其本身不是投资性主体，则应当将其控制的全部主体，包括投资性主体以及通过投资性主体间接控制的主体纳入合并财务报表范围。

（二）投资性主体的定义

当母公司同时满足以下三个条件时，该母公司属于投资性主体：

（1）该公司以向投资方提供投资管理服务为目的，从一个或多个投资者获取资金。这是投资性主体与其他主体的显著区别。

（2）该公司的唯一经营目的是通过资本增值、投资收益或两者兼有而让投资者获得回报。投资性主体的经营目的一般可能通过其设立目的、投资管理方式、投资期限、投资退出战略等体现出来，具体表现形式可以是通过募集说明书、公司章程或合伙协议以及所发布的其他公开信息。例如，如果一个基金在募集说明书中说明其投资的目的是为了实现资本增值、一般情况下的投资期限较长、制定了比较清晰的投资退出战略等，则这些描述与投资性主体的经营目的是一致的；反之，如果该基金的经营目的是与被投资方合作开发、生产或者销售某种产品，则其不是投资性主体。

（3）该公司按照公允价值对几乎所有投资的业绩进行计量和评价。对于投资性主体而言，相对于合并子公司财务报表或者按照权益法核算对联营企业或合营企业的投资，公允价值计量所提供的信息更具有相关性。公允价值计量体现在：在企业会计准则允许的情况下，在向投资方报告其财务状况和经营成果时应当以公允价值计量其投资；向其关键管理人员提供公允价值信息，以供他们据此评估投资业绩或作出投资决策。但是投资性主体没必要以公允价值计量其固定资产等非投资性资产或其负债。

（三）投资性主体的特征

投资性主体通常应当符合下列四个特征：

（1）拥有一个以上投资。投资性主体通常会同时持有多项投资，以分散风险，但通过直接或间接投资于另一持有多项投资的投资性主体的，也可能是投资性主体。另外，当投资性主体刚设立、尚未寻找到多个符合要求的投资项目，或者刚处置了部分投资、尚未进行新的投资，或者正处于清算过程中时，也有可能仅持有一项投资。

（2）拥有一个以上投资者。典型的投资性主体通常拥有多个投资者，多个投资者通过投资性主体集中资金，以获取单个投资者可能无法单独获取的投资管理服务和投资机会。拥有多个投资者使投资性主体或其集团成员获取除资本增值、投资收益以外的收益的可能性减小。一个投资性主体在过渡期也可能只有一个投资者，例如，当投资性主体刚刚设立、正在积极识别合格投资者，或者原持有的权益已经赎回、正在寻找新的投资者，或者处于清算过程中时，或者是为了代表或支持一个较大的投资者集合的利益而设立的（如某企业设立的年金基金），也有可能仅拥有一个投资者。

（3）投资者不是该主体的关联方。投资性主体通常拥有若干投资者，这些投资者既不是其关联方，也不是该投资主体所在集团的成员，这一情况使投资性主体或其集团成员获取除资本增值和投资收益以外的收益的可能性减小；反之，一个主体的投资方中包括了与该主体存在关联关系的投资方，则该主体或者关联投资方更有可能存在除了获取资本增值或者投资收益之外的其他投资目的，在这种情况下，需要更为谨慎地判断和确凿的证据来证明其唯一的经营目的是取得资本增值或投资收益或两者兼有。但是关联投资者的存在并非表明该主体一定不是投资性主体。例如，某基金的投资方之一可能是该基金的关键管理人员出资设立的企业，其目的是更好地激励基金的关键管理人员，这一安排并不影响该基金符合投资性主体的定义。

（4）该主体的所有者权益以股权或类似权益存在。一个投资性主体并不一定必须是单独的法律实体，但无论其采取什么样的法律形式，其所有者权益应该采取股份、合伙权益或者类似权益份额的形式，且净资产按照所有者权益比例份额享有。然而，拥有不同类型的投资者，并且其中一些投资者可能仅对某类或某组特定投资拥有权利，或者不同类型的投资者对净资产享有不同比例的分配权的情况，并不说明该主体不是一个投资性主体。

可见，上述特征仅仅是投资性主体的常见特征，当主体不完全具备上述四个特征时，需要审慎评估，判断是否有确凿证据证明虽然缺少其中一个或几个特征，但该主体仍然符合投资性主体的定义。

【例 2－13】 A 技术公司设立 B 基金，该基金专门投资于高新技术创业公司从而获取资本增值。A 技术公司持有 B 基金 80% 的权益并且控制该基金，该基金其余 20% 的权益由其他 10 个不相关投资者持有。A 技术公司同时持有以公允价值购买 B 基金所持有投资的选择权，如果行使该选择权，A 技术公司从 B 基金所持被投资方开发的技术中受益。B 基金没有明确地退出投资的计划，且 B 基金由该基金投资者代理人作为投资顾问管理。

本例中，即使 B 基金的经营目的是为资本增值而进行投资，并向其投资者提供投资管理服务，B 基金也不是投资性主体，主要原因如下：一是 A 技术公司持有购买 B 基金持有投资的选择权，B 基金被投资方开发的资产将使 A 技术公司受益，这样除资本增值外，B 基金还提供了其他利益；二是 B 基金的投资计划不包括作为权益投资的投资退出战略，A 技术公司持有的选择权并非由 B 基金控制，也不构成退出战略。

（四）因投资性主体转换引起的合并范围的变化

当母公司由非投资性主体转变为投资性主体时，除仅将为其投资活动提供相关服务的子公司纳入合并财务报表范围编制合并财务报表外，企业自转变日起对其他子公司不应予以合并，其会计处理参照部分处置子公司股权但不丧失控制权的处理原则。终止确认与其他子公司相关资产（包括商誉）及负债的账面价值，以及其他子公司相关少数股东权益（包括属于少数股东的其他综合收益）的账面价值，并按照对该子公司的投资在转变日的公允价值确认一项以公允价值计量且其变动计入当期损益的金融资产，同时将对该子公司的投资在转变日的公允价值作为处置价款，其与当日合并财务报表中该子公司净资产（资产、负债及相关商誉之和，扣除少数股东权益）的账面价值之间的差额，调整资本公积（资本溢价或股本溢价），资本公积不足冲减的，调整留存收益。

当母公司由投资性主体转变为非投资性主体时，应将原未纳入合并财务报表范围的子公司于转变日纳入合并财务报表范围，将转变日视为购买日，原未纳入合并财务报表范围的子公司于转变日的公允价值视为购买的交易对价，按照非同一控制下企业合并的会计处理方法进行会计处理。

四、控制的持续评估

控制的评估是持续的，当环境或情况发生变化时，投资方需要评估控制的两个基本要素中的一个或多个是否发生了变化。如果有任何事实或情况表明控制的两项基本要素中的一个或多个发生了变化，投资方应重新评估对被投资方是否具有控制。

如果对被投资方的权力的行使方式发生变化，该变化必须反映在投资方对被投资方权力的评估中。例如，决策机制的变化可能意味着投资方不再通过表决权主导相关活动，而是由其他方通过协议或者合同赋予的其他权利来主导相关活动。

某些事件即使不涉及投资方，也可能导致该投资方获得或丧失对被投资方的权力。例如，其他方以前拥有的能阻止投资方控制被投资方的决策权到期失效，则可能使投资方因此而获得权力。

投资方应考虑因其参与被投资方相关活动而承担的可变回报的风险敞口的变化带来的影响。例如，如果拥有权力的投资方不再享有可变回报（如与业绩相关的管理费合同到期），则该投资方会因此而丧失对被投资方的控制。再如，某资产管理计划的管理人原持有该计划5%的份额，并收取按照该计划的利润的一定比例的管理费，其获得的可变回报的规模表明该管理人只是一个代理人，然而，由于该资产管理计划的几个重要投资者的退出，管理人的持有份额上升，加上管理费之后可变回报的相对比例大幅上升，体现出主要责任人的特点，从而该管理人需要持续评估其是否控制该资产管理计划。

投资方还应考虑其作为代理人或主要责任人的评估是否发生了变化。投资方与其他方之间整体关系的变化可能意味着原为代理人的投资方不再是代理人；反之亦然。例如，如果投资方或其他方的权利发生了变化，投资方应重新评估其代理人或主要责任人的身份。

投资方初始评估控制的结果，或者初始评估其是主要责任人或代理人的结果，不会简单地因为市场情况的变化（如因市场情况的变化导致被投资方的回报发生变化）而变化，除非市场情况的变化导致了控制两个要素的一个或多个的改变，或导致主要责任人与代理人之间的整体关系的改变。

第三节 合并财务报表编制前期准备事项及程序

一、合并财务报表编制的前期准备事项

合并财务报表的编制涉及多个子公司，有的合并财务报表的合并范围甚至包括数百个子公司。为了使编制的合并财务报表准确、全面反映企业集团的真实情况，必须做好一系列的前期准备事项。这些前期准备事项主要体现在四个方面。

（一）统一母子公司的会计政策

会计政策是指企业进行会计核算和编制财务报表时所采用的会计原则、会计程序和会计处理方法，是编制财务报表的基础。统一母公司和子公司的会计政策是保证母子公司财务报表各项目反映内容一致的基础。为此，在编制财务报表前，应当尽可能统一母公司和子公司的会计政策，统一要求子公司所采用的会计政策与母公司保持一致。对一些境外子公司，由于所在国或地区法律、会计准则等方面的原因，确实无法使其采用的会计政策与母公司所采用会计政策保持一致，则应当要求其按照母公司所采用的会计政策重新编报财务报表，也可以由母公司根据自身所采用的会计政策对境外子公司报送的财务报表进行调整，以重编或调整编制的境外子公司财务报表，作为编制合并财务报表的基础。

（二）统一母子公司的资产负债表日及会计期间

财务报表总是反映一定日期的财务状况和一定会计期间经营成果的，母公司和子公司的个别财务报表只有在反映财务状况的日期和反映经营成果的会计期间一致的情况下，才能进行合并。为了编制合并财务报表，必须统一企业集团内所有的子公司的资产负债表日和会计期间，使子公司的资产负债表日和会计期间与母公司的资产负债表日和会计期间保持一致，以便于子公司提供相同资产负债表日会计期间的财务报表。

对于境外子公司，由于当地法律限制确实不能与母公司财务报表决算日和会计期间一致的，母公司应当按照自身的资产负债表日和会计期间对子公司的财务报表进行调整，以调整后的子公司财务报表为基础编制合并财务报表，也可以要求子公司按照母公司的资产负债表日和会计期间另行编制报送其个别财务报表。

（三）对子公司以外表示的财务报表进行折算

对母公司和子公司的财务报表进行合并，其前提必须是母子公司个别财务报表所采用的货币计量单位一致。在我国允许外币业务比较多的企业采用某一外币作为记账本位币，境外企业一般也是采用其所在国或地区的货币作为其记账本位币。在将这些企业的财务报表纳入合并时，则必须将其折算为母公司所采用的记账本位币表示的财务报表。我国外币财务报表基本上采用的是现行汇率法。有关外币财务报表的具体折算将在外币业务章节中论述，在此不再重复。

（四）收集编制合并财务报表的相关资料

合并财务报表以母公司和其子公司的财务报表以及其他有关资料为依据，由母公司合并有关项目的数额编制。为编制合并财务报表，母公司应当要求子公司及时提供下列有关资料：①子公司相应期间的财务报表；②与母公司及与其子公司之间发生的内部购销交易、债权债务、投资及其发生的现金流量和未实现内部销售损益的期初、期末余额及变动情况等资料；③子公司所有权益变动和利润分配的有关资料；④编制合并财务报表所需要的其他资料，如非同一控制下企业合并购买日的公允价值资料。

二、合并财务报表的编制程序

合并财务报表编制有其特殊的程序，主要包括以下几个方面：

（1）编制合并工作底稿。合并工作底稿的作用是为合并财务报表的编制提供基础。在合并工作底稿中，对母公司和子公司的个别财务报表各项目的金额进行汇总和抵销处理，最终计算得出合并财务报表各项目的合并金额。

（2）将母公司、子公司个别资产负债表、利润表、现金流量表、所有者权益变动表各项目的数据过入合并工作底稿，并在合并工作底稿中对母公司和子公司个别财务报表各项目的数据进行加总，计算得出个别资产负债表、利润表、现金流量表、所有者权益变动表各项目合计金额。

(3) 在合并工作底稿中编制调整分录和抵销分录，将内部交易对合并财务报表有关项目的影响进行抵销处理。编制抵销分录，进行抵销处理是合并财务报表编制的关键和主要内容，其目的在于将个别财务报表各项目的加总金额中重复的因素予以抵销。但是，对属于非同一控制下企业合并中取得的子公司的个别财务报表进行合并时，还应当首先根据母公司为该子公司设置的备查簿记录的该子公司各项可辨认资产、负债及或有负债等在购买日的公允价值为基础，通过编制调整分录，对该子公司提供的个别财务报表进行调整，以使子公司的个别财务报表反映为在购买日公允价值基础上确定的可辨认资产、负债及或有负债在本期资产负债表日的金额。对于子公司所采用的会计政策与母公司不一致的和子公司的会计期间与母公司不一致的，如果母公司自行对子公司的个别财务报表进行调整，也应当在合并工作底稿中通过编制调整分录予以调整。在编制合并财务报表时，对子公司的长期股权投资调整为权益法，也需要在合并工作底稿中通过编制调整分录予以调整，而不改变母公司“长期股权投资”账簿记录。

在合并工作底稿中编制的调整分录和抵销分录，借记或贷记的均为财务报表项目（即资产负债表项目、利润表项目、现金流量表项目和所有者权益变动表项目），而不是具体的会计科目。比如，在涉及调整或抵销固定资产折旧、固定资产减值准备等均通过资产负债表中的“固定资产”项目，而不是通过“累计折旧”“固定资产减值准备”等科目来进行调整和抵销。

(4) 计算合并财务报表各项目的合并金额。即在母公司和子公司个别财务报表各项目加总金额的基础上，分别计算出合并财务报表中各资产项目、负债项目、所有者权益项目、收入项目和费用项目等的合并金额。其计算方法如下：

①资产类各项目。其合并金额根据该项目加总金额，加上该项目抵销分录有关的借方发生额，减去该项目抵销分录有关的贷方发生额计算确定。

②负债类各项目和所有者权益类各项目。其合并金额根据该项目加总金额，减去该项目抵销分录有关的借方发生额，加上该项目抵销分录有关的贷方发生额计算确定。

③有关收入类各项目和有关所有者权益变动各项目。其合并金额根据该项目加总金额，减去该项目抵销分录的借方发生额，加上该项目抵销分录的贷方发生额计算确定。

④有关费用类项目。其合并金额根据该项目加总金额，加上该项目抵销分录的借方发生额，减去该项目抵销分录的贷方发生额计算确定。

(5) 填列合并财务报表。即根据合并工作底稿中计算出的资产、负债、所有者权益、收入、费用类以及现金流量表中各项目的合并金额，填列生成正式的合并财务报表。

第四节 合并资产负债表

合并资产负债表是反映企业集团在某一特定日期财务状况的财务报表，由合并资产、负债和所有者权益各项目组成。

一、对子公司的个别财务报表进行调整

在编制合并财务报表时，首先应对各子公司进行分类，分为同一控制下企业合并中取得的子公司和非同一控制下企业合并中取得的子公司两类。

（一）属于同一控制下企业合并中取得的子公司

对于属于同一控制下企业合并中取得的子公司的个别财务报表，如果不存在与母公司会计政策和会计期间不一致的情况，则不需要对该子公司的个别财务报表进行调整，即不需要将该子公司的个别财务报表调整为公允价值反映的财务报表，只需要抵销内部交易对合并财务报表的影响即可。

（二）属于非同一控制下企业合并中取得的子公司

对于属于非同一控制下企业合并中取得的子公司，除了存在与母公司会计政策和会计期间不一致的情况，需要对该子公司的个别财务报表进行调整外，还应当根据母公司为该子公司设置的备查簿记录的该子公司的各项可辨认资产、负债及或有负债等在购买日的公允价值为基础，通过编制调整分录，对该子公司的个别财务报表进行调整，以使子公司的个别财务报表反映为在购买日公允价值基础上确定的可辨认资产、负债及或有负债在本期资产负债表日的金额。

二、按权益法调整对子公司的长期股权投资

《企业会计准则第 33 号——合并财务报表》规定，合并财务报表应当以母公司和其子公司的财务报表为基础，根据其他有关资料，按照权益法调整对子公司的长期股权投资后，由母公司编制。

在合并工作底稿中，按权益法调整对子公司的长期股权投资时，应按照《企业会计准则第 2 号——长期股权投资》所规定的权益法进行调整。

《企业会计准则第 33 号——合并财务报表》也允许企业直接在对子公司的长期股权投资采用成本法核算的基础上编制合并财务报表，但是所生成的合并财务报表应当符合该准则的相关规定。

（一）母公司对子公司的长期股权投资的调整

编制合并财务报表时，首先需要对子公司的长期股权投资按照权益法进行调整。在合并工作底稿中应编制的调整分录为：对于应享有子公司当期实现净利润的份额，借记“长期股权投资”项目，贷记“投资收益”项目；按照应承担子公司当期发生的亏损份额，借记“投资收益”项目，贷记“长期股权投资”项目；对于当期收到子公司分派的现金股利或利润，借记“投资收益”项目，贷记“长期股权投资”项目；在持股比例不变的情况下，对于子公司除净损益以外所有者权益的其他变动，母公司按照应享有或应承担的份额，借记或贷记“长期股权投资”项目，贷记或借记“资本公积”项目。

【例 2-14】 20×8 年 1 月 1 日，A 公司以银行存款 3 000 万元取得 B 公司 80% 的股份（假定 A 公司与 B 公司的企业合并属于非同一控制下企业合并）。A 公司备查簿中记录的 B 公司在 20×8 年 1 月 1 日可辨认资产、负债的公允价值与其账面价值相同。其他有关资料如下：

(1) 20×8 年 1 月 1 日，B 公司所有者权益总额为 3 500 万元，其中，实收资本为 2 000 万元，资本公积为 1 500 万元，盈余公积为 0，未分配利润为 0。

(2) 20×8 年，B 公司实现净利润 1 000 万元，提取盈余公积 100 万元，年末未分配利润 900 万元。B 公司因持有的可供出售金融资产的公允价值上升计入当期资本公积的金额为 100 万元。

(3) 20×8 年 12 月 31 日，B 公司所有者权益总额为 4 600 万元，其中，实收资本为 2 000 万元，资本公积为 1 600 万元，盈余公积为 100 万元，未分配利润为 900 万元。

A 公司与 B 公司个别资产负债表如表 2-1 和表 2-2 所示。

表 2-1　　资产负债表

编制单位：A 公司　　20×8 年 12 月 31 日　　单位：万元

资　产	期末余额	年初余额	负债和所有者权益	期末余额	年初余额
流动资产：			流动负债：		
货币资金	1 000	3 000	应付票据	1 000	1 000
应收票据	3 400	3 000	应付账款	3 000	2 000
其中：应收 B 公司票据	400		预收账款	200	300
应收账款	1 800	1 300	其中：预收 B 公司账款	100	
其中：应收 B 公司账款	475		应付职工薪酬	1 000	2 100
预付账款	770		应交税费	800	1 000
存货	1 000	3 800	流动负债合计	6 000	6 400
其中：向 B 公司购入存货	1 000		非流动负债：		
流动资产合计	7 970	11 100	长期借款	2 000	2 000
非流动资产			应付债券	600	600
债权投资	200	200	非流动负债合计	2 600	2 600
其中：持有 B 公司债券	200	200	负债合计	8 600	9 000
其他债权投资			所有者权益（股东权益）：		
长期股权投资	4 700	1 700	实收资本（股本）	4 000	4 000
其中：B 公司投资	3 000		其他权益工具		
固定资产	4 100	3 300	资本公积	800	800
其中：向 B 公司购入固定资产	300		其他综合收益		
无形资产	630	700	盈余公积	1 000	732
非流动资产合计	9 630	5 900	未分配利润	3 200	2 468
			所有者权益（股东权益）合计	9 000	8 000
资产总计	17 600	17 000	负债和所有者权益总计	17 600	17 000

表 2-2 资产负债表

编制单位：B公司　　20×8年12月31日　　单位：万元

资　　产	期末余额	年初余额	负债和所有者权益	期末余额	年初余额
流动资产：			流动负债：		
货币资金	500	300	应付票据	400	300
应收票据	300	100	其中：应付票据——A公司	400	
应收账款	1 360	600	应付账款	500	600
预付账款	400		其中：应付A公司账款	500	
其中：预付A公司账款	100		预收账款		50
存货	1 100	2 900	应付职工薪酬	100	350
流动资产合计	3 660	3 900	应交税费	60	200
非流动资产：			流动负债合计	1 060	1 500
债权投资			非流动负债：		
其中：持有A公司债券			长期借款	650.75	700
其他债权投资	800	650.75	应付债券	200	200
长期股权投资			其中：应付债券——A公司	200	200
固定资产	2 100	1 349.25	递延所得税负债	49.25	0
无形资产			非流动负债合计	900	900
非流动资产合计	2 900	2 000	负债合计	1 960	2 400
			所有者权益（股东权益）：		
			实收资本（股本）	2 000	2 000
			资本公积	1 500	1 500
			其他综合收益	100	
			盈余公积	100	0
			未分配利润	900	0
			所有者权益（股东权益）合计	4 600	3 500
资产合计	6 560	5 900	负债和所有者权益总计	6 560	5 900

假定B公司采用的会计政策和会计期间与A公司一致。

分析与说明：

A公司在编制20×8年合并资产负债表时，因其对B公司的长期股权投资日常核算采用成本法，首先应当按照权益法进行调整，在合并工作底稿中应作的调整分录如下：

（1）确认A公司在20×8年B公司实现净利润1 000万元中所享有的份额800万元（1 000×80%）。

分录①借：长期股权投资——B公司　　8 000 000

　　　贷：投资收益——B公司　　8 000 000

（2）对于B公司所有者权益中除留存收益外其他权益变动，在按照权益法调整时，应在调整长期股权投资的账面价值的同时调整A公司的其他综合收益。

分录②借：长期股权投资——B 公司　　800 000

贷：其他综合收益　　800 000

确认 A 公司在 20×8 年 B 公司除净损益以外所有者权益的其他变动中所享有的份额 80 万元（其他综合收益的增加额 100 万元×80%）。

上述（1）~（2）项调整分录也可合并为：

借：长期股权投资——B 公司　　8 800 000

贷：投资收益——B 公司　　8 000 000

其他综合收益　　800 000

（二）编制合并资产负债表应进行的抵销处理

对于纳入合并范围的企业之间发生的经济业务，从发生内部经济业务的企业来看，各方都在其个别资产负债表中进行了反映。例如，集团内部母公司与子公司之间发生的赊购赊销业务，对于赊销企业来说，应确认营业收入、结转营业成本、计算营业利润，并在其个别资产负债表中反映为应收账款等；而对于赊购企业来说，在内部购入的存货未实现对外销售的情况下，在其个别资产负债表中反映为存货和应付账款。这种情况下，资产、负债和所有者权益类各项目的加总数额中必然包含重复计算的因素。作为反映企业集团整体财务状况的合并资产负债表必须将这些重复计算的因素予以扣除。

编制合并资产负债表时需要进行抵销处理的项目主要有：①母公司对子公司股权投资项目与子公司所有者权益项目；②母公司与子公司、子公司相互之间发生的内部债权债务项目；③存货项目，即内部购进存货价值中包含的未实现内部销售利润；④固定资产项目（包括固定资产原价和累计折旧项目），即内部购进固定资产价值中包含的未实现内部销售利润；⑤无形资产项目，即内部购进无形资产价值中包含的未实现内部销售利润；⑥与抵销的长期股权投资、应收账款、存货、固定资产、无形资产等资产相关的减值准备的抵销。

1. 长期股权投资项目与子公司所有者权益项目的抵销

母公司对子公司进行的股权投资，一方面反映为长期股权投资以外的其他资产的减少；另一方面反映为长期股权投资的增加，在母公司个别资产负债表中作为资产类项目中的长期股权投资列示。子公司接受这一投资时，一方面增加资产的数额；另一方面作为实收资本处理；在其个别资产负债表中一方面反映为实收资本的增加；另一方面反映为相对应的资产的增加。从企业集团整体来看，母公司对于公司的股权投资实际上相当于母公司将资产拨付下属核算单位，并不引起整个企业集团的资产、负债和所有者权益的增减变动。因此，编制合并财务报表时应当在母公司与子公司会计报表数据相加的基础上，将母公司对子公司长期股权投资项目与子公司所有者权益项目予以抵销。

在子公司为全资子公司的情况下，合并工作底稿中编制的抵销分录为：借记“实收资本”“资本公积”“盈余公积”“未分配利润——年末”项目（非同一控制下企业合并中购买日确定的被购买方可辨认资产、负债的公允价值与其账面价值不同的，是指经调整后的被购买方所有者权益项目），贷记“长期股权投资”项目。当母公司对子公司长期股权投资的金额与应享有子公司所有者权益总额不一致时，其差额作为商誉处理，应按其差额，借记“商誉”项目；上述差额，如为贷方差额，在合并当期应计入合并利润表，贷记“营业外收入”项目，在合并以后期间，调整期初未分配利润。

在子公司为非全资子公司的情况下，合并工作底稿中编制的抵销分录为：借记“实收资本”“资本公积”“盈余公积”“未分配利润——年末”项目，贷记“长期股权投资”“少数股东权益”项目。当母公司对子公司长期股权投资的金额与在子公司所有者权益中享有的份额不一致时，其差额比照全资子公司的原则处理。

“少数股东权益”项目反映子公司所有者权益中不属于母公司（包括通过子公司间接享有的）的份额，即除母公司外的其他投资者在子公司所有者权益中所享有的份额。

应予说明的是，对于同一控制下企业合并中取得的子公司，因长期股权投资按照权益法调整后与应享有子公司所有者权益的份额相等，上述抵销过程中不产生差额，合并中不形成商誉或应计入损益的因素。

【例 2-15】 沿用【例 2-14】资料，20×8 年 12 月 31 日，A 公司对 B 公司长期股权投资经调整后的金额为 3 880 万元，与其在 B 公司股东权益总额中所享有的金额 3 680 万元（4 600×80%）之间的差额 200 万元，应当作为商誉处理。至于 B 公司股东权益中 20% 的部分，即 920 万元属于少数股东权益。应编制抵销分录如下：

分录③借：股本	20 000 000	
资本公积	15 000 000	
其他综合收益	1 000 000	
盈余公积	1 000 000	
未分配利润——年末	9 000 000	
商誉	2 000 000	
贷：长期股权投资		38 800 000
少数股东权益		9 200 000

2. 内部债权与债务项目的抵销

母公司与子公司、子公司相互之间的债权和债务项目是指母公司与子公司、子公司相互之间的应收账款与应付账款、预付账款和预收账款、应付债券与债券投资等项目。发生在母公司与子公司、子公司相互之间的这些项目，集团内部企业的一方在其个别资产负债表中反映为资产，而另一方则在其个别资产负债表中反映为负债。但从企业集团整体角度考察，它只是内部资金运动，既不能增加企业集团的资产，也不能增加负债。为此在编制合并财务报表时应当将内部债权债务项目予以抵销。

首先，应对内部应收账款与应付账款进行抵销。初次编制合并财务报表时，对于内部产生的应收账款，抵销分录为：借记“应付账款”项目，贷记“应收账款”项目；内部应收债权抵销后，与其相对应的坏账准备也应抵销，其抵销分录为：借记“坏账准备”项目（或“应收账款——坏账准备”），贷记“资产减值损失”项目。

【例 2-16】 沿用【2-14】资料，A 公司 20×8 年个别资产负债表（如表 2-1 所示）中应收账款 475 万元为 20×8 年向 B 公司销售商品发生的应收销货款的账面净值，A 公司对该笔应收账款计提了坏账准备 25 万元，即本期对该笔应收账款计提的坏账准备余款为 25 万元。B 公司 20×8 年个别资产负债表中（如表 2-2 所示）应付账款 500 万元系 2018 年向 A 公司购进商品存货发生的应付购货款。在编制合并财务报表时，应编制抵销分录如下：

分录④借：应付账款	5 000 000	

贷：应收账款 5 000 000

分录⑤借：应收账款——坏账准备 250 000

贷：资产减值损失 250 000

其次，对于内部的应收票据与应付票据、预付账款与预收账款等进行抵销处理。对于其他内部债权债务项目的抵销，应当比照应收账款与应付账款的相关规定处理。在进行抵销时，借记“应付票据”“预收账款”等项目，贷记“应收票据”“预付账款”等项目。

【例2-17】沿用【例2-14】资料，A公司20×8年个别资产负债表中预收账款100万元为B公司预付账款；应收票据400万元为B公司应付票据；B公司应付债券200万元为A公司所持有。有关资产均未计提相关的减值准备。对此，在编制合并资产负债表时，应编制抵销分录如下：

（1）将内部预收账款与预付账款抵销时：

分录⑥借：预收账款 1 000 000

贷：预付账款 1 000 000

（2）将内部应收票据与内部应付票据抵销时：

分录⑦借：应付票据 4 000 000

贷：应收票据 4 000 000

（3）将持有至到期投资中债券投资与应付债券抵销时：

分录⑧借：应付债券 2 000 000

贷：债权投资 2 000 000

在某些情况下，企业持有的集团内部债券并不是从发行债券的企业直接购进，而是在证券市场上购进的。这种情况下，持有至到期投资中的债券投资与发行债券企业的应付债券抵销时，可能会出现差额，该差额应当计入合并利润表的投资收益项目。

3. 存货价值中包含的未实现内部销售损益的抵销

存货价值中包含的未实现内部销售损益是由于企业集团内部商品购销、劳务提供活动引起的。在内部购销活动中，销售企业将集团内部销售作为收入确认并计算销售利润，而购买企业则是以支付购货的价款作为其成本入账。在本期内未实现对外销售而形成期末存货时，存货价值中相应地包括两部分内容：一部分为真正的存货成本（即销售企业销售该商品的成本）；另一部分为销售企业的销售毛利（即其销售收入减去销售成本的差额）。对于期末存货价值中包括的这部分销售毛利，从企业集团整体来看，并不是真正实现的利润。因为集团内部企业之间的商品购销活动实际上相当于企业内部物资调拨活动，既不会实现利润，也不会增加商品的价值。从这一意义上来说，将期末存货价值中包括的这部分销售企业作为利润确认的部分，称为未实现内部销售损益。在编制合并资产负债表时，应当将存货价值中包含的未实现内部销售损益予以抵销。编制抵销分录时，按照销售企业销售该商品的销售收入，借记“营业收入”等项目，按照销售企业销售该商品的销售成本，贷记“营业成本”等项目，按照当期期末存货价值中包含的未实现内部销售损益的金额，贷记“存货”项目。

企业集团内部购进商品并且在期末形成存货的情况下，进行抵销处理时，也可以按照内部销售收入的金额，借记“营业收入”项目，贷记“营业成本”项目；同时按照期末内部购进形成的存货价值中包含的未实现内部销售损益的金额，借记“营业成本”项目，贷记“存货”项目。

【例2-18】沿用【例2-14】资料，B公司20×8年向A公司销售商品1 000万元，其销售成本为800万元，该商品的销售毛利率为20%。A公司购进的该商品20×8年全部未实现对外销售形成期末存货。

在编制合并财务报表时，应进行如下抵销处理：

分录⑨借：营业收入　　1 000 000

　　贷：营业成本　　1 000 000

分录⑩借：营业成本　　2 000 000

　　贷：存货　　2 000 000

4. 内部固定资产交易的抵销处理

购买企业自集团内部购进的固定资产，在其个别资产负债表中以支付的价款作为该固定资产的原价列示，编制合并财务报表时，首先，应将该固定资产原价中包括的未实现内部销售损益予以抵销。其次，购买企业使用该固定资产并计提折旧，其折旧费用计入相关资产的成本或当期损益。由于购买企业是以该固定资产的取得成本作为原价计提折旧，在取得成本中包含有销售企业由于该固定资产交易所实现的损益（即未实现内部销售损益），其各期计提折旧的金额要大于或小于不包含未实现内部销售损益时计提折旧的金额，因此还须将当期多计提或少计提的折旧金额从该固定资产当期已计提的折旧费用中予以抵销。其抵销处理程序如下：

首先，将内部交易固定资产相关的销售收入、销售成本以及其原价中包含的未实现内部销售损益予以抵销。即按销售企业由于该固定资产交易所实现的销售收入，借记“营业收入”项目，按照其销售成本，贷记“营业成本”项目，按照该固定资产的销售收入与销售成本之间的差额（即原价中包含的未实现内部销售损益的金额），贷记“固定资产——原价”项目。

其次，将内部交易固定资产当期多计提或少计提的折旧费用和累计折旧予以抵销。以销售价格高于销售成本，存在未实现内部销售利润的情况为例，从单个企业来说，对计提折旧进行会计处理时，一方面增加当期的费用或计入相关资产的成本；另一方面形成累计折旧。因此，对内部交易固定资产当期使用多计提的折旧费用抵销时，应按当期多计提的金额，借记“固定资产——累计折旧”项目，贷记“管理费用”等项目（为简化起见，本章有关举例中假定购买企业购入的固定资产供管理部门使用）。

【例2-19】沿用【例2-14】资料，B公司以300万元的价格将其生产的产品销售给A公司，其销售成本为270万元，因该内部固定资产交易实现的销售利润30万元。A公司购买的产品作为管理用固定资产使用，按300万元的原价入账。假定A公司对该固定资产按3年的使用寿命采用年限平均法计提折旧，预计净残值为0。该固定资产购销发生于20×8年1月1日，为简化抵销处理，假定A公司该内部交易固定资产按12个月计提折旧。有关抵销处理如下：

(1) 该固定资产相关的销售收入、销售成本以及其原价中包含的未实现内部销售损益的抵销。

分录⑪借：营业收入　　3 000 000

贷：营业成本　　2 700 000

固定资产——原价　　300 000

（2）该固定资产当期多计提折旧的抵销。该固定资产折旧年限为3年，原价为300万元，预计净残值为0，当年计提的折旧额为100万元，而按抵销其原价中包含的未实现内部销售损益后的原价计算应计提的折旧额为90万元，当期多计提的折旧额为10万元。

分录⑫借：固定资产——累计折旧　　100 000

贷：管理费用　　100 000

通过上述抵销分录，在合并工作底稿中固定资产累计折旧额减少10万元，管理费用减少10万元，在合并财务报表中该固定资产的累计折旧为90万元，当期计提折旧费用为90万元。

（三）母公司在报告期增减子公司在合并资产负债表的反映

1. 母公司在报告期内增加子公司在合并资产负债表的反映

母公司在报告期内增加子公司的，合并当期编制合并资产负债表时，应当区分同一控制下企业合并增加的子公司和非同一控制下企业合并增加的子公司两种情况。

（1）因同一控制下企业合并增加的子公司，编制合并资产负债表时，应当调整合并资产负债表的期初数。

（2）因非同一控制下企业合并增加的子公司，不应调整合并资产负债表的期初数。

2. 母公司在报告期内处置子公司在合并资产负债表的反映

母公司在报告期内处置子公司的，编制合并资产负债表时，不应调整合并资产负债表的期初数。

（四）合并资产负债表编制

合并资产负债表格式在个别资产负债表基础上主要增加了三个项目：一是在“开发支出”项目之下增加了“商誉”项目，用于反映企业合并中取得的商誉，即在控股合并下母公司对子公司的长期股权投资与其在子公司所有者权益中享有份额之间抵销后的借方差额；二是在所有者权益项目下增加了“少数股东权益”项目，用于反映非全资子公司的所有者权益中不属于母公司的份额；三是在“未分配利润”项目之后，“归属于母公司所有者权益合计”项目之前，增加了“外币报表折算差额”项目，用于反映境外经营的资产负债表折算为母公司记账本位币表示的资产负债表时所发生的折算差额。

【例2-20】沿用【例2-14】、【例2-15】、【例2-16】、【例2-17】、【例2-18】和【例2-19】资料，编制合并资产负债表。A公司和B公司20×8年12月31日的个别资产负债表如表2-1和表2-2所示。

根据上述资料，首先，A公司应当设计合并工作底稿（合并工作底稿如表2-3所示），将A公司、B公司个别资产负债表的数据过入合并工作底稿并计算资产负债表各项目的合计金额。其次，编制调整分录，按照权益法调整A公司对B公司的长期股权投资。再次，编制抵销分录，将A公司与B公司之间的内部交易对合并资产负债表的影响予以抵销。最后，根据合并工作底稿的合并金额，编制该企业集团20×8年合并资产负债表（如表2-4所示）。

表 2－3　　合并工作底稿（局部）　　单位：万元

项　　目	A 公司	调整分录		B 公司			合计金额	抵销分录		少数股东权益	合并金额
	报表金额	借方	贷方	报表金额	借方	贷方		借方	贷方		
（资产负债表项目）											
流动资产：											
货币资金	1 000			500			1 500				1 500
应收票据	3 400			300			3 700		400⑦		3 300
其中：应收 B 公司票据	400						400		400⑦		
应收账款	1 800			1 360			3 160	25⑤	500④		2 685
其中：应收 B 公司账款	475						475	25⑤	500④		
预付账款	770			400			1 170		100⑥		1 070
其中：预付 A 公司账款				100			100		100⑥		
存货	1 000			1 100			2 100		200⑩		1 900
其中：向 B 公司购入存货	1 000						1 000		200⑩		
流动资产合计	7 970			3 600			11 630	25	1 200		10 455
非流动资产：											
债权投资	200						200		200⑧		0
其中：持有 B 公司债券	200						200		200⑧		
其他债权投资				800			800				800
长期股权投资：	4 700	800① 80②					5 580		3 880③		1 700
其中：对 B 公司投资	3 000	800① 80②					3 880		3 880③		
固定资产	4 100			2 100			6 200	10⑫	30⑪		6 180

续表

项　　目	A 公司	调整分录		B 公司			合计金额	抵销分录		少数股东权益	合并金额
	报表金额	借方	贷方	报表金额	借方	贷方		借方	贷方		
其中：向 B 公司购入固定资产	300						300	10⑫	30⑪		
无形资产	630						630				630
商誉								200③			200
非流动资产合计	9 630	880	2900				13 410	210	4 110		9 510
资产总计	17 600	880	6 560				25 040	235	5 310		19 965
流动负债：											
应付票据	1 000			400			1 400	400⑦			1 000
其中：应付票据——A 公司				400			400	400⑦			
应付账款	3 000			500			3 500	500④			3 000
其中：应付 A 公司账款				500			500	500④			
预收账款	200						200	100⑥			100
其中：预收 B 公司账款	100						100	100⑥			
应付职工薪酬	1 000			100			1 100				1 100
应交税费	800			60			860				860
流动负债合计	6 000			1 060			7 060	1 000			6 060
非流动负债：											
长期借款	2 000			650. 75			2 650. 75				2 650. 75
应付债券	600			200			800	200⑧			600
其中：应付债券——A 公司				200			200	200⑧			
递延所得税负债	0			49. 25			49. 25				49. 25

续表

项　目	A公司	调整分录		B公司			合计金额	抵销分录		少数股东权益	合并金额
	报表金额	借方	贷方	报表金额	借方	贷方		借方	贷方		
非流动负债合计	2 600			900			3 500	200			3 300
负债合计	8 600			1 960			10 560	1 200			9 360
所有者权益（股东权益）:											
实收资本（股本）	4 000			2 000			6 000	2 000③			4 000
资本公积	800			1 500			2 300	1 500③			800
其他综合收益			80②			100		100③			80
盈余公积	1 000			100			1 100	100③			1 000
未分配利润	3 200		800①	900			4 900	900③ 1 000⑨ 200⑩ 300⑪	25⑤ 1 000⑨ 270⑪ 10⑫		3 805
少数股东权益										920③	920
所有者权益合计	9 000		880	4 600			14 480	6 100	1 305	920	10 605
负债及所有者权益总计	17 600		880	6 560			25 040	7 300	1 305	920	19 965

注：①在实际编制合并资产负债表时，未分配利润的金额是来自合并所有者权益变动表。有关未分配利润的抵销均在合并工作底稿中合并所有者权益变动表部分进行抵销处理，在该部分合并得出未分配利润的合并金额后，直接转入合并工作底稿中资产负债表部分“未分配利润”项目。

②以上工作底稿中抵销分录数字的编号按业务举例抵销分录编号填列。

表 2－4　　合并资产负债表

编制单位：A 公司　　20×8 年 12 月 31 日　　单位：万元

资　　产	行　次	期末余额	年初余额	负债和所有者权益（股东权益）	行　次	期末余款	年初余款
流动资产：				流动负债：			
货币资金		1 500		短期借款			
结算备付金				向中央银行借款			
拆出资金				吸收存款及同行存放			
交易性金融资产				拆入资金			
衍生金融资产				交易性金融负债			
应收票据		3 300		衍生金融负债			
应收账款		2 685		应付票据		1 000	
发放短期贷款				应付账款		3 000	
应收保费				预收账款		100	
应收股利				卖出回购金融资产款			
应收利息				应付职工薪酬		1 100	
预付账款		1 070		应付股利			
其他应收款				应付利息			
买入返售金融资产				应交税费		860	
存货		1 900		其他应付款			
待摊费用				未到期责任准备金			
其他流动资产				保险责任准备金			
流动资产合计		10 455		代理买卖证券款			
非流动资产：				代理承销证券款			
发放长期贷款				预提费用			
债权投资		0		预计负债			
其他债权投资		800		递延收益			
长期股权投资		1 700		其他流动负债			
投资性房地产				流动负债合计		6 060	
长期应收款				非流动负债：			
存出法定准备金				长期借款		2650.75	
固定资产		6 180		应付债券		600	
在建工程				长期应付款			
工程物资				专项应付款			
固定资产清理				递延所得税负债		49.25	
生产性生物资产				其他长期负债			
油气资产				非流动负债合计		3 300	

续表

资　产	行　次	期末余额	年初余额	负债和所有者权益（股东权益）	行　次	期末余款	年初余款
无形资产		630		负债合计		9 360	
开发支出				所有者权益（或股东权益）：			
商誉		200		实收资本（股本）		4 000	
长期待摊费用				资本公积		800	
				其他综合收益		80	
递延所得税资产				盈余公积		1 000	
其他长期资产				一般风险准备			
非流动资产合计：		9 510		未分配利润		3 805	
				减：库存股			
				外币报表折算差额			
				少数股东权益		920	
				所有者权益（或股东权益）合计		10 605	
资产总计		19 965		负债和所有者权益（或股东权益）总计		19 965	

第五节 合并利润表

合并利润表应当以母公司和子公司的利润表为基础，在抵销母公司与子公司、子公司相互之间发生的内部交易对合并利润表的影响后，由母公司合并编制。

利润表作为以单个企业为会计主体进行会计核算的结果，分别从母公司本身和子公司本身反映其在一定会计期间经营成果。在以母子公司个别利润表为基础计算的收入和费用等项目的加总金额中，也必然包含重复计算的因素，因此编制合并利润表时也需要将这些重复的因素予以剔除。

一、内部营业收入和内部营业成本的抵销处理

内部营业收入是指企业集团内部母公司与子公司、子公司相互之间发生的商品销售（或劳务提供，下同）活动所产生的营业收入。内部营业成本是指企业集团内部母公司与子公司、子公司相互之间发生的销售商品的营业成本。

在企业集团内部母公司与子公司、子公司相互之间发生内部购销交易的情况下，母公司和子公司都从自身的角度，以自身独立的会计主体进行核算反映其损益情况。从销售企

业来说，以其内部销售确认当期销售收入并结转相应的销售成本，计算当期内部销售商品损益。从购买企业来说，其购进的商品可能用于对外销售，也可能是作为固定资产、工程物资、在建工程、无形资产等资产使用。在购买企业将内部购进的商品用于对外销售时，可能出现以下三种情况：第一种情况是内部购进商品全部实现对外销售；第二种情况是内部购进的商品全部未实现销售，形成期末存货；第三种情况是内部购进的商品部分实现对外销售、部分形成期末存货。在购买企业将内部购进的商品作为固定资产、工程物资、在建工程、无形资产等资产使用时，则形成其固定资产、工程物资、在建工程、无形资产等资产。因此，对内部销售收入和内部销售成本进行抵销时，应分别不同的情况进行处理。

1. 母公司与子公司、子公司相互之间销售商品，期末全部实现对外销售

在这种情况下，对于同一购销业务，在销售企业和购买企业的个别利润表中都作了反映。但从企业集团整体来看，这一购销业务只是实现了一次对外销售，其销售收入只是购买企业向企业集团外部企业销售该产品的销售收入，其销售成本只是销售企业向购买企业销售该商品的成本。销售企业向购买企业销售该商品实现的收入属于内部销售收入，相应地，购买企业向企业集团外部企业销售该商品的销售成本则属于内部销售成本。在编制合并财务报表时，必须将重复反映的内部营业收入与内部营业成本予以抵销。编制的抵销分录为：借记“营业收入”等项目，贷记“营业成本”等项目。

【例2-21】 沿用【例2-14】资料，假定A公司20×8年个别利润表的营业收入中有3 500万元系向B公司销售产品取得的销售收入，该产品销售成本为3 000万元。B公司在本期将该产品全部售出，其销售收入为5 000万元，销售成本为3 500万元，并分别在其利润表中列示。对此，编制合并利润表将内部销售收入和内部销售成本予以抵销时，应编制抵销分录如下：

分录⑬借：营业收入　　35 000 000

　　　　贷：营业成本　　35 000 000

2. 母公司与子公司、子公司之间销售商品，期末未实现对外销售形成存货的抵销处理

在内部购进的商品未实现对外销售的情况下，销售企业是按照一般的销售业务确认销售收入，结转销售成本，计算销售损益，并在其个别利润表中列示。这一业务从整个企业集团来看，实际上只是商品存放地点发生变动，并没有真正实现对企业集团外部销售，不应确认销售收入、结转销售成本以及计算销售损益。因此，对于该内部购销交易，在编制合并财务报表时，应当将销售企业由此确认的内部销售收入和内部销售成本予以抵销。对于该内部交易，购买企业是以支付的购货价款作为存货成本入账，并在其个别资产负债表中作为资产列示。这样购买企业的个别资产负债表中存货的价值中就包含有销售企业实现的销售毛利。销售企业由于内部购销业务实现的销售毛利，属于未实现内部销售损益。编制合并利润表时，应将存货价值中包含的未实现内部销售损益予以抵销。

【例2-22】 沿用【例2-18】资料，在编制20×8年合并利润表时，应将内部营业收入、内部营业成本及存货价值中包含的未实现内部销售损益予以抵销，其抵销分录见合并工作底稿资产负债表部分的分录⑨与分录⑩。

对于内部购进的商品部分实现对外销售、部分形成期末存货的情况，可以将内部购买

的商品分解为两部分来理解：一部分为当期购进并全部实现对外销售；另一部为当期购进但未实现对外销售而形成期末存货。【例 2－21】介绍的就是前一部分的抵销处理；【例 2－22】介绍的则是后一部分的抵销处理。将【例 2－21】和【例 2－22】的抵销处理合并在一起，其抵销处理如下：

借：营业收入　　45 000 000

　贷：营业成本　　45 000 000

借：营业成本　　2 000 000

　贷：存货　　2 000 000

对于内部营业收入的抵销，也可按照如下方法进行抵销处理：按照内部销售收入的金额，借记“营业收入”项目，按照期末存货价值中包含的未实现内部销售损益的金额，贷记“存货”项目，按其差额，贷记“营业成本”项目。

二、购买企业内部购进商品作为固定资产、无形资产等资产使用时的抵销处理

在企业集团内母公司与子公司、子公司相互之间将自身的产品销售给其他企业作为固定资产（作为无形资产等的处理原则类似）使用的情况下，对于销售企业来说，作为一般商品销售并进行会计处理，即在销售产品时确认销售收入，结转销售成本和计算销售损益，并以此在其个别利润表中列示；对于购买企业来说，则以购买价格作为固定资产原价入账，该固定资产成本中既包括销售企业生产该产品的成本，也包括销售企业由于该产品销售所实现的销售毛利。购买企业虽然以支付给销售企业的购买价格作为固定资产原价入账，但从整个企业集团来说，只能以销售企业生产该产品的成本作为固定资产原价在合并财务报表中反映。编制合并利润表时，应将销售企业由于该内部交易产生的销售收入和销售成本予以抵销，并将内部交易形成的固定资产原价中包含的未实现内部销售损益予以抵销。在对销售商品形成的固定资产或无形资产所包含的未实现内部销售损益进行抵销的同时，还应当对固定资产的折旧额或无形资产的摊销额与未实现内部销售损益相关的部分进行抵销。

【例 2－23】 沿用【例 2－19】资料，与内部购进固定资产有关的抵销分录见合并工作底稿资产负债表部分的分录⑪。

该固定资产当期计提折旧的抵销。该固定资产折旧年限为 3 年，原价为 300 万元，预计净残值为 0，年计提的折旧额为 100 万元，而按抵销其原价中包含的未实现内部销售损益后的原价计算确定的折旧额应为 90 万元，当期多计提的折旧额为 10 万元。本例中应当按 10 万元分别抵销管理费用和累计折旧。抵销分录见合并工作底稿资产负债表部分的分录⑫。

三、内部应收款项计提的坏账准备等减值准备的抵销处理

编制合并资产负债表时，需要将内部应收账款与应付账款相互抵销，与此相适应，需要将内部应收账款计提的坏账准备予以抵销。企业计提坏账准备进行账务处理时，一方面增加当期资产减值损失，即借记“资产减值损失”科目；另一方面形成坏账准备，即贷记“坏账准备”科目，并减少在个别资产负债表列示的应收账款价值。因此，编制合并

财务报表将资产减值损失中包含的本期内部应收账款计提的坏账准备抵销时，应减少当期资产减值损失，减少坏账准备余额，即按照当期内部应收账款计提的坏账准备的金额，借记“坏账准备”项目（或“应收账款——坏账准备”项目），贷记“资产减值损失”项目。

【例 2 – 24】 沿用【例 2 – 16】资料，在编制合并财务表报表时，其抵销分录见合并工作底稿资产负债表部分的分录。

借：应收账款——坏账准备　　250 000

　　贷：资产减值损失　　250 000

四、内部投资收益（利息收入）和利息费用的抵销

企业集团内部母公司与子公司、子公司相互之间可能发生持有对方债券的内部交易。在持有母公司或子公司发行企业债券的情况下，发行债券的企业计付的利息费用作为财务费用处理，并在其个别利润表“财务费用”项目中列示；而持有债券的企业将购买的债券在其个别资产负债表“债权投资”（为简化合并处理，假设购买债券的企业将该债券投资归类为持有至到期投资）项目列示，当期获得的利息收入则作为投资收益处理，并在其个别利润表中列示。编制合并财务报表时，应当在抵销应付债券和持有至到期投资等内部债权债务的同时，将内部应付债券和持有至到期投资相关的利息费用与投资收益（利息收入）相互抵销。应编制的抵销分录为：借记“投资收益”项目，贷记“财务费用”项目。

【例 2 – 25】 沿用【例 2 – 14】资料，假定 B 公司 20×8 年应向 A 公司支付的债券利息总额为 20 万元（该债券的票面利率与实际利率相同）。编制合并利润表时，应将内部债券投资收益与应付债券利息费用相互抵销，其抵销分录为：

分录⑭借：投资收益　　200 000

　　贷：财务费用　　200 000

五、母公司与子公司、子公司相互之间持有对方长期股权投资的投资收益的抵销处理

内部投资收益是指母公司对子公司或子公司对母公司、子公司相互之间的长期股权投资的收益，实际上就是子公司当期营业收入减去营业成本和期间费用、所得税后的余额与其持股比例相乘的结果（如存在需要调整的情况，还应考虑有关的调整）。在子公司为全资子公司的情况下，母公司对某一子公司投资收益就是该子公司当期实现的净利润（或经调整的净利润）。编制合并利润表时，是将子公司的营业收入、成本和费用视为母公司本身的营业收入、成本和费用同等看待，与母公司相应的项目进行合并，也就是将投资收益还原为合并利润表中的收入、成本和费用处理。因此，编制合并利润表时必须对子公司长期股权投资收益予以抵销。

由于合并所有者权益变动表中的本年利润分配项目是从整个企业集团角度反映对母公司股东和子公司的少数股东的利润分配情况，因此，子公司的个别所有者权益变动表中本年利润分配各项目的金额，包括提取盈余公积、分派利润和期末未分配利润的金额都必须予以抵销。在子公司为全资子公司的情况下，子公司本期净利润就是母公司本期对子公司

股权投资收益。假定子公司期初未分配利润为0，子公司本期净利润就是企业本期可供分配的利润，是本期子公司利润分配的来源，而子公司本期利润分配（包括提取盈余公积、应付利润等）的金额与期末未分配利润的金额则是本期利润分配的结果。母公司对子公司的长期股权投资收益应与子公司的本年利润分配项目相抵销。在子公司为非全资子公司的情况下，母公司本期对子公司股权投资收益与本期少数股东损益之和就是子公司本期净利润，同样假定子公司期初未分配利润为0，母公司本期对于公司长期股权投资收益与本期少数股东损益之和，应与子公司本年利润分配项目相抵销。

将上述项目抵销时，在子公司为全资子公司的情况下，应当编制的抵销分录为：借记“投资收益”“未分配利润——年初”项目，贷记“本年利润分配——提取盈余公积”“应付股利”（包括转作股本的股利，下同）“未分配利润——年末”项目；在子公司为非全资子公司的情况下，应编制的抵销分录为：借记“投资收益”“少数股东损益”“未分配利润——年初”项目，贷记“本年利润分配——提取盈余公积”“应付股利”“未分配利润——年末”项目。

【例2－26】沿用【例2－24】资料，假定A公司和B公司20×8年度所有者权益变动表的相关资料如表2－8所示。B公司为非全资子公司，A公司拥有其80%的股份。A公司按权益法确认的对B公司本期投资收益为800万元（10 000 000×80%），B公司本期少数股东损益为200万元（10 000 000×20%）。B公司年初未分配利润为0，B公司本期尚未进行利润分配，应编制抵销分录如下：

分录⑮借：投资收益　8 000 000

少数股东损益　2 000 000

未分配利润——年初　0

贷：本年利润分配——提取盈余公积　1 000 000

——应付股利　0

未分配利润——年末　9 000 000

需要说明的是，在将母公司投资收益等项目与子公司本年利润分配项目抵销时，应将子公司个别所有者权益变动表中提取盈余公积的金额全额抵销，即通过贷记“本年利润分配——提取盈余公积”“应付股利”“未分配利润——年末”项目将其全部抵销。在合并财务报表中不需再将已经抵销的提取盈余公积的金额进行调整。

六、母公司在报告期增减子公司在合并利润表的反映

1. 母公司在报告期内增加子公司在合并利润表的反映

母公司因追加投资等原因控制了另一个企业即实现了企业合并。在合并当期编制合并利润表时，应当区分同一控制下企业合并增加的子公司和非同一控制下企业合并增加的子公司两种情况。

（1）因同一控制下企业合并增加的子公司，在编制合并利润表时，应当将该子公司合并当期期初至报告期末的收入、费用、利润纳入合并利润表。

（2）因非同一控制下企业合并增加的子公司，在编制合并利润表时，应当将该子公司购买日至报告期末的收入、费用、利润纳入合并利润表。

2. 母公司在报告期内处置子公司在合并利润表的反映

母公司在报告期内处置子公司的，应当将该子公司期初至处置日的收入、费用、利润纳入合并利润表。

七、合并利润表的编制

合并利润表的格式在个别利润表的基础上主要增加了两个项目，即在“净利润”项目下增加“归属于母公司所有者的净利润”和“少数股东损益”两个项目，分别反映净利润中由母公司所有者享有的份额和非全资子公司当期实现的净利润中属于少数股东权益的份额。在属于同一控制下企业合并增加子公司当期的合并利润表中，还应在“净利润”项目之下增加“其中：被合并方在合并日以前实现的净利润”项目，用于反映同一控制下企业合并中取得的被合并方在合并当期期初至合并日实现的净利润。

【例 2-27】 沿用【例 2-21】、【例 2-22】、【例 2-23】、【例 2-24】、【例 2-25】和【例 2-26】资料，A 公司与 B 公司 20×8 年度个别利润表的资料如表 2-5 所示。

表 2-5　　利润表（简表）

20×8 年度　　单位：万元

项　目	A 公司	B 公司
一、营业收入	8 700	6 300
减：营业成本	4 450	4 570
税金及附加	300	125
销售费用	15	10
管理费用	100	12
财务费用	300	90
资产减值损失	25	
加：公允价值变动损益		
投资收益	500	
二、营业利润	4 010	1 493
加：营业外收入		
减：营业外支出	10	
三、利润总额	4 000	1 493
减：所得税	1 320	493
四、净利润	2 680	1 000

根据上述资料和抵销分录，编制的合并工作底稿如表 2-6 所示。根据合并工作底稿的合并金额，编制的该企业集团 20×8 年度合并利润表如表 2-7 所示。

表 2－6　　合并工作底稿（局部）

20×8 年度　　单位：万元

项　目	A 公司	A 借方调整	A 贷方调整	A 调整后	B 公司	合计	借方抵销	贷方抵销	合并金额
一、营业收入	8 700			8 700	6 300	15 000	1 000⑨ 300⑪ 3 500⑬		10 200
减：营业成本	4 450			4 450	4 570	9 020	200⑩	1 000⑨ 270⑪ 3 500⑬	4 450
税金及附加	300			300	125	425			425
销售费用	15			15	10	25			25
管理费用	100			100	12	112		10⑫ 20⑭ 25⑤	102
财务费用	300			300	90	390			370
资产减值损失	25			25		25			
加：公允价值变动损益									
投资收益	500		800	1 300		1 300	20⑭ 800⑮		480
二、营业利润	4 010		800①	4 810	1 493	6 303	5 820	4 825	5 308
加：营业外收入									
减：营业外支出	10			10		10			10
三、利润总额	4 000		800	4 800	1 493	6 293	5 820	4 825	5 298
减：所得税费用	1 320			1 320	493	1 813			1 813
四、净利润	2 680		800	3 480	1 000	4 480			3 485
归属于母公司所有者的净利润									3 285
少数股东损益									200

注：工作底稿中抵销分录数字编号按业务举例抵销分录编号填列。

表 2－7　　合并利润表

编制单位：A 公司　　20×8 年度　　单位：万元

项　目	行　次	本年金额	上年金额
一、营业收入		10 200	
二、营业总成本			
其中：营业成本		4 450	
税金及附加		425	

续表

项　目	行　次	本年金额	上年金额
销售费用		25	
管理费用		102	
财务费用（收益以“－”号填列）		370	
资产减值损失			
加：公允价值变动净收益（净损失以“－”号填列）			
投资收益（损失以“－”号填列）		480	
汇兑收益（损失以“－”号填列）			
三、营业利润（亏损以“－”号填列）		5 308	
加：营业外收入			
减：营业外支出		10	
四、利润总额（亏损总额以“－”号填列）		5 298	
减：所得税费用		1 813	
五、净利润（净亏损以“－”号填列）		3 485	
（一）归属于母公司所有者的净利润		3 285	
（二）少数股东损益		200	
六、每股收益：			
基本每股收益			
稀释每股收益			

第六节 合并现金流量表

合并现金流量表是综合反映母公司及其子公司组成的企业集团在一定会计期间现金流入、现金流出数量以及其增减变动情况的会计报表。现金流量表要求按照收付实现制反映企业经济业务引起的现金流入和流出，其编制方法有直接法和间接法两种。我国明确规定企业对外报送的现金流量表采用直接法编制。

一、编制合并现金流量表时应进行抵销处理的项目

编制合并现金流量表时需要进行抵销处理的项目主要有：①母公司与子公司、子公司相互之间当期以现金投资或收购股权增加的投资所产生的现金流量；②母公司与子公司、子公司相互之间当期取得投资收益收到的现金与分配股利、利润或偿付利息支付的现金；③母公司与子公司、子公司相互之间以现金结算债权与债务所产生的现金流量；④母公司与子公司、子公司相互之间当期销售商品所产生的现金流量；⑤母公司与子公司、子公司

相互之间处置固定资产、无形资产和其他长期资产收回的现金净额与购建固定资产、无形资产和其他长期资产支付的现金等。

（一）企业集团内部当期以现金投资或收购股权增加的投资所产生的现金流量的抵销处理

母公司直接以现金对子公司进行的长期股权投资或以现金从子公司的其他所有者（即企业集团内的其他子公司）处收购股权，表现为母公司现金流出，在母公司个别现金流量表中作为投资活动现金流出列示。子公司接受这一投资（或处置投资）时，表现为现金流入，在其个别现金流量表中反映为筹资活动的现金流入（或投资活动的现金流入）。从企业集团整体来看，编制合并现金流量表时，应当予以抵销。抵销分录为：借记“投资支付的现金”项目，贷记“吸收投资收到的现金”项目。

（二）企业集团内部当期取得投资收益收到的现金与分配股利、利润或偿付利息支付的现金的抵销处理

母公司对子公司进行的长期股权投资和债权投资，在持有期间收到子公司分派的现金股利（利润）或债券利息，表现为现金流入，在母公司个别现金流量表中作为取得投资收益收到的现金列示。子公司在其个别现金流量中反映为分配股利、利润或偿付利息支付的现金。编制合并现金流量表时，应当予以抵销。抵销分录为：借记“分配股利、利润或偿付利息支付的现金”项目，贷记“取得投资收益收到的现金”项目。

（三）企业集团内部以现金结算债权与债务所产生的现金流量的抵销处理

母公司与子公司、子公司相互之间当期以现金结算应收账款或应付账款等债权与债务，表现为现金流入或现金流出，在母公司个别现金流量表中作为收到其他与经营活动有关的现金或支付其他与经营活动有关的现金列示，在子公司个别现金流量中作为支付其他与经营活动有关的现金或收到其他与经营活动有关的现金列示。编制合并现金流量表时，应当予以抵销。

（四）企业集团内部当期销售商品所产生的现金流量的抵销处理

母公司向子公司当期销售商品（或子公司向母公司销售商品或子公司相互之间销售商品，下同）所收到的现金，表现为现金流入，在母公司个别现金流量表中作为销售商品、提供劳务收到的现金列示。子公司向母公司支付购货款，表现为现金流出，在其个别现金流量中反映为购买商品、接受劳务支付的现金。从企业集团整体来看，这种内部商品购销现金收支并不引起整个企业集团的现金流量的增减变动。编制合并现金流量表时，应当予以抵销。

【例 2－28】沿用【例 2－18】和【例 2－21】资料，假定 A 公司 20×8 年向 B 公司销售商品的价款 3 500 万元中实际收到 B 公司支付的银行存款 3 000 万元。B 公司 2018 年向 A 公司销售商品 1 000 万元的价款全部收到。应编制抵销分录如下：

借：购买商品、接受劳务支付的现金	40 000 000	
贷：销售商品、提供劳务收到的现金		40 000 000

（五）企业集团内部处置固定资产等收回的现金净额与购建固定资产等支付的现金的抵销处理

母公司向子公司处置固定资产等长期资产，表现为现金流入，在母公司个别现金流量表中作为处置固定资产、无形资产和其他长期资产收回的现金净额列示。子公司表现为现金流出，在其个别现金流量表中反映为购建固定资产、无形资产和其他长期资产支付的现金。从企业集团整体来看，这种固定资产处置与购置的现金收支并不引起整个企业集团的现金流量的增减变动。编制合并现金流量表时，应当将母公司与子公司、子公司相互之间处置固定资产、无形资产和其他长期资产收回的现金净额与购建固定资产、无形资产和其他长期资产支付的现金相互抵销。

【例 2－29】 沿用【例 2－19】资料，假定 B 公司 20×8 年 1 月 1 日向 A 公司销售商品 300 万元的价款全部收到。应编制抵销分录如下：

借：购建固定资产、无形资产和其他长期资产支付的现金　　3 000 000
　　贷：销售商品、提供劳务收到的现金　　3 000 000

二、母公司在报告期增减子公司在合并现金流量表的反映

（一）母公司在报告期内增加子公司在合并现金流量表的反映

母公司因追加投资等原因控制了另一个企业即实现了企业合并。在合并当期编制合并现金流量表时，应当区分同一控制下企业合并增加的子公司和非同一控制下企业合并增加的子公司两种情况。

（1）因同一控制下企业合并增加的子公司，在编制合并现金流量表时，应当将该子公司合并当期期初至报告期末的现金流量纳入合并现金流量表。

（2）因非同一控制下企业合并增加的子公司，在编制合并现金流量表时，应当将该子公司购买日至报告期末的现金流量纳入合并现金流量表。

（二）母公司在报告期内处置子公司在合并现金流量表的反映

母公司在报告期内处置子公司，应将该子公司期初至处置日的现金流量纳入合并现金流量表。

三、合并现金流量表中有关少数股东权益项目的反映

合并现金流量表的编制与个别现金流量表相比，一个特殊的问题就是子公司为非全资的情况下，涉及子公司与其少数股东之间的现金流入和现金流出的处理问题。

对于子公司与少数股东之间发生的现金流入和现金流出，从整个企业集团来看，也影响到其整体的现金流入和流出数量的增减变动，必须在合并现金流量表中予以反映。子公司与少数股东之间发生的影响现金流入和现金流出的经济业务包括少数股东对子公司增加权益性投资、子公司向其少数股东支付现金股利或利润等。为了便于企业集团合并财务报表使用者了解掌握企业集团现金流量的情况，有必要将与子公司少数股东之间的现金流入和现金流出的情况单独予以反映。

对于子公司的少数股东增加在子公司中的权益性资本投资，在合并现金流量表中应当在“筹资活动产生的现金流量”之下的“吸收投资收到的现金”项目下“其中：子公司吸收少数股东投资收到的现金”项目反映。

对于子公司向少数股东支付现金股利或利润，在合并现金流量表中应当在“筹资活动产生的现金流量”之下的“分配股利、利润或偿付利息支付的现金”项目下“其中：

子公司支付给少数股东的股利、利润”项目反映。

合并现金流量表的编制参看本章第十二节综合业务举例。

第七节 合并所有者权益变动表

合并所有者权益变动表是反映构成企业集团所有者权益的各组成部分当期的增减变动情况的财务报表。

编制合并所有者权益变动表时需要进行抵销处理的项目主要有：①母公司对子公司的长期股权投资与母公司在子公司所有者权益中享有的份额相互抵销；②母公司对子公司、子公司相互之间持有对方长期股权投资的投资收益应当抵销等。

一、编制合并所有者权益变动表时应进行抵销的项目

（一）母公司对子公司的长期股权投资与母公司在子公司所有者权益中所享有的份额相互抵销

母公司对子公司进行的长期股权投资，并不引起整个企业集团的资产、负债和所有者权益的增减变动。编制合并财务报表时，应当在母公司与子公司财务报表数据简单相加的基础上，将母公司对子公司长期股权投资项目与子公司所有者权益项目予以抵销。

【例2-30】沿用【例2-15】资料，应编制抵销分录如下：

	借方	贷方
借：股本	20 000 000	
资本公积	15 000 000	
其他综合收益	1 000 000	
盈余公积	0	
未分配利润——年末	10 000 000	
商誉	2 000 000	
贷：长期股权投资		38 800 000
少数股东权益		9 200 000

（二）母公司对子公司、子公司相互之间持有对方长期股权投资的投资收益应当抵销

合并所有者权益变动表中的利润分配项目是从整个企业集团角度反映对母公司股东和子公司的少数股东的利润分配情况，因此，子公司的个别所有者权益变动表中利润分配各项目的金额，包括提取盈余公积、分派利润和期末未分配利润的金额都必须予以抵销。在子公司为全资的情况下，子公司本期净利润就是母公司本期对子公司股权投资收益。假定子公司期初未分配利润为0，子公司本期净利润就是企业本期可供分配的利润，而子公司本期利润分配（包括提取盈余公积、应付股利等）的金额与期末未分配利润的金额则是本期利润分配的结果。母公司对于公司的长期股权投资收益应与子公司的利润分配项目相抵销。在子公司为非全资的情况下，母公司本期对子公司股权投资收益与本期少数股东损

益之和就是子公司本期净利润，同样假定子公司期初未分配利润为0，母公司本期对子公司长期股权投资收益与本期少数股东损益之和，应与子公司本期利润分配项目相抵销。

将上述项目抵销时，在子公司为全资子公司的情况下，应当编制的抵销分录为：借记“投资收益”“未分配利润——年初”项目，贷记“利润分配——提取盈余公积”“应付股利”（包括转作股本的股利，下同）“未分配利润——年末”项目；在子公司为非全资子公司的情况下，应编制的抵销分录为：借记“投资收益”“少数股东损益”“未分配利润——年初”项目，贷记“利润分配——提取盈余公积”“应付股利”“未分配利润——年末”项目。

【例2-31】 沿用【例2-26】资料，应编制抵销分录如下：

借：投资收益 8 000 000
　　少数股东损益 2 000 000
　　未分配利润——年初 0
　贷：利润分配——提取盈余公积 1 000 000
　　　　　　　——应付股利 0
　　　未分配利润——年末 9 000 000

二、合并所有者权益变动表的编制

合并所有者权益变动表的格式与个别所有者权益变动表的格式基本相同。在存在少数股东的情况下，合并所有者权益变动表增加“少数股东权益”栏目，用于反映少数股东权益变动的情况。

合并所有者权益变动表的编制参看本章第十二节综合业务举例。

第八节 合并财务报表连续编制业务

一、连续编制合并财务报表时内部应收账款坏账准备的抵销处理

从合并财务报表来讲，内部应收账款计提坏账准备的抵销是与抵销当期资产减值损失相对应的，上期抵销的坏账准备的金额，即上期资产减值损失抵减的金额，最终将影响到本期合并所有者权益变动表中的期初未分配利润金额的增加。由于利润表和所有者权益变动表是反映企业一定会计期间经营成果及其分配情况的财务报表，其上期期末未分配利润就是本期所有者权益变动表期初未分配利润（假定不存在会计政策变更和前期差错更正的情况）。本期编制合并财务报表是以本期母公司和子公司当期的个别财务报表为基础编制的，随着上期编制合并财务报表时内部应收账款计提的坏账准备的抵销，以此个别财务报表为基础加总得出的期初未分配利润与上一会计期间合并所有者权益变动表中的未分配利润金额之间将产生差额。为此，编制合并财务报表时，必须将上期因内部应收账款计提

的坏账准备抵销而抵销的资产减值损失对本期期初未分配利润的影响予以抵销，调整本期期初未分配利润的金额。

在连续编制合并财务报表进行抵销处理时，首先，应将内部应收账款与应付账款予以抵销，即按内部应收账款的金额，借记“应付账款”项目，贷记“应收账款”项目。其次，应将上期资产减值损失中抵销的内部应收账款计提的坏账准备对本期期初未分配利润的影响予以抵销，借记“应收账款——坏账准备”项目，贷记“未分配利润——年初”项目。最后，对于本期个别财务报表中内部应收账款相对应的坏账准备增减变动的金额也应予以抵销，即按照本期个别资产负债表中期末内部应收账款相对应的坏账准备的增加额，借记“应收账款——坏账准备”项目，贷记“资产减值损失”项目，或按照本期个别资产负债表中期末内部应收账款相对应的坏账准备的减少额，借记“资产减值损失”项目，贷记“应收账款——坏账准备”项目。

【例 2-32】某母公司本期个别资产负债中应收账款 50 000 元全部为应收子公司账款，其应收账款按余额的 5‰计提坏账准备，本期坏账准备余额为 250 元。子公司个别资产负债表中应付账款 50 000 元全部为对母公司应付账款。

在编制合并财务报表时，应将内部应收账款与应付账款相互抵销，同时还应将内部应收账款计提的坏账准备予以抵销，其抵销分录如下：

借：应付账款　　50 000

　　贷：应收账款　　50 000

借：应收账款——坏账准备　　250

　　贷：资产减值损失　　250

1. 内部应收账款本期余额与上期余额相等时的抵销处理

【例 2-33】假定母公司上期内部应收账款、内部应收账款计提的坏账准备抵销情况与【例 2-32】情况相同，即母公司上期个别资产负债表中应收账款全部为对子公司内部应收账款，其数额 50 000 元，按 5‰的比例计提坏账准备 250 元，在其个别资产负债表中坏账准备项目的数额为 250 元。母公司本期个别资产负债表中对于公司内部应收账款余额仍为 50 000 元，坏账准备余额为 250 元，本期未计提坏账准备。此时，在合并工作底稿中应进行如下抵销处理：

（1）将内部应收账款与应付账款相互抵销。其抵销分录如下：

借：应付账款　　50 000

　　贷：应收账款　　50 000

（2）将上期内部应收账款计提的坏账准备抵销。在这种情况下，母公司个别资产负债表中坏账准备余额实际上是上期结转而来的余额，因此只需将上期内部应收账款计提的坏账准备予以抵销，同时调整本期期初未分配利润的数额。其抵销分录如下：

借：应收账款——坏账准备　　250

　　贷：未分配利润——年初　　250

2. 内部应收账款本期余额大于上期余额时的抵销处理

【例 2-34】假定母公司上期内部应收账款、内部应收账款计提的坏账准备抵销情况与【例 2-32】情况相同。母公司本期个别资产负债表中对子公司内部应收账款为 66 000

元，坏账准备的数额为330元，本期对子公司内部应收账款净增加16 000元，本期内部应收账款补提坏账准备为80元。此时，在合并工作底稿中应进行如下抵销处理：

（1）将内部应收账款与应付账款相互抵销。其抵销分录如下：

借：应付账款　　66 000
　贷：应收账款　　66 000

（2）将上期内部应收账款计提的坏账准备予以抵销，调整期初未分配利润的数额。其抵销分录如下：

借：应收账款——坏账准备　　250
　贷：未分配利润——年初　　250

（3）将本期对子公司内部应收账款净增加16 000元计提的坏账准备予以抵销。其抵销分录如下：

借：应收账款——坏账准备　　80
　贷：资产减值损失　　80

通过上述抵销分录，已将内部应收账款坏账准备全部抵销。

3. 内部应收账款本期余额小于上期余额时的抵销处理

【例2－35】 假定母公司上期内部应收账款、内部应收账款计提的坏账准备抵销情况与【例2－32】情况相同。母公司本期个别资产负债表中对子公司内部应收账款为32 000元，坏账准备余额为160元。内部应收账款比上期净减少18 000元，本期冲销内部应收账款计提坏账准备90元。此时，在合并工作底稿中应进行如下抵销处理：

（1）将内部应收账款与应付账款相互抵销。其抵销分录如下：

借：应付账款　　32 000
　贷：应收账款　　32 000

（2）上期内部应收账款计提的坏账准备予以抵销，调整期初未分配利润的数额。其抵销分录如下：

借：应收账款——坏账准备　　250
　贷：未分配利润——年初　　250

（3）将因内部应收账款减少而冲减坏账准备予以抵销。其抵销分录如下：

借：资产减值损失　　90
　贷：应收账款——坏账准备　　90

通过上述抵销分录，已将内部应收账款坏账准备全部抵销。

二、连续编制合并财务报表时内部购进商品的抵销处理

对于上期内部购进商品全部实现对外销售的情况，由于不涉及内部存货价值中包含的未实现内部销售损益的抵销处理，在本期连续编制合并财务报表时不涉及对其进行处理的问题。但在上期内部购进并形成期末存货的情况下，在编制合并财务报表进行抵销处理时，存货价值中包含的未实现内部销售损益的抵销，直接影响上期合并财务报表中合并净利润金额的减少，最终影响合并所有者权益变动表中期末未分配利润金额的减少。由于本期编制合并财务报表时是以母公司和子公司本期个别财务报表为基础，而母公司和子公司

个别财务报表中未实现内部销售损益是作为其实现利润的一部分包括在其期初未分配利润之中，以母子公司个别财务报表中期初未分配利润为基础计算得出的合并期初未分配利润的金额就可能与上期合并财务报表中的期末未分配利润的金额不一致。因此，上期编制合并财务报表时抵销的内部购进存货中包含的未实现内部销售损益，也对本期的期初未分配利润产生影响，本期编制合并财务报表时必须在合并母子公司期初未分配利润的基础上，将上期抵销的未实现内部销售损益对本期期初未分配利润的影响予以抵销，调整本期期初未分配利润的金额。

连续编制合并财务报表的情况下，对于内部购进商品的具体抵销处理程序和方法如下：

（1）将上期抵销的存货价值中包含的未实现内部销售损益对本期期初未分配利润的影响进行抵销。即按照上期内部购进存货价值中包含的未实现内部销售损益的金额，借记“未分配利润——年初”项目，贷记“营业成本”项目。

（2）对于本期发生内部购销活动的，将内部销售收入、内部销售成本及内部购进存货中未实现内部销售损益予以抵销。即按照销售企业内部销售收入的金额，借记“营业收入”项目，贷记“营业成本”项目。

（3）将期末内部购进存货价值中包含的未实现内部销售损益予以抵销。对于期末内部购买形成的存货（包括上期结转形成的本期存货），应按照购买企业期末内部购入存货价值中包含的未实现内部销售损益的金额，借记“营业成本”项目，贷记“存货”项目。

【例 2－36】 某母公司本期向子公司销售商品 10 000 元，其销售成本为 8 000 元；子公司购进的该商品当期全部未实现对外销售形成期末存货。此时，在编制本期合并会计报表时，应进行如下抵销处理：

借：营业收入　　10 000

　　贷：营业成本　　10 000

借：营业成本　　2 000

　　贷：存货　　2 000

【例 2－37】 假定上期母公司与子公司内部购销情况及编制合并会计报表情况与【例 2－36】情况相同。本期母公司向该子公司销售产品 15 000 元，母公司本期销售毛利率与上期相同，为 20%，销售成本为 12 000 元。子公司本期实现对外销售收入为 18 000 元，销售成本为 12 600 元，期末存货为 12 400 元［期初存货（10 000 元）＋本期购进存货（15 000元）－本期销售成本（12 600 元）］，存货价值中包含的未实现内部销售利润为 2 480元。此时，编制合并会计报表时应进行如下抵销处理：

（1）调整期初未分配利润的数额。其抵销分录如下：

借：未分配利润——年初　　2 000

　　贷：营业成本　　2 000

（2）抵销本期内部销售收入。其抵销分录如下：

借：营业收入　　15 000

　　贷：营业成本　　15 000

（3）抵销期末存货中包含的未实现内部销售利润。其抵销分录如下：

借：营业成本　　2 480

　　贷：存货　　2 480

三、连续编制合并财务报表时内部交易固定资产的抵销处理

首先，取得固定资产以后会计期间，内部交易固定资产仍然以其原价在购买企业的个别资产负债表中列示，必须将该固定资产原价中包含的未实现内部销售损益的金额予以抵销；相应地，销售企业以前会计期间由于该内部交易固定资产所实现的销售利润，形成销售当期净利润的一部分并结转到以后的会计期间，在其个别所有者权益变动表中列示，由此必须将期初未分配利润中包含的该未实现内部销售损益予以抵销，以调整期初未分配利润的金额。其次，对于该固定资产在以前会计期间使用并计提折旧而形成的期初累计折旧，由于将以前会计期间按包含未实现内部销售损益的原价为依据而多计提折旧的抵销，一方面必须按照以前会计期间累计多计提的折旧额抵销期初累计折旧；另一方面，由于以前会计期间累计折旧抵销而影响到期初未分配利润，必须调整期初未分配利润的金额。通过这一抵销，使该内部交易固定资产以前会计期间的累计折旧恢复到以不包含未实现内部销售损益的原价计提的累计折旧的金额。最后，该内部交易固定资产在本期使用并计提折旧，由于多计提折旧导致本期有关费用项目增加并形成累计折旧，为此，一方面必须将本期多计提折旧而计入当期损益的金额予以抵销；另一方面将本期多计提折旧而形成的累计折旧额予以抵销。通过这一抵销，使该内部交易固定资产本期计提的累计折旧恢复到以不包含未实现内部销售损益的原价计提的累计折旧的金额。

连续编制合并报表的情况下，内部购入固定资产以后期间，其抵销程序为：

（1）应将内部交易固定资产原价中包含的未实现内部销售损益抵销，并调整期初未分配利润。即按照固定资产原价中包含的未实现内部销售损益的金额，借记“未分配利润——年初”项目，贷记“固定资产——原价”项目。

（2）将以前会计期间内部交易固定资产多计提的累计折旧抵销，并调整期初未分配利润。即按照以前会计期间抵销该内部交易固定资产多计提的累计折旧额，借记“固定资产”项目，贷记“未分配利润——年初”项目。

（3）将本期由于该内部交易固定资产的使用而多计提的折旧费用予以抵销，并调整本期计提的累计折旧额。即按照本期该内部交易的固定资产多计提的折旧额，借记“固定资产——累计折旧”项目，贷记“管理费用”等项目。

【例2－38】 假定A公司和B公司均为同一母公司的子公司，20×8年1月1日，A公司以500 000元的价格将其生产的产品销售给B公司，其销售成本为300 000元，因该内部固定资产交易实现的销售利润200 000元。B公司购买该产品作为管理用固定资产使用，按500 000元的原价入账并在其个别资产负债表中列示。假设B公司对该固定资产按5年的使用期限采用年限平均法计提折旧，预计净残值为0；该固定资产交易时间为本年1月1日，为简化抵销处理，该内部交易固定资产按12月计提折旧。有关抵销处理如下：

（1）该固定资产相关的销售收入、销售成本以及原价中包含的未实现内部销售利润抵销。

借：营业收入　　500 000

贷：营业成本 300 000

固定资产——原价 200 000

(2) 该固定资产当期多计提折旧的抵销。该固定资产折旧期间为5年，原价为500 000元，预计净残值为0，当年计提的折旧额为100 000元，而按抵销其原价中包含的未实现内部销售利润后的原价计提的折旧额为60 000元，当期多计提的折旧额为40 000元。本例中应当按40 000元，分别抵销管理费用和累计折旧。

借：固定资产——累计折旧 40 000

贷：管理费用 40 000

通过上述抵销分录，在合并工作底稿中累计折旧额减少40 000元，管理费用减少40 000元，在合并会计报表中该固定资产的累计折旧为60 000元，该固定资产当期计提折旧费用为60 000元。

【例2-39】 沿用【例2-38】资料，第二期该内部交易固定资产保留在该子公司，编制合并会计报表时，应当编制如下抵销分录进行处理：

(1) 借：未分配利润——年初 200 000

贷：固定资产——原价 200 000

(2) 借：固定资产——累计折旧 40 000

贷：未分配利润——年初 40 000

(3) 借：固定资产——累计折旧 40 000

贷：管理费用 40 000

第九节 所得税会计相关的抵销处理

一、所得税会计概述

在编制合并财务报表时，由于需要对企业集团内部交易进行合并抵销处理，由此可能导致在合并财务报表中反映的资产、负债账面价值与其计税基础不一致，存在差异。为了使合并财务报表全面反映所得税相关的影响，特别是当期所负担的所得税费用的情况，应当进行所得税会计核算，在计算确定资产、负债的账面价值与计税基础之间差异的基础上，确认相应的递延所得税资产或递延所得税负债。

二、内部应收款项相关所得税会计的抵销处理

在编制合并财务报表时，随着内部债权债务的抵销，也必须将内部应收账款计提的坏账准备予以抵销。通过对其进行合并抵销处理后，合并财务报表中该内部应收账款已不存在，由内部应收账款账面价值与计税基础之间的差异所形成的暂时性差异也不能存在。在编制合并财务报表时，对持有该集团内部应收款项的企业因该暂时性差异确认的递延所得

税资产则需要进行抵销处理。

【例 2－40】甲公司为 A 公司的母公司。甲公司本期个别资产负债表应收账款中有 1 700 万元为应收 A 公司账款，该应收账款账面余额为 1 800 万元，甲公司当年对其计提坏账准备 100 万元。A 公司本期个别资产负债表中列示有应付甲公司账款 1 800 万元。甲公司和 A 公司适用的所得税税率均为 25%。甲公司在编制合并财务报表时，其合并抵销处理如下：

（1）将内部应收账款与应付账款相互抵销，其抵销分录如下：

分录①借：应付账款　　1 800

　　贷：应收账款　　1 800

（2）将内部应收账款计提的坏账准备予以抵销，其抵销分录如下：

分录②借：应收账款　　100

　　贷：资产减值损失　　100

（3）将甲公司对内部应收账款计提坏账准备导致暂时性差异确认的递延所得税资产予以抵销。本例中，甲公司在其个别财务报表中，对应收 A 公司账款计提坏账准备 100 万元，由此导致应收 A 公司账款的账面价值 1 700 万元，而该应收账款的计税基础仍为 1 800万元，应收 A 公司账款的账面价值调整为 1 700 万元与其计税基础 1 800 万元之间的差额 100 万元，则形成当年暂时性差异。对此，按照《企业会计准则第 18 号——所得税》的规定，应当确认该暂时性差异相应的递延税款资产 25 万元（100×25%）。甲公司在其个别财务报表中确认递延所得税资产时，借记“递延所得税资产”科目 25 万元，贷记“所得税费用”科目 25 万元。在编制合并财务报表时随着内部应收账款及其计提的坏账准备的抵销，在合并财务报表中该应收账款已不存在，甲公司在其个别财务报表中因应收 A 公司账款账面价值与其计税基础之间形成的暂时性差异也不存在，对该暂时性差异确认的递延所得税资产则需要予以抵销。在编制合并财务报表对其进行合并抵销处理时，其抵销分录如下：

分录③借：所得税费用　　25

　　贷：递延所得税资产　　25

根据上述抵销分录，编制合并工作底稿（局部）如表 2－8 所示。

表 2－8　　合并工作底稿（局部）　　单位：万元

项　目	甲公司	A公司	合　计	调整分录		抵销分录		少数股东权益	合并数
				借方	贷方	借方	贷方		
（资产负债表项目）									
……									
应收账款	1 700		1 700			100②	1 800①		0
……									
递延所得税资产	25		25				25③		0
……									
应付账款		1 800	1 800			1 800①			0

续表

项　目	甲公司	A公司	合　计	调整分录		抵销分录		少数股东权益	合并数
				借方	贷方	借方	贷方		
……									
（利润表项目）									
……									
资产减值损失	100		100				100②		0
……									
营业利润	-100		-100				100		0
……									
利润总额									
所得税费用	-25		-25			25③			0
净利润	-75		-75			25	100		0
（股东权益变动表项目）									
期初未分配利润	0		0				0		0
……									
期末未分配利润	-75		-75			25	100		0

注：工作底稿中抵销数字编号按业务举例抵销分录编号填列。

三、内部交易存货相关所得税会计的抵销处理

企业在编制合并财务报表时，应当将纳入合并范围的母公司与子公司以及子公司相互之间发生的内部交易对个别财务报表的影响予以抵销，其中包括内部商品交易所形成的存货价值中包含的未实现内部销售损益的金额。对于内部商品交易所形成的存货，对持有该存货的企业来说，假定不考虑计提资产减值损失，其取得成本就是该资产的账面价值，这其中包括销售企业因该销售所实现的损益，这一取得成本也就是计税基础。由于所得税是以独立的法人实体为对象计征的，这一计税基础也是合并财务报表中该存货的计税基础。此时，账面价值与其计税基础是一致的，不存在暂时性差异，也不涉及确认递延所得税资产或递延所得税负债的问题。但在编制合并财务报表过程中，随着内部商品交易所形成的存货价值包含的未实现内部销售损益的抵销，合并资产负债表所反映的存货价值是以原来内部销售企业该商品的销售成本列示的，不包含未实现内部销售损益。由此导致在合并资产负债表所列示的存货的价值与持有该存货的企业计税基础不一致，存在暂时性差异。这一暂时性差异的金额就是编制合并财务报表时所抵销的未实现内部销售损益的数额。从合并财务报表编制来说，对于这一暂时性差异，则必须确认递延所得税资产或递延所得税负债。

【例2-41】 甲公司持有A公司80%的股权，系A公司的母公司。甲公司20×8年利润表列示的营业收入中有5 000万元系当年向A公司销售产品取得的销售收入，该产品销售成本为3 500万元。A公司在20×8年将该批内部购进商品的60%实现对外销售，其销

售收入为3 750万元，销售成本为3 000万元，并列示于其利润表中；该批商品的另外40%则形成A公司期末存货，即期末存货为2 000万元，列示于A公司2018年的资产负债表之中。甲公司和A公司适用的企业所得税税率均为25%。甲公司在编制合并财务报表时，其合并抵销处理如下：

（1）将内部销售收入与内部销售成本及存货价值中包含的未实现内部销售利润抵销，其抵销分录如下：

分录①借：营业收入　　5 000
　　贷：营业成本　　4 400
　　　　存货　　600

（2）确认因编制合并财务报表导致的存货账面价值与其计税基础之间的暂时性差异相关的递延所得税资产。本例中，对A公司来说，其持有该存货账面价值与计税基础均为2 000万元；从甲公司角度来说，通过上述合并抵销处理，合并资产负债表中该存货的价值为1 400万元。由于甲公司和A公司均为独立的法人实体，这一存货的计税基础应从A公司的角度来考虑，即其计税基础为2 000万元。因该内部交易抵销的未实现内部销售损益导致的暂时性差异为600万元（2 000－1 400），实际上就是抵销的未实现内部销售损益的金额。为此，编制合并财务报表时还应当对该暂时性差异确认递延所得税资产150万元（600×25%）。进行合并抵销处理时，其抵销分录如下：

分录②借：递延所得税资产　　150
　　贷：所得税费用　　150

根据上述抵销分录，其合并工作底稿（局部）如表2－9所示。

表2－9　合并工作底稿（局部）　单位：万元

项　目	甲公司	A公司	合　计	调整分录		抵销分录		少数股东权益	合并数
				借方	贷方	借方	贷方		
（资产负债表项目）									
……									
存货		2 000	2 000				600①		1 400
……									
递延所得税资产	0	0	0				150②		150
……									
（利润表项目）									
营业收入	5 000	3 750	8 750			5 000①			3 750
营业成本	3 500	3 000	6 500				4 400①		2 100
……									
营业利润	1 500	750	2 250			5 000	4 400		1 650
……									
利润总额	1 500	750	2 250			5 000	4 400		1 650
所得税费用	375	187.5	562.5				150②		412.5

续表

项　　目	甲公司	A公司	合　计	调整分录		抵销分录		少数股东权益	合并数
				借方	贷方	借方	贷方		
净利润	1 125	562.5	1687.5			5 000	4 550		1 237.5
（股东权益变动表项目）									
期初未分配利润	0	0	0						0
……									
期末未分配利润	1 125	562.5	1687.5			5 000	4 550		1 237.5

注：工作底稿中抵销数字编号按业务举例抵销分录编号填列。

四、内部交易固定资产等相关所得税会计的抵销处理

对于内部交易形成的固定资产，编制合并财务报表时应当将该内部交易对个别财务报表的影响予以抵销，其中包括将内部交易形成的固定资产价值中包含的未实现内部销售利润予以抵销。对于内部交易形成的固定资产，对持有该固定资产的企业来说，假定不考虑计提资产减值损失，其取得成本就是该固定资产的账面价值，其中包括销售企业因该销售所实现的损益，这一账面价值与其计税基础是一致的，不存在暂时性差异，也不涉及确认递延所得税资产或递延所得税负债的问题。但在编制合并财务报表时，随着内部交易所形成的固定资产价值所包含的未实现内部销售损益的抵销，合并资产负债表中所反映的该固定资产价值不包含这一未实现内部销售损益，也就是说是以原销售企业该商品的销售成本列示的，因而导致在合并资产负债表所列示的固定资产价值与持有该固定资产的企业计税基础不一致，存在暂时性差异。这一暂时性差异的金额就是编制合并财务报表时所抵销的未实现内部销售损益的数额。从合并财务报表来说，对于这一暂时性差异，在编制合并财务报表时必须确认相应的递延所得税资产或递延所得税负债。

【例2－42】A公司和B公司均为甲公司控制下的子公司。A公司于20×8年1月1日将自己生产的产品销售给B公司作为固定资产使用，A公司销售该产品的销售收入为1 680万元，销售成本为1 200万元。A公司在20×8年度利润表中列示该销售收入1 680万元，该销售成本1 200万元。B公司以1 680万元的价格作为该固定资产的原价入账。B公司购买的该固定资产用于公司的销售业务，该固定资产属于不需要安装的固定资产，当月投入使用，其折旧年限为4年，预计净残值为0。B公司对该固定资产确定的折旧年限和预计净残值与税法规定一致。为简化合并处理，假定该内部交易固定资产在交易当年按12个月计提折旧。B公司在20×8年12月31日的资产负债表中列示有该固定资产，其原价为1 680万元、累计折旧为420万元、固定资产净值为1 260万元。A公司、B公司和甲公司适用的所得税税率均为25%。甲公司在编制合并财务报表时，应当进行如下抵销处理：

（1）将该内部交易固定资产相关销售收入与销售成本及原价中包含的未实现内部销售利润予以抵销。其抵销分录如下：

分录①借：营业收入　　　　1 680

贷：营业成本 1 200

固定资产原价 480

（2）将当年计提的折旧和累计折旧中包含的未实现内部销售损益的金额予以抵销。其抵销分录如下：

分录②借：累计折旧 120

贷：销售费用 120

（3）确认因编制合并财务报表导致的内部交易固定资产账面价值与其计税基础之间的暂时性差异相关递延所得税资产。本例中，确认递延所得税资产或负债相关计算如下：

B公司该固定资产的账面价值＝固定资产原价－当年计提的折旧额

＝1 680－420

＝1 260（万元）

B公司该固定资产的计税基础＝固定资产原价－当年计提的折旧额

＝1 680－420

＝1 260（万元）

根据上述计算，从B公司角度来看，因该内部交易形成的固定资产账面价值与其计税基础相同，不产生暂时性差异，在B公司个别财务报表中不涉及确认递延所得税资产或递延所得税负债的问题。

合并财务报表中该固定资产的账面价值＝企业集团取得该资产的成本－按取得资产成本计算确定的折旧额

＝1 200－300

＝900（万元）

合并财务报表中该固定资产相关的暂时性差异＝账面价值－计税基础

＝900－1 260

＝－360（万元）

关于计税基础，企业所得税是以单个企业的纳税所得为对象计算征收的。某一资产的计税基础是从使用该资产的企业来考虑的。对某一企业来说，资产的取得成本就是其计税基础。由于该内部交易固定资产属于B公司拥有并使用，B公司该固定资产的计税基础也就是整个企业集团的计税基础，个别财务报表确定该固定资产的计税基础与合并财务报表确定的该固定资产的计税基础是相同的。

关于合并财务报表中该固定资产的账面价值是以抵销未实现内部销售利润后的固定基础计算的。

合并财务报表中该固定资产相关的暂时性差异就是因抵销未实现内部销售利润而产生的。本例中，该固定资产原价抵销的未实现内部销售利润为480万元，同时由于该固定资产使用而当年计提的折旧额420万元中也包含未实现内部销售利润120万元，这120万元随着固定资产折旧而结转为已实现内部销售利润，因此该内部交易形成的固定资产价值中当年实际抵销的未实现内部销售利润为360万元（480－120）。这360万元也就是因未实现内部销售利润而产生的暂时性差异。

对于合并财务报表中该内部交易固定资产因未实现内部销售利润的抵销而产生的暂时性差异，应当确认的递延所得税资产为90万元（360×25%）。本例中，确认相关递延所得税资产的合并抵销分录如下：

分录③借：递延所得税资产　　90

　　　贷：所得税费用　　90

根据上述抵销分录，编制合并工作底稿（局部）如表2－10所示。

表2－10　　合并工作底稿（局部）　　单位：万元

项　　目	甲公司	A公司	合　计	调整分录		抵销分录		少数股东权益	合并数
				借方	贷方	借方	贷方		
（资产负债表项目）									
……									
固定资产原价		1 680	1 680				480①		1 200
累计折旧		420	420			120②			300
固定资产净值		1 260	1 260			120	480		900
……									
递延所得税资产						90③			
……									
（利润表项目）									
营业收入	1 680		1 680			1 680①			0
营业成本	1 200		1 200				1 200①		0
……									
销售费用		420	420				120②		300
……									
营业利润	480	－420	60			1 680	1 320		－300
……									
利润总额	480	－420	60			1 680	1 320		－300
所得税费用	120	－105	15				90③		－75
净利润	360	－315	45			1 680	1 410		－225
（股东权益变动表项目）									
期初未分配利润	0	0	0						0
……									
期末未分配利润	360	－315	45			1 680	1 410		－225

注：工作底稿中抵销数字编号按业务举例抵销分录编号填列。

第十节 特殊交易在合并财务报表中的会计处理

一、追加投资在合并财务报表中的会计处理

（一）母公司购买子公司少数股东股权

母公司购买子公司少数股东拥有的子公司股权的，在合并财务报表中，因购买少数股权新取得的长期股权投资与按照新增持股比例计算应享有子公司自购买日或合并日开始持续计算的净资产份额之间的差额，应当调整母公司个别报表中的资本公积（资本溢价或股本溢价），资本公积不足冲减的，调整留存收益。

（二）通过多次交易分步实现非同一控制下企业合并

企业因追加投资等原因能够对非同一控制下的被投资方实施控制企业因追加投资等原因，通过多次交易分步实现非同一控制下企业合并的，在合并财务报表上，首先，应结合分步交易的各个步骤的协议条款，以及各个步骤中所分别取得的股权比例、取得对象、取得方式、取得时点及取得对价等信息来判断分步交易是否属于“一揽子交易”。

各项交易的条款、条件以及经济影响符合以下一种或多种情况的，通常应将多次交易事项作为“一揽子交易”进行会计处理：一是这些交易是同时或者在考虑了彼此影响的情况下订立的；二是这些交易整体才能达成一项完整的商业结果；三是一项交易的发生取决于至少一项其他交易的发生；四是一项交易单独看是不经济的，但是和其他交易一并考虑时是经济的。

如果分步取得对子公司股权投资直至取得控制权的各项交易属于“一揽子交易”，应当将各项交易作为一项取得子公司控制权的交易进行会计处理。

如果不属于“一揽子交易”，在合并财务报表中，对于购买日之前持有的被购买方的股权，应当按照该股权在购买日的公允价值进行重新计量，公允价值与其账面价值之间的差额计入当期投资收益；购买日之前持有的被购买方的股权涉及权益法核算下的其他综合收益以及除净损益、其他综合收益和利润分配外的其他所有者权益变动（其他所有者权益变动）的，与其相关的其他综合收益、其他所有者权益变动应当转为购买日所属当期收益，由于被投资方重新计量设定受益计划净负债或净资产变动而产生的其他综合收益除外。购买方应当在附注中披露其在购买日之前持有的被购买方的股权在购买日的公允价值、按照公允价值重新计量产生的相关利得或损失的金额。

【例2-43】 20×8年1月1日，P公司以现金8 000万元取得S公司20%股权并具有重大影响，按权益法进行核算。当日，S公司可辨认净资产公允价值为3.6亿元。20×8年6月30日，P公司另支付现金1.8亿元取得S公司35%股权，并取得对S公司的控制权。20×8年6月30日，P公司原持有的对S公司20%股权的公允价值为1亿元，账面价值为9 200万元（其中，与S公司权益法核算相关的累计净损益为300万元，累计其他综合收益为900万元)；S公司可辨认净资产公允价值为4.4亿元（不考虑所得税等影响）。

P公司在编制合并财务报表时，首先，应对原持有股权按照公允价值进行重新计量。在购买日（2018年6月30日），该项股权投资的公允价值为1亿元，与其账面价值（9 200万元）之间的差额（800万元）应计入合并当期投资收益，同时将原计入其他综合收益的900万元转入合并当期投资收益。其次，按照企业合并准则有关非同一控制下企业合并的相关规定，P公司购入S公司股权并取得控制权的合并对价应为2.8亿元（原持有股权于购买日的公允价值1亿元+合并日新支付的对价1.8亿元）。由于P公司享有S公司在购买日的可辨认净资产公允价值的份额为2.42亿元（4.4×55%），因此购买日形成的商誉为0.38亿元（2.8－2.42）。

（三）通过多次交易分步实现同一控制下企业合并

对于多次交易分步实现的同一控制下企业合并，在编制合并财务报表时，应视同参与合并的各方在最终控制方开始控制时即以目前的状态存在进行调整，在编制比较报表时，以不早于合并方和被合并方同处于最终控制方的控制之下的时点开始，将被合并方的有关资产、负债并入合并方合并财务报表的比较报表中，并将合并而增加的净资产在比较报表中调整所有者权益项下的相关项目。

为避免对被合并方净资产的价值进行重复计算，合并方在取得被合并方控制权之前持有的股权投资，在取得原股权之日与合并方和被合并方同处于同一方最终控制之日孰晚日起至合并日之间已确认有关损益、其他综合收益以及其他净资产变动冲减比较报表期间的期初留存收益或当期损益。

（四）本期增加子公司时合并财务报表的编制

同一控制下企业合并增加的子公司或业务，视同合并后形成的企业集团报告主体自最终控制方开始实施控制时一直是一体化存续下来的。编制合并资产负债表时，应当调整合并资产负债表的期初数，合并资产负债表的留存收益项目应当反映母子公司视同一直作为一个整体运行至合并日应实现的盈余公积和未分配利润的情况，同时应当对比较报表的相关项目进行调整。编制合并利润表时，应当将该子公司或业务自合并当期期初至报告期末的收入、费用、利润纳入合并利润表，而不是从合并日开始纳入合并利润表，同时应当对比较报表的相关项目进行调整。由于这部分净利润是因企业合并准则所规定同一控制下企业合并的编表原则所致，而非母公司管理层通过生产经营活动实现的净利润，因此应当在合并利润表中单列“其中：被合并方在合并前实现的净利润”项目进行反映。编制合并现金流量表时，应当将该子公司或业务自合并当期期初到报告期末的现金流量纳入合并现金流量表，同时应当对比较报表的相关项目进行调整。

非同一控制下企业合并或其他方式增加的子公司或业务，应当从购买日开始编制合并财务报表，在编制合并资产负债表时，不调整合并资产负债表的期初数，企业以非货币性资产出资设立子公司或对子公司增资的，需要将该非货币性资产调整恢复至原账面价值，并在此基础上持续编制合并财务报表。在编制合并利润表时，应当将该子公司或业务自购买日至报告期末的收入、费用、利润纳入合并利润表。在编制合并现金流量表时，应当将该子公司购买日至报告期期末的现金流量纳入合并现金流量表。

二、处置对子公司投资在合并财务报表中的会计处理

（一）在不丧失控制权的情况下部分处置对子公司长期股权投资

母公司在不丧失控制权的情况下部分处置对子公司的长期股权投资的，处置价款与处置长期股权投资相对应享有子公司自购买日或合并日开始持续计算的净资产份额之间的差额，应当调整资本公积（资本溢价或股本溢价），资本公积不足冲减的，调整留存收益。

（二）母公司因处置对子公司长期股权投资而丧失控制权

1. 一次交易处置子公司

母公司因处置部分股权投资或其他原因丧失了对原有子公司控制的，在合并财务报表中，应当进行如下会计处理：①终止确认长期股权资产、商誉等的账面价值，并终止确认少数股东权益（包括属于少数股东的其他综合收益）的账面价值。②按照丧失控制权日的公允价值进行重新计量剩余股权，按剩余股权对被投资方的影响程度，将剩余股权作为长期股权投资或金融工具进行核算。③处置股权取得的对价与剩余股权的公允价值之和，减去按原持股比例计算应享有原子公司自购买日开始持续计算的净资产账面价值份额与商誉之和，形成的差额计入丧失控制权当期的投资收益。④与原子公司的股权投资相关的其他综合收益、其他所有者权益变动，应当在丧失控制权时转入当期损益，由于被投资方重新计量设定受益计划净负债或净资产变动而产生的其他综合收益除外。

2. 多次交易分步处置子公司

企业通过多次交易分步处置对子公司股权投资直至丧失控制权，在合并财务报表中，首先应判断分步交易是否属于“一揽子交易”。

如果分步交易不属于“一揽子交易”，则在丧失对子公司控制权以前的各项交易，应按照“在不丧失控制权的情况下部分处置对子公司长期股权投资”进行会计处理。

如果分步交易属于“一揽子交易”，则应将各项交易作为一项处置原有子公司并丧失控制权的交易进行会计处理，其中，对于丧失控制权之前的每一次交易，处置价款与处置投资对应的享有该子公司自购买日开始持续计算的净资产账面价值的份额之间的差额，在合并财务报表中应当计入其他综合收益，在丧失控制权时一并转入丧失控制权当期的损益。

【例2-44】为整合集团优势资源，集中力量做好优势产业，P公司计划剥离辅业，处置全资子公司S公司。20×7年11月20日，P公司与乙公司签订不可撤销的转让协议，约定P公司向乙公司转让其持有的S公司100%股权，对价总额为1.4亿元。考虑到股权平稳过渡，双方协议约定，乙公司应在20×7年12月31日之前支付6 000万元，以先取得S公司30%股权；在20×8年12月31日之前支付8 000万元，以取得S公司剩余70%股权。20×7年12月31日至乙公司支付剩余价款的期间，S公司仍由P公司控制，若S公司在此期间向股东进行利润分配，则后续70%股权的购买对价按乙公司已分得的金额进行相应调整。

20×7年12月31日，乙公司按照协议约定向P公司支付6 000万元，P公司将S公司30%股权转让给乙公司，股权变更手续已于当日完成；当日，S公司自购买日持续计算

的净资产账面价值为1亿元。

20×8年9月30日，乙公司向P公司支付8 000万元，P公司将S公司剩余70%股权转让给乙公司并办理完毕股权变更手续，自此乙公司取得S公司的控制权；当日，S公司自购买日持续计算的净资产账面价值为1.2亿元。

20×8年1月1日至20×8年9月30日，S公司实现净利润2 000万元，无其他净资产变动事项（不考虑所得税等影响）。

本例中，P公司通过两次交易分步处置其持有的S公司100%股权。第一次交易处置S公司30%股权，仍保留对S公司的控制；第二次交易处置剩余70%股权，并丧失对S公司的控制权。

分析上述两次交易是否属于“一揽子交易”：①P公司处置S公司股权是出于集中力量做好优势产业、剥离辅业的考虑，P公司的目的是全部处置其持有的S公司股权，两次处置交易结合起来才能达到其商业目的。②两次交易在同一转让协议中同时约定。③在第一次交易中，30%股权的对价为6 000万元，相对于100%股权的对价总额1.4亿元而言，第一次交易单独来看对乙公司而言并不经济，和第二次交易一并考虑才反映真正的经济影响，此外，如果在两次交易期间S公司进行了利润分配，也将据此调整对价，说明两次交易是在考虑了彼此影响的情况下订立的。

因此，在合并财务报表中，两次交易应作为“一揽子交易”，按照分步处置子公司股权至丧失控制权并构成“一揽子交易”的相关规定进行会计处理。

20×7年12月31日，P公司转让S公司30%股权，在S公司中所占股权比例下降至70%，P公司仍控制S公司。处置价款6 000万元与处置30%股权对应的S公司净资产账面价值份额3 000万元（1亿元×30%）之间的差额为3 000万元，在合并财务报表中计入其他综合收益：

借：银行存款	60 000 000	
贷：少数股东权益		30 000 000
其他综合收益		30 000 000

20×8年1月1日至20×8年9月30日，S公司作为P公司持股70%的非全资子公司应纳入P公司合并财务报表合并范围，S公司实现的净利润2 000万元中归属于乙公司的份额为600万元（2 000×30%），在P公司合并财务报表中确认少数股东损益600万元，并调整少数股东权益。

20×8年9月30日，P公司转让S公司剩余70%股权，丧失对S公司的控制权，不再将S公司纳入合并范围。P公司应终止确认对S公司的长期股权投资及少数股东权益等，并将处置价款8 000万元与享有的S公司净资产份额8 400万元（1.2亿元×70%）之间的差额400万元，计入当期损益，同时将第一次交易计入其他综合收益的3 000万元转入当期损益。

（三）本期减少子公司时合并财务报表的编制

在本期出售转让子公司部分股份或全部股份，丧失对该子公司的控制权而使其成为非子公司的情况下，应当将其排除在合并财务报表的合并范围之外。

在编制合并资产负债表时，不需要对该出售转让股份而成为非子公司的资产负债表进行合并。但为了提高会计信息的可比性，应当在合并财务报表附注中披露该子公司成为非子公司对合并财务报表财务状况以及对前期相关金额的影响，即披露该子公司在丧失控制权日以及该子公司在上年年末的资产和负债金额，具体包括流动资产、长期股权投资、固定资产、无形资产及其他资产和流动负债、长期负债等。

在编制合并利润表时，则应当以该子公司期初至丧失控制权成为非子公司之日止的利润表为基础，将该子公司自期初至丧失控制权之日止的收入、费用、利润纳入合并利润表。同时为提高会计信息的可比性，在合并财务报表附注中披露该子公司成为非子公司对合并财务报表的经营成果以及对前期相关金额的影响，即披露该子公司自期初至丧失控制权日止的经营成果以及上年度的经营成果，具体包括营业收入、营业利润、利润总额、所得税费用和净利润等。

在编制现金流量表时，应将该子公司自期初至丧失控制权之日止的现金流量的信息纳入合并现金流量表，并将出售该子公司所收到的现金扣除子公司持有的现金和现金等价物以及相关处置费用后的净额，在有关投资活动类的“处置子公司及其他营业单位所收到的现金”项目反映。

三、因子公司少数股东增资导致母公司股权稀释

如果由于子公司的少数股东对子公司进行增资，导致母公司股权稀释，母公司应当按照增资前的股权比例计算其在增资前子公司账面净资产中的份额，该份额与增资后按母公司持股比例计算的在增资后子公司账面净资产份额之间的差额计入资本公积，资本公积不足冲减的，调整留存收益。

四、交叉持股的合并处理

交叉持股是指在由母公司和子公司组成的企业集团中，母公司持有子公司一定比例股份，能够对其实施控制，同时子公司也持有母公司一定比例股份，即相互持有对方的股份。

母子公司有交互持股情形的，在编制合并财务报表时，对于母公司持有的子公司股权，与通常情况下母公司长期股权投资与子公司所有者权益的合并抵销处理相同。对于子公司持有的母公司股权，应当按照子公司取得母公司股权日所确认的长期股权投资的初始投资成本转为合并财务报表中的库存股，作为所有者权益的减项，在合并资产负债表中所有者权益项目下以“减：库存股”项目列示；对于子公司持有母公司股权所确认的投资收益（如利润分配或现金股利），应当进行抵销处理。子公司将所持有的母公司股权分类为可供出售金融资产的，按照公允价值计量的，同时冲销子公司累计确认的公允价值变动。

子公司相互之间持有的长期股权投资，应当比照母公司对子公司的股权投资的抵销方法，将长期股权投资与其对应的子公司所有者权益中所享有的份额相互抵销。

第十一节 合并财务报表附注

一、合并财务报表附注概述

附注是合并财务报表不可或缺的组成部分，是对在合并资产负债表、合并利润表、合并现金流量表和合并所有者权益变动表等报表中列示项目的文字描述或明细资料，以及对未能在这些报表中列示项目的说明等。

财务报表中的数字是经过分类与汇总后的结果，是对企业发生的经济业务的高度简化和浓缩的数字，如果没有形成这些数字所使用的会计政策、理解这些数字所必需的披露，财务报表就不可能充分发挥效用。因此，附注与资产负债表、利润表、现金流量表、所有者权益变动表等报表具有同等的重要性，是财务报表的重要组成部分。报表使用者了解企业的财务状况、经营成果和现金流量，应当全面阅读附注。

附注披露应满足以下基本要求：

（1）附注披露的信息应是定量、定性信息的结合，从而能从量和质两个角度对企业经济事项完整地进行反映，满足信息使用者的决策需求。

（2）附注应当按照一定的结构进行系统合理的排列和分类，有顺序地披露信息。

（3）附注相关信息应当与合并资产负债表、合并利润表、合并现金流量表和合并所有者权益变动表等报表中列示的项目相互参照，以便从整体上更好地理解财务报表。

二、附注披露的内容

企业（母公司）应当按照规定披露合并财务报表附注信息，主要包括下列内容：

（1）企业集团的基本情况。

①企业注册地、组织形式和总部地址。

②企业的业务性质和主要经营活动，如企业所处的行业、所提供的主要产品或服务、客户的性质、销售策略、监管环境的性质等。

③母公司以及集团最终母公司的名称。

④财务报告的批准报出者和财务报告批准报出日。

（2）财务报表的编制基础。

（3）遵循《企业会计准则》的声明。企业应当声明编制的财务报表符合《企业会计准则》的要求，真实、完整地反映了企业的财务状况、经营成果和现金流量等有关信息，以此明确企业编制财务报表所依据的制度基础。如果企业编制的财务报表只是部分地遵循了《企业会计准则》，附注中不得作出这种表述。

（4）重要会计政策和会计估计。根据《企业会计准则第 30 号——财务报表列报》的规定，企业应当披露采用的重要会计政策和会计估计，不重要的会计政策和会计估计可以不披露。

①重要会计政策的说明。需要特别指出的是，说明会计政策时还需要披露下列两项内容：一是财务报表项目的计量基础。会计计量属性包括历史成本、重置成本、可变现净值、现值和公允价值，这直接显著地影响报表使用者的分析，这项披露要求便于使用者了解企业合并财务报表中的项目是按何种计量基础予以计量的，如存货是按成本还是可变现净值计量等。二是会计政策的确定依据。其主要是指企业在运用会计政策过程中所作的对报表中确认的项目金额最具影响的判断。例如，企业如何判断持有的金融资产是持有至到期的投资而不是交易性投资等，这些判断对在报表中确认的项目金额具有重要影响。

②重要会计估计的说明。《企业会计准则第 30 号——财务报表列报》强调了对会计估计不确定因素的披露要求，企业应当披露会计估计中所采用的关键假设和不确定因素的确定依据，这些关键假设和不确定因素在下一会计期间内很可能导致对资产、负债账面价值进行重大调整。

企业在披露金融工具公允价值相关信息时，应当分别披露确定金融工具公允价值计量的方法是否发生改变以及改变的原因、各个层次公允价值的金额、公允价值所属层次间的重大变动、第三层次公允价值期初金额和本期变动金额等相关信息。在第三层次公允价值计量中，如果估值技术中使用的一个或多个输入值发生合理、可能的变动将导致公允价值金额发生显著变化的，应披露这一事实及其影响。

（5）会计政策和会计估计变更以及差错更正的说明。企业应当按照《企业会计准则第 28 号——会计政策、会计估计变更和差错更正》及其应用指南的规定，披露会计政策和会计估计变更以及差错更正的有关情况。

（6）报表重要项目的说明。企业应当以文字和数字描述相结合、尽可能以列表形式披露报表重要项目的构成或当期增减变动的情况，并且报表重要项目的明细金额合计应当与报表项目金额相衔接。

在披露顺序上，一般应当按照合并资产负债表、合并利润表、合并现金流量表、合并所有者权益变动表的顺序及其项目列示的顺序，分别以公允价值计量且其变动计入当期损益的金融资产、应收款项、存货、可供出售金融资产、持有至到期投资、长期股权投资、投资性房地产、固定资产、无形资产、以公允价值计量且其变动计入当期损益的金融负债、应付职工薪酬、应交税费、短期借款、长期借款、应付债券、长期应付款、营业收入、公允价值变动收益、投资收益、减值损失、营业外收人、营业外支出、所得税、政府补助、非货币性资产交换、股份支付、债务重组、借款费用、外币折算、企业合并等项目按照相关会计准则的规定进行披露。

其中，其他综合收益各项目应当按表 2－11 所示格式和内容披露。

（7）或有事项。企业应当披露下列信息：

①预计负债。

A. 预计负债的种类、形成原因以及经济利益流出不确定性的说明。

B. 各类预计负债的期初、期末余额和本期变动情况。

C. 与预计负债有关的预期补偿金额和本期已确认的预期补偿金额。

②或有负债（不包括极小可能导致经济利益流出企业的或有负债）。

表 2－11

项　目	本期发生额			上期发生额		
	税前金额	所得税	税后净额	税前金额	所得税	税后净额
一、以后不能重分类进损益的其他综合收益						
1. 重新计量设定受益计划净负债或净资产的变动						
2. 权益法下在被投资单位不能重分类进损益的其他综合收益中享有的份额						
3. 其他						
二、以后将重分类进损益的其他综合收益						
1. 权益法下在被投资单位以后将重分类进损益的其他综合收益中享有的份额						
减：前期计入其他综合收益当期转入损益						
小　计						
2. 其他债权投资公允价值变动损益						
减：前期计入其他综合收益当期转入损益						
小　计						
3. 债权投资重分类为可供出售金融资产损益						
减：前期计入其他综合收益当期转入损益						
小　计						
4. 现金流量套期损益的有效部分						
减：前期计入其他综合收益当期转入损益						
转为被套期项目初始确认金额的调整额						
小　计						
5. 外币财务报表折算差额						
减：前期计入其他综合收益当期转入损益						
小　计						
6. 其他						
三、其他综合收益合计						

A. 或有负债的种类及其形成原因，包括未决诉讼、未决仲裁、对外提供担保等形成的或有负债。

B. 经济利益流出不确定性的说明。

C. 或有负债预计产生的财务影响，以及获得补偿的可能性；无法预计的，应当说明原因。

③企业通常不应当披露或有资产。但或有资产很可能会给企业带来经济利益的，应当披露其形成的原因、预计产生的财务影响等。

④在涉及未决诉讼、未决仲裁的情况下，按相关规定披露全部或部分信息预期对企业造成重大不利影响的，企业无须披露这些信息，但应当披露该未决诉讼、未决仲裁的性质，以及没有披露这些信息的事实和原因。

(8) 资产负债表日后事项。企业应当披露下列信息：

①每项重要的资产负债表日后非调整事项的性质、内容，及其对财务状况和经营成果的影响。无法作出估计的，应当说明原因。

②资产负债表日后，企业利润分配方案中拟分配的以及经审议批准宣告发放的股利或利润。

(9) 关联方关系及其交易。

(10) 有助于财务报表使用者评价企业管理资本的目标、政策及程序的信息。

(11) 终止经营的收入、费用、利润总额、所得税费用（收益）和净利润；终止经营的资产或处置组确认的减值损失及其转回金额；终止经营的处置损益总额、所得税费用（收益）和处置净损益；终止经营的经营活动、投资活动和筹资活动现金流量净额；归属于母公司所有者的持续经营损益和终止经营损益。

(12) 在资产负债表日后、财务报告批准报出日前提议或宣布发放的股利总额和每股股利金额（或向投资者分配的利润总额）。

(13) 母公司和子公司信息。

①子公司有关的信息（如表 2－12 所示）。

表 2－12

子公司名称	主要经营地	注册地	业务性质	注册资本	本企业合计持股比例	本企业合计享有的表决权比例
1.						
……						

②母公司拥有被投资单位表决权不足半数但能对被投资单位形成控制的原因。

③母公司直接或通过其他子公司间接拥有被投资单位半数以上的表决权但未能对其形成控制的原因。

④子公司所采用的会计政策与母公司不一致的，母公司编制合并财务报表的处理方法。

⑤子公司与母公司会计期间不一致的，母公司编制合并财务报表的处理方法。

⑥本期不再纳入合并范围的原子公司，说明原子公司的名称、注册地、业务性质、母公司的持股比例和表决权比例，本期不再成为子公司的原因。原子公司在处置日和上一会计期间资产负债表日资产、负债和所有者权益的金额以及本期期初至处置日的收入、费用和利润的金额。

⑦子公司向母公司转移资金的能力受到严格限制的情况。

⑧对纳入合并范围的结构化主体的财务支持或其他支持、向结构化主体提供支持的意图等。

⑨子公司少数股东持有的权益对企业集团具有重要性的，子公司少数股东的表决权比例、当期归属于子公司少数股东的损益以及向少数股东支付的股利、子公司在当期期末累计的少数股东权益余额、子公司主要财务信息等。

⑩使用企业集团资产和清偿企业集团债务存在重大限制的，该限制的内容、子公司少数股东享有的相应保护性权利的性质和造成的限制程度、该限制涉及的资产和负债在合并财务报表中的金额等。

⑪在子公司所有者权益份额发生变化且该变化未导致企业丧失对子公司控制权的，该变化对本企业所有者权益的影响；丧失对子公司控制权的，由于丧失控制权而产生的利得或损失以及相应的列报项目、剩余股权在丧失控制权日按照公允价值重新计量而产生的利得或损失。

⑫企业是投资性主体且存在未纳入合并财务报表范围的子公司，并对该子公司权益按照公允价值计量且其变动计入当期损益的，该事实以及未纳入合并财务报表范围子公司的名称、主要经营地及注册地、企业对子公司的表决权比例等。

第十二节

合并财务报表综合举例

为了便于理解和掌握合并财务报表的编制方法，了解合并财务报表的编制过程，本节综合举例说明合并资产负债表、合并利润表、合并现金流量表和合并所有者权益变动表及合并工作底稿的编制方法与过程。

【例2－45】 20×8年1月1日，P公司用银行存款30 000 000元购得S公司80%的股份，取得对S公司的控制权（假定P公司与S公司的企业合并属于非同一控制下的企业合并，初始取得成本等于计税基础）。P公司在20×8年1月1日建立的备查簿（如表2－13所示）中记录了购买日（20×8年1月1日）S公司可辨认资产、负债及或有负债的公允价值信息。

20×8年1月1日，S公司股东权益总额为35 000 000元，其中，股本为20 000 000元，资本公积为15 000 000元，盈余公积为0，未分配利润为0。

P公司和S公司20×8年12月31日个别资产负债表分别如表2－14和表2－15所示。20×8年利润表、现金流量表和所有者权益变动表分别如表2－16、表2－17、表2－18所示。

假定S公司的会计政策和会计期间与P公司一致；P公司和S公司适用的所得税税率均为25%；除S公司可供出售金融资产存在暂时性差异外，P公司的资产和负债、S公司的其他资产和负债均不存在暂时性差异，在合并财务报表层面出现暂时性差异均符合递延所得税资产或递延所得税负债的确认条件。

P公司在编制由P公司和S公司组成的企业集团20×8年合并财务报表时，存在以下内部交易或事项需在合并工作底稿中进行抵销或调整处理：

（1）P公司2018年利润表的营业收入中35 000 000元系向S公司销售产品实现的销售收入，该产品销售成本为30 000 000元。S公司在本期将该产品全部售出，其销售收入为50 000 000元，销售成本为35 000 000元，反映在S公司20×8年的利润表中。对此，编制合并财务报表将内部销售收入和内部销售成本予以抵销时，应在合并工作底稿（如表2－18所示）中编制抵销分录如下：

分录①借：营业收入　　35 000 000
　　　贷：营业成本　　35 000 000

（2）S公司20×8年确认的应向P公司支付的债券利息费用为200 000元（假设该债券的票面利率与实际利率相差较小，发生的债券利息费用不符合资本化条件）。在编制合并财务报表时，应将内部债券投资收益与应付债券利息费用相互抵销，在合并工作底稿中编制抵销分录如下：

分录②借：投资收益　　200 000
　　　贷：财务费用　　200 000

（3）S公司20×8年利润表的营业收入中有10 000 000元系向P公司销售商品实现的销售收入，对应的销售成本为8 000 000元。P公司购进的该商品20×8年未对外销售，全部形成期末存货。在编制合并财务报表时，在合并工作底稿中编制抵销分录如下：

分录③借：营业收入　　10 000 000
　　　贷：营业成本　　10 000 000
分录④借：营业成本　　2 000 000
　　　贷：存货　　2 000 000
　　借：少数股东权益　　300 000
　　　贷：少数股东损益　　300 000

该交易为逆流交易，还需按照少数股东在未实现内部交易损益中所占份额（金额），并考虑所得税影响，抵销少数股东权益。

2 000 000×20%×（1－25%）＝300 000（元）

同时，确认该存货可抵扣差异性的递延所得税影响。

2 000 000×25%＝500 000（元）

分录⑤借：递延所得税资　　500 000
　　　贷：所得税费用　　500 000

（4）S公司20×8年以3 000 000元的价格将其生产的产品销售给P公司，销售成本为2 700 000元，因该内部固定资产交易实现的销售利润为300 000元。P公司购买该产品作为管理用固定资产使用，按3 000 000元入账。假设P公司对该固定资产按3年的使用寿命采用年限平均法计提折旧，预计净残值为0。该固定资产交易时间为20×8年1月1日，为简化抵销处理，假定P公司该内部交易形成的固定资产20×8年按12个月计提折旧。在合并工作底稿中有关抵销处理如下：

与该固定资产相关的销售收入、销售成本以及原价中包含的未实现内部销售损益的抵销。

分录⑥借：营业收入　3 000 000
　　贷：营业成本　2 700 000
　　　　固定资产——原价　300 000
借：少数股东权益　45 000
　贷：少数股东损益　45 000

该交易为逆流交易，还需按照少数股东在未实现内部交易损益中所占份额（金额），并考虑所得税影响，抵销少数股东权益。

300 000×20%×（1－25%）＝45 000（元）

抵销该固定资产当期多计提的折旧额。该固定资产折旧年限为3年，原价为3 000 000元，预计净残值为0，20×8年计提的折旧额为1 000 000元，而按抵销其原价中包含的未实现内部销售损益后的原价，20×8年应计提的折旧额为900 000元，当期多计提的折旧额为100 000元。应当按100 000元分别抵销管理费用和累计折旧。

分录⑦借：固定资产——累计折旧　100 000
　　贷：管理费用　100 000

通过上述抵销分录，在合并工作底稿中固定资产累计折旧额减少100 000元。管理费用减少100 000元，在合并财务报表中该固定资产的累计折旧额为900 000元，该固定资产当期计提的折旧费为900 000元。

借：少数股东损益　15 000
　贷：少数股东权益　15 000

100 000×20%×（1－25%）＝15 000（元）

同时，确认该固定资产可抵扣差异性的递延所得税影响为50 000元［（300 000－100 000）×25%］，其中，100 000元为当年已在P公司所得税前扣除的金额。

分录⑧借：递延所得税资产　50 000
　　贷：所得税费用　50 000

（5）P公司将其账面价值为1 300 000元某项固定资产以1 200 000元的价格出售给S公司作为管理用固定资产来使用。P公司因该内部固定资产交易发生处置损失100 000元。假设S公司以1 200 000元作为该项固定资产的成本入账，S公司对该固定资产按5年的使用寿命采用年限平均法计提折旧，预计净残值为0。该固定资产交易时间为20×8年7月1日，为简化抵销处理，假定S公司该内部交易形成的固定资产20×8年按6个月计提折旧。

在合并工作底稿中有关抵销处理如下：

该固定资产的处置损失与固定资产原价中包含的未实现内部销售损益的抵销。

分录⑨借：固定资产——原价　100 000
　　贷：营业外支出　100 000

抵销该固定资产当期少计提的折旧额。该固定资产折旧年限为5年，原价为1 200 000元，预计净残值为0，20×8年计提的折旧额为120 000元，而按抵销其原价中包含的未实现内部销售损益后的原价，20×8年应计提的折旧额为130 000元，当期少计提的折旧额为10 000元，应当按10 000元分别抵销管理费用和累计折旧。

分录⑩借：管理费用 10 000

贷：固定资产——累计折旧 10 000

通过上述抵销分录，在合并工作底稿中固定资产累计折旧额增加了10 000元，管理费用增加了10 000元，在合并财务报表中该固定资产的累计折旧为130 000元，该固定资产当期计提的折旧费为130 000元。

同时，确认该固定资产的应纳税差异性的递延所得税影响为22 500元［（100 000－10 000）×25%］，其中，10 000元为当年已在S公司所得税税前扣除的金额。

分录⑪借：所得税费用 22 500

贷：递延所得税负债 22 500

（6）S公司20×8年实现净利润10 000 000元，为了便于说明合并所有者权益变动表的编制，假定S公司20×8年即进行了利润分配。计提法定盈余公积1 000 000元，分派现金股利6 000 000元，其中，向P公司分派现金股利4 800 000元，向其他股东分派现金股利1 200 000元，未分配利润为3 000 000元。S公司因持有的其他债权投资的公允价值变动计入当期其他综合收益的金额为750 000元。20×8年12月31日，S公司股东权益总额为39 750 000元，其中，股本为20 000 000元，资本公积为15 000 000元，其他综合收益为750 000元，盈余公积为1 000 000元，未分配利润为3 000 000元。

20×8年12月31日，P公司个别资产负债表中对S公司的长期股权投资的金额为30 000 000元，拥有S公司80%的股份（假定未发生减值）。P公司在个别资产负债表中采用成本法核算该项长期股权投资。

根据《企业会计准则第33号——合并财务报表》的规定，在合并工作底稿中对S公司的长期股权投资由成本法调整为权益法。《企业会计准则第2号——长期股权投资》规定，投资企业在采用权益法确认应享有被投资单位净损益的份额时，应当以取得投资时被投资单位各项可辨认资产、负债等的公允价值为基础，对被投资单位的利润进行调整后确认。在本例中，P公司在编制20×8年合并财务报表时，应当首先根据P公司备查簿中记录的S公司可辨认资产、负债在购买日（20×8年1月1日）的公允价值的资料（如表2－13所示），调整S公司的净利润。按照P公司备查簿中的记录，在购买日，S公司可辨认资产、负债及或有负债的公允价值与账面价值存在差异仅有一项，即甲办公楼，公允价值高于账面价值的差额为1 000 000元（7 000 000—6 000 000），按年限平均法每年应补计提的折旧额为50 000元（1 000 000÷20）。假定甲办公楼用于S公司的总部管理。在合并工作底稿中编制的调整分录如下：

分录⑫借：固定资产 1 000 000

贷：资本公积 750 000

递延所得税负债 250 000

借：管理费用 50 000

贷：固定资产——累计折旧 50 000

借：递延所得税负债 12 500

贷：所得税费用 12 500

据此，以S公司20×8年1月1日各项可辨认资产、负债等的公允价值为基础，考虑递延所得税后，重新确定的2018年净利润为：

10 000 000 - 50 000 + 12 500 = 9 962 500（元）

有关调整分录如下：

确认P公司在20×8年S公司实现净利润9 962 500元中所享有的份额7 970 000元（9 962 500元×80%）。

分录⑬借：长期股权投资——S公司　　7 970 000
　　　　贷：投资收益——S公司　　7 970 000

确认P公司收到S公司2018年分派的现金股利，同时抵销原按成本法确认的投资收益4 800 000元。

分录⑭借：投资收益——S公司　　4 800 000
　　　　贷：长期股权投资——S公司　　4 800 000

确认P公司在2018年S公司其他综合收益中所享有的份额600 000元（750 000元×80%）。

分录⑮借：长期股权投资——S公司　　600 000
　　　　贷：其他综合收益——S公司　　600 000

分录⑬～⑮合并调整后分录为：

借：长期股权投资——S公司　　3 770 000
　贷：投资收益——S公司　　3 170 000
　　　其他综合收益——S公司　　600 000

经过上述调整，P公司对S公司长期股权投资经调整后的20×8年12月31日金额为33 770 000元［投资成本（30 000 000元）+权益法调整增加的长期股权投资（3 770 000元）］，S公司经调整的20×8年12月31日股东权益总额为40 462 500元，具体调整如下：

股东权益账面余额 - 调整前未分配利润 +（调整后净利润 - 分配的现金股利 - 按调整前计提的盈余公积）+甲办公楼购买日公允价值高于账面价值的差额扣除所得税的影响后的金额 = 39 750 000 - 3 000 000 +（9 962 500 - 6 000 000 - 1 000 000）+ 750 000
= 40 462 500（元）

S公司股东权益中20%的部分，即8 092 500元［股东权益调整后余额（40 462 500元）×20%］。属于少数股东权益，在抵销处理时应作为少数股东权益处理。在合并工作底稿中抵销分录如下：

分录⑯借：股本　　20 000 000
　　　　资本公积　　15 750 000
　　　　其他综合收益　　750 000
　　　　盈余公积　　1 000 000
　　　　未分配利润——年末　　2 962 500
　　　　商誉　　1 400 000
　　　　贷：长期股权投资　　33 770 000
　　　　　　少数股东权益　　8 092 500

需要说明的是，一是商誉金额应根据《企业会计准则第20号——企业合并》的规定确定，本例中，商誉=P公司购买日（20×8年1月1日）支付的合并成本-（购买日S公司的所有者权益总额+S公司固定资产公允价值增加额扣除所得税的影响后的金额）=30 000 000-（35 000 000+750 000）×80%=1 400 000（元）；二是“资本公积”=15 000 000+750 000=15 750 000（元）。此处的750 000元是按照P公司备查簿中的记录，在购买日，S公司可辨认资产、负债及或有负债的公允价值与账面价值存在差异仅有一项，即甲办公楼，公允价值高于账面价值的差额为1 000 000元（7 000 000-6 000 000），根据会计准则规定，扣除所得税的影响后的金额计入资本公积。

（7）P公司20×8年个别资产负债表中应收账款4 750 000元（假定不含增值税，下同）为20×8年向S公司销售商品发生的应收销货款的账面价值，P公司对该笔应收账款计提的坏账准备为250 000元。S公司20×8年个别资产负债表中应付账款5 000 000元（假定不含增值税，下同）系20×8年向P公司购进商品存货发生的应付购货款。在编制合并财务报表时，应将内部应收账款与应付账款相互抵销；同时还应将内部应收账款计提的坏账准备予以抵销并确认递延所得税的影响，在合并工作底稿中其抵销分录为：

分录⑰借：应付账款　5 000 000
　　贷：应收账款　5 000 000
分录⑱借：应收账款——坏账准备　250 000
　　贷：资产减值损失　250 000
分录⑲借：所得税费用　62 500
　　贷：递延所得税资产　62 500

（8）P公司20×8年个别资产负债表中预收款项如下：1 000 000元（假定不含增值税，下同）为S公司预付账款；应收票据4 000 000元（假定不合增值税，下同）为S公司20×8年向P公司购买商品35 000 000元时开具的票面金额为4 000 000元的商业承兑汇票；S公司应付债券2 000 000元为P公司所持有（P公司划归为债权投资）。对此，在编制合并资产负债表时，在合并工作底稿中应编制如下抵销分录：

将内部预收账款与内部预付账款抵销时：

分录⑳借：预收款项　1 000 000
　　贷：预付款项　1 000 000

将内部应收票据与内部应付票据抵销时：

分录㉑借：应付票据　4 000 000
　　贷：应收票据　4 000 000

将持有至到期投资中债券投资与应付债券抵销时：

分录㉒借：应付债券　2 000 000
　　贷：债权投资　2 000 000

（9）P公司和S公司20×8年度所有者权益变动，如表2-18所示。

P公司拥有S公司80%的股份。在合并工作底稿中P公司按权益法调整的S公司本期投资收益为7 970 000元（9 962 500×80%），S公司本期少数股东损益为1 992 500元（9 962 500×20%）。S公司年初未分配利润为0，S公司本期计提的盈余公积1 000 000

元、分派现金股利6 000 000元、未分配利润2 962 500元［9 962 500元 - 分派的现金股利（6 000 000元） - 按调整前计提的盈余公积（1 000 000元）］。为此，对S公司2018年利润分配进行抵销处理时，在合并工作底稿中应编制抵销分录如下：

分录㉓借：投资收益　　7 970 000
　　少数股东损益　　1 992 500
　　未分配利润——年初　　0
　　贷：提取盈余公积　　1 000 000
　　　　对所有者（或股东）的分配　　6 000 000
　　　　未分配利润——年末　　2 962 500

（10）20×8年，P公司收到S公司向其支付的债券利息费用200 000元和S公司分派的2018年现金股利4 800 000元。在编制合并财务报表时，在合并工作底稿中编制抵销分录如下：

分录㉔借：分配股利、利润或偿付利息支付的现金　　5 000 000
　　贷：取得投资收益收到的现金　　5 000 000

（11）P公司20×8年向S公司销售商品的价款35 000 000元中实际收到S公司支付的银行存款26 000 000元，同时S公司还向P公司开具了票面金额为4 000 000元的商业承兑汇票。S公司20×8年向P公司销售商品10 000 000元的价款全部收到。在编制合并财务报表时，应在合并工作底稿中编制抵销分录如下：

分录㉕借：购买商品、接受劳务支付的现金　　36 000 000
　　贷：销售商品、提供劳务收到的现金　　36 000 000

（12）S公司20×8年1月1日向P公司销售商品3 000 000元的价款全部收到。在编制合并财务报表时，在合并工作底稿中编制抵销分录如下：

分录㉖借：购建固定资产、无形资产和其他长期资产支付的现金　3 000 000
　　贷：销售商品、提供劳务收到的现金　　3 000 000

（13）公司向S公司出售固定资产的价款1 200 000元全部收到。在编制合并财务报表时，在合并工作底稿中编制抵销分录如下：

分录㉗借：购建固定资产、无形资产和其他长期资产支付的现金　1 200 000
　　贷：处置固定资产、无形资产和其他长期资产收回的现金净额
　　　　1 200 000

（14）公司在购买日（20×8年1月1日）支付银行存款30 000 000元购得S公司80%的股份从而取得对S公司的控制权，使S公司成为其子公司。在该日，S公司实际持有货币资金3 000 000元，在编制合并现金流量表时，在合并工作底稿中编制抵销分录如下：

分录㉘借：取得子公司及其他营业单位支付的现金净额　　3 000 000
　　贷：年初现金及现金等价物余额　　3 000 000

根据以上资料，通过合并工作底稿编制P公司与S公司组成的企业集团20×8年的合并资产负债表、合并利润表、合并现金流量表和合并所有者权益变动表，分别参见表2-20至表2-23，限于篇幅，其合并财务报表附注略。

表 2-13 **P公司备查簿——S公司**

20×8年1月1日 单位：万元

项目	购买日账面价值	购买日公允价值	公允价值与账面值的差额	合并财务报表调整	备注
流动资产：	3 900	3 900	0		
非流动资产	2 000	2 100	100		
其中：固定资产——甲办公楼	600	700	100		该办公楼的剩余折旧年限为20年，采用年限平均法计提
资产总计	5 900	6 000	100		
流动负债	1 500	1 500	0		
非流动负债	900	900	0	25	
其中：递延所得税负债				25	
负债合计	2 400	2 400	0	25	
股本	2 000	2 000	0		
资本公积	1 500	1 600		75	甲办公楼公允价值与账面价值的差额扣除所得税的影响后的金额
盈余公积	0	0	0		
未分配利润	0	0	0		
股东权益合计	3 500	3 600		75	
负债和股东权益合计	5 900	6 000	100		

表 2-14 **资产负债表（简表）** 会企01表

编制单位：P公司 20×8年12月31日 单位：万元

资产	期末余额	年初余额	负债和股东权益	期末余额	年初余额
流动资产：			流动负债：		
货币资金	1 000	3 000	应付票据	1 000	1 000
应收票据	1 400	1 000	应付账款	3 000	2 000
其中：应收S公司票据	400		预收款项	200	300
应收账款	1 800	1 300	其中：预收S公司账款	100	
其中：应收S公司账款	475		应付职工薪酬	1 000	2 100
预付款项	770		应交税费	800	1 000
存货	1 000	3 800	流动负债合计	6 000	6 400
其中：向S公司购入存货	1 000		非流动负债：		
流动资产合计	5 970	9 100	长期借款	2 000	2 000
非流动资产：			应付债券	600	600

续表

资　产	期末余额	年初余额	负债和股东权益	期末余额	年初余额
其他债权投资			非流动负债合计	2 600	2 600
债权投资	200	200	负债合计	8 600	9 000
其中：持有S公司债券	200	200			
长期股权投资	4 700	1 700	所有者权益：		
其中：对S公司投资	3 000		实收资本（股本）	4 000	4 000
固定资产	4 100	3 300	资本公积	800	800
其中：向S公司购入固定资产	200		其他综合收益		
无形资产	623.75	700	盈余公积	1 034.5	732
递延所得税资产	6.25		未分配利润	1 165.5	468
非流动资产合计	9 630	5 900	所有者权益合计	7 000	6 000
资产总计	15 600	15 000	负债和所有者权益总计	15 6000	15 000

表2－15　　资产负债表（简表）　　会企01表

编制单位：S公司　　20×8年12月31日　　单位：万元

资　产	期末余额	年初余额	负债和股东权益	期末余额	年初余额
流动资产：			流动负债：		
货币资金	500	300	应付票据	400	300
应收票据	300	100	其中：应付票据——P公司	400	
应收账款	760	600	应付账款	500	600
预付款项	400		其中：应付P公司账款	500	
其中：预付P公司账款	100		预收款项		50
存货	1 100	2 900	应付职工薪酬	100	350
流动资产合计	3 060	3 900	应交税费	60	200
非流动资产：			流动负债合计	1 060	1500
其他债权投资	800	700	非流动负债：		
债权投资			长期借款	700	700
长期股权投资			应付债券	200	200
固定资产	2 100	1 300	其中：应付债券——P公司	200	200
其中：向P公司购入固定资产	108		递延所得税负债	25	
无形资产			非流动负债合计	925	900
非流动资产合计	2 900	2 000	负债合计	1 985	2 400
			股东权益：		
			股本	2 000	2 000

续表

资　产	期末余额	年初余额	负债和股东权益	期末余额	年初余额
			资本公积	1 500	1 500
			其他综合收益	75	0
			盈余公积	100	0
			未分配利润	300	0
			股东权益合计	3 975	3 500
资产总计	5 960	5 900	负债和股东权益总计	5 960	5 900

表 2-16　　利润表（简表）　　会企 02 表

20×8 年度　　单位：万元

项　目	P 公司	S 公司
一、营业收入	8 700	6 140
减：营业成本	4 425	4 570
税金及附加	300	125
销售费用	15	10
管理费用	100	62
财务费用	300	40
资产减值损失	25	
加：公允价值变动收益（损失以“-”号填列）		
投资收益（损失以“-”号填列）	500	
资产处置收益（损失以“-”号填列）		
其他收益		
二、营业利润（亏损以“-”号填列）	4 035	1 333
加：营业外收入		
减：营业外支出	10	
三、利润总额（亏损总额以“-”号填列）	4 025	1 333
减：所得税费用	1 000	333
四、净利润（净亏损以“-”号填列）	3 025	1 000
（一）持续经营净利润（净亏损以“-”号填列）	3 025	1 000
（二）终止经营净利润（净亏损以“-”号填列）		
五、其他综合收益的税后净额		75
（一）以后不能重分类进损益的其他综合收益		0
（二）以后将重分类进损益的其他综合收益		75
六、综合收益总额	3 025	1 075
七、每股收益：		
（一）基本每股收益		
（二）稀释每股收益		

表 2-17　　现金流量表（简表）　　会企 03 表

20×8 年度　　单位：万元

项　　目	P 公司	S 公司
一、经营活动产生的现金流量		
销售商品、提供劳务收到的现金	7 795	5 990
收到的税费返还		
收到其他与经营活动有关的现金		
经营活动现金流入小计	7 795	5 990
购买商品、接受劳务支付的现金	1 420	3 270
支付给职工以及为职工支付的现金	1 100	250
支付的各项税费	1 820	758
支付其他与经营活动有关的现金	45	22
经营活动现金流出小计	4 385	4 300
经营活动产生的现金流量净额	3 410	1 690
二、投资活动产生的现金流量		
收回投资收到的现金		
取得投资收益收到的现金	500	
处置固定资产、无形资产和其他长期资产收回的现金净额	120	
处置子公司及其他营业单位收到的现金净额		
收到其他与投资活动有关的现金		
投资活动现金流入小计	620	
购建固定资产、无形资产和其他长期资产支付的现金	930	800
投资支付的现金		
取得子公司及其他营业单位支付的现金净额	3 000	
支付其他与投资活动有关的现金		
投资活动现金流出小计	3 930	800
投资活动产生的现金流量净额	-3 310	-800
三、筹资活动产生的现金流量		
吸收投资收到的现金		
取得借款收到的现金		
收到其他与筹资活动有关的现金		
筹资活动现金流入小计		
偿还债务支付的现金		
分配股利、利润或偿付利息支付的现金	2 100	690
支付其他与筹资活动有关的现金		
筹资活动现金流出小计	2 100	690
筹资活动产生的现金流量净额	-2 100	-690
四、汇率变动对现金及现金等价物的影响		
五、现金及现金等价物净增加额	-2 000	200
加：期初现金及现金等价物余额	3 000	300
六、年末现金及现金等价物余额	1 000	500

表 2-18

所有者权益变动表

20×8 年度

会企 04 表

单位：万元

项目	P 公司						S 公司					
	实收资本（或股本）	资本公积	其他综合收益	盈余公积	未分配利润	股东权益合计	股本	资本公积	其他综合收益	盈余公积	未分配利润	股东权益合计
一、上年年末余额	4 000	800	0	732	468	6 000	2 000	1 500	0	0	0	3 500
加会计政策变更												
前期差错更正												
二、本年年初余额	4 000	800	0	732	468	6 000	2 000	1 500	0	0	0	3 500
三、本年增减变动金额（减少以“-”号填列）												
（一）综合收益总额					3 025	3 025			75		1 000	1 750
（二）所有者投入和减少资本												
（三）利润分配				302.5	-2 327.5	-2 025				100	-700	-600
1. 提取盈余公积				302.5	-302.5	0				100	-100	0
2. 对所有者的分配					-2 025	-2 025					-600	-600
（四）所有者权益内部结转												
四、本年年末余额	4 000	800	0	1 034.5	1 165.5	7 000	2 000	1 500	75	100	300	3 975

表 2－19

合并工作底稿（简表）

20×8 年度

编制单位：P 公司　　　　单位：万元

项　　目	P 公司			S 公司			合计金额	抵销分录		少数股东权益	合并金额
	报表金额	借方	贷方	报表金额	借方	贷方		借方	贷方		
利润表项目											
营业收入	8 700			6 140			14 840	3 500① 1 000③ 300⑥			10 040
营业成本	4 425			4 570			8 995	200④	3 500① 1 000③ 270⑥		4 525
税金及附加	300			125			425				425
销售费用	15			10			25				25
管理费用	100			62	5⑫		167	1⑩	10⑦		158
财务费用	300			40			340		20②		320
资产减值损失	25						25		25⑱		0
投资收益	500	480⑭	797⑬				817	20② 797㉓			0
营业利润	4 035	4 80	797	1 333	5		5 680	5 818	4 825		4 687
营业外支出	10						10		10⑨		0
利润总额	4 025	4 80	797	1 333	5		5 670	5 818	4 835		4 687
所得税费用	1 000			333			1 333	2. 25⑪ 6. 25⑲	50⑤ 5⑧ 1. 25⑫		1 285. 25
净利润	3 025	4 80	797	1 000	5		4 337	5 826. 5	4 891. 25		3 401. 75

续表

项目	P公司			S公司			合计金额	抵销分录		少数股东权益	合并金额
	报表金额	借方	贷方	报表金额	借方	贷方		借方	贷方		
少数股东损益								1.5⑦	30④ 4.5⑥	199.25㉓	166.25
归属于母公司所有者的净利润											3 235.5
其他综合收益的税后净额				75			75			15	60
综合收益总额	3 025	480	797	1 075	5		4 412	5 826.5	4 891.25		3 476.75
归属于母公司所有者的综合收益总额											3 295.5
归属于少数股东的综合收益总额											181.25
(所有者权益变动表项目)											
未分配利润——年初	468			0			468	0㉓			468
归属于母公司所有者的净利润											3 235.5
利润分配	2 327.5			700			3 027.5		100㉓ 600㉓		2 327.5
未分配利润——年末	1 165.5	480	797	300	5		1777.5	296.25⑯ 6 122.75	296.25㉓ 5 887.5	166.25	1 376
归属于少数股东的未分配利润——年初										0	
少数股东损益										166.25	
对少数股东的利润分配										120	
归属于少数股东的未分配利润——年末										79.25	
资本公积——年末	800			1 500		75⑫	2 375	1 575⑯			800
其他综合收益				75			75			15	60
盈余公积——年初	732			0			732	0⑯			732
提取盈余公积	302.5			100			402.5		100㉓		302.5

续表

项目	P公司			S公司			合计金额	抵销分录		少数股东权益	合并金额
	报表金额	借方	贷方	报表金额	借方	贷方		借方	贷方		
盈余公积——年末	1 034.5			100			1 134.5	0	100		1 034.5
（资产负债表项目）											
流动资产：											
货币资金	1 000			500			1 500				1 500
应收票据	1400			300			1 700		400㉑		1 300
其中：应收S公司票据	400						400		400㉑		0
应收账款	1 800			760			2 560	25⑱	500⑰		2 085
其中：应S公司账款	475						475	25⑱	500⑰		0
预付款项	770			400			1 170		100⑳		1 070
其中：预付S公司账款				100			100		100⑳		0
存货	1 000			1 100			2 100		200④		1 900
其中：向S公司购入存货	1 000						1 000		200④		800
流动资产合计	5 970			3 060			9 030	25	1 200		7 855
非流动资产：											
其他债权投资				800			800				800
债权投资	200						200		200㉒		0
其中：持有S公司债券	200						200		200㉒		0
长期股权投资	4 700	797⑬ 60⑮	480⑭				5 077		3 377⑯		1 700
其中：对S公司投资	3 000	797⑬ 60⑮	480⑭				3 377		3 377⑯		0
固定资产	4 100			2 100	100⑫	5⑫	6 295	10⑦ 10⑨	30⑤ 1⑩		6 284

续表

项目	P公司			S公司			合计金额	抵销分录		少数股东权益	合并金额
	报表金额	借方	贷方	报表金额	借方	贷方		借方	贷方		
其中：S公司——甲办公楼				570	100	5⑫	665				665
向S公司购入固定资产	200						200	10⑧	30⑥		180
向P公司购入固定资产				108			108	10⑨	1⑪		117
无形资产	623.75						623.75				623.75
商誉								140⑯			140
递延所得税资产	6.25						6.25	50⑤ 5⑧	6.25⑲		55
非流动资产合计	9 630	857	480	2 900	100	5	13 002	215	3 614.25		9 602.75
资产总计	15 600	857	480	5 960	100	5	22 032	240	4 814.25		17 457.75
流动负债：											
应付票据	1 000			400			1 400	400㉑			1 000
其中：应付票据——P公司				400			400	400㉑			0
应付账款	3 000			500			3 500	500⑰			3 000
其中：应付P公司账款				500			500	500⑰			0
预收款项	200						200	100⑳			100
其中：预收S公司账款	100						100	100⑳			0
应付职工薪酬	1 000			100			1 100				1 100
应交税费	800			60			860				860
流动负债合计	6 000			1 060			7 060	1 000			6 060
非流动负债：											
长期借款	2 000			700			2 700				2 700

续表

项　目	P公司			S公司			合计金额	抵销分录		少数股东权益	合并金额
	报表金额	借方	贷方	报表金额	借方	贷方		借方	贷方		
应付债券	600			200			800	200㉒			600
其中：应付债券——P公司				200			200	200㉒			0
递延所得税负债				25		25⑫	50	1.25⑫	2.25⑪		51
非流动负债合计	2 600			925		25⑫	3 550	201.25	2.25		3351
负债合计	8 600			1 985		25⑫	10 610	1 201.25	2.25		9 411
股东权益											
股本	4 000			2 000			6 000	2 000⑥			4 000
资本公积	800			1 500		75⑫	2 375	1575⑯			800
其他综合收益		60⑮		75			135	75⑯			60
盈余公积	1 034.5			100			1 134.5	100⑯			1 034.5
未分配利润	1 165.5	480⑭	797⑬	300	5⑫		1 777.5	3 500① 20② 1 000③ 200④ 300⑥ 1⑩ 2.25⑪ 296.25⑯ 6.25⑲ 797㉓ 0㉓ 6 122.75	3 500① 20② 1 000③ 50⑤ 270⑥ 10⑦ 5⑧ 10⑨ 1.25⑫ 25⑱ 100㉓ 600㉓ 296.25㉓ 5 887.5	166.25	1 376

续表

项目	P公司			S公司			合计金额	抵销分录		少数股东权益	合并金额
	报表金额	借方	贷方	报表金额	借方	贷方		借方	贷方		
少数股东权益								30④ 4.5⑥	1.5⑦	809.25⑯	776.25
所有者权益合计	7 000	480	857	3 975	5	75	11 422	9 907.25	5 889	643	8 046.75
负债和所有者权益总计	15 600	480	857	5 960	5	100	22 032	11 108.5	5 891.25	643	17 457.75
（现金流量表项目）											
经营活动产生的现金流量：											
销售商品、提供劳务收到的现金	7 795			5 990			13 785		3 600㉕ 300㉖		9 885
经营活动现金流入小计	7 795			5 990			13 785		3 900		9 885
购买商品、接受劳务支付的现金	1 420			3 270			4 690	3 600㉕			1 090
支付给职工以及为职工支付的现金	1 100			250			1 350				1 350
支付的各项税费	1 820			758			2 578				2 578
支付其他与经营活动有关的现金	45			22			67				67
经营活动现金流出小计	4 385			4 300			8 685	3 600			5 085
经营活动产生的现金流量净额	3 410			1 690			5 100	3 600	3 900		4 800
投资活动产生的现金流量：											
取得投资收益收到的现金	500						500		500㉔		0
处置固定资产、无形资产和其他长期资产收回的现金净额	120						120		120㉗		0
投资活动现金流入小计	620						620		620		0

续表

项目	P公司			S公司			合计金额	抵销分录		少数股东权益	合并金额
	报表金额	借方	贷方	报表金额	借方	贷方		借方	贷方		
购建固定资产、无形资产和其他长期资产支付的现金	930			800			1 730	300㉖ 120㉗			1310
取得子公司及其他营业单位支付的现金净额	3 000						3 000	300㉘			2 700
投资活动现金出小计	3 930			800			4 730	720			4 010
投资活动产生的现金流量净额	-3 310			-800			-4 110	720	620		-4 010
筹资活动产生的现金流量											
分配股利、利润或偿付利息支付的现金	2 100			690			2 790	500㉔			2 290
其中：子公司支付给少数股东的股利、利润				120			120				120
筹资活动现金流出小计	2 100			690			2 790	500			2 290
筹资活动产生的现金流量净额	-2 100			-690			-2 790	500			-2 290
现金及现金等价物净增加额	-2 000			200			-1 800	4 820	4 520		-1 500
年初现金及现金等价物余额	3 000			300			3 300		300㉘		3 000
年末现金及现金等价物余额	1 000			500			1 500	4 820	4 820		1 500

表 2-20 **合并资产负债表** 会合01表

编制单位：P公司 20×8年度 单位：万元

资　　产	期末余额	年初余额	负债和股东权益	期末余额	年初余额
流动资产：			流动负债：		
货币资金	1 500		短期借款		
结算备付金			向中央银行借款		
拆出资金			吸收存款及同业存放		
以公允价值计量且其变动计入当期损益的金融资产			拆入资金		
衍生金融资产			以公允价值计量且其变动计入当期损益的金融负债		
应收票据	1 300		衍生金融负债		
应收账款	2 085		应付票据	1 000	
预付款项	1 070		应付账款	3 000	
应收保费			预收款项	100	
应收分保账款			卖出回购金融资产款		
应收分保准备金			应付手续费及佣金		
应收利息			应付职工薪酬	1 100	
应收股利			应交税费	860	
其他应收款			应付利息		
买入返售金融资产			应付股利		
存货	1 900		其他应付款		
一年内到期的非流动资产			应付分保账款		
其他流动资产			保险合同准备金		
流动资产合计	7 855		代理买卖证券款		
非流动资产：			代理承销证券款		
发放贷款及垫款			一年内到期的非流动负债		
其他债权投资	800		其他流动负债		
债权投资			流动负债合计	6 060	
长期应收款			非流动负债：		
长期股权投资	1 700		长期借款	2 700	
投资性房地产			应付债券	600	
固定资产	6 284		长期应付款		
在建工程			专项应付款		
工程物资			预计负债		
固定资产清理			递延所得税负债	51	

续表

资　　产	期末余额	年初余额	负债和股东权益	期末余额	年初余额
生产性生物资产			其他非流动负债		
油气资产			非流动负债合计	3 351	
无形资产	623.75		负债合计	9 411	
开发支出			所有者权益：		
商誉	140		实收资本（或股本）	4 000	
长期待摊费用			其他权益工具		
递延所得税资产	55		其中：优先股		
其他非流动资产			永续债		
非流动资产合计	9 602.75		资本公积	800	
			减：库存股		
			其他综合收益	60	
			专项储备		
			盈余公积	1 034.5	
			一般风险准备		
			未分配利润	1 376	
			归属于母公司所有者权益合计	7 270.5	
			少数股东权益	776.25	
			所有者权益合计	8 046.75	
资产总计	17 457.75		负债和所有者权益总计	17 457.75	

表 2-21 　　**合并利润表** 　　会合 02 表

编制单位：P 公司　　20×8 年度　　单位：万元

项　　目	本年金额	上年金额
一、营业总收入	10 040	
其中：营业收入	10 040	
利息收入		
已赚保费		
手续费及佣金收入		
二、营业总成本	5 353	
其中：营业成本	4 425	
利息支出		
手续费及佣金支出		
退保金		
赔付支出净额		
提取保险合同准备金净额		

续表

项　目	本年金额	上年金额
保单红利支出		
分保费用		
税金及附加	425	
销售费用	25	
管理费用	158	
财务费用	320	
资产减值损失	0	
加：公允价值变动收益（损失以“-”号填列）		
投资收益（损失以“-”号填列）		
其中：对联营企业和合营企业的投资收益		
汇兑收益		
资产处置收益（损失以“-”号填列）		
其他收益		
三、营业利润（亏损以“-”号填列）	4 687	
加：营业外收入		
其中：非流动资产处置利得		
减：营业外支出	0	
其中：非流动资产处置损失		
四、利润总额（亏损总额以“-”号填列）	4 687	
减：所得税费用	1 285.25	
五、净利润（净亏损以“-”号填列）	3 401.75	
（一）按经营持续性分类：		
1. 持续经营净利润（净亏损以“-”号填列）	3 401.75	
2. 终止经营净利润（净亏损以“-”号填列）		
（二）按所有权归属分类：		
1. 少数股东损益（净亏损以“-”号填列）	166.25	
2. 归属于母公司股东的净利润（净亏损以“-”号填列）	3 235.5	
六、其他综合收益的税后净额	75	
（一）以后不能重分类进损益的其他综合收益	0	
（二）以后将重分类进损益的其他综合收益	75	
其中：其他债权投资公允价值变动损益	75	
七、综合收益总额	3 476.75	
归属于母公司所有者的综合收益总额	3 295.5	
归属于少数股东的综合收益总额	181.25	
八、每股收益：		
（一）基本每股收益		
（二）稀释每股收益		

表 2－22　　合并现金流量表　　会合 03 表

编制单位：P 公司　　20×8 年度　　单位：万元

项　　目	本年金额	上年金额
一、经营活动产生的现金流量		
销售商品、提供劳务收到的现金	9 885	
客户存款和同业存放款项净增加额		
向中央银行借款净增加额		
向其他金融机构拆入资金净增加额		
收到原保险合同保费取得的现金		
收到再保险业务现金净额		
保户储金及投资款净增加额		
处置以公允价值计量且其变动计入当期损益的金融资产净增加额		
收取利息、手续费及佣金的现金		
拆入资金净增加额		
回购业务资金净增加额		
收到的税费返还		
受到其他与经营活动有关的现金		
经营活动现金流入小计	9 885	
购买商品、接受劳务支付的现金	1 090	
客户贷款及垫款净增加额		
存放中央银行和同业款项净增加额		
支付原保险合同赔付款项的现金		
支付利息、手续费及佣金的现金		
支付保单红利的现金		
支付给职工以及为职工支付的现金	1 350	
支付的各项税费	2 578	
支付其他与经营活动有关的现金	67	
经营活动现金流出小计	5 085	
经营活动产生的现金流量净额	4 800	
二、投资活动产生的现金流量		
收回投资收到的现金		

续表

项　目	本年金额	上年金额
取得投资收益收到的现金	0	
处置固定资产、无形资产和其他长期资产收回的现金净额	0	
处置子公司及其他营业单位收到的现金净额		
收到其他与投资活动有关的现金		
投资活动现金流入小计	0	
购建固定资产、无形资产和其他长期资产支付的现金	1 310	
投资支付的现金		
质押贷款净增加额		
取得子公司及其他营业单位支付的现金净额	2 700	
支付其他与投资活动有关的现金		
投资活动现金流出小计	4 010	
投资活动产生的现金流量净额	-4 010	
三、筹资活动产生的现金流量		
吸收投资收到的现金		
其中：子公司吸收少数股东投资收到的现金		
取得借款收到的现金		
发行债券收到的现金		
收到其他与筹资活动有关的现金		
筹资活动现金流入小计		
偿还债务支付的现金		
分配股利、利润或偿付利息支付的现金	2 290	
其中：子公司支付给少数股东的股利、利润	120	
支付其他与筹资活动有关的现金		
筹资活动现金流出小计	2 290	
筹资活动产生的现金流量净额	-2 290	
四、汇率变动对现金及现金等价物的影响		
五、现金及现金等价物净增加额	- 1 500	
加：期初现金及现金等价物余额	3 000	
六、期末现金及现金等价物余额	1 500	

表 2－23 合并所有者权益变动表

会合 04 表

编制单位：P 公司 20×8 年度 单位：万元

项目	本年金额											上年金额										
	归属于母公司所有者权益									少数股东权益	所有者权益合计	归属于母公司所有者权益									少数股东权益	所有者权益合计
	实收资本（或股本）	其他权益工具	资本公积	减：库存股	其他综合收益	专项储备	盈余公积	未分配利润	其他			实收资本（或股本）	其他权益工具	资本公积	减：库存股	其他综合收益	专项储备	盈余公积	未分配利润	其他		
一、上年年末余额	4 000		800				732	468			6 000											
加：会计政策变更										715	715											
前期差错更正																						
二、本年年初余额	4 000		800				732	468		715	6 715											
三、本年增减变动金额（减少以“－”号填列）																						
（一）综合收益总额					60			3 295.5		181.25	3 476.75											
（二）所有者投入和减少资本																						
1. 所有者投入的普通股																						
2. 其他权益工具持有者投入资本																						
3. 股份支付计入所有者权益的份额																						
4. 其他																						

续表

项目	本年金额											上年金额										
	归属于母公司所有者权益									少数股东权益	所有权益者合计	归属于母公司所有者权益									少数股东权益	所有权益者合计
	实收资本（或股本）	其他权益工具	资本公积	减：库存股	其他综合收益	专项储备	盈余公积	未分配利润	其他			实收资本（或股本）	其他权益工具	资本公积	减：库存股	其他综合收益	专项储备	盈余公积	未分配利润	其他		
（三）利润分配							302.5	-2 327.5		-120	-2 145											
1. 提取盈余公积							302.5	-302.5			0											
2. 对股东的分配								-2 025		-120	-2 145											
3. 其他																						
（四）股东权益内部结转																						
1. 资本公积转增股本																						
2. 盈余公积转增股本																						
3. 盈余公积弥补亏损																						
4. 其他																						
四、本年年末余额	4 000		800		60		1 034.5	1 376		776.25	8 046.75	4 000		800				732	468			6 000

注：＊715 =（3 500 + 75）×20%。

本章关键名词

合并财务报表　　控制　　重大影响　　少数股东权益　　合并资产负债表

本章复习思考题

1. 合并财务报表有哪些特点？
2. 控制有哪些形式？
3. 合并财务报表有哪些程序？
4. 母公司的长期股权投资与子公司的所有者权益是如何抵销的？
5. 母公司对子公司的利润分配是如何抵销的？
6. 母公司编制合并报表时，如何将对子公司核算的成本法调整为权益法？
7. 如果企业集团内部进行固定资产交易，母公司是如何抵销的？
8. 企业集团内部进行存货交易，母公司是如何抵销的？

第三章 外币会计

【引言】

随着经济全球化进程的加快，跨国经营、跨国投资、国际融资业务不断扩大，会计信息在国际间的交流日益增强。为了满足国际经营活动对会计信息的需要，企业必须及时正确地进行外币交易的会计核算和外币财务报表的折算。本章首先阐述外币业务的相关概念，然后介绍外币交易的会计处理，并对外币报表折算的方法进行了评述。

第一节 外币业务概述

一、外币业务的相关概念

（一）外币业务

外币是指企业在进行会计核算时采用的记账本位币以外的其他货币。外币业务是指企业以外币进行的款项收付、往来结算以及财务报表折算等业务，即以记账本位币以外的其他货币计价的经济业务。外币业务既包括外币交易，又包括外币财务报表折算。一般来讲，外币业务发生于国际交往的经济业务之中，但是，若本国企业间的交易约定以某一非记账本位币结算，其相关的经济活动也属于外币业务。而企业与国外企业间的交易按记账本位币结算时，则不为该企业的外币业务。我国境内的企业通常应以人民币作为记账本位币，所有发生的以非记账本位币计价的经济业务都是外币业务。

（二）记账本位币

记账本位币是指企业经营所处的主要经济环境中的货币。我国《企业会计准则》规定，企业通常应选择人民币作为记账本位币。业务收支以人民币以外的货币为主的企业，可以在考虑相关因素的情况下，选定其中一种货币作为记账本位币。但是编报的财务报表应当折算为人民币。企业记账本位币一经确定，不得随意变更，除非企业经营所处的主要经济环境发生重大变化。

（三）功能性货币

功能性货币是指企业在外币业务的会计处理中用以作为计量现金流动并进而计量企业经营成果的统一尺度。当功能性货币确定之后，作为非功能性货币的外币，将承受汇率变动的风险。一般而言，功能性货币就是企业的记账本位币，我国会计上所称的记账本位币，与《国际财务报告准则》中的功能货币虽然名称不同，但实质内容是一致的。

（四）外币交易

外币交易是指企业发生的以外币计价或者结算的交易。其主要内容有：①买入或卖出以外币计价的商品或者劳务；②借入或者借出外币资金；③其他以外币计价或者结算的交易。

（五）货币性项目

货币性项目是指企业持有的货币资金和将以固定或可确定的金额收取的资产或者偿付的负债。货币性项目分为货币性资产和货币性负债。货币性资产包括库存现金、银行存款、应收账款、其他应收款、长期应收款等。货币性负债包括短期借款、应付账款、其他应付款、长期借款、应付债券、长期应付款等。

（六）外币折算

外币折算是指将不同的外币金额转换为同一编报货币金额的折合换算过程，它是会计上对原有外币金额的重新表述。在外币交易中，原始的计量单位是不同的货币，而对其进行会计记录时，必须将用不同计量单位反映的经济业务通过外币折算换算为同一计量尺度，使外币交易的会计处理在计量和记录时进行双重的反映。只有这样才能总括反映企业经济事项，并编制其财务报表。

二、外汇汇率

外汇是指一国持有的以外币表示的用以进行国际结算的支付手段。汇率是指两国不同货币之间的比率或比价，即一国货币用他国货币所表示的价格。外汇是一种特殊的商品，它可以进行买卖，外汇汇率就表现为外汇买卖时的价格，因此汇率有时也称为汇价。我国的外汇价格（外汇牌价）是由各外汇银行依据中国人民银行规定的浮动幅度自行挂牌确定。外汇牌价有买价、卖价和中间价之分，会计核算多采用中间价。

（一）汇率标价方法

确定汇率必须明确以哪个国家的货币为标准，标准不同，汇率标价方法也不同。汇率的标价方法有：

（1）直接标价法（应付标价法）。它是指以每单位的外国货币可兑换本国货币的金额表示的汇价，或者说是以一定单位的外国货币为标准来计算应付若干单位的本国货币。如1美元=6.8元人民币为直接标价（人民币为本国货币）。在这种方法下，外国货币的数额固定不变，折合本国货币的数额随外币或本国货币价值的变化而变动。

（2）间接标价法（应收标价法）。它是指以每单位的本国货币可兑换外国货币的金额表示的汇价，或者说是以一定单位的本国货币为标准来计算应收若干单位的外国货币。如1元人民币=0.147美元为间接标价（人民币为本国货币）。在这种方法下，本国货币的数额固定不变，折合外国货币的数额随本国货币或外国货币价值的变化而变动。

在直接标价法下，外汇汇率的升降与本国货币币值的升降成反比例变化，而在间接标价法下，外汇汇率的升降则与本国货币的币值成正比例变化。直接标价法是国际通行的惯例，除英国和美国以外，其余国家均采用直接标价法。我国国家外汇管理局对外公布的外汇牌价采用的就是直接标价法。

在外币业务中，有时要用到套算汇率。所谓套算汇率是指根据两种外币对本国货币的汇率套算出两种外币间的汇率。例如，我国只公布外币对人民币的汇率，而企业要将一种外币兑换成另外一种外币，就可以通过套算汇率来进行兑换。但需注意的是，换出外币应采用银行买入价，换入外币则采用银行卖出价。

（二）汇率的分类

汇率可根据实际业务需要按照不同的标准分为以下四类：

（1）固定汇率与浮动汇率。根据各国汇率制度的不同，汇率可分为固定汇率和浮动汇率。固定汇率是指政府为稳定外汇市场而规定的汇率。在外汇实行管制的国家中，固定汇率通常表现为国家制定公布的外汇牌价。固定汇率是个相对概念，一般需根据市场汇率的变动幅度作出适当的调整。浮动汇率是指外汇市场上由交易双方供求关系形成的汇率，这种汇率随市场供求关系而上下波动。

（2）历史汇率与现行汇率。根据会计记录采用汇率的时间不同，汇率可分为历史汇率和现行汇率。历史汇率是指企业以往发生外币交易进行会计记录时所使用的汇率，也称账面汇率。现行汇率是指企业对外币业务进行会计处理时所使用的汇率，也称记账汇率。历史汇率与现行汇率是相对的，前一交易日的现行汇率相对于当日来说是历史汇率，当日的现行汇率相对于次日来说又是历史汇率。

（3）即期汇率与远期汇率。根据外汇交易的交割期限不同，汇率可分为即期汇率和远期汇率。即期汇率又称为现汇汇率，是指现汇交易中外汇买卖的双方在成交后即期（原则上不超过两个营业日）交割时所使用的现行汇率，即通常所说的“买入现汇”或“卖出现汇”时所使用的汇率。远期汇率又称为预期汇率，是指期汇交易中外汇买卖的双方在成交后，约定在以后一定期间的某一交割日交割时所使用的约定汇率，即“远期外汇”或“期货外汇”买卖时所使用的预期汇率。

我国《企业会计准则》规定，外币交易应当在初始确认时，采用交易发生日的即期汇率或与交易发生日即期汇率近似的汇率，将外币金额折算为记账本位币金额。这里的即期汇率是指中国人民银行公布的当日人民币外汇牌价的中间价；企业按照系统合理的方法确定的、与交易发生日即期汇率近似的汇率为即期汇率的近似汇率，通常是指当期平均汇率或加权平均汇率等。

（4）买入汇率与卖出汇率。根据银行买卖外汇的角度不同，汇率可分为买入汇率和卖出汇率。买入汇率是银行向客户买进外币时所使用的汇率，即银行收取客户外币时的出价，亦称买价。卖出汇率是银行向客户出售外币时所使用的汇率，即银行出让外币时的售价，亦称卖价。买入汇率与卖出汇率的平均数为平均汇率，亦称中间汇率。在实际业务中，外币的计价常使用“中间价”。在直接标价法下，卖出汇率一般高于买入汇率，而在间接标价法下，卖出汇率一般低于买入汇率，其差额为银行或经纪人买卖外汇的收益。

三、汇兑损益

汇兑损益也称汇兑差额，是指同一外币资产或负债项目折合为记账本位币时，由于汇率不同而形成的差异额。其主要包括：企业发生外币购销业务时，因收回或偿付外币债权债务而产生的外币交易汇兑损益；企业发生外币兑换业务时产生的外币兑换汇兑损益；企业在会计期末将外币账户按期末现行汇率进行调整而产生的外币调整汇兑损益；企业为了编制合并会计报表或重新表述会计记录和会计报表金额时进行报表折算产生的外币报表折算损益。

汇兑损益是由外币交易损益和外币报表折算损益两部分内容构成的。外币交易损益是指在外币交易中形成的汇兑损益。根据报表编制日经济业务完成的情况，外币交易损益又可分为已结算（已实现）的外币交易损益和未结算（未实现）的外币交易损益。已结算的外币交易损益是指产生汇兑损益的外币业务在会计报表编制日已全部完成，即报表的编制日在外币业务结算之后；未结算的外币交易损益是指产生汇兑损益的外币业务在会计报表编制日尚未完成，即报表的编制日在外币业务结算之前。外币报表折算损益是指将企业的外币报表折算成记账本位币反映的财务报表产生的汇兑损益。汇兑损益的构成如图 3－1 所示。

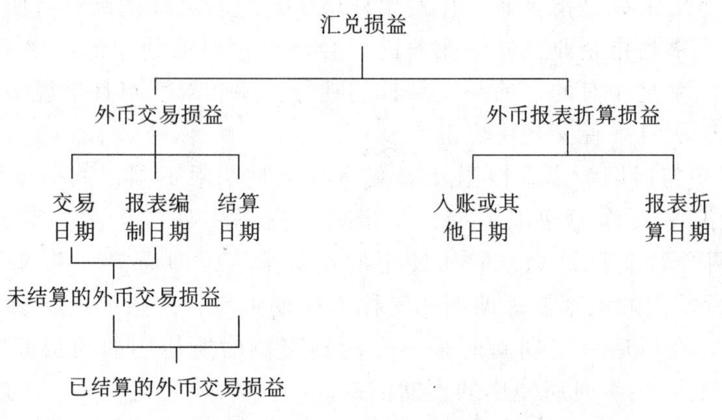

图 3－1　汇兑损益构成示意图

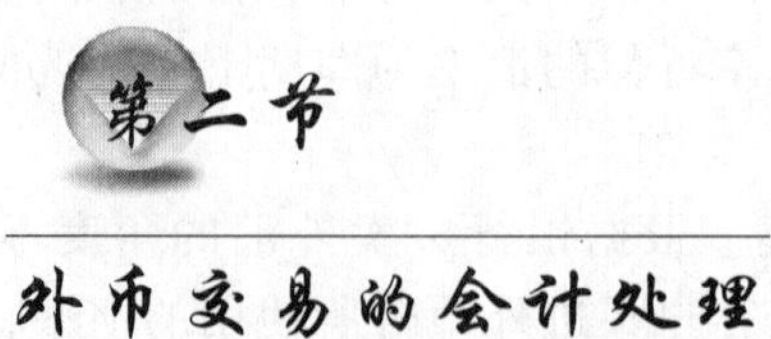

第二节 外币交易的会计处理

企业发生外币交易，由于交易日、报表编制日和交易结算日各个时点上的外汇汇率通常会发生变动，这就给外币交易的会计处理提出了相应的内容。外币交易的会计处理主要涉及两个环节：一是在交易日对外币交易进行初始确认，将外币金额折算为记账本位币金额；二是在资产负债表日对相关项目进行折算，因汇率变动产生的差异计入当期损益。

一、外币交易的记账方法

企业发生外币交易时，应设置相应的账户采用一定的记账方法进行会计处理。企业设置的外币账户主要有外币货币资金和外币结算账户，采用的记账方法有外币统账制和外币分账制两种。

外币统账制是指企业发生外币交易时，以记账本位币记录所发生的外币交易业务，将发生的多种货币的经济业务折合为记账本位币进行反映，外币在账簿上只作辅助记录。外币分账制是指企业在日常核算时分别币种记账，资产负债表日，分别货币性项目和非货币性项目进行调整。货币性项目按资产负债表日即期汇率折算，非货币性项目按交易日即期汇率折算，产生的汇兑差额计入当期损益。

从我国目前的情况看，绝大多数企业采用外币统账制，只有银行等少数金融企业由于外币交易频繁，涉及外币币种较多，可以采用外币分账制记账方法进行会计核算。但无论采用哪种记账方法进行会计核算，除账务处理程序不同外，其他处理方法基本相同。本节主要介绍外币统账制下的会计处理方法。

企业采用外币统账制时，对外币交易的核算不单独设置账户，对外币交易金额因汇率变动而产生的差额可在“财务费用”账户下设置二级账户“汇兑差额”反映。该账户借方反映因汇率变动而产生的汇兑损失，贷方反映因汇率变动而产生的汇兑收益，期末余额转入“本年利润”账户后一般无余额。

二、外币交易会计处理的基本方法

外币交易在会计上应如何处理，取决于企业在记录外币交易业务时所选择的观点。外币交易的会计处理有两种观点，即单一交易观和两项交易观。

（一）单一交易观

单一交易观也称一笔业务观，是将外币交易的发生与结算视为同一事项，即认为以外币标价的购、销交易必须在实际结算后才算完成。采用这种观点，应把企业的购、销业务及随后的结算视为一项交易的两个阶段，以外币的支付、收到为业务结束的标志。当汇率发生变化时，应对原先外币交易的记录进行相应调整，虽然汇率的变动也为账项调整的条件，但最终确认购货成本和销售收入的依据还是外币结算日的汇率。在这种观点下，由于确认的依据为结算日的现行汇率，也就不会出现汇兑损益。

【例 3－1】 A 公司以人民币为记账本位币，外币交易采用交易日即期汇率进行折算。20×7 年 12 月 8 日 A 公司向国外某公司赊销产品一批，价款为 100 000 美元。双方约定以美元进行货款结算，并确定 20×8 年 2 月 8 日为该项业务的结算日。假定 20×7 年 12 月 8 日的汇率为 1 美元＝6.70 元人民币，20×7 年 12 月 31 日的汇率为 1 美元＝6.80 元人民币，20×8 年 2 月 8 日的汇率为 1 美元＝6.90 元人民币。该公司选择单一交易观进行其会计处理（假设不考虑税金）。

①企业销售商品时应按交易日即期汇率将外币折合为人民币记账，以确定“营业收入”和“应收账款”的入账价值，折合人民币的金额为 670 000 元（100 000×6.70）。

借：应收账款——美元户（100 000 美元）　　　　670 000

贷：营业收入 670 000

②年末时，企业应对该项业务已计入“应收账款”“营业收入”账户中的金额按照期末即期汇率进行调整。由于期末汇率为1美元=6.80元人民币，按此汇率折合的人民币金额比销售时的金额多10 000元（100 000×6.80-100 000×6.70），将此差额调整增加期末的“应收账款”和“营业收入”账户。

借：应收账款——美元户 10 000

贷：营业收入 10 000

③实际结算时，企业应按当日即期汇率调整增加“应收账款”“营业收入”项目，然后再按调整后的金额作为实际结算的人民币折合款。由于实际结算时的即期汇率为1美元=6.90元人民币，故调整增加的金额为10 000元（100 000×6.90-100 000×6.80），调整后实际结算时收取的人民币折合金额为690 000元（100 000×6.90）。

借：应收账款——美元户 10 000

贷：营业收入 10 000

借：银行存款——美元户（100 000美元） 690 000

贷：应收账款——美元户（100 000美元） 690 000

【例3-2】沿用【例3-1】资料，若A公司为赊购商品，其他条件相同，则会计处理为：

①企业赊购商品时应按交易日即期汇率将外币折合为人民币金额，以确定“存货”和“应付账款”的入账价值，折合的人民币金额为670 000元（100 000×6.70）。

借：存货 670 000

贷：应付账款——美元户（100 000美元） 670 000

②年末调整时，企业应对该项业务已计入“应付账款”“存货”账户中的金额按照期末即期汇率进行调整。由于期末汇率为1美元=6.80元人民币，按此汇率折合的人民币金额比赊购时的金额多10 000元（100 000×6.80-100 000×6.70），将此差额调整增加期末的“存货”和“应付账款”账户。

借：存货 10 000

贷：应付账款——美元户 10 000

③实际结算时，企业应按当日即期汇率调整增加“存货”“应付账款”账户，然后再按调整后的金额作为实际结算的人民币折合款。由于实际结算时的汇率为1美元=6.90元人民币，故调整增加的金额为10 000元（100 000×6.90-100 000×6.80），调整后实际结算时支付的人民币折合金额为690 000元（100 000×6.90）。

借：存货 10 000

贷：应付账款——美元户 10 000

借：应付账款——美元户（100 000美元） 690 000

贷：银行存款——美元户（100 000美元） 690 000

从上述处理可以看出，单一交易观的会计处理实际上是一种特殊的收付实现制。从卖方的角度看，与公认会计原则在商品所有权上的重要风险和报酬转给买方即确认收入的要求存在差异；从买方的角度看，也与在取得资产（购买）时确认资产价值（采购成本）

的会计原则有不一致之处。此外，采用这种观点对上述业务进行会计处理时，销售收入和购货成本要随汇率的变动而不断调整，外汇交易产生的汇兑损益被视作销售收入和购货成本的调整，这使核算工作变得更为复杂。

（二）两项交易观

两项交易观也称两笔交易观，是将外币交易的发生与结算视为两项独立的事件，当汇率发生变化时，不对原先记录的购货成本和销售收入进行调整，但需确认汇兑损益并调整“应收账款”和“应付账款”。也就是说，销售收入和购货成本的确认取决于交易发生日的汇率，应收账款和应付账款将承受汇率变动的风险。

采用该观点对外币业务进行会计处理时，根据对汇率变动形成汇兑损益的处理不同，可采用两种会计处理方法：当期确认法和递延法。

1. 当期确认法

当期确认法是指在编制资产负债表时确认汇兑损益的方法。这种方法要求将交易日至资产负债表编制日之间因汇率变动而产生的汇兑损益于资产负债表编制日予以确认，而资产负债表编制日至结算日之间因汇率变动而产生的汇兑损益则在结算日予以确认。

【例3-3】 沿用【例3-1】资料，其会计处理为：

①销售商品时，交易发生日，两项交易观与单一交易观的会计处理相同。

借：应收账款——美元户（100 000美元） 670 000

　　贷：营业收入 670 000

②期末调整时，年末汇率发生变动，企业应按期末即期汇率确认未结算交易的汇兑损益。

借：应收账款——美元户 10 000

　　贷：财务费用——汇兑差额 10 000

③实际结算时，企业应先按结算日即期汇率调整应收的外币款项，并确认汇兑损益，然后再将收讫的外币销货款存入银行。

借：应收账款——美元户 10 000

　　贷：财务费用——汇兑差额 10 000

借：银行存款——美元户（100 000美元） 690 000

　　贷：应收账款——美元户（100 000美元） 690 000

【例3-4】 沿用【例3-2】资料，其会计处理为：

①赊购商品时，交易发生日，两项交易观与单一交易观的会计处理相同。

借：存货 670 000

　　贷：应付账款——美元户（100 000美元） 670 000

②期末调整时，年末汇率发生变动，企业应按期末即期汇率确认未结算交易的汇兑损益。

借：财务费用——汇兑差额 10 000

　　贷：应付账款——美元户 10 000

③实际结算时，企业应按结算日即期汇率调整应付的外币款项，并确认汇兑损益，然后再按实际付讫的外币款项减少外币银行存款。

借：财务费用——汇兑差额　10 000
　　贷：应付账款——美元户　10 000
借：应付账款——美元户（100 000 美元）　690 000
　　贷：银行存款——美元户（100 000 美元）　690 000

2. 递延法

递延法是指在资产负债表编制日确认汇兑损益，并将其进行递延处理的方法。这种方法要求将交易日至资产负债表编制日之间因汇率变动而产生的汇兑损益于资产负债表编制当期予以确认，并进行递延处理，实际结算时，应按现行汇率调整外币账户和“递延汇兑损益”账户，并将该项交易产生的递延汇兑损益结转为已实现的汇兑损益。

【例 3－5】沿用【例 3－1】资料，其会计处理为：

①赊销商品时，交易发生日，两项交易观与单一交易观的会计处理相同。

借：应收账款——美元户（100 000 美元）　670 000
　　贷：营业收入　670 000

②期末调整时，年末汇率发生变动，企业应按即期汇率确认未结算交易的汇兑损益，并进行递延处理。

借：应收账款——美元户　10 000
　　贷：递延汇兑损益　10 000

③实际结算时，企业应先按即期汇率调整外币账户和“递延汇兑损益”账户，然后再将收讫的外币销货款存入银行，同时将该项交易产生的递延汇兑损益结转为已实现的汇兑损益。

借：应收账款——美元户　10 000
　　贷：递延汇兑损益　10 000
借：银行存款——美元户（100 000 美元）　690 000
　　贷：应收账款——美元户（100 000 美元）　690 000
借：递延汇兑损益　20 000
　　贷：财务费用——汇兑差额　20 000

【例 3－6】沿用【例 3－2】资料，其会计处理为：

①赊购商品时，交易发生日，两项交易观与单一交易观的会计处理相同。

借：存货　670 000
　　贷：应付账款——美元户（100 000 美元）　670 000

②期末调整时，年末汇率发生变动，企业应按即期汇率确认未结算交易的汇兑损益，并进行递延处理。

借：递延汇兑损益　10 000
　　贷：应付账款——美元户　10 000

③实际结算时，企业应按即期汇率调整外币账户和“递延汇兑损益”账户，然后以外币支付购货欠款，同时将该项交易产生的递延汇兑损益结转为已实现的汇兑损益。

借：递延汇兑损益　10 000
　　贷：应付账款——美元户　10 000

借：应付账款——美元户（100 000 美元） 690 000
　贷：银行存款——美元户（100 000 美元） 690 000
借：财务费用——汇兑差额 20 000
　贷：递延汇兑损益 20 000

上述两种交易观下的会计处理（以赊销商品为例）如表 3－1 所示。

表 3－1　单一交易观和两项交易观下的会计处理方法

日　期	单一交易观	两项交易观	
		当期确认法	递延法
20×7 年 12 月 8 日	借：应收账款——美元户（$100 000）670 000 贷：营业收入 670 000	借：应收账款——美元户（$100 000）670 000 贷：营业收入 670 000	借：应收账款——美元户（$100 000）670 000 贷：营业收入 670 000
20×7 年 12 月 31 日	借：应收账款——美元户 10 000 贷：营业收入 10 000	借：应收账款——美元户 10 000 贷：财务费用——汇兑差额 10 000	借：应收账款——美元户 10 000 贷：递延汇兑损益 10 000
20×8 年 2 月 8 日	借：应收账款——美元户 10 000 贷：营业收入 10 000 借：银行存款——美元户（$ 100 000）690 000 贷：应收账款——美元户（$100 000）690 000	借：应收账款——美元户 10 000 贷：财务费用——汇兑差额 10 000 借：银行存款——美元户（$ 100 000）690 000 贷：应收账款——美元户（$100 000）690 000	借：应收账款——美元户 10 000 贷：递延汇兑损益 10 000 借：银行存款——美元户（$ 100 000）690 000 贷：应收账款——美元户（$100 000）690 000 借：递延汇兑损益 20 000 贷：财务费用——汇兑差额 20 000

从上述会计处理中可以看出，单一交易观与两项交易观的主要区别是是否确认汇兑损益，当期确认法和递延法的主要区别在于如何看待汇兑损益对本期损益的影响，各国对此的会计处理各有所向。国际会计准则委员会认为，外币交易应该采用两项交易观，除一些特殊情况外，当期确认法和递延法两种方法均可选用，但首选方法是当期确认法。

（三）两种观点的比较

根据上述实例的会计处理，将单一交易观和两项交易观进行比较，可以看出两者的区别主要有以下几点：

（1）对汇率变动产生的折算差额的处理方法不同。单一交易观要求将汇率变动产生的折算差额调整购货成本和销货收入，而两项交易观则要求将其作为汇兑损益处理。

（2）购货成本和销货收入的价值不同。在单一交易观下，购货成本和销货收入的最终价值是以交易结算日的汇率折算确定的，而在两项交易观下则是以交易发生日的汇率折算确定的。

（3）汇兑损益账户的设置情况不同。采用单一交易观不设置“汇兑差额”账户，但采用两项交易观则需设置“汇兑差额”账户。在两项交易观的递延法下，还需设置“递延汇兑损益”账户。

（4）报表中有关项目的内涵不同。采用两种不同的会计处理方法，报表中“存货”“营业收入”“汇兑差额”的内涵不同。

从上面的会计处理可以看出，采用单一交易观处理外币交易时，一般不确认汇兑损益，因此有人将这种处理方法称为部分揭示法。而在两项交易观下，则将外币业务所发生的各种汇兑损益都加以反映，其中当期确认法将汇兑损益计入当期损益，递延法则将未结算的汇兑损益递延到交易结算时才计入损益，故这种处理方法又称为全部揭示法。

由于两项交易观的会计处理比较简单，且能够反映企业因外汇汇率波动形成的风险，而单一交易观存在许多缺陷，故两项交易观已被世界多数国家的会计准则或会计制度所采纳。我国外币交易核算同世界上大多数国家一样，采用的是两项交易观的当期确认法。

三、外币交易的会计处理

企业发生外币交易时，其会计核算的基本程序为：①将外币金额按照交易日的即期汇率或即期汇率的近似汇率折算为记账本位币金额，以折算后的记账本位币金额和外币金额同时登记相应的外币账户。即期汇率可以是外汇牌价的买入价或卖出价，也可以是中间价。在与银行不进行货币兑换的情况下，一般以中间价作为即期汇率；②期末，将所有外币货币性项目的余额按照期末即期汇率折算为记账本位币金额，并与原记账本位币的金额相比较，其差额计入“财务费用——汇兑差额”账户；③结算外币货币性项目时，将其外币结算金额按照当日即期汇率折算为记账本位币金额，并与原记账本位币的金额相比较，其差额计入“财务费用——汇兑差额”账户。

（一）初始确认

1. 外币兑换会计处理

外币兑换业务包括企业买入外汇和卖出外汇。

（1）买入外汇（银行卖出外汇）。企业买入外汇时，一方面将实际付出的记账本位币金额登记入账（按外汇卖出价计算的记账本位币金额）；另一方面将买入的外汇折算为记账本位币金额登记入账（按当日的市场汇率折算），同时按照买入的外汇金额登记相应的外币账户，两者之差作为汇兑差额处理。

【例3-7】B公司以人民币为记账本位币，假定20×7年7月2日从银行购入10 000美元，假定当日银行的美元卖出价为1美元=6.80元人民币，当日市场汇率为1美元=6.70元人民币。其会计处理为：

借：银行存款——美元户（10 000美元） 67 000（10 000×6.70）
　　财务费用——汇兑差额 1 000
　　贷：银行存款——人民币户 68 000（10 000×6.80）

（2）卖出外汇（银行买入外汇）。企业卖出外汇时，一方面将实际收入的记账本位币金额登记入账（按外汇买入价计算的记账本位币金额）；另一方面将卖出的外汇折算为记账本位币登记入账（按当日的市场汇率折算），同时按照卖出的外汇金额登记相应的外币账户，两者之差作为汇兑损益处理。

【例3-8】 B公司以人民币为记账本位币，假定20×8年7月5日将5 000美元到外汇银行兑换为人民币，假定当日银行的美元买入价为1美元=6.80元人民币，假定当日市场汇率为1美元=6.90元人民币。其会计处理为：

借：银行存款——人民币户 34 000（5 000×6.80）
　　财务费用——汇兑差额 500
　贷：银行存款——美元户（5 000美元） 34 500（5 000×6.90）

2. 外币购销会计处理

外币购销业务主要包括用外币购进存货和用外币结算的销售业务。

（1）外币购货。企业从国外购进原材料、商品或引进设备，按照即期汇率将支付的外币或应支付的外币折算为记账本位币入账，以确定购入货物及债务的入账价值，同时按照外币金额登记有关外币账户。

【例3-9】 B公司以人民币为记账本位币，外币业务采用业务发生时的市场汇率折算。假定20×7年7月10日从美国购入原材料一批，价格为100 000美元，假定当日的市场汇率为1美元=6.80元人民币，进口关税为75 000元人民币，支付进口增值税128 350元人民币。货款尚未支付，进口关税及增值税以银行存款支付。其会计处理为：

借：原材料 755 000（100 000×6.80+75 000）
　　应交税费——应交增值税（进项税额） 128 350
　贷：应付账款——美元户（100 000美元） 680 000
　　　银行存款 203 350

（2）外币销货。企业向国外出口商品或产品时，按照即期汇率将收到的外币或应收的外币折算为记账本位币入账，以确定销售收入及债权的入账价值，同时按照外币金额登记有关外币账户。

【例3-10】 B公司以人民币为记账本位币，外币业务采用业务发生时的市场汇率折算。假定20×7年7月12日出口商品一批，价格为100 000美元，假定当日的市场汇率为1美元=6.70元人民币，货款尚未收到（税金略）。其会计处理为：

借：应收账款——美元户（100 000美元） 670 000
　贷：主营业务收入 670 000（100 000×6.70）

3. 外币借贷会计处理

外币借贷业务主要是指企业向银行借入外币和用外币归还银行借款的业务。

（1）借入外币。企业借入外币时，按照即期汇率将借入的外币折算为记账本位币入账，同时按照借入外币金额登记相关的外币账户。

【例3-11】 B公司以人民币为记账本位币，外币业务采用业务发生时的市场汇率折算。假定20×7年7月15日从外汇银行借入期限为6个月的50 000美元，已存入银行，假定当日市场汇率为1美元=6.70元人民币。其会计处理为：

借：银行存款——美元户（50 000美元） 335 000（50 000×6.70）
　贷：短期借款——美元户（50 000美元） 335 000

（2）偿还外币。企业偿还外币借款时，按照即期汇率将偿还的外币折算为记账本位币入账，同时按照偿还外币金额登记相关的外币账户。

【例3－12】B公司以人民币为记账本位币，外币业务采用业务发生时的市场汇率折算。假定20×7年7月20日B公司按期归还前期外币借款100 000美元，支付利息500美元。假定当日市场汇率为1美元＝6.80元人民币。其会计处理为：

借：短期借款——美元户（100 000美元）　　680 000（100 000×6.80）
　　财务费用　　3 400
　　贷：银行存款——美元户（100 500美元）　　683 400（100 500×6.80）

4. 外币投资会计处理

企业接受外币投资时，无论是否有合同约定汇率，均不得采用合同约定汇率和即期汇率的近似汇率折算，而应采用交易日即期汇率折算，这样外币投入资本与相应的货币性项目的记账本位币金额相等，不产生外币资本折算差额。

【例3－13】B公司以人民币为记账本位币，假定20×7年7月25日收到外方投资100 000美元，假定收到款项时的市场汇率为1美元＝6.80元人民币，投资合同规定的汇率为1美元＝6.70元人民币。其会计处理为：

借：银行存款——美元户（100 000美元）　　680 000（100 000×6.80）
　　贷：股本　　680 000（100 000×6.80）

（二）期末调整或结算

期末，企业应当分别外币货币性项目和外币非货币性项目进行调整处理。

1. 外币货币性项目

货币性项目是企业持有的货币和将以固定或可确定性金额的货币收取的资产或者偿付的负债。货币性项目分为货币性资产和货币性负债。货币性资产包括现金、银行存款、应收账款、其他应收款、长期应收款等。货币性负债包括应付账款、其他应付款、短期借款、应付债券、长期借款、长期应付款等。

期末调整或结算外币货币性项目时，应以当日即期汇率折算外币货币性项目。因资产负债表日即期汇率与初始确认时或前一资产负债表日即期汇率不同而产生的汇兑差额计入当期损益。

【例3－14】假定20×7年7月31日的市场汇率为1美元＝6.80元人民币，B公司7月份外币交易相应的明细账列示如表3－2、表3－3、表3－4、表3－5所示。

表3－2　　银行存款——美元户

日期	摘要	借方			贷方			余额		
		美元	汇率	人民币	美元	汇率	人民币	美元	汇率	人民币
7.1	余额							50 000	6.90	345 000
7.2	略	10 000	6.70	67 000				60 000		412 000
7.5					5 000	6.90	34 500	55 000		377 500
7.15		50 000	6.70	335 000				105 000		712 500
7.20					100 500	6.80	683 400	4 500		29 100

续表

日期	摘要	借方			贷方			余额		
		美元	汇率	人民币	美元	汇率	人民币	美元	汇率	人民币
7.25		100 000	6.80	680 000				104 500		709 100
7.31	调整数			1 500						710 600
7.31	合计	160 000	—	1 083 500	105 500	—	717 900	104 500	6.80	710 600

则期末调整的会计分录为：

借：银行存款——美元户　　1 500

　　贷：财务费用——汇兑差额　　1 500

表 3-3　　短期借款——某银行（美元户）

日期	摘要	借方			贷方			余额		
		美元	汇率	人民币	美元	汇率	人民币	美元	汇率	人民币
7.1	余额							100 000	6.90	690 000
7.15	略				50 000	6.70	335 000	150 000		1 025 000
7.20		100 000	6.80	680 000				50 000		345 000
7.31	调整			5 000						340 000
7.31	合计	100 000	—	685 000	50 000	—	335 000	50 000	6.80	340 000

则期末调整的会计分录为：

借：短期借款——美元户　　5 000

　　贷：财务费用——汇兑差额　　5 000

表 3-4　　应付账款——某公司（美元户）

日期	摘要	借方			贷方			余额		
		美元	汇率	人民币	美元	汇率	人民币	美元	汇率	人民币
7.1	余额							10 000	6.90	69 000
7.10	略				100 000	6.80	680 000	110 000		749 000
7.31	调整数			1 000						748 000
7.31	合计			1 000	100 000	—	680 000	110 000	6.80	748 000

则期末调整的会计分录为：

借：应付账款——美元户　　1 000

　　贷：财务费用——汇兑差额　　1 000

表 3-5　　应收账款——某公司（美元户）

日期	摘要	借方			贷方			余额		
		美元	汇率	人民币	美元	汇率	人民币	美元	汇率	人民币
7.1	余额							10 000	6.90	69 000

续表

日期	摘要	借方			贷方			余额		
		美元	汇率	人民币	美元	汇率	人民币	美元	汇率	人民币
7.12	略	100 000	6.70	670 000				110 000		739 000
7.31	调整数			9 000						748 000
7.31	合 计	100 000	—	679 000				110 000	6.80	748 000

则期末调整的会计分录为：

借：应收账款——美元户　　9000

　　贷：财务费用——汇兑差额　　9 000

2. 非货币性项目

非货币性项目是货币性项目以外的项目，如存货、预付账款、长期股权投资、交易性金融资产、固定资产、无形资产等。

（1）对于以历史成本计量的外币非货币性项目，已在交易发生日按当日即期汇率折算，资产负债表日不应改变其原记账本位币金额，即期末不需要按照当日即期汇率进行调整，不产生汇兑差额。

（2）对于以成本与可变现净值孰低计量的存货，如果其可变现净值以外币确定，则在确定存货的期末价值时，应先将可变现净值折算为记账本位币，再与以记账本位币反映的存货成本进行比较。

【例3-15】某上市公司以人民币为记账本位币，假定20×7年12月25日，该公司从美国一公司购入100 000美元的商品，当日市场汇率为1美元=6.90元人民币，本月尚未出售，但货款已经支付。假定20×7年12月31日的市场汇率为1美元=6.80元人民币。期末得知该批商品在国际市场的价格已经降为90 000美元。该上市公司在资产负债表日对存货采用成本与可变现净值孰低计量，假定不考虑增值税等相关税费。该公司的会计处理为：

20×7年12月25日购入时：

借：库存商品　　690 000

　　贷：银行存款——美元户（100 000美元）　　690 000

20×7年12月31日计提存货跌价准备时：

借：资产减值损失　　78 000

　　贷：存货跌价准备　　78 000

100 000美元×6.90-90 000美元×6.80=78 000（元）

（3）对于以公允价值计量的股票、基金等非货币性项目，如果期末的公允价值以外币反映，则应当先将该外币按照公允价值确定当日的即期汇率折算为记账本位币金额，再与原记账本位币金额进行比较，其差额作为公允价值变动损益计入当期损益。

【例3-16】某公司的记账本位币为人民币。假定20×7年12月20日以每股1.2美元的价格购入甲公司股票10 000股作为交易性金融资产，当日汇率为1美元=6.90元人民币，款项已经支付。20×7年12月31日，由于市价变动，本月购入的股票市价变为每股1美元，假定当日汇率为1美元=6.80元人民币。假定不考虑相关税费的影响。该公司的会计处理为：

20×7年12月20日购入股票时：

借：交易性金融资产　82 800

　贷：银行存款——美元户（12 000美元）　82 800

20×7年12月31日确定损益变动时：

借：公允价值变动损益　14 800

　贷：交易性金融资产　14 800

10 000股×1.20美元×6.90－10 000股×1.00美元×6.80＝14 800（元）

注：14 800元人民币既包含该公司所购甲公司股票公允价值变动的影响，又包含人民币与美元之间汇率变动的影响。

外币报表折算

一、外币报表折算的意义

外币报表折算是指企业为了特定的目的，运用一定的换算方法，将某种货币表示的会计报表折算为另一种货币表示的会计报表的过程。例如，母公司编制合并会计报表，因不能将不同币种的报表直接合并，需要将子公司以母公司记账本位币以外货币编制的会计报表进行折算，然后再进行合并。再如，一个企业为了到国际资本市场融资，或一个企业按要求需以非记账本位币的货币向有关机构提供财务报告，都需要对以原编报货币编制的会计报表按所要求的货币进行折算。

外币报表折算是从事国际投、融资业务和跨国经营活动企业会计核算的一项重要会计工作。通过外币报表折算可使不同国家和地区的信息需求者了解、分析和运用相关企业的会计信息，从而扩大企业的影响，促进企业的发展。其意义主要表现在以下几个方面：

（1）外币报表折算是编制合并会计报表的基本要求。跨国经营的企业集团，母公司和子公司都是独立的法律实体或会计主体，一般都以其所在国货币作为记账本位币编制会计报表。但为了反映企业集团这一经济实体的财务状况、经营成果和现金流量情况，必须编制合并会计报表。这就要求对以不同货币表述的子公司的会计报表先按集团的编报货币进行折算，然后再予以合并，从而使合并报表使用者全面了解企业集团整体的财务状况、经营成果和现金流量等会计信息，以便其进行有效地预测和决策。

（2）外币报表折算是企业进行跨国融资的一项重要工作。企业到国际资本市场融资时，为满足国际资本市场投资人、债权人及有关监管机构阅读企业会计报表、审查企业财务和经营状况的需求，融资企业必须将其以原记账本位币编制的会计报表折算为资本市场所在地或被要求的某种货币单位表述的会计报表。企业在国际资本市场融资后，为定期向外国投资者报告经营成果等会计信息，也需要对原会计报表进行折算。因此，外币报表折算是进行国际融资、保障企业顺利筹资的一项重要工作。

(3) 外币报表折算是定期向有关方面报送财务报告的基本要求。跨国公司的境外经营公司在选用所在国或集团所在国要求的货币作为记账本位币编制会计报表时，为向本国国内投资者或所在国管理机构定期报送财务报告，都应将以其记账本位币编制的会计报表折算为所要求的货币表述的会计报表，以便有关机构、投资人、债权人对企业进行监督、管理和了解。如《企业会计准则第19号——国外币折算》规定，企业选定的记账本位币不是人民币的，应当按照本准则第12条规定将其财务报表折算为人民币财务报表。

二、外币报表折算涉及的主要会计问题

(一) 外币报表折算汇率选择

外币报表折算汇率选择是指企业进行外币报表折算时，对报表中的各项目选用哪种汇率作为折算率。这是进行外币报表折算必须首先解决的一个会计问题，它是进行外币报表折算的直接依据，关系到折算后会计报表信息的相关性和可靠性。

在浮动汇率制度下，汇率始终处于不断变化之中，可作为外币报表折算标准的汇率一般有现行汇率、历史汇率和平均汇率三种。就会计报表而言，不同的项目，诸如流动与非流动项目或货币性与非货币性项目等对汇率变化的反应不尽相同，因而进行报表折算时，应对不同项目选用适当的汇率进行折算。

对不同项目选用不同汇率进行折算是区别外币报表折算方法的主要标志。在外币报表折算中，究竟如何选择汇率，将在“外币报表折算方法”中具体介绍。

(二) 外币报表折算差额的会计处理

外币报表折算差额也称外币报表折算损益，是指在外币报表折算过程中，由于报表的不同项目选用不同汇率折算而产生的差额。如果外币报表折算时各项目采用同一汇率，则不会产生外币报表折算差额。外币报表折算差额的大小取决于折算汇率的选择，而其性质取决于外币报表折算方法的选择。

外币报表折算差额不同于外币交易损益，因而外币报表折算差额的处理与外币交易损益的处理不同。外币交易损益是企业在外币交易中形成的损益，企业将其及时入账处理。外币报表折算差额是在对外币报表折算过程中产生的，一般不在账簿中反映，而反映在折算后的报表中。

外币报表折算差额应如何列示于会计报表中？这是外币报表折算差额会计处理需要解决的一个问题。目前，国际上有以下几种处理方式：

(1) 作为当期损益处理。即将外币报表折算差额作为当期损益列示于利润表内。这样做的依据是，汇率变动是不容掩盖的客观事实，汇率变动已引起资产和负债折算后价值的变动，于是使资产净值产生变动，从而使企业收益受到影响。持这种观点的人认为，把外币报表折算差额确认为当期损益，能客观反映企业所承受的汇率风险，可向报表使用者提供确认了折算差额的会计信息。但这种处理方式被认为将未实现损益确认为当期损益反映在利润表中，会在利润表中引入一个随时变化的因素，难以反映企业的正常经营成果，对于拥有大量境外子公司的企业集团来讲，可能会导致收益的剧烈波动和财务成果失真。

(2) 作为递延损益处理。即不将外币报表折算差额确认为当期损益列入利润表，而

是将其作为递延损益列于资产负债表。持这种观点的人认为，外币报表折算差额是对外币报表用另一种货币单位进行折算所产生的未实现损益，它在当期并没有真正以现金实现，也不可以用来再投资或汇回本国。外币汇率变化无常，某期发生的折算损失或收益在以后期间由于汇率变化可能发生逆转，因而不应将外币报表折算差额计入当期损益，而应作为递延损益处理。这种处理方式被认为掩盖了汇率变动的真实情况，缺乏足够的理论依据。

（3）折算损失计入当期损益，折算收益予以递延。这是介于前两种方式之间的一种处理方式，即将外币报表折算损失确认为当期损益计入利润表；将折算收益递延，列于资产负债表。

（4）直接作为所有者权益的调整项目处理。即将外币报表折算差额作为一单独项目列示于资产负债表的所有者权益中，成为所有者权益项目的调整数。这样做的依据是，汇率变动很少或者不会直接影响母公司和国外子公司双方的营业活动或随之而来的当前或未来的现金流量，因而对外币报表折算差额既不计入当期损益，也不作为递延损益，而是将其作为所有者权益的一个调整项目列示于资产负债表。

我国《企业会计准则第 19 号——外币折算》规定，采用上述第四种方法处理外币报表折算损益，即折算损益作为所有者权益的调整额。

三、外币报表折算方法

外币报表折算方法是指外币报表所列示的各项目按何种汇率进行折算以及折算差额如何处理的方法。一般情况下，进行外币报表折算主要采用流动与非流动项目法、货币性与非货币性项目法、时态法和现行汇率法四种方法，不过，目前多数国家较广泛地采用时态法和现行汇率法。

（一）流动与非流动项目法

流动与非流动项目法是指将外币资产负债表中的资产、负债项目按其流动性划分为流动项目和非流动项目两类，然后分别两类项目采用不同的汇率进行折算的一种方法。

采用这种方法进行外币报表折算时，对于资产负债表中的流动项目（包括流动资产和流动负债）按照资产负债表日的现行汇率折算；对于非流动项目（包括非流动资产和非流动负债）按照其原来入账时的历史汇率进行折算；对所有者权益中的实收资本项目，按照股份发行时的历史汇率折算，留存收益项目为轧差平衡数。对于利润表中的固定资产折旧费用和摊销费用，按相关资产入账时的历史汇率折算；折旧费用和摊销费用外的其他损益类项目，应按业务发生时的汇率折算。不过由于企业在一定时期收入的取得和费用的发生具有经常性、连续性和时间分布的均衡性，为了折算方便，其他损益类项目也可按会计报告期的平均汇率（简单平均或加权平均汇率）折算。对于所有者权益变动表中的股利分配项目，按照股利分配日的汇率折算；期初留存收益项目，按照上期折算的“期末留存收益”项目数额确定。

流动与非流动项目法的主要依据是：流动资产和流动负债受汇率变动的影响，折算时应选用现行汇率；非流动项目在短期内不会转变为现金或由现金支付，所以它们不受现行汇率变动的影响，在折算时选用历史汇率。采用流动与非流动项目法，由于现行汇率的变动只影响当期的流动资产和流动负债，因而，在流动资产超过流动负债时，外币升值会产生折算收益；外币贬值会产生折算损失。在流动负债超过流动资产时，外币升值会产生折算损失；外币贬值会产生折算收益。

【例 3 - 17】假设某母公司会计报表的编报货币为人民币，其一境外子公司会计报表的编报货币为美元。假定 20×7 年该子公司以美元表示的会计报表资料及所涉及的美元与人民币的市场汇率资料如下：年初汇率为 1 美元 = 6.11 元人民币，年末汇率为 1 美元 = 6.15 元人民币，当期平均汇率为 1 美元 = 6.13 元人民币。子公司实收资本的历史汇率为 1 美元 = 6.10 元人民币，对外投资的历史汇率为 1 美元 = 6.12 元人民币，固定资产的历史汇率为 1 美元 = 6.10 元人民币，长期借款的历史汇率为 1 美元 = 6.14 元人民币，股利分配日的汇率为 1 美元 = 6.14 元人民币。子公司上年末留存收益 50 万美元，折算后的人民币金额为 380 万元。根据以上资料采用流动与非流动项目法对该子公司有关报表进行折算（如表 3 - 6 和表 3 - 7 所示），对折算差额，假设采用折算损失计入当期损益，折算收益予以递延的处理方法。

表 3 - 6　　资产负债表

20×7 年 12 月 31 日　　单位：万元

项　目	金额（美元）	折算汇率	金额（人民币）	项　目	金额（美元）	折算汇率	金额（人民币）
现　　金	100	6.15	615	应付账款	200	6.15	1 230
应收账款	200	6.15	1 230	长期借款	200	6.14	1 228
存　　货	200	6.15	1 230	股　　本	300	6.10	1 830
长期投资	100	6.12	612	留存收益	100		619
固定资产	200	6.10	1 220				
合　　计	800		4 907	合　　计	800		4 907

注：留存收益项目作为轧差平衡数是倒挤求得的，即，留存收益 = 4 907 - （1 230 + 1 228 + 1 830） = 619（万元）。

表 3 - 7　　利　润　表

20×7 年度　　单位：万元

项　目	金额（美元）	折算汇率	金额（人民币）
销售收入	2 000	6.13	12 260
销售成本	1 500	6.13	9 195
折旧费用	50	6.10	305
管理费用	150	6.13	919.50
折算损益			67.50
税前利润	300		1 773
所得税	100	6.13	613
净利润	200		1 160
年初留存收益	50		380
可供分配利润	250		1 540
股利分配	150	6.14	921
留存收益	100		619

注：①折算损益项目是倒挤求得的，即，留存收益 = 12 260 - 9 195 - 305 - 919.50 - 1 773 = 67.50（万元）。

②本例外币报表折算差额为损失，计入当期损益，列入利润表。

流动与非流动项目法的缺点是：①将对资产和负债的分类作为选用不同折算汇率的标准，即对流动项目采用现行汇率折算，对非流动项目采用历史汇率折算，缺乏足够的理论依据；②对流动资产中的存货与现金、应收账款一样均采用现行汇率折算，意味着存货与现金、应收账款项目一样承受汇率风险，这对按历史成本计价的存货来说是不恰当的；③对于长期负债项目采用历史汇率折算掩盖了它们受汇率变动的影响，把可能发生的巨额损益压到了结汇年度。

（二）货币性与非货币性项目法

货币性与非货币性项目法是指将资产负债表中的资产和负债项目划分为货币性项目与非货币性项目，并分别采用不同汇率进行折算。这种折算方法主要针对流动与非流动项目法的缺陷提出的，认为外币报表折算应按资产、负债的货币属性，即货币性与非货币性的分类进行折算，而不是以它们的周转时间为基础进行分类后折算。

货币性资产和货币性负债项目的特征是：它们的价值是按外币（子公司所在国货币）的固定金额或可确定金额表示的。汇率一有变动，它们的本国货币等值就会发生变动。因此，采用货币性与非货币性项目法，对资产负债表中的货币性项目采用资产负债表日的现行汇率进行折算；对非货币性项目按其发生时的历史汇率折算；对所有者权益中的实收资本项目，采用历史汇率折算，留存收益为轧差平衡数。对利润表中的折旧费用和摊销费用，按相关资产入账时的历史汇率折算；其他损益类项目，应按业务发生时的汇率折算。对于所有者权益变动表中的股利分配项目，按照股利分配日的汇率折算。对利润表中的销售成本项目采用历史汇率折算时，应先对期初存货、当期购货和期末存货分别按其历史汇率折算，然后再按照“期初存货 + 当期购货 - 期末存货 = 当期销货成本”公式计算确定。不过如果收入和费用经常、大量、且均衡发生，利润表中的其他损益类项目也可以采用当期平均汇率折算。

采用货币性与非货币性项目法，对于折算过程中形成的外币报表折算差额计入当期损益，列入利润表。

【例 3 - 18】 接【例 3 - 17】，假定该子公司期末存货的历史汇率为 1 美元 = 6.16 元人民币，本期销售成本仍按平均汇率折算。其他资料不变。采用货币性与非货币性项目法对有关报表折算如表 3 - 8 和表 3 - 9 所示。

表 3 - 8　　资产负债表

20 × 7 年 12 月 31 日　　单位：万元

项目	金额（美元）	折算汇率	金额（人民币）	项目	金额（美元）	折算汇率	金额（人民币）
现金	100	6.15	615	应付账款	200	6.15	1 230
应收账款	200	6.15	1 230	长期借款	200	6.15	1 230
存货	200	6.16	1 232	股本	300	6.10	1 830
长期投资	100	6.12	612	留存收益	100		619
固定资产	200	6.10	1 220				
合计	800		4 909	合计	800		4 909

注：留存收益项目作为轧差平衡数是倒挤求得的，即，留存收益 = 4 909 - （1 230 + 1 230 + 1 830） = 619（万元）。

表 3-9 利润表

20×7 年度 单位：万元

项目	金额（美元）	折算汇率	金额（人民币）
销售收入	2 000	6.13	12 260
销售成本	1 500	6.13	9 195
折旧费用	50	6.10	305
管理费用	150	6.13	919.50
折算损益			67.50
税前利润	300		1 773
所得税	100	6.13	613
净利润	200		1 160
年初留存收益	50		380
可供分配利润	250		1 540
股利分配	150	6.14	921
留存收益	100		619

注：折算损益项目是倒挤求得的，即，留存收益 = 12 260 - 9 195 - 305 - 919.50 - 1 773 = 67.50（万元）。

货币性与非货币性项目法较流动与非流动项目法有一定的改进，主要体现在对货币性项目（如长期负债）采用现行汇率折算，对非货币性项目（如存货）采用历史汇率折算，比较恰当地表达了汇率变动对不同资产、负债项目的影响。但是这种方法同流动与非流动项目法一样，在确定各个项目的折算汇率时所依据的仍是对报表项目的分类，没有充分的理论可说明这种分类与不同的折算汇率之间的直接关系。另外，这种方法没有考虑非货币性项目的计量基础，例如，当非货币性项目采用现行市价计量时，按历史汇率折算与市价计量基础是矛盾的，折算后不能得出合理的结果。

（三）时态法

时态法是以资产、负债项目的计量属性作为选择折算汇率的依据，而对外币报表进行折算的一种方法。该方法是由美国会计学家洛伦森 1972 年针对流动与非流动项目法和货币性与非货币性项目法的缺陷而提出的一种方法 。其理论依据是外币报表折算只是一种计量转换过程，是对按外币计量的既定价值的重新表述，通过对外币报表折算或重新表述，只能改变计量的货币名称，而不应当改变原有项目的计量属性或性质。

由于货币性资产和负债的固有性质，不论在历史成本计量模式下，还是在现行成本计量模式下，它们均受汇率变动的影响。因而对外币报表中的现金、应收项目和应付项目等货币性项目都按现行汇率折算。对于非货币性资产和负债项目应视其计量属性而定，如果该项目是按历史成本计量的，应按历史汇率折算；若该项目按现行成本计量，应按现行汇率折算。对所有者权益中的实收资本项目按资本取得的历史汇率折算；留存收益为轧差平衡数。

在时态法下，利润表的收入、费用项目应以交易日的实际汇率折算。但如果收入和费用经常、大量且均衡发生，为简化起见，除折旧费用和摊销费用，以及存货按历史成本计量下的销售成本外，其他损益类项目通常采用当期平均汇率折算。对于折旧费用和摊销费用项目应按照有关资产的历史汇率折算。因销售成本与存货有关，在存货采用历史成本计量时，销售成本项目应在期初存货、当期购货、期末存货分别按适用汇率折算的基础上倒挤计算确定。在时态法下，利润分配项目应采用股利分配日的汇率折算。

时态法对折算过程中形成的外币报表折算差额计入当期损益，列入利润表。

【例3－19】 接【例3－17】，假定该子公司对存货采用历史成本计价，长期投资采用现行市价计价。本年以美元计价的存货购、存资料为：年初结存300万元，其历史汇率为1美元＝6.12元人民币；本年购货1 400万元（均衡发生）；年末存货200万元，其历史汇率为1美元＝6.14元人民币。其他资料不变。采用时态法对该子公司有关报表进行折算如表3－10和表3－11所示。

表3－10 **资产负债表**

20×7年12月31日 单位：万元

项目	金额（美元）	折算汇率	金额（人民币）	项目	金额（美元）	折算汇率	金额（人民币）
现金	100	6.15	615	应付账款	200	6.15	1 230
应收账款	200	6.15	1 230	长期借款	200	6.15	1 230
存货	200	6.14	1 228	股本	300	6.10	1 830
长期投资	100	6.15	615	留存收益	100		618
固定资产	200	6.10	1 220				
合计	800		4 908	合计	800		4 908

注：留存收益作为轧差平衡数是倒挤求得的，即，留存收益＝4 908－（1 230＋1 230＋1 830）＝618（万元）。

表3－11 **利润表**

20×7年度 单位：万元

项目	金额（美元）	折算汇率	金额（人民币）
销售收入	2 000	6.13	12 260
销售成本	1 500		9 190
折旧费用	50	6.10	305
管理费用	150	6.13	919.50
折算损益			73.50
税前利润	300		1 772
所得税	100	6.13	613
净利润	200		1 159
年初留存收益	50		380
可供分配利润	250		1 539
股利分配	150	6.14	921
留存收益	100		618

注：销售成本＝300×6.12＋1 400×6.13－200×6.14＝9 190（万元）。

折算损益＝12 260－9 190－305－919.50－1 772＝73.50（万元）。

时态法是针对流动与非流动项目法和货币性与非货币性项目法的缺陷而提出的一种方法。其只改变了外币报表各个项目的计量单位，而没有改变计量属性，也就是说，它以各项资产和负债项目的计量属性作为折算汇率的选择依据，因而这种方法具有较强的理论依据，折算汇率的选择具有一定的灵活合理性。从这些方面看，它完善了货币性与非货币性项目法。但时态法也存在一定缺陷：①把报表折算差额计入当期损益，一旦汇率发生大幅变动，可能导致损益的大幅波动，甚至可能改变企业的盈亏状况。②改变了原来外币报表中各个项目之间的比例关系。

（四）现行汇率法

现行汇率法是一种以现行汇率为主要折算汇率的外币报表折算方法。在这种方法下，资产负债表中的所有资产、负债项目均按编制报表日的现行汇率进行折算；所有者权益中的实收资本项目以历史汇率折算；利润和所有者权益变动表中的本期项目按确认这些项目时的历史汇率折算。不过为了简化核算，对利润表中的收入和费用项目也可采用会计期间的平均汇率折算。

现行汇率法对于折算过程中产生的外币报表折算差额，一般列入资产负债表，作为所有者权益的调整项目单独列示。

【例 3－20】 接【例 3－16】，假定按现行汇率法对该子公司有关会计报表进行折算（为简化核算，利润表中的损益类项目按平均汇率折算）如表 3－12 和表 3－13 所示。

表 3－12 利 润 表

20×7 年度 单位：万元

项　目	金额（美元）	折算汇率	金额（人民币）
销售收入	2 000	6.13	12 260
销售成本	1 500	6.13	9 195
折旧费用	50	6.13	306.50
管理费用	150	6.13	919.50
税前利润	300		1 839
所得税	100	6.13	613
净利润	200		1 226
年初留存收益	50		380
可供分配利润	250		1 606
股利分配	150	6.14	921
留存收益	100		685

现行汇率法具有简便易行的优点。它实际上是将外币报表中的所有资产、负债项目都乘以一个常数（现行汇率），其结果是资产负债表中的各个资产、负债项目之间依然保持原有的比例关系。它不改变外币报表的性质，只改变外币报表的表现形式。其不足是：

①现行汇率法意味着被折算的外币报表各项目都承受着汇率风险，但实际上企业资产、负债各项目所承受的汇率风险是不一样的。像固定资产和存货等以实物形态存在的资产不一定承受汇率风险，对这些项目均以现行汇率折算并没有体现各项目实际承受的汇率风险。

表 3－13 资产负债表

20×7 年 12 月 31 日 单位：万元

项　目	金额（美元）	折算汇率	金额（人民币）	项　目	金额（美元）	折算汇率	金额（人民币）
现　金	100	6.15	615	应付账款	200	6.15	1 230
应收账款	200	6.15	1 230	长期借款	200	6.15	1 230
存　货	200	6.15	1 230	股　本	300	6.10	1 830
长期投资	100	6.15	615	留存收益	100		685
固定资产	200	6.15	1 230	折算调整数			－55
合　计	800		4 920	合　计	800		4 920

注：折算调整数是倒挤求得的，即，折算调整数＝4 920－（1 230＋230＋1 830＋685）＝－55（万元）。

②在历史成本计量模式下，以现行汇率对历史成本金额进行折算，在理论上缺乏足够的依据。例如，子公司的资产（或负债）按历史成本计价时，按现行汇率折算的结果，既不代表资产的历史成本，也不是完全的现行市价，而仅仅是两个不同时点数字的乘积而已。

（五）外币报表折算方法比较

上述外币报表折算四种方法中，现行汇率属于单一汇率法，其余三种属于多种汇率法。这四种方法在折算汇率的选择以及对外币报表折算差额的处理方式各不相同。

1. 不同折算方法的折算汇率比较

不同折算方法在折算汇率选择上的区别实际上主要是对资产负债表的资产和负债项目选择不同汇率，从而形成了不同的折算方法。无论哪种折算方法对资产负债表中的所有者权益项目进行折算都是一样的，即对实收资本项目均按筹资时的历史汇率折算；对留存收益项目按轧差平衡数确定；对利润表和所有者权益变动表的项目选择折算汇率也基本相同，即理应按这些项目金额确认时的实际汇率折算。不过在收入和费用大量、均衡发生时，为简化核算，利润表中除折旧费用和摊销费用外，其他收入和费用项目通常采用当期平均汇率折算。折旧费用和摊销费用除现行汇率法外，可按平均汇率折算；在其他折算方法下，则按有关资产入账时的汇率折算。

不同折算方法对资产负债表项目选择折算汇率比较如表 3－14 所示。

表 3－14 资产负债表项目折算汇率比较

项　目	流动与非流动项目法	货币性与非货币性项目法	时态法	现行汇率法
现　金	C	C	C	C
应收账款	C	C	C	C
存货按成本计价	C	H	H	C
存货按市价计价	C	H	C	C
长期投资按成本计价	H	H	H	C
长期投资按市价计价	H	H	C	C

续表

项　　目	流动与非流动项目法	货币性与非货币性项目法	时态法	现行汇率法
固定资产	H	H	H	C
无形资产	H	H	H	C
应付账款	C	C	C	C
长期负债	H	C	C	C
股　　本	H	H	H	H
留存收益	B	B	B	B

表中：C 表示现行汇率，H 表示历史汇率，B 表示轧差平衡数。

上述四种外币报表折算方法，由于对折算汇率选择的不同，产生的折算差额的大小不同，导致折算后的报表显示很大的盈亏差异。在个别情况下，甚至会出现原会计报表的亏损经折算变为利润的奇怪现象。因而长期以来关于这些折算方法的争论颇多。在实务中，一些跨国公司为了适应自身的特定经营环境和管理思想，也采用一些与上述折算方法略有变异或互相交叉的方法。例如，一些赞成流动与非流动项目法的公司，对存货则按其历史汇率折算；喜欢货币性与非货币性项目法的公司，对长期负债也按历史汇率折算；采用时态法的公司，对存货按其历史汇率折算；有的公司坚持现行汇率法，但对固定资产则按其历史汇率进行折算。

2. 不同折算方法对折算差额处理的比较

各种折算方法由于选用的折算汇率不同，其折算结果不同，对折算过程中形成的外币报表折算的处理方法也不同。下面以前述例题对不同折算方法下的折算差额的处理比较如表 3－15 所示。

表 3－15　　不同折算方法下的折算差额处理比较

项　　目	流动与非流动项目法	货币性与非货币性项目法	时态法	现行汇率法
资　　产	4 907	4 909	4 908	4 920
负　　债	2 458	2 460	2 460	2 460
所有者权益	2 449	2 449	2 448	2 515
净 利 润	1 160	1 160	1 159	1 226
外币报表折算差额	67.50	67.50	73.50	－55.00
折算差额列示	利润表	利润表	利润表	资产负债表

四、我国外币报表折算的处理

改革开放以来，我国企业的涉外业务不断扩大。随着外贸业务的纵深发展，许多企业纷纷到境外设立子公司。为了规范外币交易的会计处理和外币财务报表的折算以及相关信息的披露，财政部于 2006 年正式颁发《企业会计准则 19 号——外币折算》，并对境外经营企业财务报表和处于恶性通货膨胀经济中的境外经营财务报表折算进行了具体规范。

企业的子公司、合营企业、联营企业和分支机构，如果采用与企业相同的记账本位币，即便是设在境外，其财务报表也不存在折算问题。但是，如果企业境外经营或境内经营的记账本位币不同于企业的记账本位币，则在编制合并报表时，需要将其折算为以企业记账本位币反映的财务报表。

（一）境外经营财务报表的折算

1. 折算方法

《企业会计准则19号——外币折算》规定，境外经营是指企业在境外的子公司、合营企业、联营企业、分支机构；在境内的子公司、合营企业、联营企业、分支机构，采用不同于企业记账本位币的，也视同境外经营。

在对企业境外经营财务报表进行折算前，应当调整境外经营的会计期间和会计政策，使之与企业会计期间和会计政策相一致，根据调整后会计期间和会计政策编制相应货币的财务报表，然后按照以下方法对境外经营财务报表进行折算：

（1）资产负债表中的资产和负债项目，采用资产负债表日的即期汇率折算，所有者权益项目除“未分配利润”项目外，均采用发生时的即期汇率折算。

（2）利润表中的收入和费用项目，采用交易发生日的即期汇率或即期汇率的近似汇率折算。

（3）产生的外币财务报表折算差额，在编制合并财务报表时，应在合并资产负债表中“其他综合收益”项目列示。

比较财务报表的折算比照上述规定处理。

【例3-21】某母公司记账本位币为人民币，其一全资境外子公司记账本位币为美元。假定20×7年12月31日的即期汇率为1美元=6.10人民币，20×7年的平均汇率为1美元=6.30元人民币，实收资本、资本公积发生日的即期汇率为1美元=6.20元人民币，20×7年12月31日的股本为500万美元，折算为人民币为3 100万元；资本公积20万美元，折算为人民币为124万元；累计盈余公积为50万美元，折合人民币为305万元；累计未分配利润为130万美元，折合人民币为793万元。母子公司均在年末提取盈余公积。母公司采用当期平均汇率折算子公司的利润表项目。

根据上述资料，该子公司折算前后会计报表如表3-16、表3-17和表3-18所示。

表3-16 利　润　表

20×7年　　单位：万元

项　　目	期末数（美元）	折算汇率	折算后（人民币）
一、营业收入	2 000	6.30	12 600
减：营业成本	1 500	6.30	9 450
税金及附加	40	6.30	252
管理费用	80	6.30	504
财务费用	10	6.30	63
营业费用	20	6.30	126
加：投资收益	20	6.30	126

续表

项　　目	期末数（美元）	折算汇率	折算后（人民币）
二、营业利润	370	——	2 331
加：营业外收入	20	6.30	126
减：营业外支出	10	6.30	63
三、利润总额	380	——	2 394
减：所得税费用	130	6.30	819
四、净利润	250	——	1 575
五、每股收益			
六、其他综合收益			
七、综合收益总额			

表 3－17　　资产负债表

20×7 年 12 月 31 日　　单位：万元

项　　目	金额（美元）	折算汇率	金额（人民币）	项　　目	金额（美元）	折算汇率	金额（人民币）
货币资金	90	6.10	549	短期借款	45	6.10	274.50
应收账款	190	6.10	1 159	应付账款	285	6.10	1 738.50
存货	240	6.10	1 464	其他流动负债	110	6.10	671
其他流动资产	150	6.10	915	长期借款	140	6.10	854
长期投资	120	6.10	732	应付债券	80	6.10	488
固定资产原值	650	6.10	3 965	其他长期负债	90	6.10	549
累计折旧	100	6.10	610	实收资本	500	6.20	3 100
固定资产净值	550	6.10	3 355	资本公积	20		124
在建工程	80	6.10	488	盈余公积	100	—	620
无形资产	50	6.10	305	未分配利润	130	—	793
其他资产	30	6.10	183	外币报表折算差额	—	—	－62
资产合计	1 500	—	9 150	负债及所有者权益合计	1 500	—	9 150

表 3－18　　所有者权益变动表

20×7 年　　单位：万元

项　　目	实收资本			资本公积			盈余公积			未分配利润		报表折算差额	股东权益合计
	美元	折算汇率	人民币	美元	折算汇率	人民币	美元	折算汇率	人民币	美元	人民币		人民币
一、本年年初余额	500	6.20	3 100	20	6.20	124	50		305	130	793		4 322
二、本年增减变动金额													

续表

项　目	实收资本			资本公积			盈余公积			未分配利润		报表折算差额	股东权益合计
	美元	折算汇率	人民币	美元	折算汇率	人民币	美元	折算汇率	人民币	美元	人民币		人民币
（一）净利润										250	1 575		1 575
（二）其他综合收益													-62
其中：外币报表折算差额												-62	-62
（三）利润分配													-1 260
1. 提取盈余公积							50	6.30	315	-50	-315		0
2. 对股东的分配										-200	1 260		-1 260
三、本年年末余额	500	6.20	3 100	20	6.20	124	100		620	130	793	-62	4 575

当期计提的盈余公积采用当期平均汇率折算，期初盈余公积为以前年度计提的盈余公积按相应年度平均汇率折算后金额的累计，期初未分配利润记账本位币金额为以前年度未分配利润记账本位币金额的累计。

外币报表折算差额为以记账本位币反映的净资产减去以记账本位币反映的实收资本、资本公积、累计盈余公积及累计未分配利润的余额。

2. 特殊项目的处理

特殊项目的处理主要包括：

（1）少数股东应分担的外币报表折算差额。在企业境外经营为其子公司的情况下，企业在编制合并财务报表时，应按少数股东在境外经营所有者权益中所享有的份额计算少数股东应分担的外币报表折算差额，并入少数股东权益列示于合并资产负债表。

（2）实质上构成对境外经营净投资的外币货币性项目产生的汇兑差额的处理。母公司含有实质上构成子公司（境外经营）净投资的外币货币性项目的情况下，在编制合并财务报表时，应分别以下两种情况编制抵销分录：

①实质上构成对子公司净投资的外币货币性项目以母公司或子公司的记账本位币反映，则应在抵销长期应付应收项目的同时，将其产生的汇兑差额转入“其他综合收益”项目。即借记或贷记“财务费用——汇兑差额”项目，贷记或借记“其他综合收益”项目。

②实质上构成对子公司净投资的外币货币性项目以母、子公司的记账本位币以外的货币反映，则应将母、子公司此项外币货币性项目产生的汇兑差额相互抵销，差额转入“其他综合收益”项目。

如果合并财务报表中各子公司之间也存在实质上构成对另一子公司（境外经营）净投资的外币货币性项目，在编制合并财务报表时应比照上述编制相应的抵销分录。

（二）恶性通货膨胀情况下外币财务报表的折算

1. 恶性通货膨胀经济的判定

当一个国家经济环境显示出（但不局限于）以下特征时，应当判断该国处于恶性通货膨胀经济中：

（1）3 年累计通货膨胀率接近或超过 100%。

（2）利率、工资和物价与物价指数挂钩。物价指数是物价变动趋势和幅度的相对数。

（3）一般公众不是以当地货币作为衡量货币金额的基础，而是以相对稳定的外币为单位作为衡量货币金额的基础。

（4）一般公众倾向于以非货币性资产或相对稳定的外币来保存自己的财富，持有的当地货币立即用于投资以保持购买力。

（5）即使信用期限很短，赊销、赊购交易仍按补偿信用期预计购买力损失的价格成交。

2. 处于恶性通货膨胀经济中境外经营财务报表的折算

企业对处于恶性通货膨胀经济中的境外经营财务报表进行折算时，需要先对其财务报表进行重述：对资产负债表项目运用一般物价指数予以重述，对利润表项目运用一般物价指数变动予以重述。然后，再按资产负债表日即期汇率对重述后的财务报表进行折算。在境外经营不再处于恶性通货膨胀经济中时，应当停止重述，按照停止之日的价格水平重述的财务报表进行折算。

（1）资产负债表项目的重述。在对资产负债表项目进行重述时，由于现金、应收账款、其他应收款等货币性项目已经以资产负债表日的计量单位表述，因此不需要对其进行重述；通过协议与物价变动挂钩的资产和负债应根据协议约定进行调整；非货币项目中，有些是以资产负债表日的计量单位列示的，如存货已经以可变现净值列示，不需要进行重述。其他非货币性项目，如固定资产、投资、无形资产等，应自购置日起以一般物价指数变动予以重述。

（2）利润表项目的重述。在对利润表项目进行重述时，所有项目金额都需要自其初始确认之日起，以一般物价指数变动进行重述，以使利润表的所有项目都以资产负债表日的计量单位表述。由于上述重述而产生的差额计入当期净利润。

对资产负债表和利润表项目进行重述后，再按资产负债表日的即期汇率将资产负债表和利润表折算为记账本位币报表。

（三）境外经营的处置

企业可能通过出售、清算、返还股东或放弃全部或部分权益等方式处置其在境外经营中的利益。企业应在处置境外经营的当期将已列入合并财务报表所有者权益的外币报表折算差额中与该境外经相关部分自所有者权益项目转入处置当期损益。如果是部分处置境外经营，应当按处置的比例计算处置部分的外币报表折算差额，转入处置当期损益。

本章关键概念

外币业务　外币交易　外币折算　外汇汇率　汇兑差额　单一交易观　两项交易观　货币性项目　外币报表折算方法　时态法　现行汇率法　递延汇兑损益

复习思考题

1. 什么是汇率？汇率有哪几种标价方法？
2. 采用单项交易观与两项交易观进行外币业务会计处理有何不同？
3. 外币会计报表折算方法有哪几种？各种折算方法有什么特点？
4. 外币报表折算损益有哪几种处理方法？
5. 简述期末外币汇兑损益的计算及其账务处理程序。

第四章 租　　赁

【引言】

租赁是企业融资的一种方式，在实际工作中，越来越多的企业通过租赁的形式获取相关资产的使用权。本章首先论述租赁的基本概念，并重点介绍融资租赁、经营租赁以及售后回租业务的会计处理。

第一节 租赁概述

一、租赁的基本概念

（一）租赁

租赁是指在约定的期间内，出租人将资产使用权让与承租人以获取租金的协议。租赁的主要特征是，在租赁期内转移资产的使用权，而不是转移资产的所有权，而且这种转移是有偿的，取得资产使用权以支付租金为代价，租赁期满后，在融资租赁方式下，资产的所有权有可能转移。这种协议不同于购买协议，购买协议要转移资产的所有权；这种协议也不同于服务性合同，服务性合同不转移资产的使用权；这种协议更不同于借用合同，借用合同是无偿提供资产的使用权。

（二）租赁期

租赁期是指租赁合同规定的不可撤销的租赁期间。如果承租人选择续租该资产，并且在租赁开始日就可以合理确定承租人将会行使这种选择权，不论是否再支付租金，续租期也包括在租赁期之内。租赁合同签订后一般不可撤销，但下列情况除外：

（1）经出租人同意。

（2）承租人与原出租人就同一资产或同类资产签订了新的租赁合同。

（3）承租人支付一笔足够大的额外款项。

（4）发生某些很少会出现的或有事项。

（三）租赁开始日

租赁开始日是指租赁协议日与租赁各方就主要条款作出承诺日中的较早者。在租赁开始日，承租人和出租人应当将租赁认定为融资租赁或经营租赁，在融资租赁下，还应当确定在租赁期开始日应确认的金额。

（四）租赁期开始日

租赁期开始日是指承租人有权行使其使用租赁资产权利的日期。在租赁期开始日，承租人应当对租入资产、最低租赁付款额和未确认融资费用进行初始确认。出租人应当对应收融资租赁款、未担保余值和未实现融资收益进行初始确认。

（五）最低租赁付款额

最低租赁付款额是指在租赁期内，承租人应支付或可能被要求支付的各种款项（不包括或有租金和履约成本），加上由承租人或与其有关的第三方担保的资产余值。

承租人有购买租赁资产的选择权，所订立的购买价款预计将远低于行使选择权时租赁资产的公允价值，因而在租赁开始日就可以合理确定承租人将会行使这种选择权，购买价款应当计入最低租赁付款额。具体来说，租赁期满承租人行使购买权的，最低租赁付款额应当包括合同约定每期支付的租金与将来支付的买价；租赁期满承租人不行使购买权的，最低租赁付款额应当包括合同约定每期支付的租金与续租保证金、担保余值等款项。

（六）担保余值

担保余值，就承租人而言，是指由承租人或与其有关的第三方担保的资产余值；就出租人而言，是指就承租人而言的担保余值加上独立于承租人和出租人的第三方担保的资产余值。

（七）资产余值

资产余值是指在租赁开始日估计的租赁期届满时租赁资产的公允价值。

（八）未担保余值

未担保余值是指租赁资产余值中扣除就出租人而言的担保余值以后的资产余值。

（九）或有租金

或有租金是指金额不固定、以时间长短以外的其他因素（如销售量、物价指数）为依据计算的租金。

（十）履约成本

履约成本是指在租赁期内为租赁资产支付的各种使用费用，如技术咨询和服务费、人员培训费、维修费、保险费等。

（十一）最低租赁收款额

最低租赁收款额是指最低租赁付款额加上独立于承租人和出租人的第三方对出租人担保的资产余值。

（十二）经营租赁

经营租赁是指除融资租赁以外的其他租赁。

（十三）租赁内含利率

租赁内含利率是指在租赁开始日，使最低租赁收款额的现值与未担保余值的现值之和等于租赁资产公允价值与出租人的初始直接费用之和的折现率。

（十四）初始直接费用

初始直接费用是指在租赁谈判和签订租赁合同过程中承租人和出租人发生的、可直接归属于租赁项目的费用，通常有印花税、佣金、律师费、差旅费、谈判费等。

二、租赁的分类

（一）根据与租赁资产所有权有关的风险和报酬是否转移，租赁分为融资租赁和经营租赁

融资租赁是指实质上转移了与资产所有权有关的全部风险和报酬的租赁。所有权最终可能转移，也可能不转移。承租人和出租人应当在租赁开始日将租赁分为融资租赁和经营租赁。符合下列一项或数项标准的，应认定为融资租赁：

（1）在租赁期届满时，租赁资产的所有权转移给承租人。此标准是指根据租赁协议约定，或者根据其他条件在租赁开始日就可以作出合理判断，将来租赁期届满时，出租人能够将资产的所有权转移给承租人。

（2）承租人有购买租赁资产的选择权，所订立的购买价预计将远低于行使选择权时租赁资产的公允价值，因而在租赁开始日就可以合理确定承租人将会行使这种选择权。此标准是指在存在多个购买者的情况下，承租人享有优先购买权，而且购买价格非常低廉，如果没有特殊情况，承租人在租赁期届满时将会购买该项资产。

（3）即使租赁资产的所有权不转移，但租赁期占租赁资产使用寿命的大部分。此标准是指租赁资产的租赁期限较长，一般是指租赁期占租赁开始日租赁资产使用寿命的75%以上（含75%，下同）。对于出租的全新资产或较新资产使用该标准，如果出租的是较旧的资产（已使用年限占租赁资产预计使用年限75%以上），则该标准不适用。

（4）承租人在租赁开始日的最低租赁付款额现值，几乎相当于租赁开始日租赁资产公允价值；出租人在租赁开始日的最低租赁收款额现值，几乎相当于租赁开始日租赁资产公允价值。此标准是价值补偿标准，“几乎相当于”掌握在90%以上（含90%，下同），对于出租的全新资产或较新资产使用该标准，如果出租的是较旧的资产（已使用年限占租赁资产预计使用年限75%以上），则该标准不适用。

（5）租赁资产性质特殊，如果不作较大改造，只有承租人才能使用。此标准是指租赁资产是出租人根据承租人对资产型号、规格等方面的特殊要求专门购买或建造的，具有专购、专用性质。这些租赁资产不作较大的重新改制，其他企业通常难以使用，或使用成本过高，得不偿失。

上述条件均不符合的租赁，应当确认为经营租赁。通常情况下，在经营租赁中，租赁资产的所有权不转移，租赁期届满后，承租人有退租或续租的选择权，而不存在优惠购买选择权。

对于同时涉及土地和建筑物的租赁，企业通常应当将土地和建筑物分开考虑。将最低租赁付款额根据土地部分的租赁权益和建筑物的租赁权益的相对公允价值的比例进行分配。在我国，由于土地的所有权归国家所有，土地租赁不能归类为融资租赁。对于建筑物

的租赁按《企业会计准则第 21 号——租赁》的规定标准进行相应的分类。如果土地和建筑物无法分离和不能可靠计量的，应归类为一项融资租赁，除非两部分都明显是经营租赁，在后一种情况下，整个租赁应归类为经营租赁。

（二）根据租赁资产的对象不同，租赁分为不动产租赁和动产租赁

不动产租赁主要是指土地租赁和建筑物租赁，动产租赁主要是生产设备和管理设备租赁，也包括存货的租赁。

（三）按照租赁资产的投资来源不同，租赁分为直接租赁、售后租回、杠杆租赁、转租赁等

直接租赁是指购置租赁资产所需的资金全部由出租人垫付。至于该资金是出租人自有资金还是借入的资金，只要供资人不是租赁关系中的当事人，则该项租赁就被认定为直接租赁。

售后租回是一种特殊形式的租赁，是指卖主（即承租人）将一项自制或外购的资产出售后，又将该资产从买主（即出租人）租回，习惯上称之为“回租”。

杠杆租赁是指出租人利用财务杠杆原理，用较少的投资来组织一项较大金额的租赁行为。

转租赁是指承租人将租入的资产转租给出租人以外的单位或个人的行为，简称转租。

三、租赁的意义

对于资金短缺或者正处于发展阶段的企业来说，租赁资产可以达到“花小钱，办大事”的作用，具体来说，其意义可以归纳为以下几点：

（1）节约企业资金的投入。企业在生产经营过程中所需要的设备等资产，一般是通过购买或自制的方式得到，这样会使得大量的资金被占用在固定资产上，如果企业资金较为紧张的话，就可能会影响到资金的良性循环和周转，通过租赁业务，企业可以花较少的租金费用得到生产经营所需的设备等资产，待设备投产后，还可以用产品的所得支付租金，以起到节约资金的作用。

（2）减少资产的无形损耗。在科技飞速发展的今天，昨天还先进的设备，今天或不久的将来就会被淘汰，一旦设备落后，用其生产的产品就会存在卖不出去的可能，任何购买设备的单位都会承担无形损耗实际速度快于预计速度造成损失的风险，而通过租赁资产就可以减少甚至避免这种风险。

（3）可避免因通货膨胀而造成的损失。租赁特别是融资租赁期限都较长，而租金有时按照事先约定好的金额支付，并没有过多地考虑未来物价的上涨因素，因此，等物价暴涨时，承租人支付的租赁费实际是下降的，所以租赁可避免因通货膨胀而造成的损失。

（4）低成本融资。企业尤其是中小企业从银行等金融机构筹措资金非常困难，而从其他渠道筹集资金又会支付高额的利息，如果没有资金生产所需的设备就无法得到，而通过租赁资产，就能解决这种两难境地。

第二节 融资租赁的会计处理

一、融资租赁中承租人的会计处理

（一）租赁期开始日的会计处理

按照实质重于形式的要求，融资租入的资产应当视同承租人的资产，因此，在租赁期开始日，承租人应当合理确定租入资产的入账价值。一般而言，在租赁期开始日，承租人应当将租赁资产公允价值与最低租赁付款额现值两者中较低者再加上初始直接费用，作为租入资产的入账价值，将最低租赁付款额作为长期应付款的入账价值，其差额作为未确认融资费用入账。

值得注意的是，如果租入资产需要安装，应通过“在建工程”账户过渡，等租入资产安装完毕达到预定可使用状态时，再结转到“固定资产”账户。如果租入过程中发生安装费等费用时也应当计入租入资产成本。租赁期开始日，承租人按照上述确定的价值借记“固定资产——融资租入固定资产”或“在建工程”账户，按照发生的初始直接费用贷记“银行存款”账户，按照最低租赁付款额贷记“长期应付款”账户，按照其差额借记“未确认融资费用”账户。

（二）支付租金的会计处理

按照租赁合同约定，每期支付租赁费用时，借记“长期应付款”账户，贷记“银行存款”账户。

（三）分摊未确认融资费用的会计处理

承租人应当在租赁期内各个期间，按照实际利率法对未确认融资费用进行分摊。未确认融资费用的分摊过程实际上就是各个会计期间确认利息费用的过程。所以，每个会计期间未确认融资费用的摊销额应当是上期末的摊余成本与分摊率的乘积。由于租赁期开始日租赁资产的入账价值基础不同，因此，融资费用分摊率的选择也不同，具体可分以下几种情况：

（1）以出租人的租赁内含利率为折现率将最低租赁付款额折现，且以该现值作为租入资产入账价值的，应当将租赁内含利率作为未确认融资费用的分摊率。

（2）以合同规定利率为折现率将最低租赁付款额折现，且以该现值作为租入资产入账价值的，应当将合同规定利率作为未确认融资费用的分摊率。

（3）以银行同期贷款利率为折现率将最低租赁付款额折现，且以该现值作为租赁资产入账价值的，应当将银行同期贷款利率作为未确认融资费用的分摊率。

（4）以租赁资产公允价值为入账价值的，应当重新计算分摊率。该分摊率是使最低租赁付款额的现值等于租赁资产公允价值的折现率。

承租人每期摊销未确认融资费用时，应当按照计算的摊销额借记“财务费用”账户，贷记“未确认融资费用”账户，直到租赁期满摊销完毕为止。

（四）租赁资产提取折旧的会计处理

由于融资租入的固定资产被承租人实际控制，因此，承租人应当采用与自有固定资产相一致的折旧政策计提折旧。承租人能够合理确定租赁期届满时取得租赁资产所有权的，说明承租人拥有该项资产的全部使用寿命，应当在租赁资产使用寿命内计提折旧；承租人无法合理确定租赁期届满时能够取得租赁资产所有权的，应当在租赁期与租赁资产尚可使用寿命两者中较短的期间（即承租人实际可使用租赁资产的期间）内计提折旧。

承租人在确定租入资产应提折旧额时，应当考虑是否存在担保余值，如果承租人或与其有关的第三方对租赁资产余值提供了担保，则应计折旧总额为租赁期开始日固定资产的入账价值扣除担保余值后的余额；如果承租人或与其有关的第三方未对租赁资产余值提供担保，则应计折旧总额为租赁期开始日固定资产的入账价值。

承租人计提折旧时，应当按照受益原则，借记“制造费用”“管理费用”等账户，贷记“累计折旧”账户。

（五）履约成本的会计处理

履约成本是指在租赁期内为租赁资产支付的各种使用费用，如技术咨询和服务费、人员培训费、维修费、保险费等。承租人发生的履约成本一般应当计入当期损益，如果租赁资产属于生产所用，其履约成本应当计入产品成本。承租人实际支付履约成本时，应当借记“管理费用”“制造费用”等账户，贷记“银行存款”账户。

（六）或有租金的会计处理

或有租金是指金额不固定、以时间长短以外的其他因素（如销售量、物价指数）为依据计算的租金。由于或有租金的金额不固定，无法采用系统合理的方法对其进行分摊，因此在或有租金实际发生时，计入当期损益。承租人实际支付或有租金时，应当借记“财务费用”“销售费用”等账户，贷记“银行存款”账户。

（七）租赁期满的会计处理

租赁期届满时，承租人应当区别以下情况进行会计处理：

（1）留购租赁资产。在承租人享有优惠购买权的情况下，承租人按照约定的价格支付买价时，借记“长期应付款——应付融资租赁款”账户，贷记“库存现金”或“银行存款”等账户，同时按照租赁期开始日固定资产的入账价值借记“固定资产——××固定资产”账户，贷记“融资租入固定资产”相关明细科目。

（2）优惠续租租赁资产。租赁期届满时，如果承租人按照约定行使优惠续租选择权，则应视同该项租赁一直存在而作出相应的账务处理。如果租赁合同约定续租，而承租人在租赁期届满时没有续租，则根据租赁协议规定承租人须向出租人支付违约金时，借记“营业外支出”账户，贷记“银行存款”账户。

（3）返还租赁资产。租赁期届满，承租人向出租人返还租赁资产时，如果存在担保余值的，承租人应当按照担保余值借记“长期应付款——应付融资租赁款”账户，按照已提取的折旧借记“累计折旧”账户，按照租赁期开始日固定资产的入账价值贷记“固定资产”账户；如果不存在担保余值的，承租人应当按照已提取的折旧借记“累计折旧”账户，按照租赁期开始日固定资产的入账价值贷记“固定资产——融资租入固定资产”

账户。

（八）相关会计信息的列报和披露

在资产负债表中，承租人应当将与融资租赁相关的长期应付款减去未确认融资费用的差额分别长期负债和一年内到期的长期负债列示。

承租人应当在附注中披露与融资租赁有关的下列信息：

（1）各类租入固定资产的期初和期末原价、累计折旧额。

（2）资产负债表日后连续三个会计年度每年将支付的最低租赁付款额，以及以后年度将支付的最低租赁付款额总额。

（3）未确认融资费用的余额，以及分摊未确认融资费用所采用的方法。

【例4-1】 20×4年12月1日，A公司与B公司签订了一份租赁合同，A公司以融资租赁方式向B公司租入一台生产用设备，合同主要条款如下：

①租赁期开始日：20×5年1月1日。

②租赁期：20×5年1月1日～20×8年12月31日，即4年。

③租金支付：自租赁开始日起每年年末支付租金150 000万元。

④该设备在20×4年12月1日的公允价值为500 000万元。

⑤租赁合同规定的利率为7%（年利率）。

⑥租赁期届满时，A公司享有优惠购买该设备的选择权，购买价为100万元，估计该日租赁资产的公允价值为80 000万元。

⑦承租人与出租人的初始直接费用均为1 000万元。

⑧该设备为全新设备，估计使用5年。

假定A公司租入该设备后采用实际利率法确认每期的未确认融资费用，未确认融资费用的分摊与支付租金同步，并且采用年限平均法提取折旧，假定按年计提折旧。

A公司编制会计分录如下：

租赁期开始日：计算租赁期开始日最低租赁付款额的现值，确定租赁资产入账价值。

最低租赁付款额 =150 000×4+100=600 100（万元）

现值计算过程如下：

每期租金150 000万元的年金现值=150 000 × PA（4期，7%）

优惠购买选择权行使价100万元的复利现值=100×PV（4期，7%）

查表得知：PA（4期，7%）=3.3872，PV（4期，7%）=0.7629。

最低租赁付款额的现值=150 000×3.3872+100×0.7629=508 156.29（万元）

因为最低租赁付款额的现值508 156.29万元大于租赁期开始日租赁资产的公允价值500 000万元，因此，根据孰低原则，租赁资产的入账价值应为500 000万元，根据《企业会计准则第21号——租赁》规定，融资租赁中承租人发生的初始直接费用应当计入租赁资产入账价值，因此，租赁期开始日承租人应当按照501 000万元确定租赁资产的入账价值。

20×5年1月1日的会计分录为：

借：固定资产——融资租入固定资产	5 010 000 000
未确认融资费用	1 001 000 000

贷：长期应付款——应付融资租赁款 6 001 000 000

银行存款 10 000 000

20×5 年末支付租金：

借：长期应付款——应付融资租赁款 1 500 000 000

贷：银行存款 1 500 000 000

20×5 年末分摊未确认融资费用：

借：财务费用 386 000 000

贷：未确认融资费用 386 000 000

386 000 000 = [（6 001 000 000 - 1 001 000 000）×7.72%]

确定融资费用分摊率计算过程如下：

根据公式：租赁期开始日最低租赁付款的现值 = 租赁资产公允价值

当 r = 7% 时：

150 000 × 3.3872 + 100 × 0.7629 = 508 156.29 > 500 000

当 r = 8% 时：

150 000 × 3.3121 + 100 × 0.7350 = 496 888.50 < 500 000

由上面计算可知：7% < r < 8%

插值法计算如下：

现值	利率
508 156.29	7%
500 000	r
496 888.50	8%

$$\frac{508\ 156.29 - 500\ 000}{508\ 156.29 - 496\ 888.50} = \frac{7\% - r}{7\% - 8\%}$$

得，r = 7.72%，也可以直接用 7% 分摊。

20×5 年末计提折旧：

20×5 年的折旧额 = 501 000 ÷ 5 = 100 200（万元）

借：制造费用 1 002 000 000

贷：累计折旧 1 002 000 000

20×6 年末分摊未确认融资费用：

借：财务费用 299 999 200

贷：未确认融资费用 299 999 200

299 999 200 = [（6 001 000 000 - 1 500 000 000）-（1 001 000 000 - 386 000 000）]×7.72%

20×6 年末计提折旧：

20×6 年的折旧额 = 501 000 ÷ 5 = 100 200（万元）

借：制造费用 1 002 000 000

贷：累计折旧 1 002 000 000

20×7 年末分摊未确认融资费用：

借：财务费用　　207 359 100

　贷：未确认融资费用　　207 359 100

207 359 100 =［（6 001 000 000 - 3 000 000 000）-（1 001 000 000 - 386 000 000 - 299 999 200）］×7.72%

20×7 年末计提折旧：

20×7 年的折旧额 = 501000 ÷ 5 = 100 200（万元）

借：制造费用　　1 002 000 000

　贷：累计折旧　　1 002 000 000

20×8 年末分摊未确认融资费用：

借：财务费用　　107 641 700

　贷：未确认融资费用　　107 641 700

107 641 700 = 1 001 000 000 - 386 000 000 - 299 999 200 - 207 359 100

20×8 年末租赁期届满留购资产：

借：长期应付款　　1 000 000

　贷：银行存款　　1 000 000

同时：

借：固定资产——生产经营用的固定资产　　5 010 000 000

　贷：固定资产——融资租入固定资产　　5 010 000 000

20×8 年末计提折旧：

20×8 年的折旧额 = 501 000 ÷ 5 = 100 200（万元）

借：制造费用　　100 200

　贷：累计折旧　　100 200

20×9 年末计提折旧：

20×9 年的折旧额 = 501 000 ÷ 5 = 100 200（万元）

借：制造费用　　1 002 000 000

　贷：累计折旧　　1 002 000 000

各年度未确认融资费用分摊表如表 4 - 1 所示。

表 4 - 1　　各年度未确认融资费用分摊表（实际利率法）

20×5 年 12 月 31 日　　单位：万元

日　期	租　金	确认的融资费用	应付本金减少额	应付本金额
①	②	③ = 期初⑤ ×7.72%	④ = ② - ③	期末⑤ = 期初⑤ - ④
20×5 年 1 月 1 日				500 000
20×5 年 12 月 30 日	150 000	38 600	111 400	388 600
20×6 年 12 月 31 日	150 000	29 999.92	120 000.08	268 599.92
20×7 年 12 月 31 日	150 000	20 735.91	129 264.09	139 335.83
20×8 年 12 月 31 日	150 000	10 764.17	139 235.83	100
20×9 年 1 月 1 日	100	—	100	0

二、融资租赁中出租人的会计处理

（一）租赁期开始日的会计处理

在租赁期开始日，出租人应当将租赁开始日最低租赁收款额与初始直接费用之和作为应收融资租赁款的入账价值，同时记录未担保余额；将应收融资租赁款、未担保余值与其现值之和的差额确认为未实现融资收益，在将来收到租金的各期间内确认为租赁收入。出租人发生的初始直接费用，应包括在应收融资租赁款的初始计量中，并减少租赁期内确认的收益金额。

出租人按照最低租赁收款额与初始直接费用之和借记“长期应收款——应收融资租赁款”账户，按照资产余值中未担保的部分借记“未担保余值”账户，按照最低租赁资产的原账面价值贷记“融资租赁资产”账户，按照发生的初始直接费用贷记“银行存款”账户，按照其差额贷记“未实现融资收益”账户。

（二）收取租金的会计处理

出租人按照合同约定收取租金时，借记“银行存款”账户，贷记“长期应收款”账户。

（三）期末未实现融资收益分配的会计处理

出租人在每个会计期末，应当采用实际利率法对未实现融资收益进行分配，确认各个期间的租赁收入。确认租赁收入时，借记“未实现融资收益”账户，贷记“租赁收入”账户。

出租人在租赁期内确认各期租赁收入时，应当按照各期确认的收入与未实现融资收益的比例对初始直接费用进行分摊，冲减租赁期内各期确认的租赁收入，借记“租赁收入”账户，贷记“长期应收款”账户

（四）或有租金的会计处理

按照谨慎性要求，或有租金应当在实际收到时计入当期损益。出租人收到或有租金应当借记“银行存款”账户，贷记“租赁收入”账户。

（五）未担保余值期末发生减值的处理

根据《企业会计准则第21号——租赁》的规定，出租人至少应当于每年年度终了对未担保余值进行复核。因为未担保余值的金额决定了租赁内含利率的大小，从而决定着未实现融资收益的分配，因此，为了真实地反映企业的资产和经营业绩，根据谨慎性要求，有证据表明未担保余值已经减少的，应当重新计算租赁内含利率，将由此引起的租赁投资净额的减少计入当期损益，对前期已经确认的融资收入不作追溯调整；以后各期根据修正后的租赁投资净额和重新计算的租赁内含利率确认融资收入。租赁投资净额是融资租赁中最低租赁收款额及未担保余值之和与未实现融资收益之间的差额。值得注意的是，在未担保余值增加时，不作任何调整。未担保余值期末发生减值的具体账务处理如下：

（1）有证据表明未担保余值已经减值的，按照未担保余值的预计可收回金额低于其账面价值的差额，借记“资产减值损失”账户，贷记“未担保余值减值准备”账户。同时，将未担保余值减少额与由此所产生的租赁投资净额的减少额的差额，借记“未实现

融资收益”账户，贷记“资产减值损失”账户。

（2）以后会计期间已确认损失的未担保余值得以恢复的，应当在原已确认损失的范围内将其转回，并重新计算租赁内含利率，而且以后各期根据修正后的租赁投资净额和重新计算的租赁内含利率确认融资收入。

未担保余值价值以后又得以恢复的，应在原已计提的未担保余值减值准备金额内按恢复增加的金额，借记“未担保余值减值准备”账户，贷记“资产减值损失”账户，同时，将未担保余值恢复额与由此所产生的租赁投资净额的增加额的差额，借记“资产减值损失”账户，贷记“未实现融资收益”账户。

（六）租赁期满的会计处理

租赁期届满时，承租人应当区别以下情况进行会计处理：

（1）留购租赁资产。租赁期届满，在承租人行使优惠购买选择权的情况下，出租人按照约定的价格收取卖价时，借记“库存现金/银行存款”账户，贷记“长期应收款——应收融资租赁款”账户，如果还存在未担保余值，还应当借记“资产处置损益”账户，贷记“未担保余值”账户。

（2）优惠续租租赁资产。租赁期届满时，如果承租人按照约定行使优惠续租选择权，则出租人应视同该项租赁一直存在而作出相应的账务处理，如继续分配未实现融资收益等。如果租赁合同约定续租，而承租人在租赁期届满时没有续租，则根据租赁协议规定出租人应向承租人收取违约金时，借记“银行存款”账户，贷记“营业外收入”账户，同时，将收回的资产按照租赁期届满时返还资产的有关规定处理。

（3）返还租赁资产。出租人收到承租人返还的租赁资产时，分以下四种情况处理：

①存在担保余值，不存在未担保余值，即承担人对资产余值全额担保。出租人收到承担人返还的租赁资产时，借记“融资租赁资产”科目，贷记“长期应收款——应收融资租赁款”科目。

②存在担保余值，同时存在未担保余值，即承租人对资产余值仅部分担保。出租人收到承租人返还的租赁资产时，借记“融资租赁资产”科目，贷记“长期应收款——应收融资租赁款”“未担保余值”等科目。

③存在未担保余值，不存在担保余值，即承租人对资产余值全部未担保。出租人收到承租人返还的租赁资产时，借记“融资租赁资产”科目，贷记“未担保余值”科目。

④担保余值和未担保余值均不存在，即租赁资产不存在余值。此时，出租人无需作会计处理，只需作相应的备查登记。

【例4-2】 沿用【例4-1】资料，出租人（B公司）编制的会计分录如下：

最低租赁收款额 = 租金 × 期数 + 优惠购买价格 = 150 000 × 4 + 100 = 600 100（万元）

因此有：150 000 × PA（4，R）+ 100 × PV（4，R）= 501 000万元（租入资产公允价值与初始直接费用），根据这一等式可以在多次测试的基础上，用插值法计算租赁内含利率。

当R = 7%时：

150 000 × 3.387 + 100 × 0.763 = 508 050 + 76.30 = 508 126.30 > 501 000

当R = 8%时：

150 000 × 3.312 + 100 × 0.735 = 496 800 + 73.50 = 496 873.50 < 501 000

由上面计算可知：7% < R < 8%

用插值法计算如下：

现　值	利率
508 126.30	7%
501 000	R
496 873.50	8%

$$\frac{508\,126.30 - 501\,000}{508\,126.30 - 496\,873.50} = \frac{7\% - R}{7\% - 8\%}$$

得，R = 7.63%，即租赁内含利率为 7.63%。

计算未实现融资收益：

最低租赁收款额 = 150 000 × 4 + 100 = 600 100（万元）

应收融资租赁款入账价值 = 600 100 + 1 000 = 601 100（万元）

最低租赁收款额现值 = 租赁开始日租赁资产公允价值 + 初始直接费用 = 501 000（万元）

未实现融资收益 = 601 100 − 501 000 = 100 100（万元）

20×5 年 1 月 1 日：

借：长期应收款　6 011 000 000

　贷：融资租赁资产　5 000 000 000

　　未实现融资收益　1 001 000 000

　　银行存款　10 000 000

20×5 年末：

由于在计算内含报酬率时已考虑了初始直接费用的因素，为了避免未实现融资收益的高估，在初始确认时应对未实现融资收益进行调整，借记“未实现融资收益”账户，贷记“长期应收款”账户。本例中应为：

借：未实现融资收益　1 0000 000

　贷：长期应收款　10 000 000

20×5 年末：

①采用实际利率法分配未实现融资收益：

借：未实现融资收益　381 500 000

　贷：租赁收入　381 500 000

381 500 000 = (6 001 000 000 − 1 001 000 000) × 7.63%

②收取租金：

借：银行存款　1 500 000 000

　贷：长期应收款　1 500 000 000

20×6 年末：

①采用实际利率法分配未实现融资收益：

借：未实现融资收益　296 158 500

　贷：租赁收入　296 158 500

296 158 500 = [6 001 000 000 - 1 500 000 000 - 1 001 000 000 + 381 500 000] ×7.63%

②收取租金：

借：银行存款　　1 500 000 000

　　贷：长期应收款　　1 500 000 000

20×7 年末：

①采用实际利率法分配未实现融资收益：

借：未实现融资收益　　204 305 300

　　贷：租赁收入　　204 305 300

204 305 300 = [（6 001 000 000 - 3 000 000 000） -（1 001 000 000 - 381 500 000 - 296 158 500）] ×7.63%

②收取租金：

借：银行存款　　1 500 000 000

　　贷：长期应收款　　1 500 000 000

20×8 年末：

①采用实际利率法分配未实现融资收益：

借：未实现融资收益　　119 036 200

　　贷：租赁收入　　119 036 200

119 036 200 = 1 001 000 000 - 381 500 000 - 296 158 500 - 204 305 300

②收取租金：

借：银行存款　　1 500 000 000

　　贷：长期应收款　　1 500 000 000

各年度未确认融资收益计算如表 4 - 2 所示。

表 4 - 2　　各年度未确认融资收益分配表（实际利率法）

20×5 年 12 月 31 日

单位：万元

日　期	租　金	确认的融资收入	租赁投资净额减少额	租赁投资净额余额
①	②	③ = 期初⑤ ×7.63%	④ = ② - ③	期末⑤ = 期初⑤ - ④
20×5 年 1 月 1 日				5 000 000
20×5 年 12 月 31 日	150 000	38 150	111 850	388 150
20×6 年 12 月 31 日	150 000	29 615.85	120 384.15	267 765.85
20×7 年 12 月 31 日	150 000	20 430.53	129 569.47	138 196.38
20×8 年 12 月 31 日	150 000	11 903.62	13 096.38	100
20×9 年 1 月 1 日	100	—	100	—
合　计	600 100	100 100	5 000 000	—

第三节 经营租赁的会计处理

一、经营租赁中承租人的会计处理

（一）支付租金的会计处理

由于在经营租赁方式下，承租人既没有取得承租资产的所有权，也没有实际控制承租的资产，因此，承租人不必将租赁资产资本化，只需要按照租赁合同约定支付租金。对于经营租赁的租金，承租人应当在租赁期内各个期间按照直线法计入相关资产成本或当期损益；其他方法更为系统合理的，也可以采用其他方法。一般情况下，采用直线法将承租人支付的经营租赁租金确认为费用较为合理，但在某些特殊情况下，则应采用比直线法更系统合理的方法，如根据租赁资产的使用量来确认租金费用。例如，某企业租入一台起重机，根据起重机的工作小时来确认当期应分摊的租金费用就比按年限平均法确认更为合理。

承租人的会计处理为：确认各期租金费用时，借记“管理费用”等账户，贷记“其他应付款”等账户。实际支付租金时，借记“其他应付款”等账户，贷记“银行存款”“库存现金”等账户。发生预付租金时，借记“长期待摊费用”等账户，贷记“银行存款”“库存现金”等账户。

（二）初始直接费用的会计处理

在经营租赁方式下，承租人发生的初始直接费用应当计入当期损益，借记“管理费用”等账户，贷记“银行存款”等账户。

（三）或有租金的会计处理

在经营租赁方式下，承租人支付的或有租金应当在实际发生时计入当期损益，借记“财务费用”“销售费用”等账户，贷记“银行存款”等账户。

（四）固定资产发生的改良支出

在经营租赁方式下，承租人租入固定资产发生的改良支出应计入长期待摊费用并分期进行核算，并在剩余租赁期与租赁资产尚可使用年限两者中较短的期间内采用合理的方法（一般为直线法）进行摊销。

（五）出租人提供激励措施的处理

出租人提供免租期的，承租人应将租金总额在不扣除免租期的整个租赁期内按直线法或其他合理的方法进行分摊，免租期内应当确认租金费用及相应的负债。出租人承担了承租人某些费用的，承租人应将该费用从租金费用总额中扣除，并按扣除后的租金费用余额在租赁期内进行分摊。

二、经营租赁中出租人的会计处理

在经营租赁方式下，由于出租资产的所有权仍然归出租人所有，因此，出租人应当按资产的性质，将用作经营租赁的资产包括在资产负债表中的相关项目内。但是在整个租赁期内要向承租人收取租赁资产的租金，对于出租的固定资产还要提取折旧。

（一）收取租金的会计处理

对于经营租赁的租金，出租人应当在租赁期内各个期间按照直线法确认为当期损益；其他方法更为系统合理的，也可以采用其他方法（如根据租赁资产的使用量确认租赁收益）。出租人在确认租金收入时，借记"银行存款""应收账款"等账户，贷记"其他业务收入""租赁收入"等账户。

（二）初始直接费用的会计处理

经营租赁中出租人发生的初始直接费用是指在租赁谈判和签订租赁合同的过程中发生的可归属于租赁项目的手续费、律师费、差旅费、印花税等。其应当计入当期损益，金额较大的应当资本化，在整个经营租赁期内按照与确认租金收入相同的基础分期计入当期损益。出租人发生的初始直接费用，借记"管理费用"等账户，贷记"银行存款"等账户。

（三）固定资产提取折旧的会计处理

对于经营租赁资产中的固定资产，出租人应当采用类似资产的折旧政策计提折旧；对于其他经营租赁资产如周转材料，应当采用系统合理的方法进行摊销，借记"其他业务成本"等账户，贷记"累计折旧""累计摊销"等账户。

（四）或有租金的会计处理

在经营租赁方式下，出租人收取的或有租金应当在实际发生时计入当期损益，借记"银行存款"等账户，贷记"其他业务收入"账户。

（五）出租人对经营租赁提供激励措施的处理

出租人提供免租期的，出租人应将租金总额在不扣除免租期的整个租赁期内按直线法或其他合理的方法进行分配，免租期内出租人应当确认租金收入。出租人承担了承租人某些费用的，出租人应将该费用自租金收入总额中扣除，并按扣除后的租金收入余额在租赁期内进行分配。

（六）经营租赁资产在会计报表中的处理

在经营租赁方式下，与资产所有权有关的主要风险和报酬仍然留在出租人一方，因此，出租人应当将出租资产作为自身拥有的资产在资产负债表中列示，如果出租资产属于固定资产，则列示在资产负债表固定资产项下，如果出租资产属于流动资产，则列示在资产负债表有关流动资产项下。

【例4-3】 20×6年1月1日，A公司向B公司租入办公设备一台，租期3年。设备的价值为1 000 000元，预计使用年限为10年。租赁合同规定，租赁开始日（20×6年1月1日）A公司向B公司一次性预付租金150 000元，第1年末支付租金150 000元，第2年末支付租金200 000元，第3年末支付租金250 000元。租赁期届满后B公司收回设备，3年的租金总额为750 000元。该设备按照直线法提取折旧（假定A公司和B公司均按照直线法，在每年末确认租金费用和租金收入，并且不存在租金逾期支付的情况）。

A公司账务处理如下：

此项租赁没有满足融资租赁的任何一条标准，应作为经营租赁处理。确认租金费用时，不能依据各期实际支付的租金的金额确定，而应采用直线法分摊确认各期的租金费用。由于租金租赁费用总额为 750 000 元，按直线法计算，每年应分摊的租金费用为 250 000 元。

20×6 年 1 月 1 日，一次性预付租金：

借：长期待摊费用　　150 000

　　贷：银行存款　　150 000

20×6 年 12 月 31 日，支付并确认当年租金费用：

借：管理费用　　250 000

　　贷：长期待摊费用　　100 000

　　　　银行存款　　150 000

20×7 年 12 月 31 日，支付并确认当年租金费用：

借：管理费用　　250 000

　　贷：长期待摊费用　　50 000

　　　　银行存款　　200 000

20×8 年 12 月 31 日，支付并确认当年租金费用：

借：管理费用　　250 000

　　贷：银行存款　　250 000

B 公司账务处理如下：

此项租赁没有满足融资租赁的任何一条标准，出租人应作为经营租赁处理。确认租金收入时，不能依据各期实际收到的租金的金额确定，而应采用直线法分摊确认各期的租金收入。此项租金租赁费用收入总额为 750 000 元，按直线法计算，每年应确认的租金收入为 250 000 元。

20×6 年 1 月 1 日：

借：银行存款　　150 000

　　贷：长期待摊费用　　150 000

20×6 年 12 月 31 日：

①反映租金收入：

借：银行存款　　150 000

　　长期待摊费用　　100 000

　　贷：其他业务收入　　250 000

②计提折旧：

借：其他业务成本　　100 000

　　贷：累计折旧　　100 000

20×7 年 12 月 31 日：

①反映租金收入：

借：银行存款　　200 000

　　长期待摊费用　　50 000

　　贷：其他业务收入　　250 000

②计提折旧：

借：其他业务成本　　100 000

　　贷：累计折旧　　100 000

20×8 年 12 月 31 日：

①反映租金收入：

借：银行存款　　250 000

　　贷：长期待摊费用　　250 000

②计提折旧：

借：其他业务成本　　100 000

　　贷：累计折旧　　100 000

第四节 售后租回业务的会计处理

一、售后租回交易概述

售后租回是一种特殊形式的租赁，是指卖主（即承租人）将一项自制或外购的资产出售后，又将该资产从买主（即出租人）租回，习惯上称之为“回租”。在这种方式下，出租方应当根据合同或协议条款判断企业是否已将资产所有权上的主要风险和报酬转移给承租人，将售后租回交易认定为融资租赁或经营租赁。

售后租回交易认定为融资租赁的，售价与资产账面价值之间的差额应当作为递延收益，并按照该项租赁资产的折旧进度进行分摊，作为租入资产期间折旧费用的调整。

售后租回交易认定为经营租赁的，售价与资产账面价值之间的差额应当作为递延收益，并在租赁期内按照与确认租金费用相一致的方法进行分摊，作为租金费用的调整。但是，有确凿证据表明认定为经营租赁的售后租回交易是按照公允价值达成的，则售价与资产账面价值之间的差额应当计入当期损益。

二、售后租回交易的会计处理

对于售后租回交易，无论是承租人还是出租人，均应按照租赁的分类标准，将售后租回交易认定为融资租赁或经营租赁。对于出租人来讲，售后租回交易（无论是融资租赁还是经营租赁的售后租回交易）同其他租赁业务的会计处理没有什么区别。而对于承租人来讲，由于其既是资产的承租人同时又是资产的出售者，因此，售后租回交易同其他租赁业务的会计处理有所不同。

售后租回交易的会计处理应根据其所形成的租赁类型而定，可按融资租赁和经营租赁分别进行会计处理。

（一）售后租回交易形成融资租赁的会计处理

如果售后租回交易被认定为融资租赁，那么，这种交易实质上转移了买主（即出租人）所保留的与该项租赁资产的所有权有关的全部风险和报酬，是出租人提供资金给承租人。因此，售价与资产账面价值之间的差额（无论是售价高于资产账面价值还是低于资产账面价值）在会计上均未实现，其实质是，售价高于资产账面价值实际上在出售时高估了资产的价值，而售价低于资产账面价值实际上在出售时低估了资产的价值，卖主（即承租人）应将售价与资产账面价值的差额（无论是售价高于资产账面价值还是售价低于资产账面价值）予以递延，并按该项租赁资产的折旧进度进行分摊，作为折旧费用的调整。按折旧进度进行分摊是指在对该项租赁资产计提折旧时，按与该项资产计提折旧所采用的折旧率相同的比例对未实现售后租回损益进行分摊。

承租人对售后租回交易中，售价与资产账面价值的差额先计入“递延收益——未实现售后租回损益（融资租赁）”账户，等租入资产提取折旧时，再按照折旧比例分摊该差额，并同时相应增加或减少折旧费用。

出售资产时，首先，注销资产的账面价值。按固定资产账面净值，借记“固定资产清理”账户，按固定资产已提折旧，借记“累计折旧”账户，按照已提取的减值准备，借记“固定资产减值准备”账户，按固定资产的账面原价，贷记“固定资产”账户。其次，反映出售资产的收入。按照实际收到的价款，借记“银行存款”账户，按照固定资产账面净值贷记“固定资产清理”账户，按照两者的差额借记或贷记“递延收益——未实现售后租回损益”账户。再次，反映融资租回资产。按租赁资产的公允价值与最低租赁付款额的现值两者中较低者，借记“融资租赁资产”账户（假设不需安装），按最低租赁付款额，贷记“长期应付款——应付融资租赁款”账户，按其差额借记“未确认融资费用”账户。最后，分摊递延收益。各期根据该项租赁资产的折旧进度或租金支付比例分摊未实现售后租回损益时，借记或贷记“递延收益——未实现售后租回损益”账户，贷记或借记“制造费用”“管理费用”等账户。

【例4－4】 20×4年12月31日，北海公司将机器设备按22 000 000元的价格销售给长江公司。该生产线20×4年12月31日的账面原值为23 000 000元，全新设备未计提折旧。同时又签订了一份租赁合同将该生产线租回。20×4年12月15日，出租人长江公司与承租人北海公司签订了一份租赁合同，合同主要条款如下：

①租赁标的物：机器设备。

②租赁期开始日：20×4年12月31日。

③租赁期：从租赁期开始日算起4年。

④租金支付方式：自租赁期开始日起每年年末支付租金6 000 000元。

⑤20×4年12月31日机器设备的公允价值为22 000 000元，账面价值为23 000 000元。

⑥该机器设备的估计使用年限为5年。

⑦北海公司每年按该年销售收入的1.5%向长江公司支付经营分享收入。

⑧北海公司采用实际利率法确认本期应分摊的未确认融资费用，长江公司采用实际利率法确认本期应分配的未确认融资收益。

⑨北海公司采用年数总和法计提固定资产折旧。

⑩北海公司租期内每年分别实现销售收入10 000 000元、15 000 000元、18 000 000元、22 000 000元。

⑪20×8年12月31日该机器设备的公允价值为5 200 000元，北海公司担保余值为1 000 000元，未担保余值为4 200 000元。

⑫长江公司在租赁谈判和签订租赁合同过程中发生可归属于租赁项目的手续费、差旅费450 000元。

⑬北海公司在租赁谈判和签订租赁合同过程中发生可归属于租赁项目的律师费为250 000元。

⑭20×5年12月31日未担保余值预计可收回金额为1 000 000元。假定不考虑相关税费。

卖主（即承租人：北海公司）的会计处理如下：

第一步，判断租赁类型。根据租期占使用寿命的比例可知该项租赁属于融资租赁。租赁开始日最低租赁付款额的现值及融资费用分摊率的计算过程与结果略。

第二步，计算未实现售后租回损益。

未实现售后租回损益＝售价－资产的账面价值

＝22 000 000－23 000 000＝－1000 000（元）

第三步，在租赁期内采用实际利率法分摊未确认融资费用略。

第四步，在折旧期内按折旧进度分摊未实现售后租回损益（如表4－3所示）。

表4－3 按折旧进度分摊未实现售后租回损益表

20×4年12月31日

单位：元

日　期	售　价	账面价值	摊销期	分摊率	摊销额	未实现售后租回损益
20×4年12月31日	22 000 000	23 000 000	48个月			1 000 000
20×5年12月31日				0.4	400 000	600 000
20×6年12月31日				0.3	300 000	300 000
20×7年12月31日				0.2	200 000	100 000
20×8年12月31日				0.1	100 000	
合计	22 000 000	23 000 000		1	1 000 000	

第五步，编制会计分录。

20×4年12月31日，结转出售固定资产的成本：

借：固定资产清理　　23 000 000

　贷：固定资产　　23 000 000

20×4年12月31日，向长江公司出售机器设备：

借：银行存款　　22 000 000

　递延收益——未实现售后租回损益　　1 000 000

　贷：固定资产清理　　23 000 000

20×5年1月31日，确认本月应分摊的未实现售后租回损益：

借：制造费用——折旧费　　33 333.33

　　贷：递延收益——未实现售后租回损益（融资租赁）　　33 333.33

其他有关会计处理（略）。

买主（即出租人：长江公司）的会计处理如下：

20×4 年 12 月 31 日，向北海公司购买机器设备：

借：融资租赁资产　　22 000 000

　　贷：银行存款　　22 000 000

其他相关会计处理与一般融资租赁业务的会计处理相同（略）。

（二）售后租回交易形成经营租赁的会计处理

企业售后租回交易认定为经营租赁的，应当区分下列情况处理如下：

（1）如果售后租回交易不是按照公允价值达成的，售价高于公允价值的，其高于公允价值的部分应予以递延，并在预计的资产使用期限内分摊。

【例 4-5】假设 20×6 年 1 月 1 日，甲公司将一套公允价值为 2 900 000 元办公用房按照 3 000 000 元的价格售给乙公司，并立即签订了一份租赁合同，从乙公司租回该办公用房，租期为 4 年。办公用房账面原值为 3 100 000 元，累计折旧 200 000 元，预计使用年限为 25 年。租赁合同规定，在租期的每年年末支付租金 60 000 元。租赁期满后预付租金不退回，乙公司收回办公用房使用权（假设甲公司和乙公司均在年末确认租金费用和经营租赁收入并且不存在租金逾期支付的情况）。

甲公司的会计处理如下：

第一步，判断租赁类型。根据资料分析，该项租赁属于经营租赁。

第二步，计算未实现售后租回损益。

未实现售后租回损益 = 售价 - 资产的账面价值 = 3 000 000 - 290 0000 = 100 000（元）

第三步，在租赁期内按直线法分摊未实现售后租回损益（如表 4-4 所示）。

表 4-4　　按直线法分摊未实现售后租回损益表

20×6 年 1 月 1 日　　单位：元

日　期	售　价	固定资产账面价值	支付的租金	租金支付比率	摊销额	未实现售后租回损益
（1）20×6 年 1 月 1 日	3 000 000	2 900 000				100 000
（2）20×6 年 12 月 31 日			60 000	25%	25 000	75 000
（3）20×7 年 12 月 31 日			60 000	25%	25 000	50 000
（4）20×8 年 12 月 31 日			60 000	25%	25 000	25 000
（5）20×9 年 12 月 31 日			60 000	25%	25 000	0
合　计	3 000 000	2 900 000	240 000	100%	100 000	

第四步，编制会计分录。

①20×6 年 1 月 1 日，结转出售固定资产的成本：

借：固定资产清理　　2 900 000

　　累计折旧　　200 000

贷：固定资产——办公用房　　3 100 000

②20×6年1月1日，向乙公司出售办公用房：

借：银行存款　　3 000 000

贷：固定资产清理　　2 900 000

递延收益——未实现售后租回损益（经营租赁）　　100 000

③20×6年12月31日，支付租金：

借：管理费用——租赁费　　60 000

贷：银行存款　　60 000

④20×6年12月31日，分摊未实现售后租回损益：

借：递延收益——未实现售后租回损益（经营租赁）　　25 000

贷：管理费用——租赁费　　25 000

其他会计分录略。

（2）在有确凿证据表明售后租回交易是按照公允价值达成的，实质上相当于一项正常的销售，售价与资产账面价值的差额应当计入当期损益。

【例4-6】 沿用【例4-5】资料，假定有确凿证据表明该办公房产目前公允价值为3 000 000元，则甲公司应当将售价与资产账面价值的差额记入当期损益。甲公司的编制的会计分录如下：

借：固定资产清理　　2 900 000

累计折旧　　200 000

贷：固定资产——办公用房　　3 100 000

借：银行存款　　3 000 000

贷：固定资产清理　　2 900 000

营业外收入　　100 000

支付租金分录同上。

（3）在有确凿证据表明售后租回交易不是按照公允价值达成的，售价低于公允价值且损失将由低于市价的未来租赁付款额补偿的，应将该损失予以递延，并按与确认租金费用一致的方法分摊于预计的资产使用期限内。

【例4-7】 沿用【例4-5】资料，假定该办公房产目前公允价值为3 100 000元，账面价值为3 000 000元，售价为2 900 000元，如果在市场上租用同等的办公房产需每年年末支付租金85 000元。则甲公司应当将售价与资产账面价值的差额予以递延。甲公司的会计处理如下：

第一步，判断租赁类型。根据资料分析，该项租赁属于经营租赁。

第二步，计算未实现售后租回损益。

未实现售后租回损益＝售价－资产的账面价值

＝2 900 000－3 000 000＝－100 000（元）

第三步，在租赁期内按直线法分摊未实现售后租回损益（如表4-5所示）。

表 4－5 按直线法分摊未实现售后租回损益表

20×6年1月1日 单位：元

日 期	售 价	固定资产账面价值	支付的租 金	租金支付比率	摊销额	未实现售后租回损益
20×6年1月1日	2 900 000	3 000 000				－100 000
20×6年12月31日			60 000	25%	25 000	75 000
20×7年12月31日			60 000	25%	25 000	50 000
20×8年12月31日			60 000	25%	25 000	25 000
20×9年12月31日			60 000	25%	25 000	0
合 计	2 900 000	3 100 000	240 000	100%	100 000	

第四步，编制会计分录。

①20×6年1月1日，向乙公司出售办公用房：

借：银行存款 2 900 000

贷：固定资产清理 2 900 000

②20×6年1月1日，结转出售固定资产的成本，确认未实现售后租回损益：

借：固定资产清理 3 000 000

贷：固定资产——办公用房 3 000 000

③20×6年1月1日，确认未实现售后租回损益：

借：递延收益——未实现售后租回损益（经营租赁） 100 000

贷：固定资产清理 100 000

④20×6年12月31日，支付租金：

借：管理费用——租赁费 60 000

贷：银行存款 60 000

⑤20×6年12月31日，分摊未实现售后租回损益。

借：管理费用——租赁费 25 000

贷：递延收益——未实现售后租回损益（经营租赁） 25 000

其他会计分录略。

（4）在有确凿证据表明售后租回交易不是按照公允价值达成的，售价低于公允价值且未来租赁付款额不低于市价的，售价与资产账面价值之间的差额应当计入当期损益。

【例4－8】 沿用【例4－5】资料，假定该办公房产目前公允价值为3 100 000元，如果在市场上租用同等的办公房产需每年年末支付租金85 000元，则甲公司应当将有关损益立即予以确认。甲公司的会计处理如下：

第一步，判断租赁类型。根据资料分析，该项租赁属于经营租赁。

第二步，计算未实现售后租回损益。

未实现售后租回损益＝售价－资产的账面价值＝3 000 000－2 900 000＝10 000（元）

第三步，编制会计分录。

①20×6年1月1日，向乙公司出售办公用房：

借：银行存款　　3 000 000
　　贷：固定资产清理　　3 000 000

②20×6年1月1日，结转出售固定资产的成本：

借：固定资产清理　　3 000 000
　　累计折旧　　200 000
　　贷：固定资产——办公用房　　3 100 000
　　　　营业外收入　　100 000

③20×6年12月31日，支付租金：

借：管理费用——租赁费　　60 000
　　贷：银行存款　　60 000

其他会计分录略。

本章关键词

租赁　经营租赁　融资租赁　售后租回　最低租赁付款额　实际利率法　初始直接费用　未确认融资费用　未实现融资收益　最低租赁收款额

复习思考题

1. 为什么要开展租赁业务？
2. 为什么要用实际利率法摊销未确认融资费用？能否用直线法摊销？
3. 融资租赁资产与分期付款购买资产有何异同点？
4. 为什么说售后租回交易属于一种特殊的租赁？
5. 在租赁业务中，初始直接费用的处理是否相同，为什么？
6. 怎样区分租赁属于融资租赁还是经营租赁？
7. 在融资租赁中，如何选择折现率？
8. 最低租赁付款额如何确定？它与最低租赁收款额是否相等？
9. 或有租金能否包含在最低租赁付款额中，为什么？
10. 未担保余值的减值与其他资产的减值是否相同？

第五章 金融工具

【引言】

随着国际贸易和资本市场全球化的发展，金融工具及其应用也更加广泛。本章首先介绍衍生金融工具的定义与特征、衍生金融工具的确认和计量；其次论述金融资产转移的方式、金融资产转移的确认和计量；最后阐述了套期保值会计方法运用的条件，以及公允价值套期、现金流量套期、境外经营净投资套期的会计处理等问题。

第一节 衍生金融工具的确认与计量

金融工具是指形成一个企业的金融资产，并形成其他单位的金融负债或权益工具的合同。金融工具的本质属性是一项合同，合同形成一方的金融资产，对应形成另一方的金融负债或权益工具。例如，企业发行普通股，对发行企业来说，是权益工具，而对于持有者而言，是股权投资，是金融资产；企业发行债券，形成发行企业的金融债务和持有方的金融资产。金融工具包括金融资产、金融负债和权益工具。

金融工具的一个重要的分类是将其分为基础金融工具和衍生金融工具。基础金融工具包括现金、银行存款、应收账款、应收票据、投资、应付账款、应付票据、应付债券、借款等。本节主要讨论衍生金融工具确认与计量问题。

一、衍生金融工具的定义及特征

衍生金融工具也称衍生工具，是指具有下列特征的金融工具或其他合同：

(1) 其价值随特定利率、金融工具价格、商品价格、汇率、价格指数、费率指数、信用等级、信用指数或其他类似变量的变动而变动；变量为非金融变量的（如特定城市的气温指数等），该变量与合同的任一方不存在特定关系。衍生金融工具的价值随其标的变动而变动，标的是衍生金融工具价值的基础，常用的标的物有特定的利率、汇率、证券价格以及价格指数或利率指数、信誉指数等。如股票选择权的价值取决于股票价格、债券远期合同的价值变化取决于基准利率的变化等。衍生金融工具的结算价格也往往通过标的变量作用于衍生工具的名义金额来确定。其名义金额既可以指一定金额的货币或者一定数量的股票，也可能指衍生金融工具合同所约定的一定数量的其他项目。但是不要求持有人或开立人在合同开始的时候就投入或者收取这一个名义金额。衍生工具的结算金额也可能不需要通过名义金额确定，而是通过合同中明确的结算条款确定。例如，某衍生工具要求合同的一方在6个月期的LIBOR（即伦敦银行同业贷款利率）上涨幅度超过100点时支付另一方1 000万元，就属于此种情形。

（2）不要求初始净投资，或与对市场情况变化有类似反应的其他类型合同相比，要求很少的初始净投资。例如，某投资者希望获得10 000股股票的股价升值，他既可以全额购买10 000股股票，也可以通过签订名义数量为10 000股标的物为股票价格的远期合约来实现。前者需要投入全额资金，而后者并不需要初始投资。很显然前者不符合衍生工具的特点。衍生工具在签约时不要求初始净投资，但并不排除企业按照约定的交易惯例或规则相应缴纳一笔保证金。如企业在进行期权交易时，在签约时需要缴纳少量的期权费。

在某些情况下，企业在从事衍生金融工具交易时要求很少的初始投资额。例如，从市场上购入备兑认股权证需要支付一笔款项，但相对于行权时购入相应的股份所需要支付的款项，此项支付是很少的。

（3）在未来某一日期结算。衍生金融工具在未来某一日期结算，一是表明衍生金融工具结算需要经历一段特定期间；二是指衍生金融工具合约到期日或之前能够通过交付现金而不是合约中的实物资产来结算；三是指衍生金融工具结算可以采用净额结算。

衍生金融工具除上述特征外，其独特性还表现在以下几个方面：

（1）杠杆性和风险性。衍生金融工具的初始净投资很少，甚至为零，经常采用保证金交易方式，结算时一般采用净额交割。投资者只需动用少量资金即可进行数额巨大的交易，以小博大，具有杠杆性，但同时也使衍生金融工具收益和风险成倍数扩大，如果实际的变动趋势与投资者预测的相一致，就可获得丰厚的收益。但是，一旦预测失误，就可能蒙受巨大损失，甚至会造成国际金融市场的剧烈动荡。

（2）灵活性和复杂性。随着衍生工具的迅速发展，衍生金融工具在设计和创新上具有很强的灵活性，既可以根据客户需要，在时间、金额、杠杆比率、价格、风险级别等方面为其“度身定造”，还可以将各种衍生工具进行组合，而且包含较多的技术含量，这使得衍生工具纷繁复杂，从而加大了一般投资者对金融衍生新产品的理解，更不容易完全正确地运用。

（3）衍生性和创新性。衍生金融工具一般以一个或几个基础金融工具作为标的，而且衍生工具还不断构造出“再衍生工具”，使衍生工具的种类不断增多，并处于不断地发展创新之中。

二、衍生金融工具的分类

国际上金融衍生产品种类繁多，而且接连不断地推出新的衍生产品。一般来说，衍生金融工具主要有以下几种分类：

（一）按照交易的方法和特点分类

按照交易的方法和特点分类，衍生金融工具分为以下四类：

（1）远期合同。远期合同是指交易双方约定在未来的某一确定日期、以确定价格按照预先确定的方式买卖某种交易对象而达成的契约。其主要有远期外汇合同、远期股票合同、远期利率协议等。

（2）期货合同。期货合同是指买卖双方在有组织的期货交易所内以公开竞价形式达成的，在将来某一特定时间按约定的价格买进或卖出一定数量的某种资产的书面协议。期货合同根据标的资产不同分为商品期货和金融期货，后者又包括利率期货、外汇期货和股票指数期货等。

（3）期权。期权是一种有偿的权利合约，当期权购买者支付给期权出售者一定的期权费后，赋予其购买者在约定的时间内，按约定的价格买进或卖出一定数量标的物的权利。期权又分为期货期权、股票期权等。

（4）互换。互换是指交易双方依据预先约定的规则，在未来的一段时期内，互相交换不同金融工具的一系列支付款项或收入款项的合同。互换的主要表现形式为货币互换和利率互换。

以上分类是衍生金融工具的最基本分类，可以说目前出现的所有衍生工具均是这四类衍生工具演变而出。

（二）按照原生标的物不同分类

按照原生标的物不同，衍生金融工具分为以下三类：

（1）股票类衍生工具。股票类衍生工具是指仅限定在股票市场中的衍生金融工具交易。其主要包括可转换债券和认股权证、股票指数期权、股票指数期货以及在此基础上的混合交易合同。

（2）汇率类衍生工具。汇率类衍生工具是指合同双方的交易限定于与外汇有关的各种业务。其主要包括外汇远期、外汇期货、外汇期权、货币互换以及在此基础上的混合交易合同。

（3）利率类衍生工具。利率类衍生工具是指以利率为基础的衍生工具。其主要包括利率期货、利率期权、利率互换、远期利率协议以及在此基础上的混合交易合同。

（三）按照交易场所不同分类

按照交易场所的不同，衍生金融工具分为以下两类：

（1）场内交易。场内交易又称交易所交易，是指所有的供求方集中在交易所内，以公开竞价方式进行的交易。以期货合约为代表的标准化衍生工具交易就属于这种交易方式。

（2）场外交易。场外交易又称柜台交易，是交易双方直接成为交易对手的交易方式。这种交易方式有许多形态，可以根据特定使用者的不同需求设计出不同内容的产品。因此，场外交易不断产生金融创新。互换交易和远期交易就是具有代表性的柜台交易的衍生产品。

三、衍生金融工具的确认与计量

（一）衍生金融工具初始确认

对衍生金融工具的确认分为初始确认和终止确认。

1. 初始确认

根据《企业会计准则第22号——金融工具确认与计量》规定，当企业成为金融工具合同的一方时，应当确认一项金融资产或金融负债。根据此确认条件，企业在形成衍生金融工具合同的权力和义务时，确认为金融资产或金融负债。这里明确了初始确认的时间是在合同签订之时，而不是交易发生之时。如果衍生金融工具涉及金融资产转移，且导致该金融资产转移不符合终止确认条件，则不应将其确认，否则会导致衍生金融工具形成的义务被重复确认。

2. 终止确认

当衍生金融工具合同约定的交易实际发生时，即当一个企业实现了合约中载明的各种权利或收取金融资产现金流量的合同权利终止时，或金融资产已经转移，且符合《企业会计准则第23号——金融资产转移》规定的金融资产终止确认条件的，应当终止确认该金融资产；当一个企业金融负债的现时义务全部或部分已经解除的，应当终止确认该金融负债或其一部分。

（二）衍生金融工具的计量

衍生金融工具的计量是衍生金融工具会计的核心问题。其计量包括初始计量和后续计量两个方面。对衍生金融工具的初始计量采用取得时的公允价值计量，其交易费用计入当期损益；企业持有的衍生金融工具在后续计量时，根据企业持有衍生金融工具的目的和意图不同，采用了不同的计量基础。

（1）为套期目的而持有的衍生金融工具，按照《企业会计准则第24号——套期会计》规定的计量原则计量。

（2）除套期之外而持有的衍生金融工具，在资产负债表日按公允价值计量，其公允价值变动计入当期损益。

四、衍生金融工具的会计处理

企业除套期保值之外而持有的衍生金融工具在进行会计处理时应设置“衍生工具”账户，核算企业衍生工具的公允价值及其变动形成的衍生资产或衍生负债。企业在取得衍生资产或形成衍生负债时，按其公允价值借记或贷记“衍生工具”账户，按发生的交易费用借记“投资收益”账户，按实际发生的金额贷记或借记“银行存款”等账户。资产负债表日，衍生工具的公允价值高于其账面余额的差额，借记或贷记“衍生工具”账户，贷记或借记“公允价值变动损益”账户，公允价值低于其账面余额的差额作相反的会计分录。

（一）远期合同

远期合同中最主要的是远期外汇合同，又称远期外汇交易、期汇交易，是指买卖外汇双方（至少有一方是银行）事先签订一个合同，根据合同规定在将来某个约定的时间按规定的汇率，进行买卖外汇交割的外汇交易。远期外汇合同由于固定了将来某一日的汇率，为进口商、外汇银行以及套利者提前固定了未来的外汇现金流量，从而避免由于汇率变动可能带来的风险。远期合同的外汇交易一般是在期汇市场进行，期限可以是30天、60天、90天、180天，也可以约定其他的到期日。

在远期合同中，许诺在某一特定时间以确定价格购买某种交易对象的一方称为多头或买空；许诺在某一特定时间以确定价格出售某种交易对象的一方称为空头或卖空；远期合同中所约定的买卖远期外汇的汇率称为远期汇率，即期交割的汇率称为即期汇率；远期汇率与即期汇率的差价称为远期汇水。在直接标价法下，远期汇率高于即期汇率的差额则为远期升水；相反，远期汇率低于即期汇率的差额则为远期贴水；远期汇率等于即期汇率称为远期平价。而在间接标价法下，升水和贴水的计算与直接标价法下正好相反。

【例5-1】 国内B公司预计欧元汇率将会上涨，于20×8年12月1日与经纪银行签订60天期的远期外汇合同，按远期汇率买进10万欧元。B公司记账本位币为人民币，假定有关汇率情况如下：

20×8年12月1日：60天远期汇率 EUR1 = CNY9.0807

20×8年12月31日：30天远期汇率 EUR1 = CNY9.0851

20×9年1月31日：即期汇率 EUR1 = CNY9.0892

B公司的会计处理如下：

(1) 20×8年12月1日，签订合同时：

借：衍生工具——应收远期合同款　　908 070 (100 000×9.0807)

　贷：衍生工具——应付远期合同款　　908 070

(2) 20×8年12月31日：

远期合同公允价值变动 = (9.0851 - 9.0807) ×100 000 = 440 (元)

借：衍生工具——应收远期合同款　　440

　贷：公允价值变动损益　　440

(3) 20×9年1月31日：

远期合同公允价值变动 = (9.0892 - 9.0807) ×100 000 - 440 = 410 (元)

借：衍生工具——应收远期合同款　　410

　贷：公允价值变动损益　　410

20×9年1月31日将买进的100 000欧元卖出：

借：银行存款　　850

　衍生工具——应付远期合同款　　908 070

　贷：衍生工具——应收远期合同款　　908 920

本例中，B公司通过买空卖空远期合同交易，最终获得收益850元。

(二) 期货合同

1. 期货合同的特点

一般而言，期货合同具有以下特点：

(1) 期货合同是由交易所制定发行的，是一种集中在交易所内通过公开喊价方式进行交易的场内产品。

(2) 期货合同是标准化合约，对于交易资产数量、规格、交易单位、交割时间、交割地点、交割方式等都有明确的标准，一经确定便不得擅自变更。

(3) 实行保证金制度，期货合同交易双方以缴纳一定的保证金用来作为买卖双方确保履约的一种财力保证。

2. 平仓和持仓

平仓是相对于建仓而言，建仓也叫开仓，是指交易者新买入或新卖出一定数量的期货合同。在期货市场上买入或卖出一份期货合同相当于签署了一份远期交割合同。如果交易者将这份期货合同保留到最后交易日结束，他就必须通过实物交割或现金清算来了结这笔期货交易。然而，进行实物交割的是少数，大部分投机者和套期保值者一般都在最后交易日结束之前择机将买入的期货合同卖出，或将卖出的期货合同买回，即通过一笔数量相等、方向相反的期货交易来冲销原有的期货合同，以此结清期货交易，解除到期进行实物交割的义务。这种买回已卖出合约，或卖出已买入合约的行为就叫平仓。建仓之后尚没有平仓的合约称为持仓。交易者建仓之后可以选择两种方式了结期货合同：要么择机平仓，要么保留至最后交易日并进行实物交割。

【例5-2】 甲企业于20×8年4月1日，为投机目的与外汇经纪银行签订了一项以美元兑换英镑£ 100 000的60天期的期货合同，并按10%计算交纳保证金。假定相关汇率资料如下：

4月1日，即期汇率1GBP = 1.5024USD，60天期远期汇率1GBP = 1.5029USD。

4月30日，即期汇率1GBP = 1.5026USD，30天期远期汇率1GBP = 1.5035USD。

5月30日，即期汇率1GBP = 1.5031USD。

甲企业相关的会计处理如下：

(1) 4月1日签订外汇期货合同，交纳初始保证金：

借：衍生工具——应收英镑期货合同款　　150 290 (1.5029 × 100 000)

　　贷：衍生工具——应付美元期货合同款　　150 290

借：其他应收款——应收保证金　　15 029 (150 290 × 10%)

　　贷：银行存款——美元户　　15 029

(2) 4月30日，确认外汇期货合同公允价值变动，并调整保证金：

借：衍生工具——应收英镑期货合同款

　　60 [(1.5035 - 1.5029) × 100 000]

　　贷：公允价值变动损益　　60

借：其他应收款——应收保证金　　6 (60 × 10%)

　　贷：银行存款——美元户　　6

(3) 5月30日，确认外汇期货合同公允价值变动：

借：公允价值变动损益　　40

　　贷：衍生工具——应收英镑期货合同款

　　40 [(1.5035 - 1.5031) × 100 000]

在同一天，甲企业对该期货合同平仓，按净额结算：

借：银行存款——美元户　　15 055

　　贷：其他应收款——应收保证金　　15 035 (15 029 + 6)

　　　　衍生工具——应收英镑期货合同款　　20 (60 - 40)

同时，终止确认所签订的买入英镑期货合同：

借：衍生工具——应付美元期货合同款　　150 290

贷：衍生工具——应收英镑期货合同款　　150 290

本例中，此项交易使甲企业最终获利 20 万美元。

（三）期权

1. 期权的类型

期权是一种有偿的权利合约，当期权购买者支付给期权出售者一定的期权费后，赋予其购买者在约定的时间内，按约定的价格买进或卖出一定数量标的物的权利。在期权合同中所规定买入或卖出标的物价格称为期权的执行价格。

期权可分为看涨期权和看跌期权两种基本类型。如果期权合同的买方有权选择以执行价购买某种标的物的权利，这种期权称为看涨期权，因为行情看涨才对购买有利，所以看涨期权即为“购买选择权”；如果期权合同的买方有权选择以执行价出售某种标的物的权利，这种期权称为看跌期权，因为行情看跌才对卖出有利，所以看跌期权即为“销售选择权”。无论是看涨期权还是看跌期权，按行使期权的有效日划分，又分为欧式期权和美式期权。欧式期权的买方只能在到期日行使权利，而美式期权的买方可以在到期日前的任何一天随时行权。

2. 期权的特点

任何一份期权合同都有购买方和出售方，但期权合约中买卖双方权利义务并不对等。期权的购买者在付给出售者一笔期权费取得了在一定时期内按照一定价格买入或卖出约定数量标的物的权利；而卖方在收取了一定的期权费后则承当了按照一定价格卖出或买入约定数量标的物的责任；当行市有利时，买方可通过行使权利来获利；如果行市不利时，买方可以放弃行使权利。而期权的出售者则是有义务而无自由选择的权利。这与远期合同、期货合同的买卖双方到期时都必须履约是完全不同的。因此，期权是一种风险和收益不对称的衍生金融工。

3. 期权费

期权费也称期权合同价格，是指购买者在取得期权合同时，向期权出售者必须支付的一笔费用。如果期权购买者放弃了行使期权的权利，则该期权费是期权购买者损失的最高金额，同时也是期权出售者获得的最大利润。期权费由内在价值和时间价值两部分组成。内在价值是指期权处于价内时，期权的市场价与期权行权价格之间的差额。对看涨期权而言，期权的行权价格低于期权的市场价格时，称为价内期权，反之称为价外期权，如图 5－1 所示。对看跌期权而言，期权的行权价格高于期权的市场价格时，称为价内期权，反之称为价外期权，如图 5－2 所示。当期权的行权价格等于期权的市场价格时，称为平价期权。时间价值，即为期权价格高于期权内在价值的部分。例如，一笔看涨期权的期权价格为 9 元，市场价格为 78 元，期权执行价格为 75 元，那么，该笔期权的内在价值为 3 元（78－75），而时间价值为 6 元（9－3）。期权的时间价值既反映了期权交易期内的时间风险，也反映了市场价格变动程度的风险。其实质是在期权合约的有效期内，期权内在价值的波动给予其持有者带来的预期价值，一般来说，期权剩余有效期越长，时间价值越大。随着距到期日时间的减少，时间价值也不断降低，直到到期日时减少为零。

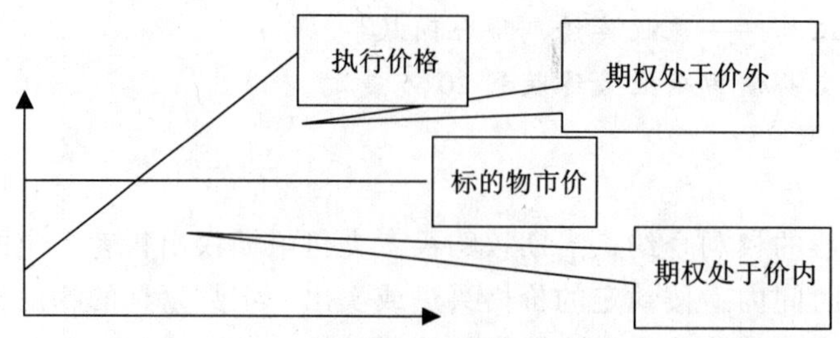

图 5－1 看涨期权标的物市价、执行价格和期权价之间的关系

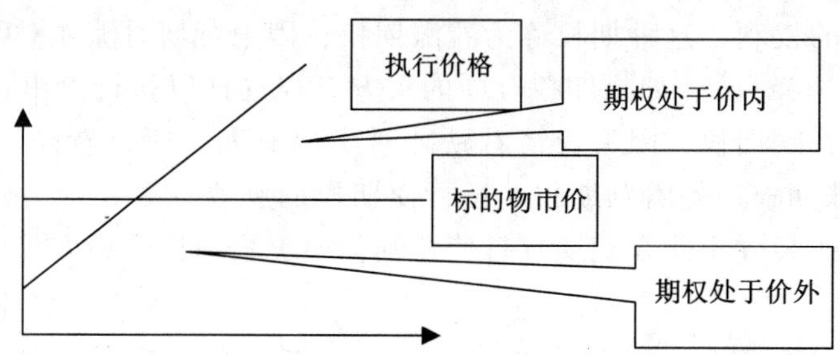

图 5－2 看跌期权标的物市价、执行价格和期权价之间的关系

【例 5－3】 甲公司于 20×8 年 4 月 1 日购入乙公司发行的以自身普通股为标的看涨期权。根据该期权合约，行权价为 204 元，行权日期 20×9 年 3 月 31 日（欧式期权）。如果甲公司行权，甲公司有权以每股 204 元的价格从乙公司购入普通股 1 000 股。其他有关资料如表 5－1 所示。

表 5－1

单位：元

年　限	每股市价	期权公允价值
20×8 年 4 月 1 日	200	5 000
20×8 年 12 月 31 日	206	4 000
20×9 年 3 月 31 日	207	3 000

甲公司相关的会计处理如下：

(1) 20×8 年 4 月 1 日，甲公司购买看涨期权，确认衍生资产。编制会计分录如下：

借：衍生工具——买入期权　　5 000

　贷：银行存款　　5 000

(2) 20×8 年 12 月 31 日，确认期权公允价值减少。编制会计分录如下：

借：公允价值变动损益　　1 000

　贷：衍生工具——买入期权　　1 000

(3) 20×9 年 3 月 31 日，确认期权公允价值减少。编制会计分录如下：

借：公允价值变动损益　　1 000

　贷：衍生工具——买入期权　　1 000

在同一天，甲公司行使了该看涨期权。

第一种情况，假定合同以现金净额方式进行结算。甲公司向乙公司收取207 000元（207×1 000），并支付给乙公司204 000元，甲公司实际收取净额为3 000元。编制会计分录如下：

借：银行存款　　3 000

　贷：衍生工具——买入期权　　3 000

第二种情况，以普通股净额结算。甲公司向乙公司购买204 000元（204×1 000）等值的股票，并卖给乙公司207 000元（207×1 000）等值的股票，甲公司实际向乙公司收取3 000元等值的股票。编制会计分录如下：

借：长期股权投资　　3 000

　贷：衍生工具——买入期权　　3 000

第三种情况，以现金购买股票。甲公司以现金204 000元购买乙公司股票，准备长期持有。编制会计分录如下：

借：长期股权投资　　207 000

　贷：银行存款　　204 000

　　衍生工具——买入期权　　3 000

（四）互换

互换的主要表现形式为货币互换和利率互换。

1. 货币互换

货币互换一般是指两种货币之间不同计息方式的债务的交换。例如，总部设在美国的AL公司计划为一家新建的伦敦子公司筹集相当于1 000万美元的固定利率英镑借款，而英国的投资者一般不了解AL公司。BT公司是英国境内的一家公司，在纽约境内的一家子公司想要筹集金额差不多的美元资金，同样，BT公司在美国也是不被人所知。在这种情况下，HY银行可能会安排一个美元/英镑的两笔互换交易，以适应这两家公司的需要。

假设互换汇率是1美元=0.68英镑（起始和到期均按此），互换期限5年，互换交易规定英镑利率为10%，美元利率为8%。这样就会发生以下的现金流动方式：在开始时，AL公司从BT公司用1 000万美元换得680万英镑，假定利息按年支付。AL公司每年向BT公司支付利息68万英镑；BT公司向AT公司每年支付利息80万美元。第5年末，每家公司再换回本金1 000万美元和680万英镑。

这笔互换交易的结果是AL公司和BT公司都能够在相对来说较难进入的市场中获得资金，而且没有发生汇率风险。同时，由于在他们的本国市场上借贷的相对利益，可以以较其他筹集方式更低的成本获得各自的外币借款。

对不同货币的互换会涉及汇率的选择问题，按照国际惯例，在外币互换时，互换双方应该按照互换合同中约定的汇率进行折算。这样货币互换在一定程度上可以使互换双方的本金免受汇率变动的影响。在互换外币持有过程中，对外币本金和外币利息均按照即期汇率折算。

【例5-4】A公司是一家中国公司，B公司是一家美国公司，因业务需要，A公司需要一笔美元，B公司需要一笔人民币。为此，双方签订了货币互换合同。其中，A公司于20×7年1月1日贷给B公司980万元人民币，年利率为8%，期限为2年，每年年末支付利息。B 公司于同日贷给了 A 公司 140 万美元，该美元年利率为 8%，期限为 2 年，每年年末支付利息。双方在货币互换合同中锁定的货币互换汇率为 USD1 = CNY7.0。其他有关资料如下：

20×7 年 1 月 1 日：USD1 = CNY7.5

20×7 年 12 月 31 日：USD1 = CNY7.1

20×8 年 12 月 31 日：USD1 = CNY6.8

A 公司记账本位币为人民币，A 公司货币互换的会计处理如下：

(1) 20×7 年 1 月 1 日，签订互换合同，将人民币贷给 B 公司。编制会计分录如下：

借：衍生工具——应收互换款　　9 800 000

　　贷：银行存款——人民币户　　9 800 000

20×7 年 1 月 1 日，签订互换合同，收到 140 万美元，按合同锁定的汇率 USD1 = CNY7.0 折算。编制会计分录如下：

借：银行存款——美元户　　9 800 0000 (1 400 000×7)

　　贷：衍生工具——应付互换款——美元户　　800 000

(2) 20×7 年 12 月 31 日，结算利息并确认应付互换款公允价值变动。编制会计分录如下：

借：银行存款——人民币户　　784 000 (9 800 000×8%)

　　财务费用　　11 200

　　贷：银行存款——美元户　　795 200 (1 400 000×8%×7.1)

结算利息的会计分录也可以以净额反映，即：

借：财务费用　　11 200

　　贷：银行存款——美元户　　11 200

借：公允价值变动损益　　140 000

　　贷：衍生工具——应付互换款——美元户 140 000 [1 400 000× (7.1－7)]

(3) 20×8 年 12 月 31 日，结算利息并确认应付互换款公允价值变动。编制会计分录如下：

借：银行存款——人民币户　　784 000

　　贷：银行存款——美元户　　761 600 (1 400 000×8%×6.8)

　　　　财务费用　　22 400

借：衍生工具——应付互换款——美元户

　　420 000 [1 400 000× (7.1－6.8)]

　　贷：公允价值变动损益　　420 000

(4) 20×8 年 12 月 31 日，与 B 公司换回货币。编制会计分录如下：

借：银行存款——人民币户　　9 800 000

　　贷：衍生工具——应收互换款　　9 800 000

借：衍生工具——应付互换款——美元户

　　9 520 000 (9 800 000＋140 000－420 000)

　　贷：银行存款——美元户　　9 520 000

2. 利率互换

利率互换一般是指同种货币不同计息方式之间的交换。在西方主要发达国家，利率市场分为固定利率市场和浮动利率市场。在固定利率市场上，资金供给量有限，贷款资格审核严格，信用等级不同的贷款者所需要支付的利率差异较大；在浮动利率市场上，资金的供给者比较充裕，贷款的利率差异较小。由于不同筹资者的筹资成本不同，筹资者有时会利用互换利率的方式，一方想要固定利率债务换取浮动利率债务，支付浮动利率；另一方想要浮动利率债务换取固定利率债务，支付固定利率，通过互换使双方均降低筹资成本。例如，英国甲企业信用等级为AAA级，其在固定利率市场上的贷款利率是10.5%；在浮动利率市场上的贷款利率是LIBOR+0.5%。英国乙企业信用等级为A级，其在固定市场上的贷款利率是12%；在浮动市场上的贷款利率是LIBOR+1.5%。现双方均需要筹资1 000万英镑，本着节省筹资成本的原则，双方签订了如下利率互换协议：甲企业在固定利率市场贷款1 000万英镑，乙企业在浮动利率市场贷款1 000万英镑。甲企业的年利率10.5%与乙企业的年利率LIBOR+1.5%进行互换，互换的代价是，乙公司向甲企业每年支付11.75%的固定利率。这笔利率互换的结果是：甲企业每年实际承担的利率是LIBOR+0.25%［LIBOR+1.5%－（11.75%－10.5%）］，比甲企业在浮动市场上的贷款LIBOR+0.5%低了0.25%，而乙公司实际承担的利率是11.75%，比其在固定市场上的贷款利率12%低了0.25%。可见，利率互换的结果是双方均节省的0.25%的利率。

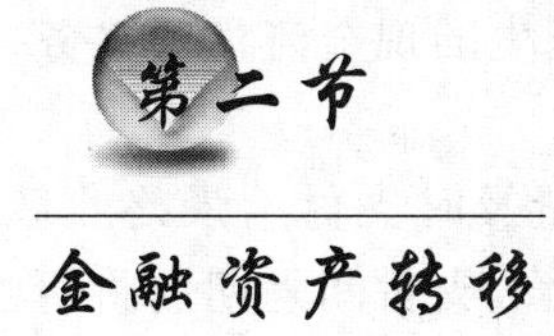

金融资产转移

一、金融资产转移的概念

金融资产转移是指企业（转让方）将金融资产（或其现金流量）让与或交付给该金融资产发行方以外的另一方（转入方）。金融资产转移，既可以是单向金融资产的转移，也可以是一组具有类似风险特征的金融资产的转移。例如，企业将销售商品形成的应收账款采用附加追索权出售方式卖给商业银行；又如，商业银行将信托资产信托给受托机构进行资产证券化等。

金融资产转移包括金融资产整体转移和部分转移。金融资产部分转移有下列三种情形：

（1）将金融资产所产生现金流量中特定、可辨认部分转移，如企业将一组类似贷款的应收利息转移。

（2）将金融资产所产生全部现金流量的一定比例转移，如企业将一组类似贷款的本金和应收利息合计的90%进行转让。

（3）将金融资产所产生现金流量中特定、可辨认部分的一定比例转移，如企业将一组类似贷款的应收利息的90%转移。

二、金融资产转移的方式

（一）将收取金融资产现金流量的权利转移给另一方

企业将收取金融资产现金流量的权利转移给另一方，表明该项金融资产发生了全部或部分转移。通常表现为金融资产的合法出售或者金融资产现金流量权利的合法转移。例如，企业将收取应收账款的权力转让给另一方，又如，票据背书转让、票据贴现等，均属于金融资产转移。

（二）将金融资产转移给另一方，但保留收取金融资产现金流量的权利，并承担将收取的现金流量支付给最终收款方的义务

金融资产转移属于这种方式必须同时满足下列条件：

（1）从该金融资产收到对等的现金流量时，才有义务将其支付给最终收款方。收到对等的现金流量是指企业收到转移的金融资产所产生的现金流量，其金额往往与该所转移的金融资产的现金流量相同。例如，商业银行将附追索权或不附追索权的信贷资产出售给买方（最终收款方），同时受买方委托代收所售信贷资产本金和利息，并将收到的本金和利息及时交付买方。

（2）根据合同约定，不能出售该金融资产或作为担保物，但可以将其作为对最终收款方支付现金流量的保证。企业既不能出售该项金融资产，也不能以该项金融资产作为担保，这意味着转出方不再拥有出售或处置被转移金融资产的权利。但是，由于企业负有向最终收款方支付该项金融资产所产生的现金流量的义务，该项金融资产可以作为如期支付现金流量的保证。

（3）有义务将收取的现金流量及时支付给最终收款方。企业无权将该现金流量进行再投资，但按照合同约定在相邻两次支付间隔期内将所收到的现金流量进行投资的，企业可以将收取的现金流量进行投资，但投资方式仅限于现金或现金等价物投资，不能进行实物资产等投资。企业按照合同约定进行再投资的，应当将投资收益按照约定支付最终收款方。这一条件不仅对转出方在收款日至向最终收款方支付日的较短期间将收取现金流量再投资作出了限制，而且对转出方出于最终收款方利益而进行的投资作出了严格的限定，即仅允许进行现金或现金等价物投资。而且，不允许转出方在这些短期流动性强的投资中保留任何投资收益，所有的投资收益必须支付给最终收款方。

例如，甲商业银行向购房者抵押贷款，并将其信贷资产转移给信托公司（特殊目的实体），然后由信托公司以受让的信托资产为基础发行债券，出售给投资者。投资者购买该证券所支付的价款又通过资金交割最后交付给甲银行。此后，甲银行将通过信贷资产形成的现金流入支付给投资者，作为对投资者的回报。在这一过程中，银行将信贷资产转移给特殊目的的信托，但保留了收取信贷资产现金流量的权利并承担将收取的现金流量支付给投资者（最终收款者）的义务。业务过程符合金融资产转移要求满足的条件：第一，银行从该信贷资产收到对等现金流量时，才有义务支付给投资者（最终收款人）；第二，银行不能出售该信贷资产或作为抵押物，若出售或质押，投资者就丧失了保障；第三，银行有义务将收取的现金流量及时支付给投资者（最终收款人）。因此，当银行将贷款出售给信托公司时就属于金融资产转移。

三、金融资产转移的确认

（一）符合终止确认条件的判断

企业收取金融资产现金流量的合同权利的，或者企业已将金融资产所有权上几乎所有的风险和报酬转移给转入方的，应当终止确认该金融资产。企业在判断是否已将金融资产所有权上几乎所有的风险和报酬转移给转入方时，可通过分析金融资产转移协议中的条款进行判断，通常情况下是比较明显的。例如，以下情形表明企业已将金融资产所有权上几乎所有的风险和报酬转移给了转入方，企业应当终止确认相关金融资产：

（1）企业无条件出售金融资产。企业在出售金融资产时，如果与购买方协议约定，在所出售金融资产的现金流量无法收回时，购买方不得向企业进行追偿，企业也不承担任何未来损失。也就是不附任何追索权方式出售金融资产。此时，可以认定企业转移了该金融资产所有权上几乎所有的风险和报酬，应当终止确认该金融资产。

（2）企业出售金融资产，同时约定按回购日该金融资产公允价值回购。企业出售金融资产，同时与买入方签订协议，在约定期限结束时按回购日的公允价值回购该金融资产。此时，该金融资产如果发生减值，其减值损失由购买方承担，因此，企业在出售该金融资产时，满足该金融资产上几乎所有的风险和报酬转移给转入方，可以终止确认该金融资产。

（3）企业出售金融资产，同时与转入方签订看跌期权合同（即转入方有权将该金融资产返售给企业）或看涨期权合同（即转出方有权回购该金融资产），且根据合同条款判断，该看跌期权或看涨期权为一项重大价外期权。企业出售金融资产，同时与买入方签订看跌（或看涨）期权合约，但从合约条款判断，该看跌期权是一项重大价外期权，致使到期时或到期前行权的可能性极小，此时可以认定企业已经转移了该项金融资产所有权上几乎所有的风险和报酬，应当终止确认该金融资产。

企业在评估金融资产所有权上风险和报酬的转移程度时，应当比较转移前后其所承担的该金融资产未来净现金流量金额及其时间分布变动的风险。

企业承担的金融资产未来净现金流量现值变动的风险没有因转移而发生显著变化的，表明该企业仍保留了金融资产所有权上几乎所有风险和报酬。例如，将贷款整体转移并对该贷款可能发生的所有损失进行全额补偿，或者出售一项金融资产但约定以固定价格或者售价加上出借人回报的价格回购。

企业承担的金融资产未来净现金流量现值变动的风险相对于金融资产的未来净现金流量现值的全部变动风险不再显著的，表明该企业已经转移了金融资产所有权上几乎所有风险和报酬。例如，无条件出售金融资产，或者出售金融资产且仅保留以其在回购时的公允价值进行回购的选择权。

企业通常不需要通过计算即可判断其是否转移或保留了金融资产所有权上几乎所有风险和报酬。但在某些情况下，企业需要通过计算未来现金流量净现值的变动来判断是否已将金融资产所有权上几乎所有的风险和报酬转移给了转入方。在计算金融资产未来现金流量净现值时，应当考虑所有合理、可能的现金流量波动，并采用适当的现行市场利率作为折现率。

（二）不符合终止确认条件的判断

企业在转移金融资产后，仍保留了金融资产所有权上几乎所有的风险和报酬的，不应当终止确认该金融资产。

对于相对简单的金融资产转移，其是否符合终止确认条件比较容易判断。比如，下列情况就表明企业保留了金融资产所有权上几乎所有风险和报酬，不应当终止确认相关 金融资产：

（1）采用附追索权方式出售金融资产。企业在出售金融资产时，如果与购买方协议约定，在所出售金融资产的现金流量无法收回时，购买方能够向企业进行追偿，企业也应承担任何未来损失。此时，可以认定企业保留了该金融资产所有权上几乎所有的风险和报酬，不应当终止确认该金融资产。

（2）附回购协议的金融资产出售，回购价固定或是原售价加合理回报。附回购协议的金融资产出售中，转出方将予回购的资产与售出的金融资产相同或实质上相同、回购价格固定或是将原售价加上合理回报的，不应当终止确认所出售的金融资产。如采用买断式回购、质押式回购交易卖出债券等。

（3）附重大价内看跌期权（或重大价内看涨期权）的金融资产出售。企业将金融资产出售，同时与买入方签订看跌（或看涨）期权合约，但从合约条款判断，该期权是一项重大价内期权，致使到期时或到期前极可能行权，此时可以认定企业保留了该项金融资产所有权上几乎所有的风险和报酬，不应当终止确认该金融资产。

（4）附总回报互换的金融资产出售，该互换使市场风险又转回给了金融资产出售方。在附总回报互换的金融资产出售中，企业出售了一项金融资产，并与转入方达成一项总回报互换协议，如将该资产产生的利息现金流量支付给企业以换取固定付款额或变动利率付款额，该项资产公允价值的所有增减变动由企业承担，从而使市场风险等又转回企业。在这种情况下，企业保留了该金融资产所有权上几乎所有的风险和报酬，因此不应当终止确认所出售的金融资产。

（5）将信贷资产整体转移，并对该信贷资产买方可能发生的信用损失等进行全额补偿。企业将信贷资产整体转移，符合金融资产转移的条件，但承诺对该信贷资产买方可能发生的信用损失等进行全额补偿。在这种情况下，企业实质上保留了该金融资产所有权上几乎所有的风险和报酬，因此不应当终止确认所出售的金融资产。例如，甲银行为乙企业提供了一项 5 年期贷款，贷款本金为 10 000 万元，贷款利率为 6%。随后，甲银行与丙公司签订一项协议，甲银行同意向丙公司交付其从上述贷款中收取的本息合计的 90%，以交换 9 540 万元的现金。如果乙企业违约，甲银行应补偿公司损失。假定甲银行从乙企业只收回 7 500 万元贷款本息，按协议约定甲银行应将 7 500 万元全部付给丙公司，同时，补偿丙公司 2 040 万元。在此种情况下，说明甲银行保留了该项贷款的次级权利使其承担了净现金流量所有可能变动的风险，因而保留了所有权上几乎所有的风险和报酬，甲银行所收到的 9 540 万元现金，视同向丙公司的融资借款，甲银行不应当终止确认全部贷款。

（三）继续涉入条件下的判断

企业既没有转移也没有保留金融资产所有权上几乎所有的风险和报酬的，应当分别下列情况处理：①企业未保留对该金融资产控制的，应当终止确认该金融资产，并将转移中产生或保留的权利和义务单独确认为资产或负债；②企业保留了对该金融资产控制的，应当按照其继续涉入被转移金融资产的程度继续确认有关金融资产，并相应确认相关负债。继续涉入被转移金融资产的程度是指企业承担的被转移金融资产价值变动风险或报酬的程度。

企业应当按照其继续涉入被转移金融资产的程度继续确认被转移金融资产的常见情形有：①企业转移金融资产，并采用保留次级权益或提供信用担保等方式进行信用增级，企业只转移了被转移金融资产所有权上的部分（非几乎所有）风险和报酬，且保留了对被转移金融资产的控制；②企业转移金融资产，并附有既非重大价内也非重大价外的看涨期权或看跌期权，导致企业既没有转移也没有保留所有权上几乎所有风险和报酬，且保留了对被转移金融资产的控制。

企业在判断是否保留了对被转移金融资产的控制时，应当根据转入方是否具有出售被转移金融资产的实际能力确定。转入方能够单方面将被转移金融资产整体出售给不相关的第三方，且没有额外条件对此项出售加以限制的，表明转入方有出售被转移金融资产的实际能力，从而表明企业未保留对被转移金融资产的控制；在其他情形下，表明企业保留了对被转移金融资产的控制。

在判断转入方是否具有出售被转移金融资产的实际能力时，企业考虑的关键应当是转入方实际上能够采取的行动。被转移金融资产不存在市场或转入方不能单方面自由地处置被转移金融资产的，通常表明转入方不具有出售被转移金融资产的实际能力。

转入方不大可能出售被转移金融资产并不意味着企业（转出方）保留了对被转移金融资产的控制。但存在看跌期权或担保而限制转入方出售被转移金融资产的，转出方实际上保留了对被转移金融资产的控制。例如，存在看跌期权或担保且很有价值，导致转入方实际上不能在不附加类似期权或其他限制条件的情形下将该被转移金融资产出售给第三方，从而限制了转入方出售被转移金融资产的能力，转入方将持有被转移金融资产以获取看跌期权或担保下相应付款的，企业保留了对被转移金融资产的控制。

四、金融资产转移的计量

（一）金融资产整体转移满足终止确认条件的计量

金融资产整体转移满足终止确认条件的，应当按下列公式计算当期损益：

$$\text{金融资产整体转移形成的损益}=\text{因转移收到的对价}-\text{所转移金融资产的账面价值}+（\text{或}-）\text{原直接计入其他综合收益的公允价值变动累计利得（或损失）}$$

原直接计入其他综合收益的公允价值变动累计额是指所转移金融资产（如分类为以公允价值计量且其变动计入其他综合收益的金融资产）转移前公允价值变动直接计入所有者权益所形成的利得或损失。

需要说明的是，因金融资产转移获得了新金融资产或承担了新金融负债的，应当在转移日按照公允价值确认该金融资产或金融负债（包括看涨期权、看跌期权、担保负债、远期合同、互换等），并将该金融资产扣除金融负债后的净额作为上述对价的组成部分。

企业在金融资产转移中，与金融资产转入方签订服务合同提供相关服务的（包括收取该金融资产的现金流量，并将所收取的现金流量交付给指定的资金保管机构等），应当就该服务合同确认一项服务资产或服务负债，并按照公允价值进行初始计量，作为上述对价的组成部分。综上所述，因转移收到的对价计算公式为：

因转移收到的对价 = 因转移交易实际收到的价款 + 新获得金融资产的公允价值 + 因转移获得服务资产的公允价值 - 新承担金融负债的公允价值 - 因转移承担的服务负债的公允价值

【例5-5】 20×8年5月28日，甲商业银行与乙金融资产管理公司签订协议，甲商业银行将其划分为次级类、可疑类和损失类的贷款共100笔打包出售给乙资产管理公司，该批贷款总金额为10 000万元，原以计提减值准备为1 500万元，双方协议转让价为8 000万元，转让后甲银行不再保留任何权利和义务。20×8年6月20日，甲商业银行收到该批贷款出售款项。甲商业银行应编制的会计分录如下：

借：存放中央银行款项　　80 000 000
　　贷款损失准备　　15 000 000
　　其他业务成本　　5 000 000
　　贷：贷款　　100 000 000

（二）金融资产部分转移满足终止确认条件的计量

金融资产部分转移满足终止确认条件的，应当将所转移金融资产整体的账面价值，在终止确认部分和未终止确认部分（在此种情况下，所保留的服务资产应当视同未终止确认金融资产的一部分）之间，按照转移日各自的相对公允价值进行分摊，并将下列两项金额的差额计入当期损益：①终止确认部分在终止确认日的账面价值；②终止确认部分收到的对价，与原计入其他综合收益的公允价值变动累计额中对应终止确认部分的金额（涉及转移的金融资产分类为公允价值计量且其变动计入其他综合收益的金融资产的情形）之和。对价包括获得的所有新资产减去承担的所有新负债后的金额。

原计入其他综合收益的公允价值变动累计额中对应终止确认部分的金额，应当按照金融资产终止确认部分和未终止确认部分的相对公允价值，对该累计额进行分摊后确定。

在企业将金融资产部分转移满足终止确认条件的情况下，将所转移金融资产整体的账面价值按相对公允价值在终止确认部分和未终止确认部分之间进行分摊时，未终止确认部分的公允价值按照下列要求确定：

（1）企业出售过与未终止确认部分类似的金融资产，或发生过与未终止确认部分有关的其他市场交易的，应当按照最近实际交易价格确定。

（2）未终止确认部分在活跃市场上没有报价，且最近市场上也没有与其有关的实际交易价格的，应当按照所转移金融资产整体的公允价值扣除终止确认部分的对价后的余额确定。

【例5-6】 A商业银行与B商业银行签订一笔转让协议，A商业银行将一笔贷款90%的受益权转让给B商业银行，该笔贷款公允价值为220万元，账面价值为200万元。假定不存在其他服务性资产或负债，转移后该部分贷款的相关债权债务关系由B商业银行继承，当借款人不能偿还该笔贷款时，也不能向A商业银行追索。假定不考虑其他相关因素，A商业银行的会计处理如下：

（1）判断应否终止确认。A 商业银行将该笔贷款的 90% 出售，出售后该贷款部分的风险和报酬不再由 A 商业银行承担，A 商业银行也不再对所转移的贷款具有控制权，因此，符合金融资产部分转移终止确认条件。

（2）计算终止确认和未终止确认部分各自的公允价值

A 商业银行将该笔贷款 90% 的受益权转让给 B 商业银行，则 A 商业银行应确认此项贷款的对价为 1 980 000 元（2 200 000 × 90%），保留的受益权为 220 000 元（2 200 000 - 1 980 000）。

（3）将所转移金融资产整体的账面价值，在终止确认部分和未终止确认部分之间，按照各自的相对公允价值进行分摊，如表 5 - 2 所示。

表 5 - 2　　单位：元

	公允价值	所占比例	分摊后的账面价值
已转移部分	1 980 000	90%	1 800 000
未转移部分	220 000	10%	200 000
合计	2 200 000	100%	2 000 000

（4）确认金融资产转移收益。

A 商业银行应确认的转移收益 = 1 980 000 - 1 800 000 = 180 000（元）

（5）A 商业银行编制会计分录如下：

借：存放中央银行款项　　1 980 000

　贷：贷款　　1 800 000

　　　其他业务收入　　180 000

（三）金融资产转移未满足终止确认条件的计量

企业在转移金融资产时，仍保留与所转移金融资产所有权上几乎所有的风险和报酬的，应当继续确认所转移金融资产整体，并将收到的对价视同企业的融资借款，确认为一项金融负债。该金融资产与确认的相关金融负债不得相互抵销。在后续的会计期间，企业应当继续确认该金融资产产生的收入和该金融负债所产生的费用，不得相互抵销。

【例 5 - 7】 20 × 8 年 4 月 1 日，甲公司将持有的一笔国债出售给丙公司，售价为 500 000 元，年利率为 4%。同时，甲公司与丙公司签订了一项回购协议，3 个月后由甲公司将该笔国债回购，回购价为 505 000 元。20 × 8 年 7 月 1 日，甲公司将该笔国债购回。假定该笔国债合同利率与实际利率差异较小，甲公司应做如下会计处理：

（1）判断应否终止确认。由于是出售附回购协议的金融资产出售，到期后甲公司应将该笔国债回购，因此可以判断该笔国债几乎所有的风险和报酬没有转移给丙公司，甲公司不应终止确认该笔国债。

（2）20 × 8 年 4 月 1 日，甲公司出售该笔国债。编制会计分录如下：

借：银行存款　　500 000

　贷：卖出回购金融资产款　　500 000

（3）20 × 8 年 6 月 30 日，确认利息费用。甲公司应按实际利率计算确定卖出回购国债的利息费用，由于该笔国债合同利率与实际利率差异较小，甲公司可以按照合同利率确定利息费用。编制会计分录如下：

卖出回购国债的利息费用 = 500 000 × 4% × 3/12 = 5 000（元）

借：利息支出　　5 000

　　贷：应付利息　　5 000

（4）20×8 年 7 月 1 日，甲公司回购。编制会计分录如下：

借：卖出回购金融资产款　　500 000

　　应付利息　　5 000

　　贷：银行存款　　505 000

（四）继续涉入条件下金融资产转移的计量

企业既没有转移也没有保留金融资产所有权上几乎所有的风险和报酬，且保留了对该金融资产控制的，企业应当按照继续涉入所转移金融资产的程度继续确认该被转移金融资产，并相应确认相关负债。被转移金融资产和相关负债应当在充分反映企业因金融资产转移所保留的权利和承担的义务的基础上进行计量。对相关负债应当按照下列规定进行计量：

（1）被转移金融资产以摊余成本计量的，相关负债的账面价值等于继续涉入被转移金融资产的账面价值减去企业保留的权利（如果企业因金融资产转移保留了相关权利）的摊余成本并加上企业承担的义务（如果企业因金融资产转移承担了相关义务）的摊余成本；相关负债不得指定为以公允价值计量且其变动计入当期损益的金融负债。

（2）被转移金融资产以公允价值计量的，相关负债的账面价值等于继续涉入被转移金融资产的账面价值减去企业保留的权利（如果企业因金融资产转移保留了相关权利）的公允价值并加上企业承担的义务（如果企业因金融资产转移承担了相关义务）的公允价值，该权利和义务的公允价值应为按独立基础计量时的公允价值。

企业通过对所转移金融资产提供担保方式继续涉入的，应当在转移日按照金融资产的账面价值和担保金额两者之中的较低者，继续确认被转移金融资产，同时按照担保金额和担保合同的公允价值之和确认继续相关负债。担保金额是指企业所收到的对价中，可能被要求偿还的最高金额。担保合同的公允价值通常是指提供担保而收取的对价。

在后续会计期间，担保合同的初始确认金额应当随担保义务的履行进行摊销，计入当期损益。被转移金融资产发生减值的，计提的损失准备应从被转移金融资产的账面价值中抵减。

企业按继续涉入程度继续确认的被转移金融资产以及确认的相关负债不应当相互抵销。企业应当对继续确认的被转移金融资产确认所产生的收入（或利得），对相关负债确认所产生的费用（或损失），两者不得相互抵销。继续确认的被转移金融资产以公允价值计量的，在后续计量时对其公允价值变动应根据《企业会计准则第 22 号——金融工具确认和计量》进行确认，同时相关负债公允价值变动的确认应当与之保持一致，且两者不得相互抵销。

企业仅继续涉入所转移金融资产一部分的，应当将该部分金融资产视作一个整体，并在此基础上运用上述继续涉入会计处理原则。

【例 5－8】甲银行持有一组住房抵押贷款，借款方可提前偿付。20×8 年 1 月 1 日，该组贷款的本金和摊余成本均为 100 000 000 元，票面年利率和实际年利率均为 10%。经批准，甲银行拟将该组贷款转移给某信托机构（以下简称受让方）进行证券化。有关资料如下：

（1）20×8 年 1 月 1 日，甲银行与受让方签订协议，将该组贷款转移给受让方，并办理有关手续。甲银行收到款项 91 150 000 元，同时保留以下权利：①收取本金 10 000 000 元以及这部分本金按 10% 的利率所计算确定利息的权利；②收取以 90 000 000 元为本金、以 0.5% 为利率所计算确定利息（超额利差）的权利。受让人取得收取该组贷款本金中的 90 000 000 元以及这部分本金按 9.5% 的利率收取利息的权利。根据双方签订的协议，如果该组贷款被提前偿付，则偿付金额按 1:9 的比例在甲银行和受让人之间进行分配。但是，如该组贷款发生违约，则违约金额从甲银行拥有的 10 000 000 元贷款本金中扣除，直到扣完为止。

（2）20×8 年 1 月 1 日，该组贷款的公允价值为 101 000 000 元，0.5% 的超额利差的公允价值为 400 000 元。甲银行的分析及会计处理如下：

（1）甲银行转移了该组贷款所有权相关的部分重大风险和报酬（如重大提前偿付风险），但由于设立了次级权益（即内部信用增级），因而也保留了所有权相关的部分重大风险和报酬，并且能够对留存的该部分权益实施控制。根据《企业会计准则第 23 号——金融资产转移》规定，甲银行应采用继续涉入法对该金融资产转移交易进行会计处理。

（2）甲银行收到的 91 150 000 元对价由两部分构成：一部分是转移的 90% 贷款及相关利息的对价，即 90 900 000 元（101 000 000 × 90%）；另一部分是因为使保留的权利次级化所取得的对价 250 000 元。此外，由于超额利差的公允价值为 400 000 元，从而甲银行的该项金融资产转移交易的信用增级相关的对价为 650 000 元。

假定甲银行无法取得所转移该组贷款的 90% 和 10% 部分各自的公允价值，则甲银行所转移该组贷款的 90% 部分形成的利得或损失计算如表 5－3 所示。

表 5－3 单位：元

项　目	估计公允价值	百分比	分摊后的账面价值
已转移部分	90 900 000	90%	90 000 000
未转移部分	10 100 000	10%	10 000 000
合　计	101 000 000	100%	100 000 000

（3）甲银行仍保留贷款部分的账面价值为 10 000 000 元。

（4）甲银行因继续涉入而确认资产的金额，按双方协议约定的、因信用增级使甲银行不能收到的现金流入最大值 10 000 000 元；另外，超额利差形成的资产 400 000 元本质上也是继续涉入形成的资产。

因继续涉入而确认负债的金额，按因信用增级使甲银行不能收到的现金流入最大值 10 000 000 元和信用增级的公允价值总额 650 000 元，两项合计为 10 650 000 元。

据此，甲银行在金融资产转移日应编制会计分录如下：

借：存放同业　　91 150 000

继续涉入资产——次级权益　　10 000 000

　　　　——超额账户　　400 000

贷：贷款　　90 000 000

　　继续涉入负债　　10 650 000

　　其他业务收入　　900 000

(5) 金融资产转移后，甲银行应根据收入确认原则，采用实际利率法将信用增级取得的对价650 000元分期予以确认。此外，还应在资产负债表日对已确认资产确认可能发生的减值损失。比如，在20×8年12月31日，已转移贷款发生信用损失3 000 000元，则甲银行应编制会计分录如下：

借：资产减值损失　　3 000 000

　　贷：贷款损失准备——次级权益　　3 000 000

借：继续涉入负债　　3 000 000

　　贷：继续涉入资产——次级权益　　3 000 000

第三节 套期会计

一、套期会计概述

（一）套期的概念

企业在经营活动中会面临各类风险，如涉及外汇风险、利率风险、价格风险、信用风险等。对于此类风险敞口，企业可能会选择通过利用金融工具产生反向的风险敞口（即开展套期业务）来进行风险管理活动。套期会计的目标是在财务报表中反映企业采用金融工具管理因特定风险引起的风险敞口的风险管理活动的影响。

套期是指企业为管理外汇风险、利率风险、价格风险、信用风险等特定风险引起的风险敞口，指定金融工具为套期工具，以使套期工具的公允价值或现金流量变动，预期抵销被套期项目全部或部分公允价值或现金流量变动的风险管理活动。例如，企业运用商品期货进行套期时，其套期策略通常是，买入（卖出）与现货市场数量相当、但交易方向相反的期货合同，以期在未来某一时间通过期货合同的公允价值变动来补偿现货市场价格变动所带来的价格风险。又如，某银行为规避外汇风险，与某金融机构签订外币期权合同对现存数额较大的美元敞口进行外汇风险套期。

（二）套期的分类

在套期会计中，套期可划分为公允价值套期、现金流量套期和境外经营净投资套期。

1. 公允价值套期

公允价值套期是指对已确认资产或负债、尚未确认的确定承诺，或上述项目组成部分的公允价值变动风险敞口进行的套期。该公允价值变动源于特定风险，且将影响企业的损益或其他综合收益。其中，影响其他综合收益的情形，仅限于企业对指定为以公允价值计量且其变动计入其他综合收益的非交易性权益工具投资的公允价值变动风险敞口进行的套期。例如，某企业签订一项以固定利率换浮动利率的利率互换合约，对其承担的固定利率负债的利率风险引起的公允价值变动风险敞口进行套期；某石油公司签订一项6个月后以固定价格购买原油的合同（尚未确认的确定承诺），为规避原油价格风险，该公司签订一项商品（原油）期货合约，对该确定承诺的价格风险引起的公允价值变动风险敞口进行套期；某企业购买一项期权合同，对持有的选择以公允价值计量且其变动计入其他综合收益的非交易性权益工具投资的证券价格风险引起的公允价值变动风险敞口进行套期。

2. 现金流量套期

现金流量套期是指对现金流量变动风险敞口进行的套期。该现金流量变动源于与已确认资产或负债、极可能发生的预期交易，或与上述项目组成部分有关的特定风险，且将影响企业的损益。例如，某企业签订一项以浮动利率换固定利率的利率互换合约，对其承担的浮动利率债务的利率风险引起的现金流量变动风险敞口进行套期；某橡胶制品公司签订一项远期合同，对3个月后预期极可能发生的与购买橡胶相关的价格风险引起的现金流量变动风险敞口进行套期；某企业签订一项外汇远期合同，对以固定外币价格买入原材料的极可能发生的预期交易的外汇风险引起的现金流量变动风险敞口进行套期。

已确认的资产或负债承受的现金流量变动风险与已确认的资产或负债承受的公允价值变动风险不同，前者涉及现金流量，如受浮动利率影响的债权或债务的未来利息收入或利息支付；后者不涉及现金流量，仅仅是结果上的变动，如已入账存货未来的跌价损失。预期交易可能承受的风险与已确认的资产或负债承受的风险也不相同。前者承受的基本上都是未来现金流量风险；后者承受的多数是未来公允价值变动的风险，少数属于现金流量风险。例如，企业在未来6个月里预计需要消耗100个单位的原材料，目前库存有40个单位，预期采购60个单位，在未来6个月内，原材料的价格存在波动，但库存的40个单位与预期采购的60个单位因价格变动所面临的风险并不一样，其中库存的40个单位的原材料所承受的是公允价值变动风险，而预期采购的60个单位原材料所承受的是现金流量风险。

3. 境外经营净投资套期

境外经营净投资套期是指对境外经营净投资外汇风险敞口进行的套期。境外经营净投资是指企业在境外经营净资产中的权益份额。例如，C公司拥有一家境外子公司净投资额800万美元。20×8年12月1日，C公司与某银行签订一项6个月的远期合同，到期按1美元=6.8元人民币卖出800万美元。该套期业务是公司在未来以规定价格获得人民币，从而规避了境外持有资产的汇率风险。

（三）套期会计方法

对于满足一定条件的套期，企业可运用套期会计方法进行处理。套期会计方法是指企业将套期工具和被套期项目产生的利得或损失在相同会计期间计入当期损益（或其他综合收益）以反映风险管理活动影响的方法。

企业开展套期业务以进行风险管理，但是如果按照常规的会计处理方法，可能会产生损益更大的波动，这是因为企业被套期的风险敞口和对风险敞口进行套期的金融工具的确认和计量基础不一定相同。例如，企业使用衍生工具对某项极可能发生的预期交易的价格风险进行套期，按照常规会计处理方法，该衍生工具应当以公允价值计量且其变动计入当期损益，而预期交易则需到交易发生时才能予以确认，这样企业利润表反映的损益就会产生较大的波动。再如，企业使用衍生工具对其持有的存货的价格风险进行套期，按照常规会计处理方法，该衍生工具应当以公允价值计量且其变动计入当期损益，而存货则以成本与可变现净值孰低计量，这同样会导致企业利润表反映的损益产生较大的波动。企业使用衍生工具进行风险管理的目的是对冲风险，减少企业损益的波动，而常规会计由于有关会计确认和计量基础不一致，在一定会计期间不仅可能无法如实反映企业的风险管理活动，反而可能会在财务报表上“扩大风险”。因此，尽管从长期角度来看，被套期项目和套期工具实现了风险的对冲，但是在套期存续期所涵盖的各个会计报告期间内，在常规会计处理方法下有可能会产生会计错配和损益波动。而套期会计方法基于企业风险管理活动，有助于处理被套期项目和套期工具在确认和计量方面存在的上述差异，并在企业财务报告中如实反映企业进行风险管理活动的影响。

二、套期工具和被套期项目

（一）套期工具

套期工具是指企业为进行套期而指定的，其公允价值或现金流量变动预期可以抵销被套期项目的公允价值和现金流量变动的金融工具。

1. 符合条件的套期工具

（1）以公允价值计量且其变动计入当期损益的衍生工具，但签出期权除外。企业只有在对购入期权（包括嵌入在混合合同中的购入期权）进行套期时，签出期权才可以作为套期工具。嵌入在混合合同中但未分拆的衍生工具不能作为单独的套期工具。

衍生工具通常可以作为套期工具。衍生工具包括远期合同、期货合同、互换和期权，以及具有远期合同、期货合同、互换和期权中一种或一种以上特征的工具等。例如，某企业为规避库存铜价格下跌的风险，可以卖出一定数量铜期货合同。其中，铜期货合同即是套期工具。但是，衍生工具无法有效地对冲被套期项目风险的，不能作为套期工具。例如，企业的签出期权（除非该签出期权指定用于抵销购入期权）就不能作为套期工具，因为该期权的潜在损失可能大大超过被套期项目的潜在利得，从而不能有效地对冲被套期项目的风险。与此不同的是，购入期权的一方可能承担的损失最多就是期权费，而可能拥有的利得通常等于或大大超过被套期项目的潜在损失，因而购入期权的一方可以将购入的期权作为套期工具。

（2）以允价值计量且其变动计入当期损益的非衍生金融资产或非衍生金融负债，但指定为以公允价值计量且其变动计入当期损益、且其自身信用风险变动引起的公允价值变动计入其他综合收益的金融负债除外。

对于指定为以公允价值计量且其变动计入当期损益、且其自身信用风险变动引起的公允价值变动计入其他综合收益的金融负债，由于没有将整体公允价值变动计入损益，不能作为合格的套期工具。此外，对于以公允价值计量且其变动计入其他综合收益的非交易性权益工具投资，因其公允价值变动不计入损益，也不能作为合格的套期工具。

(3）对于外汇风险套期，企业可以将非衍生金融资产（选择以公允价值计量且其变动计入其他综合收益的非交易性权益工具投资除外）或非衍生金融负债的外汇风险成分指定为套期工具。

在企业集团内各企业的个别财务报表中，只有与该企业之外的对手方签订的合同才能被指定为套期工具。在合并财务报表层面，只有与企业集团之外的对手方签订的合同才能被指定为套期工具。

2. 对套期工具的指定

企业可以按照下列方式对套期工具进行指定：

(1）企业在确立套期关系时，应当将前述符合条件的金融工具整体指定为套期工具，因为企业对套期工具进行计量时，通常以该金融工具整体为对象，采用单一的公允价值基础对其进行计量。但是，由于期权的时间价值、远期合同的远期要素和金融工具的外汇基差通常可以单独计量，为便于提高某些套期关系的有效性，允许企业在对套期工具进行指定时，作出以下例外处理：

①对于期权，企业可以将期权的内在价值和时间价值分开，只就内在价值变动将期权指定为套期工具。当企业仅指定期权的内在价值变动为套期工具时，与期权的时间价值相关的公允价值变动被排除在套期有效性评估之外，能够提高套期的有效性。

②对于远期合同，企业可以将远期合同的远期要素和即期要素分开，只将即期要素的价值变动指定为套期工具。当企业仅指定远期合同的即期要素的价值变动为套期工具时，能够提高套期的有效性。

③对于金融工具，企业可以将金融工具的外汇基差单独分拆，只将排除外汇基差后的金融工具指定为套期工具。将外汇基差分拆，只将排除外汇基差后的金融工具指定为套期工具，能够提高套期的有效性

(2）企业可以将套期工具的一定比例指定为套期工具，但不可以将套期工具剩余期限内某一时段的公允价值变动部分指定为套期工具。例如，甲公司拥有一项支付固定利息、收取浮动利息的互换合同，并打算将其用于对所发行的浮动利率债券进行套期。该互换合同的剩余期限为 10 年，而债券的剩余期限为 5 年。在这种情况下，甲公司不能在互换合同剩余期限中的某 5 年将互换合同公允价值变动指定为套期工具。

(3）企业可以将两项或两项以上金融工具（或其一定比例）的组合指定为套期工具（包括组合内的金融工具形成风险头寸相互抵销的情形）。

对于一项由签出期权和购入期权组成的期权（如利率上下限期权），或对于两项或两项以上金融工具（或其一定比例）的组合，其在指定日实质上相当于一项净签出期权的，不能将其指定为套期工具。只有在对购入期权（包括嵌入在混合合同中的购入期权）进行套期时，净签出期权才可以作为套期工具。

3. 使用单一套期工具对多种风险进行套期

企业通常将单项套期工具指定为对一种风险进行套期。但是，如果对套期工具与被套期项目的不同风险敞口之间有具体指定关系，则一项套期工具可以被指定为对一种以上的风险进行套期。例如，甲企业的记账本位币是人民币，承担了一项 5 年期美元浮动利率负债。为规避该金融负债的外汇风险和利率风险，甲企业可以与某金融机构签订一项交叉货

币利率互换合同，使该互换合同的条款与该金融负债的条款相“匹配”，并将该互换合同指定为套期工具。根据互换合同，甲企业可以定期收取按美元浮动利率计算确定的利息，同时支付按人民币固定利率计算确定的利息。甲公司使用该互换合同对利率风险和外汇风险进行套期。

此外，使用单一套期工具对多种风险进行套期时；被套期项目可以存在于不同的套期关系中。如果企业将单一套期工具指定为对多种风险进行套期，且企业对每一种被套期风险运用不同的套期会计（如分别运用公允价值套期和现金流量套期），则企业应当对与各类套期相关的套期工具公允价值变动进行分拆，并对每一类套期分别进行单独的会计处理。

（二）被套期项目

被套期项目是指使企业面临公允价值或现金流量变动风险，且被指定为被套期对象的、能够可靠计量的项目。

1. 符合条件的被套期项目

企业可以将下列单个项目、项目组合或其组成部分指定为被套期项目：

（1）单项已确认的资产、负债、尚未确认的确定承诺、极可能发生的预期交易，或在境外经营的净投资。

其中，确定承诺是指在未来某特定日期或期间，以约定价格交换特定数量资源、具有法律约束力的协议；尚未确认是指尚未在资产负债表中确认。例如，甲公司为我国境内机器生产企业，采用人民币作为记账本位币。甲公司与境外某公司签订了一项设备购买合同，约定6个月后按固定的外币价格购入设备，即甲公司与境外公司达成了一项确定承诺。同时，甲公司签订了一份外币远期合同，以对该项确定承诺产生的外汇风险进行套期。甲公司该确定承诺可以被指定为被套期项目，外币远期合同可以被指定为公允价值套期或现金流量套期中的套期工具。预期交易是指尚未承诺但预期会发生的交易。例如，20×8年6月1日，甲公司预计2个月后购买200吨铜，用于8月份的生产。

（2）已确认资产、负债、尚未确认的确定承诺、极可能发生的预期交易以及境外经营的净投资等项目组合指定为被套期项目，企业也可以将上述单个项目或者项目组合的一部分（项目组成部分）指定为被套期项目。

2. 项目组成部分

项目组成部分是指小于项目整体公允价值或现金流量变动的部分，它仅反映其所属项目整体面临的某些风险，或仅反映一定程度的风险（如对某项目的一定比例进行指定时）。企业只能将下列项目组成部分或其组合指定为被套期项目：

（1）项目整体公允价值或现金流量变动中仅由某一个或多个特定风险引起的公允价值或现金流量变动部分（风险成分）。在风险管理实务中，企业经常不是为了对被套期项目整体公允价值或现金流量变动进行套期，而仅为了对特定风险成分进行套期。允许对风险成分进行指定使企业能够更灵活地界定被套期风险。在将风险成分指定为被套期项目时，该风险成分应当能够单独识别并可靠计量。

在识别可被指定为被套期项目风险成分时，企业应当基于该等风险及相关套期活动所发生的特定市场环境进行评估，并考虑因风险和市场而异的相关事实和情况。同时，企业应当考虑该风险成分是合同明确的风险成分，还是非合同明确的风险成分。非合同明确的风险成分可能是由于项目本身不构成合同（如极可能发生的预期交易），或者可能是合同中未明确该成分（如确定承诺中仅包含一项单一价格，并未列明基于不同基础变量的定价公式）。

例如，甲公司与乙公司订立了一项以合同指定公式进行定价的长期天然气供应合同，该公式主要参考商品价格（如柴油、燃油等）和其他因素（如运输费等）对长期天然气进行定价。为了管理长期天然气供应合同涉及的长期天然气价格风险，甲公司利用柴油远期合同对该供应合同定价中的柴油组成部分进行套期，柴油组成部分的价格风险敞口属于合同明确的风险成分。根据长期天然气供应合同定价公式，柴油组成部分的价格风险敞口能够单独识别；由于市场上存在可交易的柴油远期合同，柴油组成部分的价格风险敞口能够可靠计量。因此，甲公司的长期天然气供应合同定价中的柴油组成部分的价格风险敞口（风险成分）可以作为符合条件的被套期项目。

（2）一项或多项选定的合同现金流量。在企业风险管理活动中，企业有时会对一项或多项选定的合同现金流量进行套期，例如，企业有一笔期限为 10 年、年利率 8%、按年付息的长期银行借款，企业出于风险管理需要，对该笔借款产生的前 5 年应支付利息进行套期。按照规定，一项或多项选定的合同现金流量可以指定为被套期项目。

（3）项目名义金额的组成部分。项目名义金额的组成部分是指项目整体金额或数量的特定部分，其可以是项目整体的一定比例部分，也可以是项目整体的某一层级部分。若某一层级部分包含提前还款权，且该提前还款权的公允价值受被套期风险变化影响，企业不得将该层级指定为公允价值套期的被套期项目，但企业在计量被套期项目的公允价值时已包含该提前还款权影响的情况除外。

项目名义金额的组成部分包括项目整体的一定比例部分（如银行一项贷款的合同现金流量的50%部分）和项目整体的某一层级部分，其中，项目某一层级部分可以从已设定但开放式的总体中指定一个层级，也可以从已设定的名义金额中指定一个层级，例如，下列各项均属于项目某一层级部分：

①货币性交易量的一部分。例如，甲企业 20×8 年 1 月实现首笔 20 万美元的出口销售之后，下一笔金额为 20 万美元的出口销售所产生的现金流量，可以作为指定的被套期项目。

②实物数量的一部分。例如，甲企业储藏在某地的500 万立方米的底层天然气，可以作为指定的被套期项目。

③实物数量或其他交易量的一部分。例如，甲炼化企业 20×8 年 6 月购入的前 1 000 桶石油，乙发电企业 20×8 年 6 月售出的前 100 兆瓦小时的电力等，均可以作为指定的被套期项目。

④被套期项目的名义金额的某一层。例如，金额为 1 亿元人民币的确定承诺的最后 8 000万元部分；金额为 1 亿元人民币的固定利率债券的底层 2 000 万元部分；可按公允价值提前偿付的总金额为 1 亿元人民币（设定的名义金额为 1 亿元人民币）的固定利率债务的顶层 3 000 万元部分。

3. 汇总风险敞口

企业可以将符合被套期项目条件的风险敞口与衍生工具组合形成的汇总风险敞口指定为被套期项目。在指定此类被套期项目时，企业应当评估该汇总风险敞口是否是由风险敞口与衍生工具相结合，从而产生了不同于该风险敞口的另一个风险敞口，并将其作为针对某项（或几项）特定风险的一个风险敞口进行管理。在这种情况下，企业可基于该汇总风险敞口指定被套期项目。

例如，甲企业利用合同期限为15个月的咖啡期货合同对在未来15个月后极可能发生的确定数量的咖啡采购进行套期，以防范基于美元的价格风险。出于风险管理目的，该极可能发生的咖啡采购和咖啡期货合同相结合可被视为一项15个月的固定金额的美元外汇风险敞口（即如同在未来15个月后发生的固定金额的美元现金流出）。

4. 被套期项目的组合

当企业出于风险管理目的对一组项目进行组合管理、且组合中的每一个项目（包括其组成部分）单独都属于符合条件的被套期项目时，可以将该项目组合指定为被套期项目。一组风险相互抵销的项目形成风险净敞口，一组风险不存在相互抵销的项目形成风险总敞口。只有当企业出于风险管理目的以净额为基础进行套期时，风险净敞口才符合运用套期会计的标准。判断企业是否以净额为基础进行套期应当基于事实，而不仅仅是声明或文件记录。因此，如果仅仅为了达到特定的会计结果却无法反映企业的风险管理策略和风险管理目标，企业不得运用以净额为基础的套期会计。净敞口套期必须是既定风险管理策略的组成部分，通常应当获得企业关键管理人员的批准。

在现金流量套期中，企业对一组项目的风险净敞口（存在风险头寸相互抵销的项目）进行套期时，仅可以将外汇风险净敞口指定为被套期项目，并且应当在套期指定中明确预期交易预计影响损益的报告期间，以及预期交易的性质和数量。

在运用套期会计时，在合并财务报表层面，只有与企业集团之外的对手方之间交易形成的资产、负债、尚未确认的确定承诺或极可能发生的预期交易才能指定为被套期项目；在合并财务报表层面，只有与企业集团之外的对手方签订的合同才能指定为套期工具。对于同一企业集团内的企业之间的交易，在企业个别财务报表层面可以运用套期会计，在企业集合并财务报表层面不得运用套期会计，但下列情形除外：

（1）在合并财务报表层面，符合《企业会计准则第33号——合并财务报表》规定的投资性主体与其以公允价值计量且其变动计入当期损益的子公司之间的交易，可以运用套期会计。

（2）企业集团内部交易形成的货币性项目的汇兑收益或损失，不能在合并财务报表中全额抵销的，企业可以在合并财务报表层面将该货币性项目的外汇风险指定为被套期项目。

（3）企业集团内部极可能发生的预期交易，按照进行此项交易的主体的记账本位币以外的货币标价，且相关的外汇风险将影响合并损益的，企业可以在合并财务报表层面将该外汇风险指定为被套期项目。

三、套期关系评估

（一）运用套期会计的条件

公允价值套期、现金流量套期或境外经营净投资套期同时满足下列条件的，才能运用套期会计方法进行处理：

（1）套期关系仅由符合条件的套期工具和被套期项目组成。

（2）在套期开始时，企业正式指定了套期工具和被套期项目，并准备了关于套期关系和企业从事套期的风险管理策略和风险管理目标的书面文件。该文件至少应载明套期工具、被套期项目、被套期风险的性质以及套期有效性评价方法（包括套期无效部分产生的原因分析以及套期比率确定方法）等内容。

（3）套期关系符合套期有效性要求。套期有效性是指套期工具的公允价值或现金流量变动能够抵销被套期风险引起的被套期项目公允价值或现金流量变动的程度。套期工具的公允价值或现金流量变动大于或小于被套期项目的公允价值或现金流量变动的部分为套期无效部分。套期同时满足下列条件的，企业应当认定套期关系符合套期有效性要求：

①被套期项目和套期工具之间存在经济关系。该经济关系使得套期工具和被套期项目的价值因面临相同的被套期风险而发生方向相反的变动。

②被套期项目和套期工具经济关系产生的价值变动中，信用风险的影响不占主导地位。

③套期关系的套期比率应当等于企业实际套期的被套期项目数量与对其进行套期的套期工具实际数量之比，但不应当反映被套期项目和套期工具相对权重的失衡，这种失衡会导致套期无效，并可能产生与套期会计目标不一致的会计结果。例如，企业确定拟采用的套期比率是为了避免确认现金流量套期的套期无效部分，或是为了创造更多的被套期项目进行公允价值调整以达到增加使用公允价值会计的目的，可能会产生与套期会计目标不一致的会计结果。

企业应当在套期开始日及以后期间持续地对套期关系是否符合套期有效性要求进行评估，尤其应当分析在套期剩余期限内预期将影响套期关系的套期无效部分产生的原因。企业至少应当在资产负债表日及相关情形发生重大变化将影响套期有效性要求时对套期关系进行评估。

（二）套期关系再平衡

套期关系由于套期比率的原因而不再符合套期有效性要求，但指定该套期关系的风险管理目标没有改变的，企业应当进行套期关系再平衡。套期关系再平衡是指对已经存在的套期关系中被套期项目或套期工具的数量进行调整，以使套期比率重新符合套期有效性要求。基于其他目的对被套期项目或套期工具所指定的数量进行变动不构成套期关系再平衡。

企业在套期关系再平衡时，应当首先确认套期关系调整前的套期无效部分，并更新在套期剩余期限内预期将影响套期关系的套期无效部分产生原因的分析，同时相应更新套期关系的书面文件。

（三）套期关系的终止

企业发生下列情形之一的，应当终止运用套期会计：

（1）因风险管理目标发生变化，导致套期关系不再满足风险管理目标。

（2）套期工具已到期、被出售、合同终止或已行使。

（3）被套期项目与套期工具之间不再存在经济关系，或者被套期项目和套期工具经济关系产生的价值变动中，信用风险的影响开始占主导地位。

（4）套期关系不再满足运用套期会计方法的其他条件。在适用套期关系再平衡的情况下，企业应当首先考虑套期关系再平衡，然后评估套期关系是否满足运用套期会计方法的条件。

终止套期会计可能会影响套期关系的整体或其中一部分，在仅影响其中一部分时，剩余未受影响的部分仍适用套期会计。

套期关系同时满足下列条件的，企业不得撤销套期关系的指定并由此终止套期关系：

（1）套期关系仍然满足风险管理目标。

（2）套期关系仍然满足运用套期会计方法的其他条件。在适用套期关系再平衡的情况下，企业应当首先考虑套期关系再平衡，然后评估套期关系是否满足运用套期会计方法的条件。

企业发生下列情形之一的，不作为套期工具已到期或合同终止处理：

（1）套期工具展期或被另一项套期工具替换，而且该展期或替换是企业书面文件所载明的风险管理目标的组成部分。

（2）由于法律法规或其他相关规定的要求，套期工具的原交易对手方变更为一个或多个清算交易对手方（如清算机构或其他主体），以最终达成由同一中央交易对手方进行清算的目的。如果存在套期工具其他变更的，该变更应当仅限于达成此类替换交易对手方所必需的变更。

四、套期会计的确认与计量

（一）公允价值套期

公允价值套期满足运用套期会计方法条件的，应当按照下列规定处理：

（1）套期工具公允价值变动形成的利得或损失应当计入当期损益；如果套期工具是对选择以公允价值计量且其变动计入其他综合收益的非交易性权益工具投资（或其组成部分）进行套期的，套期工具产生的利得或损失应当计入其他综合收益。

（2）被套期项目因被套期风险敞口形成的利得或损失应当计入当期损益，同时调整未以公允价值计量的已确认被套期项目的账面价值。被套期项目分类为以公允价值计量且其变动计入其他综合收益的金融资产（或其组成部分）的，其因被套期风险敞口形成的利得或损失应当计入当期损益，其账面价值已经按公允价值计量，不需要调整；被套期项目被企业选择以公允价值计量且其变动计入其他综合收益的非交易性权益工具投资（或其组成部分）的，其因被套期风险敞口形成的利得或损失应当计入其他综合收益，其账面价值已经按公允价值计量，不需要调整。

被套期项目为尚未确认的确定承诺（或其组成部分）的，其在套期关系指定后因被套期风险引起的公允价值累计变动额应当确认为一项资产或负债，相关的利得或损失应当计入各相关期间损益。当履行确定承诺而取得资产或承担负债时，应当调整该资产或负债的初始确认金额，包括已确认的被套期项目的公允价值累计变动额。

【例5-9】 20×8年1月1日，RT公司为了规避持有库存商品铜的公允价值变动风险，在期货市场上签订了卖出相同数量的商品铜的期货合同，并将其指定对20×8年前2个月铜存货的商品价格变化引起的公允价值变动风险的套期工具。铜期货合同的标的资产与被套期项目铜存货在数量、质次、价格变动和产地方面相同。假定套期工具与被套期项目因铜价变化引起的公允价值变动一致，且不考虑期货市场中每日无负债结算制度影响。

20×8 年 1 月 1 日，铜期货合同的公允价值为 0，被套期项目（铜存货）的账面价值为 1 000 000 元，公允价值为 1 100 000 元。20×8 年 1 月 31 日，铜期货合同公允价值上涨了 25 000 元，铜存货的公允价值下降了 25 000 元。20×8 年 2 月 28 日，铜期货合同公允价值下降了 15 000 元，铜存货的公允价值上升了 15 000 元。当日，RT 公司将铜存货以 1 090 000 元的价格出售，并将铜期货合同结算。假定不考虑商品销售相关的增值税及其他因素。

RT 公司通过分析发现，铜存货与铜期货合同存在经济关系，且经济关系产生的价值变动中信用风险不占主导地位，套期比率也反映了套期的实际数量，符合套期有效性要求。

RT 公司的会计处理如下：

（1）20×8 年 1 月 1 日，套期开始时，编制会计分录如下：

借：被套期项目——库存商品铜　　1 000 000
　　贷：库存商品——铜　　1 000 000

（2）20×8 年 1 月 31 日确认套期损益，编制会计分录如下：

借：套期工具——铜期货合同　　25 000
　　贷：套期损益　　25 000
借：套期损益　　25 000
　　贷：被套期项目——库存商品铜　　25 000

（3）20×8 年 2 月 28 日确认套期损益并出售存货，编制会计分录如下：

借：套期损益　　15 000
　　贷：套期工具——铜期货合同　　15 000
借：被套期项目——库存商品铜　　15 000
　　贷：套期损益　　15 000
借：银行存款　　1 090 000
　　贷：主营业务收入　　1 090 000
借：主营业务成本　　990 000
　　贷：被套期项目——库存商品铜　　990 000
借：银行存款　　10 000
　　贷：套期工具——铜期货合同　　10 000

由于 RT 公司采用套期进行风险管理，规避了铜存货公允价值变动风险，从而使其存货公允价值下降没有对预期毛利 100 000 元（1 100 000 - 1 000 000）产生不利影响。同时，RT 公司运用公允价值套期会计将套期工具与被套期项目的公允价值变动计入相同会计期间的损益，消除了因企业风险管理活动可能导致的损益波动。

（二）现金流量套期

现金流量套期满足运用套期会计方法条件的，应当按照下列规定处理：

（1）套期工具产生的利得或损失中属于有效套期的部分，作为现金流量套期储备，应当计入其他综合收益。现金流量套期储备的金额，应当按照下列两项的绝对额中较低者确定：

①套期工具自套期开始的累计利得或损失；

②被套期项目自套期开始的预计未来现金流量现值的累计变动额。

每期计入其他综合收益的现金流量套期储备的金额应当为当期现金流量套期储备的变动额。

（2）套期工具利得或损失中属于无效套期的部分（即扣除计入其他综合收益后的其他利得或损失），应当计入当期损益。

现金流量套期储备的金额应当按照下列规定处理：

（1）被套期项目为预期交易，且该预期交易使企业随后确认一项非金融资产或非金融负债的，或者非金融资产或非金融负债的预期交易形成一项适用于公允价值套期会计的确定承诺时，企业应当将原在其他综合收益中确认的现金流量套期储备金额转出，计入该资产或负债的初始确认金额。

（2）其他现金流量套期，企业应当在被套期的预期现金流量影响损益的相同期间，将原在其他综合收益中确认的现金流量套期储备金额转出，计入当期损益。

（3）如果在其他综合收益中确认的现金流量套期储备金额是一项损失，且该损失全部或部分预计在未来会计期间不能弥补的，企业应当在预计不能弥补时，将预计不能弥补的部分从其他综合收益中转出，计入当期损益。

当企业对现金流量套期终止运用套期会计时，在其他综合收益中确认的累计现金流量套期储备金额应当按照下列规定进行处理：

（1）被套期的预期未来现金流量预期仍然会发生的，累计现金流量套期储备的金额应当予以保留，并按照前述现金流量套期储备的后续处理规定进行会计处理。

（2）被套期的未来现金流量预期不再发生的，累计现金流量套期储备的金额应当从其他综合收益中转出，计入当期损益。被套期的未来现金流量预期不再极可能发生但可能预期仍然会发生，在预期仍然会发生的情况下，累计现金流量套期储备的金额应当予以保留，并按照前述现金流量套期储备的后续处理规定进行会计处理。

【例 5－10】 20×8 年 1 月 1 日，DEF 公司预期在 20×8 年 2 月 28 日销售一批商品 X，数量为 100 吨，预期售价为 1 100 000 元。为规避该预期销售中与商品价格有关的现金流量变动风险，DEF 公司于 20×8 年 1 月 1 日与某金融机构签订了一项商品期货合同 Y，将于 20×8 年 2 月 28 日以总价 1 100 000 元的价格销售 100 吨商品 X，且将其指定为对该预期商品销售的套期工具。商品期货合同 Y 的标的资产与被套期预期销售商品在数量、质次、价格变动和产地等方面相同，并且商品期货合同 Y 的结算日和预期商品销售日均为 20×8 年 2 月 28 日。20×8 年 1 月 1 日，商品期货合同 Y 的公允价值为 0。20×8 年 1 月 31 日，商品期货合同 Y 的公允价值上涨了 25 000 元，预期销售价格下降了 25 000 元。20×8 年 2 月 28 日，商品期货合同 Y 的公允价值上涨了 10 000 元，商品销售价格下降了 10 000 元。当日，DEF 公司将商品 X 出售，并结算了商品期货合同 Y。

DEF 公司认为该套期符合套期有效性的条件。假定不考虑商品销售相关的增值税及其他因素，且商品期货合约自套期开始的累计利得或损失与被套期项目自套期开始因商品价格变动引起未来现金流量现值的累计变动额一致。同时，假定不考虑期货市场每日无负债结算制度的影响。

DEF 公司的会计处理如下：

(1) 20×8 年 1 月 1 日，DEF 无需作账务处理。

(2) 20×8 年 1 月 31 日，确认现金流量套期储备，编制会计分录如下：

借：套期工具——商品期货合同 Y　　25 000

　　贷：其他综合收益——套期储备　　25 000

(3) 20×8 年 2 月 28 日，编制会计分录如下：

①确认现金流量套期储备时：

借：套期工具——商品期货合同 Y　　10 000

　　贷：其他综合收益——套期储备　　10 000

②确认商品 X 销售收入时：

借：应收账款（或银行存款）　　1 065 000

　　贷：主营业务收入　　1 065 000

③确认衍生工具 Y 的结算时：

借：银行存款　　35 000

　　贷：套期工具——商品期货合同 Y　　35 000

④将现金流量套期储备金额转出，计入当期收入时：

借：其他综合收益——套期储备　　35 000

　　贷：主营业务收入　　35 000

（三）境外经营净投资套期

对境外经营净投资的套期应当按照类似于现金流量套期会计处理规定处理。

(1) 套期工具形成的利得或损失中属于有效套期的部分应当计入其他综合收益。全部或部分境外经营处置时，上述在计入其他综合收益的套期工具利得或损失应当相应转出，计入当期损益。

(2) 套期工具形成的利得或损失中属于无效套期的部分应当计入当期损益。

【例 5-11】 20×7 年 11 月 1 日，CD 公司（记账本位币为人民币）在其境外子公司 EF 公司有一项境外净投资外币 5 000 万元（即 FC5 000 万元）。为规避境外经营净投资外汇风险，CD 公司与某境外金融机构签订了一项外汇远期合同，约定于 20×8 年 4 月 1 日卖出 FC5 000 万元。CD 公司每个季度对境外投资余额进行检查，且依据检查结果调整对净投资价值的套期。其他有关资料如表 5-4 所示。

表 5-4

日　期	即期汇率（FC/人民币）	远期汇率（FC/人民币）	远期合同的公允价值
20×7 年 11 月 1 日	1.71	1.70	0
20×7 年 12 月 31 日	1.64	1.63	3 430 000 元
20×8 年 3 月 31 日	1.60	不适用	5 000 000 元

假定不考虑远期合同的时间价值。该套期满足运用套期会计方法的所有条件。

CD 公司会计处理如下：

（1）20×7 年 11 月 1 日，编制会计分录如下：

借：被套期项目——境外经营净投资　　85 500 000

　　贷：长期股权投资　　85 500 000

外汇远期合同公允价值为 0，不作账务处理。

（2）20×7 年 12 月 31 日，确认远期合同的公允价值变动和对子公司净投资的汇兑损益为 3 500 000 元［（1.71－1.64）×50 000 000］。编制会计分录如下：

借：套期工具——外汇远期合同　　3 430 000

　　贷：其他综合收益　　3 430 000

借：其他综合收益　　3 500 000

　　贷：被套期项目——境外经营净投资　　3 500 000

（3）20×8 年 3 月 31 日，确认远期合同的公允价值变动为 1 570 000 元（5 000 000－3 430 000），对子公司净投资的汇兑损益为 2 000 000 元［（1.64－1.60）×50 000 000］。编制会计分录如下：

借：套期工具——外汇远期合同　　1 570 000

　　贷：其他综合收益　　1 570 000

借：其他综合收益　　2 000 000

　　贷：被套期项目——境外经营净投资　　2 000 000

（4）20×8 年 4 月 1 日外汇远期合同的结算。编制会计分录如下：

借：银行存款　　5 000 000

　　贷：套期工具——外汇远期合同　　5 000 000

本章关键概念

金融工具　衍生金融工具　远期合同　看涨期权　看跌期权　期货　互换　金融资产转移　套期　套期工具　被套期项目　套期有效性

复习思考题

1. 什么是衍生金融工具，其有何特点和功能？
2. 衍生金融工具如何确认和计量？
3. 金融资产转移如何确认和计量？
4. 举例说明套期的分类。
5. 运用套期会计的条件有哪些？
6. 套期会计如何确认和计量？

第六章 公允价值计量

【引言】

公允价值计量对于适应社会主义市场经济发展需要，规范企业公允价值计量和披露，提高会计信息质量具有重要作用。本章主要规范企业应当如何计量相关资产或负债的公允价值，以及应当披露哪些公允价值相关信息，但企业是否应当以公允价值计量相关资产或负债、何时进行公允价值计量、公允价值变动应当计入当期损益还是其他综合收益等会计处理问题，由要求或允许企业采用公允价值计量或披露的其他相关会计准则规范。

第一节 公允价值计量概述

一、公允价值的含义

伴随经济业务的不断创新与发展，公允价值在真实反映交易实质、及时提供价值信息和揭示相关风险等方面都显示出了重要的作用，理论界与实务界越来越关注公允价值研究与应用。尤其2008年国际金融危机之后，公允价值的应用愈发受到大家的重视。基于此，2011年，国际会计准则理事会（IASB）和美国财务会计准则委员会（FASB）同步出台了公允价值计量与披露的新规范。2014年，我国财政部发布《企业会计准则第39号——公允价值计量》，并在2014年7月1日开始正式执行。该准则是在有关准则要求或者允许使用公允价值的情况下，对公允价值计量和披露提供的详尽操作指引。

按照《企业会计准则第39号——公允价值计量》的规定，公允价值是指市场参与者在计量日发生的有序交易中，出售一项资产所能收到或者转移一项负债所需支付的价格。由此可知，公允价值计量的目标是估计市场参与者在计量日的有序交易中出售一项资产或者转移一项负债的价格，衡量公允价值的关键在于以市场为基础的计量而非以特定主体的计量。企业以公允价值计量相关资产或负债，应当从市场参与者的角度计量相关资产或者负债的公允价值，而不应该考虑企业自身持有资产、清偿或者以其他方式履行负债的意图和能力；应当假定计量日出售资产或转移负债的有序交易发生在主要市场（或者不存在主要市场情况下的最有利市场）中，并且使用在当前情况下适用并且有足够可利用数据和其他信息支持的估值技术。

按照现行会计准则的规定，涉及公允价值计量的资产或者负债包括：《企业会计准则第3号——投资性房地产》中规定的以公允价值进行后续计量的投资性房地产、《企业会计准则第5号——生物资产》中规定的以公允价值进行后续计量的生物资产、《企业会计准则第8号——资产减值》中规定的使用公允价值确定的可收回金额的资产、《企业会计准则第10号——企业年金基金》中规定的以公允价值计量的企业年金基金投资、《企业会计准则第16号——政府补助》中规定的以非货币性资产形式取得的政府补助、《企业会计准则第20号——企业合并》中规定的非同一控制下企业合并中取得的可辨认资产和负债以及作为合并对价发行的权益工具、《企业会计准则第20号——金融工具确认和计量》中规定的以公允价值计量且其变动计入当期损益的金融资产或金融负债以及可供出售金融资产等。但是，《企业会计准则第1号——存货》中规定的可变现净值、《企业会计准则第8号——资产减值》中规定的预计未来现金流量现值等计量属性，与公允价值类似，但是并不使用公允价值计量的有关规定，股份支付和租赁业务相关的计量也不遵守公允价值计量的相关规定。

二、公允价值计量的基本要求

为了更加全面地理解公允价值概念，需要从以下七个方面重点把握公允价值计量的基本要求：一是以公允价值计量的相关资产或负债；二是公允价值计量的“脱手价格”假设；三是公允价值计量的“有序交易”假设；四是公允价值计量的“主要市场或最有利市场”假设；五是公允价值计量的“最佳用途”假设；六是公允价值是基于“市场参与者”角度确定的价值；七是公允价值为“计量日”确定的价值。

（一）相关资产或负债

企业以公允价值计量相关资产或负债，其中，相关资产或负债是指其他相关会计准则要求或者允许企业以公允价值计量的资产或负债，也包括企业自身的权益工具，例如，采用公允价值模式进行后续计量的投资性房地产、以公允价值计量且其变动计入当期损益的金融资产或金融负债等。

企业以公允价值计量相关资产或负债，应当考虑该资产或负债的特征以及该资产或负债是以单项还是以组合方式进行的计量等因素。

1. 相关资产或负债的特征

相关资产或负债的特征是指市场参与者在计量日对该资产或负债进行定价时考虑的特征，包括资产状况及所在位置、对资产出售或者使用的限制等。如果市场参与者在计量相关资产或负债公允价值时，会考虑这些资产或负债所具有的特征，那么企业在计量该项资产或负债公允价值时，也应当考虑这些特征因素。

（1）资产状况和所在位置。市场参与者以公允价值计量一项非金融资产时，通常会考虑资产的地理位置和环境、使用功能、结构、新旧程度、可使用状况等。因此，企业计量公允价值时，也应该考虑这些特征，对类似资产和可观察市场价格或其他交易信息进行调整，已确定该资产的公允价值。

【例6－1】 20×7年1月1日，A公司将其一栋写字楼用于出租，确认投资性房地产，并采用公允价值模式进行后续计量。20×7 年 12 月 31 日，A 公司根据可获得的市场信息和相关数据，决定参考本地区同一地段的写字楼活跃市场价格，并考虑所处商圈位置、新旧程度、配套设施等因素，对本地区可比写字楼的市场交易价格进行调整，以此确定该写字楼在 20×7 年 12 月 31 日的公允价值。

（2）对资产出售或使用的限制。企业以公允价值计量相关资产，应当考虑出售或使用该资产所存在的限制因素。企业为合理确定相关资产的公允价值，应当区分该限制是针对资产持有者，还是针对资产本身。如果该限制是针对相关资产本身，那么此类限制是该资产具有的一项特征，任何持有该项资产的企业都会受到影响，企业以公允价值计量该资产，就应该考虑到该项限制特征。如果该项限制是针对资产持有者的，那么此类限制并不是该资产的特征，只会影响当前持有该资产的企业，而其他企业可能不会受到这一限制的影响，市场参与者在计量日对该资产进行定价时不会考虑该限制因素，而企业在以公允价值计量该项资产时，也不考虑针对该资产持有者的限制因素。

2. 计量单元

计量单元是指相关资产或负债以单独或者组合方式进行计量的最小单位。企业以公允价值计量相关资产或负债，该资产或负债可以是单项资产或负债，也可以是资产组合、负债组合或者资产和负债组合。如由多台设备构成的一条生产线，又如由《企业会计准则第 30 号——企业合并》规定的业务等。企业是以单项还是组合的方式对相关资产或负债进行公允价值计量，取决于该资产或负债的计量单元。企业在确认相关资产或负债时就已经确定了该资产或负债的计量单元，并进行了相应计量。对于市场风险或信用风险可抵销的金融资产、金融负债和其他合同，在符合条件的情况下，可将金融资产、金融负债和其他合同组合作为计量单元。

（二）公允价值计量的“脱手价格”假设

公允价值是出售一项资产所能收到或者转移一项负债需要支付的价格。定义中假定资产要“出售”，负债要“转移”，此时需要支付的价格就是公允价值，该价格显然也就是“脱手价格”。“脱手价格”是与“进入价格”相对应的。所谓的进入价格是指企业在一项交易中出售资产所能收到的价格或转移负债所需支付的价格。例如，企业以 5 万元购买一辆叉车，则该叉车的进入价格即为 5 万元；如果以 5 万元出售该叉车，则叉车的脱手价格为 5 万元。

与资产或负债的进入价格相比，脱手价格体现的是市场参与者在计量日对某项资产或负债相关的未来现金流入和流出的预期，因此，资产或负债的公允价值以脱手价格来定义最合适。当然，公允价值概念中的“出售”资产和“转移”负债，都是公允价值认定过程中的假设条件，企业并不需要真的出售资产或转移价格。值得说明的是，虽然企业取得资产或承担负债进入价格不一定等于该项资产或负债的脱手价格，但在大多数情形下，相关资产或负债的进入价格等于其脱手价格。

（三）公允价值计量的“有序交易”假设

企业以公允价值计量相关资产或负债，需要假定市场参与者在计量日出售资产或者转移负债的交易是在当前市场情况下的有序交易。所谓有序交易是指在计量日前一段时间内相关资产或负债具有惯常市场活动的交易，不包括被迫清算和抛售。

1. 有序交易的识别

企业在确定一项交易是否为有序交易时，应当全面理解交易环境和有关事实。企业应该基于可获取的信息，如市场环境变化、交易规则和习惯、价格波动幅度、交易量波动幅度、交易发生的频率、交易对手信息、交易原因、交易场所和其他能够获得的信息，运用专业判断对交易行为和交易价格进行分析，以判断该交易是否为有序交易。确定一项交易是否为有序交易，企业应当考虑合理获得的信息，在获得合理信息时应当考虑成本效益原则，不应该花费过大成本。当企业成为交易一方时，通常假定该企业有充分的信息来判断该交易是否为有序交易。当存在下列情况时，相关资产或负债交易活动通常不作为有序交易：

（1）在当前市场情况下，市场在计量日之前一段时间内不存在相关资产或负债的惯常市场交易活动。

（2）在计量日之前，相关资产或负债存在惯常的市场交易，但是资产出售方或负债转移方仅与单一的市场参与者进行交易。

（3）资产出售方或者负债转移方处于或者接近于破产或托管状态，即资产出售方或负债转移方已陷入财务困境。

（4）与相同或类似资产或负债近期发生的其他交易相比，出售资产或转移负债的价格是一个异常值。

2. 有序交易价格的应用

企业判定相关资产或负债的交易是有序交易的，在公允价值计量该资产或负债时，应当考虑交易的价格，即以交易价格为基础确定该资产或负债的公允价值。企业在公允价值计量过程中赋予有序交易价格的权重时，应当考虑交易量、交易的可比性、交易日与计量日的临近程度等因素。企业判定相关资产或负债的交易不是有序交易的，在以公允价值计量该资产或负债时，不应该考虑该交易的价格，或者赋予该交易价格较低权重。企业根据现有信息不足以判定该交易是否为有序交易的，在以公允价值计量该资产或负债时，应当考虑该交易的价格，但不应该将交易价格作为计量公允价值的唯一依据或者主要依据。相对于其他已知的有序交易价格，企业应该赋予该交易较低权重。

（四）公允价值计量的“主要市场或最有利市场”假设

企业以公允价值计量相关资产或负债，应当假设出售资产或转移负债的有序交易在相关资产或负债的主要市场进行。不存在主要市场的某企业应当假设该交易在相关资产或负债的最有利市场进行。所谓主要市场是指相关资产或负债交易量最大和交易活跃程度最高的市场。最有利市场是指在考虑交易费用和运输费用后，能够以最高金额出售相关资产或者以最低金额转移相关负债的市场。

其中，交易费用是指在相关资产或者负债的主要市场或最有利市场中，发生的可直接归属于资产出售或者负债转移的费用。交易费用是直接由交易引起的，而企业不出售资产或不转移负债都不会发生费用。

1. 主要市场或最有利市场的识别

企业在识别主要市场或者最有利市场时，应当考虑所有可合理获取的信息，但没有必要考察所有市场。通常情况下，如果不存在相反的证据，企业正常进行资产出售或者负债转移的市场可以视为主要市场或最有利市场。主要市场或最有利市场应该是企业在计量日能够进入的交易市场，但不要求企业于计量日在该市场上实际出售资产或转移负债。企业应当从自身角度，而非市场参与者角度，判定相关资产或者负债的主要市场或者最有利市场。由于不同企业可以进入的市场不同，对于不同企业，相同资产或者负债可能具有不同的主要市场或最有利市场。

2. 主要市场或最有利市场的应用

企业应当以最主要市场的价格计量相关资产或负债的公允价值。主要市场是资产或者负债流动性最强的市场，能够为企业提供最具代表性的参考信息。因此，无论相关资产或负债的价格能够直接从市场观察得到，还是通过其他估值技术获得，企业都应该以主要市场上相关资产或负债的价格为基础来计量公允价值。即使企业能够于计量日在主要市场以外的另一个市场上获得更高的出售价格或者更低的转移价格，也不应当采用该价格为公允价值。

不存在最主要市场的，企业应该以最有利市场的价格计量相关资产或负债的公允价值。企业在确定最有利市场时，应该考虑交易费用、运输费用等。在确定公允价值时，由于交易费用不属于相关资产或负债的特征，只与特定交易有关，所以企业不应当以交易费用对市场价格进行调整。但是，相关资产所在的位置是该资产的特征，发生的运输费用能够使该资产从当前位置转移到主要市场或最有利市场的，企业应当根据使该资产从当前位置转移到主要市场或最有利市场的运输费用调整主要市场或者最有利市场的价格。也就是说，在主要市场或最有利市场上，确定公允价值时，不应该考虑交易费用，但应该考虑运输费用。

（五）公允价值计量的“最佳用途”假设

公允价值计量是基于市场计量的方法，企业以公允价值计量非金融资产，应当考虑市场参与者将该资产用于最佳用途产生经济利益的能力，或者将该资产出售给能够用于最佳用途的其他市场参与者产生经济利益的能力。即使企业已经或者计划将非金融资产用于不同于市场参与者的用途，企业仍然应当从市场参与者的角度确定非金融资产的最佳用途，以市场参与者实现一项非金融资产或其所属的一组资产和负债价值最大化时的价格作为该非金融资产或者该组合的公允价值。这与公允价值是基于市场的计量一致。

最佳用途是指市场参与者实现一项非金融资产或其所属的资产和负债组合的价值最大化时该非金融资产的用途。企业判定非金融资产的最佳用途应当考虑法律上是否允许、实务上是否可能以及财务上是否可行等因素。

企业应当从市场参与者的角度判断非金融资产的最佳用途是单独使用、与其他资产组合使用，还是与其他资产和负债组合使用。一般来说，企业对非金融资产的现行用途即为最佳用途，除非市场因素或其他因素表明，市场参与者按照其他用途使用该资产可以实现价值最大化。

（六）公允价值是基于“市场参与者”角度确定的价值

企业以公允价值计量相关资产或负债，应当充分考虑市场参与者之间的交易，采用市场参与者在对该资产或负债定价时为实现其经济利益最大化所使用的假设。

1. 市场参与者的确定

市场参与者是指在相关资产或负债的主要市场或最有利市场中，同时具备下列特征的买方和卖方：

（1）市场参与者应当相互独立，不存在《企业会计准则第36号——关联方披露》所述的关联方关系；

（2）市场参与者应当熟悉情况，能够根据可取得的信息对相关资产或负债以及交易具备合理认知；

（3）市场参与者应当有能力并自愿进行相关资产或负债的交易。

企业在确定市场参与者时，应当考虑所计量的相关资产或负债、该资产或负债的主要市场或最有利市场以及在该市场上与企业进行交易的市场参与者等因素，从总体上识别市场参与者。

2. 市场参与者的应用

企业以公允价值计量相关资产或负债，应当采用市场参与者对该资产或负债定价时为实现其经济利益最大化所使用的假设。公允价值不是基于特定主体的计量，而是基于市场的计量，是从市场参与者的角度确定公允价值。这就要求公允价值计量时，要从市场参与者的角度出发，考虑市场参与者对资产的最佳使用，考虑市场参与者在当前市场条件下对资产和负债进行定价时所使用的所有假设，而不能仅仅局限于企业自身的资产、负债现状来进行估值。

（七）公允价值为“计量日”确定的价值

这里的公允价值是在“计量日”所确定的价格，而不是在交易日所确定的。计量日与交易日存在差异，如果会计准则要求资产或负债按公允价值进行初始计量，则初始确认日即为计量日；如果会计准则要求资产或负债按公允价值进行后续计量，则计量日通常为资产负债表日。

三、公允价值初始计量

企业应当按照交易性质和相关资产或负债的特征等，判断初始确认时的公允价值是否与其交易价格相等。企业在取得资产或者承担负债的交易中，交易价格是取得该资产所支付或者承担负债所收到的价格，即为进入价格。而相关资产或负债的公允价值是脱手价格，即为出售该资产所能收到的价格或转移该负债所需支付的价格。在大多数情况下，相关资产或负债进入价格等于其脱手价格。但企业未必以取得资产时所支付的价格出售该资产，同样，也未必以承担负债时所收取的价格转移该负债。即企业取得资产或承担负债的进入价格不一定等于该资产或负债的脱手价格。在下列情况下，企业以公允价值对相关资产或负债进行初始计量的，不应该将取得资产或承担负债的交易价格作为该资产或负债的公允价值：

（1）关联方之间的交易。在企业有证据表明关联方之间的交易是按照市场条款进行的，则该交易价格可作为确定公允价值的基础。

（2）被迫进行交易的，或者资产出售方或负债的转移方在交易中被迫接受价格的交易。例如，资产出售方或负债转移方为满足监管或法律要求而被迫出售资产或转移负债，或者资产出售方或负债转移方正陷入财务困境。

（3）交易价格所代表的计量单元不同于以公允价值计量的相关资产或负债的计量单元。例如，在企业合并交易中，以公允价值计量的相关资产或负债是交易中的一部分，而交易除该资产或负债之外，还包括应单独计量但未确认的无形资产。

（4）进行交易的市场不是该资产或负债的主要市场，或者不存在主要市场情况下的最有利市场。例如，某商业银行是银行间债券市场的做市商，既可以与其他做市商在银行间债券市场进行交易，也可以与客户在交易所市场进行交易，但对于银行而言，债券交易的主要市场或不存在主要市场情况下的最有利市场是与其他做市商进行交易的银行间债券市场，交易市场上的交易价格有可能不同于银行间债券市场上的交易价格，交易市场上的交易价格不应作为公允价值。

企业以公允价值对相关资产或负债进行初始计量，并且交易价格与公允价值不相等的，交易价格与公允价值的差额应当按照会计准则的要求进行处理。如果会计准则对此未作明确规定，企业应当将该差额计入当期损益。

第二节 估值技术

一、估值技术的类型

企业以公允价值计量相关资产或负债，应当采用在当前情况下适用并且有足够可能利用数据和其他信息支持的估值技术。企业使用估值技术的目的是为了估计在计量日当前市场条件下，市场参与者在有序交易中出售一项资产或者转移一项负债的价格。

企业以公允价值计量相关资产或负债，使用估值技术通常包括市场法、收益法和成本法。企业应当根据实际情况，从这三种方法中选择一种或多种估值技术，用于估计相关资产或负债的公允价值。企业使用多种估值技术计量公允价值的，应当考虑各估值结果的合理性，选取在当前情况下最能代表公允价值的金额作为公允价值。

（一）市场法

市场法是利用相同或类似的资产、负债或资产和负债组合的价格以及其他相关市场交易信息进行估值的技术。企业运用市场法估计相关资产或负债公允价值的，可利用相同或类似的资产、负债或资产和负债的组合的价格和其他相关市场交易信息进行估值。

企业在使用市场法时，应当以市场参与者在相同或类似资产出售中能够收到或者转移相同或类似负债需要支付的公开报价为基础。企业应当根据该资产或负债的特征，例如，当前状况、所处地理位置、出售和使用的限制等，对相同或类似资产或负债的市场价格进行调整，以确定该资产或负债的公允价值。

企业在应用市场法时，除直接使用相同或类似资产或负债的公开报价外，还可以使用市场乘数法等估值方法。市场乘数法是一种使用可比企业市场数据估计公允价值的方法，包括上市公司比较法、交易安全比较法等。企业采用上市公司比较法时，可使用的市场乘数包括市盈率、市净率、企业价值/利息折旧及摊销前利润乘数等。企业应当进行职业判断，考虑与计量相关的定性和定量因素，选择恰当的市场乘数。

（二）收益法

收益法是指企业将未来金额转换成单一现值的估值技术。企业使用收益法时，应当反映市场参与者在计量日对未来现金流或者收入费用等金额的预期。企业使用的收益法包括现金流量折现法、多期超额收益折现法、期权定价模型等估值方法。

1. 现金流量折现法

现金流量折现法是收益法中最常见的估值方法，包括传统法（折现率调整法）和期望现值流量法。企业使用现金流量折现法估计相关资产或负债的公允价值时，需要在计量日从市场参与者角度考虑相关资产或负债的未来现金流量、现金流量金额和时间的可能变动、货币时间价值、因承受现金流量固有不确定性而要求的补偿、与负债相关的不履约风险、市场参与者在当前情况下可能考虑的其他因素等。

企业以现金流量折现法估计相关资产或负债的公允价值，应当避免重复计算或遗漏风险因素的影响，协调折现率与现金流量输入值的选择。例如，企业使用了合同现金流量的，应当采用能够反映预期违约风险的折现率；使用了概率加权现金流量的，应当采用无风险利率；使用了包含通货膨胀影响的现金流量的，应当采用名义利率；使用了排除通货膨胀影响的现金流量的，应当采用实际利率；使用了税后现金流量的，应当采用税后折现率；使用税前现金流量的，应当采用税前折现率；使用人民币现金流量的，应当采用与人民币相关的利率等。

根据对风险的调整方式和采用的现金流量类型，可以将现金流量折现法区分为传统法和期望现金流量法两种。

（1）传统法。传统法是使用在估计范围内最有可能的现金流量和经风险调整的折现率的一种折现方法。企业在传统法中使用的现金流量包括合同现金流量、承诺现金流量或者最有可能的现金流量等。这些现金流量都以特定事项为前提条件，例如，债券中包含的合同现金流量或承诺现金流量是以债务人不发生违约为前提条件的。企业所使用的经风险调整的折现率，应当来自市场上交易的类似资产或负债的可观察回报率。企业在确定资产或负债是否类似时，需要考虑现金流量的性质，例如，现金流量是合同现金流量还是非合同现金流量，现金流量是否会对经济条件的改变作出类似反应，还需要考虑信用状况、抵押品、期限、限制性合同和流动性等因素。

（2）期望现金流量法。期望现金流量法是使用风险调整的期望现金流量和无风险利率，或者使用未经风险调整的期望现金流量和包含市场参与者要求的风险溢价的折现率的一种折现方法。与传统法不同，期望现金流量法中使用现金流量是对所有可能的现金流量进行了概率加权，最终得到的期望现金流量不在以特定事项为前提条件。

应用期望现金流量法有两种方法：第一种方法，企业从以概率为权重计算的期望现金流量中扣除风险溢价，得到确定等值现金流量，并按照无风险利率对确定等值现金流量折现，从而估计出相关资产或负债的公允价值。第二种方法，企业在无风险利率之上增加风险溢价，得到期望回报率，并以该期望回报率对以概率为权重计算的现金流量进行折现，从而估计出相关资产或负债的公允价值。

【例 6－2】某企业期望现金流量计算如表 6－1 所示。假设该企业计算确定资产在一年内的期望现金流量为 480 万元，适用的一年期无风险利率为 6%，具有相同风险状况资产的系统性风险溢价为 2%。

表 6－1　　期望现金流量计算表

可能的现金流量（万元）	概率（%）	概率加权现金流量（万元）
360	20	72
480	60	288
600	20	120
期望现金流量		480

第一种方法：

首先，计算现金流量的风险调整。

480－480×（1.06/1.08）＝8.89（万元）

其次，计算经市场风险调整的期望现金流量。

480－8.89＝471.11（万元）

最后，以无风险利率对经市场风险调整的期望现金流量折现，计算资产的现值（公允价值）。

资产现值（公允价值）＝471.11/（1＋6%）＝444.44（万元）

第二种方法：

首先，根据风险溢价对折现率进行调整，计算期望回报率。

期望回报率＝6%＋2%＝8%

其次，以期望回报率对期望现金流量进行折现，计算该项资产的现值。

该项资产的现值＝480/（1＋8%）＝444.44（万元）

企业使用期望现金流量的两种计算方法得到的现金流量现值相同。实际工作中，采用哪一种方法取决于被计量资产或负债的特征和环境因素，企业是否可获取足够多的数据以及企业运用判断的程度等。

2. 期权定价模型

企业可以采用布莱克—斯科尔斯期权定价模型、二叉树模型、蒙特卡洛模拟法等期权定价模型估计期权的公允价值。其中，布莱克—斯科尔斯期权定价模型可以用于认股权证和具有转换特征的金融工具的简单估值。布莱克—斯科尔斯期权定价模型中的输入值包括即期价格、行权价格、合同期限、预计或内含波动率、无风险利率、期望股息率等。

蒙特卡洛模拟法适用于包含复杂属性的认股权证或具有转换特征的金融工具。蒙特卡洛模拟法根据认股权证或具有转换特征的金融工具条款、条件以及其他假设，随机生成数千甚至数百万的可能结果，计算每种可能情形的相关回报，这些回报用概率加权并折现以计算相关资产或负债的公允价值。

（三）成本法

成本法是反映当前要求重置相关资产服务能力所需金额（通常指现行充值成本）的

估值技术。在该方法下，企业应当根据折旧贬值的情况，对市场参与者获得或构建具有相同服务能力的替代资产的成本进行调整。折旧贬值包括实体性损耗、功能性贬值以及经济性贬值。企业主要使用现行重置成本法估计与其他资产或其他资产和负债一起使用的有形资产的公允价值。

二、估值技术的选择

企业估计相关资产或负债的公允价值，在某些情况下使用单项估值技术，某些情况下可能需要使用多种估值技术，如企业对未上市企业股权投资的估值将采用市场法和收益法。企业应当运用更多职业判断确定恰当的估值技术。企业至少应该考虑以下因素：

（1）根据企业可获得的市场数据和其他信息，其中一种估值技术是否比其他估值技术更恰当。

（2）其中一种估值技术所使用的输入值是否更容易在市场上观察到或者只需要作更少的调整。

（3）其中一种技术得到的估值结果区间是否在其他估值技术的估值结果区间内。

（4）市场法和收益法结果存在较大差异的，进一步分析存在较大差异的原因。

三、估值技术的应用

企业在估值技术的应用中，应该注意以下问题：

（1）企业在估值技术的应用中，应当优先使用相关可观察输入值，只有在相关可观察输入值无法取得或取得不切实可行的情况下，才可以使用不可观察输入值。

所谓的输入值是指市场参与者在给相关资产或负债定价时所使用的假设。可观察输入值是指能够从市场数据中取得的输入值。该输入值反映了市场参与者在对相关资产或负债定价时所使用的假设。企业通常可以从交易所市场、做市商市场、经纪人市场、直接交易市场获得可观察输入值。不可观察输入值是指不能从市场数据中取得的输入值，该输入值应当根据可获得的市场参与者在对相关资产或负债定价时所使用假设的最佳信息确定。

（2）企业以交易价格作为初始确认时的公允价值，且在公允价值后续计量中使用了涉及不可观察输入值的估值技术的，应当在估值过程中校正该估值技术，以使估值技术确定的初始确认结果与交易价格相等。

（3）企业在公允价值后续计量中使用估值技术的，尤其涉及不可观察输入值的，应当确保该估值技术反映了计量日可观察的市场数据，如类似资产或负债的价格等。

（4）企业采用估值技术计量公允价值时，应当选择与市场参与者在相关资产或负债的交易中所考虑的资产或负债特征相一致的输入值，包括流动性折溢价、控制权溢价或少数股东权益折价等，但不包括与《企业会计准则第 39 号——公允价值计量》所规定的计量单元不一致的折溢价。

（5）以公允价值计量的相关资产或负债存在出价和要价的，企业应该以出价和要价之间最能代表当前情况下公允价值的价格确定该资产或负债的公允价值。

企业可以使用出价计量资产头寸、使用要价计量负债头寸，企业也可以使用市场参与者在实务中所使用的在出价和要价之间的中间价或其他定价惯例计量相关资产或负债。

四、估值技术的变更

公允价值计量使用估值技术已经确定，不得随意变更，但变更估值技术或其他应用能使计量结果在当前情况下同样或者更能代表公允价值的情况除外，包括但不限于下列情况：

（1）出现新的市场；

（2）可以取得新的信息；

（3）无法再取得以前使用的信息；

（4）改进了估值技术；

（5）市场状况发生变化。

企业变更估值技术或其应用的，应该按照《企业会计准则第 28 号——会计政策、会计估计变更和差错更正》的规定进行会计估计变更，并根据《企业会计准则第 39 号——公允价值计量》的披露要求对估值技术及其应用的变更进行披露。

第三节 公允价值计量层次

为了提高公允价值计量和相关披露的一致性和可比性，企业应该将公允价值计量所使用的输入值划分为三个层次，并首先使用第一层次输入值，其次使用第二层次输入值，最后使用第三层次输入值。

一、第一层次输入值

第一层次输入值是在计量日能够取得的相同资产或负债在活跃市场上未经调整的报价。活跃市场是指相关资产或负债的交易量和交易频率足以持续提供定价信息的市场。第一层次输入值为公允价值提供了最可靠的证据。在所有情况下，企业只要能够获得相同资产或负债在活跃市场上的报价，就应当将该报价不加调整地应用于该资产或负债的公允价值计量，但下列情形除外：

（1）企业持有大量类似但不同的以公允价值计量的资产或负债，这些资产或负债存在活跃市场报价，但难以获得每项资产或负债在计量日单独的定价信息。在这种情况下，企业可以采用不单纯依赖报价的其他估值模型。

（2）活跃市场报价未能代表计量日的公允价值，如因发生影响公允价值计量的重大事件等导致活跃市场的报价未能代表计量日的公允价值。

（3）不存在相同或类似资产或负债或企业自身权益工具可观察市场报价，但其他方将其作为资产持有的，企业应该在计量日从持有该资产的市场参与者角度，以该资产的公允价值为基础确定该负债或自身权益工具的公允价值。当该资产的某些特征不适用于所计量的负债或企业自身权益工具时，企业应该根据该资产的公允价值进行调整，以调整后的价值确定负债或企业是自身权益工具的公允价值。这些特征包括：资产出售受到的限制、资产与所计量负债或企业自身权益工具类似但不相同、资产的计量单元与负债或企业自身权益工具的计量单元不完全相同等。

企业因上述情况对相同资产或负债在活跃市场上的报价进行调整的，公允价值计量结果应当划分为较低层次。

二、第二层次输入值

第二层次输入值是除第一层次输入值外相关资产或负债直接或间接可观察的输入值。

企业在使用第二层次输入值对相关资产或负债进行公允价值计量时，应当根据资产或负债的特征对第二层次输入值进行调整。这些特征包括：资产状况或所在位置、输入值与类似资产或负债的相关程度、可观察输入值所在市场的交易量和活跃程度。

对于具有合同期限等具体期限的相关资产或负债，第二层次输入值应当在几乎整个期限内是可观察的。

第二层次输入值包括：

（1）活跃市场中类似资产或负债的报价；

（2）非活跃市场中相同或类似资产或负债的报价；

（3）除报价之外的其他可观察输入值，包括在正常报价间隔期间可观察的利率和收益率曲线、隐含波动率和信用利差等；

（4）市场验证的输入值等。市场验证的输入值是指通过相关性分析或其他手段获得的主要来源于可观察市场数据或者经过可观察市场数据验证的输入值。

企业使用重要的不可观察输入值对第二层次输入值进行调整，且该调整对公允价值计量整体而言是重要的，公允价值计量结果应当划分为第三层次。

三、第三层次输入值

第三层次输入值是相关资产或负债的不可观察输入值。第三层次输入值包括：不能直接观察和无法由可观察市场数据验证的利率、股票波动率，企业合并中承担的弃置义务的未来现金流量，企业使用自身数据作出的财务预测等。

企业只有在相关资产或负债不存在市场活动或者市场活动很少导致相关可观察输入值无法取得或取得不切实可行的情况下，才能使用第三层次输入值，即不可观察输入值。

不可观察输入值应当反映市场参与者对相关资产或负债定价时所使用的假设，包括有关风险的假设，如特定估值技术的固有风险和估值技术输入值的固有风险等。

企业在确定不可观察输入值时，应当使用在当前情况下可合理获取的最佳信息，包括所有合理取得的市场参与者假设。

企业可以使用内部数据作为不可观察输入值，但是如果有证据表明其他市场参与者将使用不同于企业内部数据的其他数据，或者这些企业内部数据是企业特定数据、其他市场参与者不具备企业相关特征时，企业应当对其内部数据作出相应调整。

四、公允价值计量结果所属层次

公允价值计量结果所属的层次由对公允价值计量整体而言具有重要意义的输入值所属的最低层次决定。企业应当在考虑相关资产或负债特征的基础上判断所使用的输入值是否重要。企业在进行重要性评估时，应当考虑公允价值计量本身，而不是考虑公允价值变动以及这些变动的会计处理。

公允价值计量结果所属层次取决于估值技术的输入值，而不是估值技术本身。如果企业在公允价值计量中需要使用不可观察输入值对可观察输入值进行调整，并且该调整引起相关资产或负债公允价值计量结果显著增加或显著减少，则公允价值计量结果应当划入第三层次。

五、第三方报价机构的估值

企业使用第三方报价机构提供的出价或要价计量相关资产或负债公允价值的，应当确保该第三方报价机构提供的出价或要价遵循了《企业会计准则第 39 号——公允价值计量》的要求。企业应当综合考虑相关资产或负债所处市场特征、交易是否活跃、是否有足够数量的报价方、报价方是否权威、报价是否持续等因素，对出价和要价的质量进行判断。

企业即使使用了第三方报价机构提供的估值，也不应简单地将该公允价值计量结果划入第三层次。企业应当了解估值服务中应用到的输入值，并根据该输入值的可观察性和重要性确定相关资产或负债公允价值计量结果的层次。例如，第三方报价机构提供了相同资产或负债在活跃市场报价的，企业应当将该资产或负债的公允价值计量划入第一层次。

《企业会计准则第 39 号——公允价值计量》全面规范了公允价值概念、公允价值计量、公允价值估值技术、输入值和公允价值层次，并具体规范了非金融资产的公允价值计量、负债和企业自身权益工具的公允价值计量以及市场风险或信用风险可抵销的金融资产和金融负债的公允价值计量。同时要求信息披露时对资产或负债进行恰当分组，区分持续的公允价值计量和非持续的公允价值计量，并按照公允价值计量的三个层次进行披露。《企业会计准则第 39 号——公允价值计量》的实施为企业会计实务中公允价值的应用提供清晰具体地指导，在一定程度上克服了过去企业会计公允价值运用中的弊端，提高了会计信息质量，有助于促进公允价值的应用和发展。

第四节 公允价值计量的应用

一、非金融资产的公允价值计量

（一）非金融资产的最佳用途

企业以公允价值计量非金融资产应当考虑市场参与者通过直接将该资产用于最佳用途

产生经济利益的能力，或者通过将该资产出售给能够用于最佳用途的其他市场参与者产生经济利益的能力。最佳用途是指市场参与者实现一项非金融资产或其所属的一组资产和负债的价值最大化时该非金融资产的用途。最佳用途是评估行业在非金融资产评估中所使用的估值概念，也称为最高最佳用途。企业判定非金融资产的最佳用途，应当考虑该用途是否为法律上是否允许、实物上可能以及财务上可行的使用方式。企业判断非金融资产的用途在法律上是否允许，应当考虑市场参与者在对该非金融资产定价时所考虑的资产使用在法律上的限制。企业判断非金融资产的用途在实物上是否可能，应当考虑市场参与者在对该非金融资产定价时所考虑的资产实物特征。企业判断非金融资产的用途在财务上是否可行，应当考虑在法律上允许且实物上可能的情况下，市场参与者通过使用该非金融资产能否产生足够的收益或现金流量，从而在补偿将该非金融资产用于这一用途所发生的成本之后，仍然能够满足市场参与者所要求的投资回报。

即使企业已经或者计划将非金融资产用于不同于市场参与者的用途，企业仍然应该从市场参与者的角度确定非金融资产的最佳用途。通常情况下，企业对非金融资产的当前用途可视为最佳用途，除非市场因素或者其他因素表明市场参与者按照其他用途使用该非金融资产可以实现价值最大化。

【例6-3】甲软件公司拥有一组资产，包括向客户收取许可证费用的收费软件资产A和配套使用的数据库支持系统资产B，这两项资产结合使用。20×7年，由于市场上出现新的可替代软件，甲公司需要对该资产组进行减值测试，确定该资产组公允价值减去处置费用后的净额。

由于没有证据表明这些资产当前用途并非其最佳用途，甲公司确定这些资产的最佳用途是其当前用途，并且每一项资产将主要通过与其他资产结合使用来为市场参与者提供最大价值。假定市场参与者有两种类型，一种是甲公司的竞争对手等同行业企业，另一种是投资公司。同行业企业拥有与软件资产配套使用的其他资产，软件资产只会在有限的过渡期内使用，且在过渡期结束时无法单独出售。同行业企业对软件资产的估价为350万元。投资公司未拥有与软件资产配套使用的其他资产以及软件资产的替代资产，软件资产将在其整个剩余经济寿命期内被使用。投资公司对软件资产的估价为340万元。假定两类买家对配套资产的定价相同，均为290万元。据此分析，同行业企业愿意为整个资产组合支付的价格高于投资公司的价格，因此，软件资产和配套系统组合的公允价值应基于同行业企业对整个资产组合的使用来确定，即640万元（350+290）。

（二）非金融资产的估值前提

企业以公允价值计量非金融资产应当在最佳用途的基础上确定该非金融资产的估值前提，即单独使用该非金融资产还是将其与其他资产或负债组合使用。通过单独使用实现非金融资产最佳用途的，该非金融资产的公允价值应当是将该资产出售给同样单独使用该资产的市场参与者的当前交易价格。通过与其他资产或负债组合使用实现非金融资产最佳用途的该非金融资产的公允价值应当是将该资产出售给以同样组合方式使用资产的市场参与者的当前交易价格，并且假定市场参与者可以取得组合中的其他资产或负债。其中，负债包括企业为筹集营运资金产生的负债，但不包括企业为组合之外的资产筹集资金所产生的负债。最佳用途假定应当一致地应用于组合中所有相关资产。

对于非金融资产，即使已知该资产通过与其他资产和负债组合使用能够实现最佳用途，但该资产的计量单元是单项资产，企业在以公允价值对其进行计量时，仍应该假设该资产按照与计量单元相一致的方式出售，并假定市场参与者已取得了使该资产正常运作的组合中的其他资产和负债。

企业以公允价值计量与其他资产或其他资产和负债组合使用的非金融资产时，为实现上述估值前提，可能出现以下不同情况：

（1）非金融资产与其他资产或与其他资产和负债组合使用前提下的公允价值，与该非金融资产单独使用前提下的公允价值可能相等。例如，企业以公允价值对持续经营的业务进行计量时，需要对业务的整体进行估值。由于市场参与者都能获得业务中每一项资产或负债的协同效应，所以无论资产单独使用还是与其他资产或负债组合使用，协同效应都会影响各项资产和负债的公允价值。

（2）非金融资产与其他资产或与其他资产和负债组合使用前提下的公允价值，可能通过调整该非金融资产单独使用时的公允价值取得。例如，非金融资产是一台机器设备，其公允价值计量基于没有为使用进行安装或配置的类似的可观察价格确定，并就运输和安装成本进行调整，从而在公允价值计量中反映了机器的当前状况和位置。

（3）市场参与者通过在公允价值计量中采用的假设反映非金融资产通过组合实现最佳用途的估值前提。例如，非金融资产是特殊的在产品，市场参与者会将该存货转化为产成品，确定该存货的公允价值时应当假定市场参与者已经获取或者能够获取将存货转化为产成品所需的任何特殊机器设备。

（4）估值技术反映非金融资产通过组合实现最佳用途的估值前提。例如，在使用多期超额收益法计量无形资产的公允价值时，该估值技术特别考虑了无形资产所在组合中的其他配套资产和相关负债的贡献。

（5）在少数情况下，非金融资产与其他资产或与其他资产和负债组合使用前提下的公允价值，可通过分配资产组合的公允价值获得近似于该资产公允价值的金额。

二、负债和企业自身权益工具的公允价值计量

企业以公允价值计量负债，应当假定在计量日将该负债转移给市场参与者，而且该负债在转移后继续存在，由作为受让方的市场参与者履行相关义务。同样，企业以公允价值计量自身权益工具，应当假定在计量日将该自身权益工具转移给市场参与者，而且该自身权益工具在转移后继续存在，并由作为受让方的市场参与者取得与该工具相关的权利、承担相应的义务。在任何情况下，企业都应当优先使用相关的可观察输入值，只有在相关可观察输入值无法取得或者取得不切实可行的情况下，才可以使用不可观察输入值，用以估计在计量日市场参与者之间按照当前市场情况转移一项负债或权益工具的有序交易中的价格。

（一）确定负债或企业自身权益工具公允价值的方法

1. 具有可观察市场报价的相同或者类似负债或企业自身权益工具

如果存在相同或类似负债或企业自身权益工具可观察市场报价的，企业应当以该报价为基础确定负债或企业自身权益工具的公允价值。但在很多情况下，由于法律限制或企业

为打算转移负债或企业自身权益工具等原因，企业可能无法获得转移相同或类似负债或企业自身权益工具的公开报价。在这种情况下，企业应当确定该负债或自身权益工具是否被其他方作为资产持有。相关负债或企业自身权益工具被其他方作为资产持有的，企业应当在计量日从持有对应资产的市场参与者角度，以对应资产的公允价值为基础，确定该负债或企业自身权益工具的公允价值；相关负债或企业自身权益工具没有被其他方作为资产持有的，企业应当从承担负债或者发行权益工具的市场参与者角度，采用估值技术确定该负债或企业自身权益工具的公允价值。

2. 被其他方作为资产持有的负债或企业自身权益工具

对于存在相同或类似负债或企业自身权益工具报价的，但其他方将其作为资产持有的负债或企业权益工具，企业应当根据下列方法估计其公允价值：

（1）如果对应资产存在活跃市场的报价，并且企业能够获得该报价，企业应当以对应资产的报价为基础确定该负债或企业自身权益工具的公允价值。

（2）如果对应资产不存在活跃市场的报价，或者企业无法获得该报价，企业可使用其他可观察的输入值。

如果上述（1）和（2）中的可观察价格或输入值都不存在，企业应使用收益法、市场法等其他估值技术。企业使用权益法的，应当考虑市场参与者将该负债或企业自身权益工具作为资产持有时与其收到的现金流量限制。企业使用市场法的，应当考虑其他市场参与者作为资产持有的类似负债或企业自身权益工具的报价。

对应资产的某些特征不适用于负债或企业自身权益工具的，企业应当对该资产的市场报价进行调整，以调整后的价格确定该负债或企业自身权益工具的公允价值。这些调整因素包括：一是对应资产的出售受到限制；二是与对应资产相关的负债或企业自身权益工具与所计量负债或企业自身权益工具类似但不相同。负债或权益工具可能具有一些特征，例如，发行方的信用质量，与被作为资产持有的类似负债或权益工具的公允价值中反映的特征不同；三是对应资产的计量单元与负债或企业自身权益工具的计量单元完全不相同。如果对应资产的价格反映了相关债权和第三方信用增级，而负债的计量单元不包括第三方的信用增级，则企业在以公允价值计量该负债时，应当调整对应资产的可观察价格，提出第三方信用增级的影响。四是其他需要调整的因素。

3. 未被其他方作为资产持有的负债或企业自身权益工具

不存在相同或类似负债或企业自身权益工具报价，并且其他方未将其作为资产持有的，企业应当从承担负债或发行权益工具的市场参与者角度，采用估值技术确定该负债或企业自身权益工具的公允价值。即使不存在对应资产，企业也可使用估值技术计量该负债的公允价值。

（二）不履约风险

企业以公允价值计量相关负债，应当考虑履约风险，并假设不履约风险在负债转移前后保持不变。不履约风险是指企业不履行义务的风险，包括但不限于企业自身信用风险。企业以公允价值计量相关负债时，应当考虑其信用状况的影响，以及其他可能影响负债履行的因素。这些因素的影响会因不同负债而有所不同，例如，该负债是否是一项具有偿付现金义务的金融负债，或者是一项具有提供商品或义务的非金融负债，或者存在与该负债相关的信用增级条款。

企业以公允价值计量相关负债，应当基于该负债的计量单元考虑不履约风险对负债公允价值的影响。负债负有不可分割的第三方信用增级，如第三方的债务担保，并且该信用增级与负债是分别进行会计处理的，企业估计该负债公允价值时，不应考虑该信用增级的影响，而仅考虑企业自身的信用状况。

（三）负债或企业自身权益工具转移受限

企业以公允价值计量负债或自身权益工具，并且该负债或自身权益工具存在限制转移因素的，如果企业在公允价值计量的输入值中已经考虑了这些因素，则不应再单独设置相关输入值，也不应该对其他输入值进行相关调整。但如果对于负债转移的限制未反映在交易价格或用于计量公允价值计量的其他输入值中，企业应当对输入值进行调整，以反映该限制。

（四）具有可随时要求偿还特征的金融负债

具有可随时要求偿还特征的金融负债的公允价值，不应低于债权人要求偿还时的应付金额，即从可要求偿还第一天起折现的限制。例如，对于银行而言，其吸收的客户活期存款是具有可随时要求偿还特征的金融负债，反映了银行需要根据存款人需求随时偿还现金给存款人或者存款人制定的第三方的合同义务人，该活期存款的公允价值不应低于随时要求偿还的金额。

三、市场风险或信用风险可抵销的金融资产和金融负债公允价值计量

企业持有一组金融资产和金融负债时，将会面临包含利率风险、货币风险和其他价格风险等市场风险和交易对手的信用风险。通常情况下，企业不是通过“出售”金融资产或“转移”金融负债来管理其面临的市场风险及信用风险敞口的，而是基于一个或多个特定市场风险或特定交易对手信用风险的净敞口管理这些工具。

企业基于其市场风险或特定交易对手信用风险的净敞口来管理其金融资产和金融负债时，在满足要求的情况下，可以在当前市场情况下市场参与者之间计量日进行的有序交易中，以出售特定风险敞口的净多头所能收到的价格或转移特定风险敞口的净空头所需支付的价格为基础，计量该组金融资产和金融负债的公允价值。

（一）金融资产和金融负债组合计量的条件

企业以公允价值计量金融资产和金融负债组合的，应当同时满足下列条件：

（1）企业在风险管理或投资策略的真实书面文件中已载明，以特定市场风险或特定对手信用风险的净敞口为基础，管理金融资产和金融负债的组合。企业应当提供证据，以证明其一致地基于市场风险或信用风险的净敞口管理金融工具。

（2）企业以特定市场风险或特定对手信用风险的净敞口为基础，向企业关键管理人员报告金融资产和金融负债组合的信息。

（3）企业每个资产负债表日持续以公允价值计量组合中的金融资产和金融负债。

（二）金融资产和金融负债的市场风险敞口

企业以公允价值计量基于特定市场风险的净敞口管理的金融资产和金融负债，金融资产和金融负债应当具有实质相同的特定市场风险敞口和特定市场风险期限，企业应当使用

出价和要价差内最能代表当前市场环境下公允价值的价格作为公允价值。因期限不同而导致在一段时期市场风险违背抵销的，企业应当分别计量其市场风险被抵销时期的市场风险净敞口，以及在市场风险未被抵销时期的市场风险总敞口。

（三）金融资产和金融负债的信用风险敞口

企业以公允价值计量相关资产或负债，如果已与对手达成了在出现违约情况下将考虑所有能够缓释信用风险敞口的安排，例如，与交易对手定了总互抵协议，或者要求基于各方对另一方信用风险的净敞口交换担保品协议，则应在公允价值计量中考虑交易对手信用风险的净敞口或者该交易对手对企业信用风险的净敞口。企业以公允价值计量相关资产或负债，应当反映市场参与者对这些安排再出现违约情况下能否依法强制执行的预期。

企业为管理一个或多个特定市场风险净敞口而进行组合管理的金融资产和金融负债，可以不同于企业为管理其特定交易对手信用风险净敞口而进行组合管理的金融资产和金融负债，因为企业所有合同不可能均与相关的交易对手订立。

本章关键词

公允价值　　估值技术　　输入值　　金融资产　　金融负债

复习思考题

1. 公允价值计量的基本要求有哪些？
2. 公允价值计量可以采用的估值技术有哪些？
3. 什么是输入值？如何确定公允价值的计量层次？

第七章 合营安排

【引言】

合营安排分为合营企业与共同经营，是指一项由两个或两个以上的参与方共同控制的安排。本章首先论述合营安排概念及其认定，然后阐述了共同经营中合营方的会计处理，并分析了共同经营不享有共同控制的参与方的会计处理原则。

第一节 合营安排的概念及其认定

一、合营安排

合营安排是指一项由两个或两个以上的参与方共同控制的安排。

合营安排的主要特征包括：

(1) 各参与方均受到该安排的约束。合营安排通过相关约定对各参与方予以约束。相关约定是指据以判断是否存在共同控制的一系列具有执行力的合约，通常包括合营安排各参与方达成的合同安排，如合同、协议、会议纪要、契约等，也包括对该安排构成约束的法律形式本身。从内容来看，有关约定可能涵盖以下方面：对合营安排的目的、业务活动及期限的约定；对合营安排的治理机构（如董事会或类似机构）成员的任命方式的约定；对合营安排相关事项的决策方式的约定，包括哪些事项需要参与方决策、参与方的表决权情况、决策事项所需的表决权比例等内容，合营安排相关事项的决策方式是分析是否存在共同控制的重要因素；对参与方需要提供的资本或其他投入的约定；对合营安排的资产、负债、收入、费用、损益在参与方之间分配方式的约定。当合营安排通过单独主体达成时，该单独主体所制定的章程或其他法律文件有时会约定相关内容。

(2) 两个或两个以上的参与方对该安排实施共同控制。任何一个参与方都不能够单独控制该安排，对该安排具有共同控制的任何一个参与方均能够阻止其他参与方或参与方组合单独控制该安排。

二、共同控制及其判断原则

合营安排的一个重要特征是共同控制。共同控制是指按照相关约定对某项安排所共有的控制，并且该安排的相关活动必须经过分享控制权的参与方一致同意后才能决策。共同控制不同于控制，共同控制是由两个或两个以上的参与方实施，而控制由单一参与方实施。共同控制也不同于重大影响，享有重大影响的参与方只拥有参与安排的财务和经营政策的决策权力，但并不能够控制或者与其他方一起共同控制这些政策的制定。

在判断是否具有共同控制时，首先判断是否所有参与方或参与方组合集体控制该安排，其次再判断该安排相关活动的决策是否必须经过这些参与方一致同意。相关活动是指对某项安排的回报产生重大影响的活动，具体应视安排的情况而定，通常包括商品或劳务的销售和购买、资产的购买和处置、研究及融资活动等。

1. 集体控制

如果所有参与方或一组参与方必须一致行动才能决定某项安排的相关活动，则称所有参与方或一组参与方集体控制该安排。在判断集体控制时，需要注意以下几点：

（1）集体控制不是单独一方控制。为了确定相关约定是否赋予参与方对该安排的共同控制，主体应首先识别该安排的相关活动，然后确定哪些能够赋予参与方主导相关活动的权力。

如果某一个参与方能够单独主导该安排中的相关活动，则为控制。如果一组参与方或所有参与方联合起来才能够主导该安排中的相关活动，则为集体控制。即在集体控制下，不存在任何一个参与方能够单独控制某安排，而是由一组参与方或所有参与方联合起来才能控制该安排。“一组参与方或所有参与方”即意味着要有两个或两个以上的参与方联合起来才能形成控制。

（2）尽管所有参与方联合起来一定能够控制该安排，但集体控制下，集体控制该安排的组合指的是那些既能联合起来控制该安排，又使得参与方数量最少的一个或几个参与方组合。能够集体控制一项安排的参与方组合很可能不止一个。

2. 相关活动的决策

主体应当在确定是由参与方组合集体控制该安排，而不是某一参与方单独控制该安排后，再判断这些集体控制该安排的参与方是否共同控制该安排。当且仅当相关活动的决策要求集体控制该安排的参与方一致同意时，才存在共同控制。

存在共同控制时，有关合营安排相关活动的所有重大决策必须经分享控制权的各方一致同意。一致同意的规定保证了对合营安排具有共同控制的任何一个参与方均可以阻止其他参与方在未经其同意的情况下就相关活动单方面作出决策。

“一致同意”中，并不要求其中一方必须具备主动提出议案的能力，只要具备对合营安排相关活动的所有重大决策予以否决的权力即可；也不需要该安排的每个参与方都一致同意，只要那些能够集体控制该安排的参与方意见一致，就可以达成一致同意。有时，相关约定中设定的决策方式也可能暗含需要达成一致同意。例如，假定两方建立一项安排，在该安排中双方各拥有50%的表决权。双方约定，对相关活动作出决策至少需要51%的表决权。在这种情况下，意味着双方同意共同控制该安排，因为如果没有双方的一致同意，就无法对相关活动作出决策。

当相关约定中设定了就相关活动作出决策所需的最低投票权比例时，若存在多种参与方的组合形式均能满足最低投票权比例要求的情形，则该安排就不是合营安排，除非相关约定明确指出，需要其中哪些参与方一致同意才能就相关活动作出决策。

如果存在两个或两个以上的参与方组合能够集体控制某项安排的，不构成共同控制。

【例7-1】 假定一项安排涉及A公司、B公司、C公司三方，在该安排中拥有的表决权分别为50%、30%和20%。A公司、B公司、C公司之间的相关约定规定，75%以上的表决权即可对安排的相关活动作出决策。

本例中，A公司和B公司是能够集体控制该安排的唯一组合，当且仅当A公司、B公司一致同意时，该安排的相关活动决策方能表决通过。因此A公司、B公司对安排具有共同控制权。

3. 争议解决机制

在分析合营安排的各方是否共同分享控制权时，要关注对于争议解决机制的安排。相关约定可能包括处理纠纷的条款，如关于仲裁的约定。这些条款可能允许具有共同控制的各参与方在没有达成一致意见的情况下进行决策。这些条款的存在不会妨碍该安排构成共同控制的判断，因此也不会妨碍该安排成为合营安排。但是，如果在各方未就相关活动的重大决策达成一致意见的情况下，其中一方具备一票通过权或者潜在表决权等特殊权力，则需要仔细分析，很可能具有特殊权力的一方实质上具备控制权。

4. 仅享有保护性权利的参与方不享有共同控制

保护性权利是指仅为了保护权利持有人利益却没有赋予持有人对相关活动进行决策的一项权利。保护性权利通常只能在合营安排发生根本性改变或某些例外情况发生时才能够行使，它既没有赋予其持有人对合营安排拥有权力，也不能阻止其他参与方对合营安排拥有权力。对于某些安排，相关活动仅在特定情况或特定事项发生时开展，例如，某些安排在设计时就确定了安排的活动及其回报，在特定情况或特定事项发生之前不需要进行重大决策。这种情况下，权利在特定情况或特定事项发生时方可行使并不意味该权利是保护性权利。

如果一致同意的要求仅仅与向某些参与方提供保护性权利的决策有关，而与该安排的相关活动的决策无关，那么拥有该保护性权利的参与方不会仅仅因为该保护性权利而成为该项安排的合营方。因此在评估参与方能否共同控制合营安排时，必须具体区分参与方持有的权利是否为保护性权利，判断为保护性权利的，其行使与否不影响其他参与方控制或共同控制该安排。

5. 一项安排的不同活动可能分别由不同的参与方或参与方组合主导在不同阶段，一项安排可能发生不同的活动，从而导致不同参与方可能主导不同的相关活动，或者共同主导所有相关活动。不同参与方分别主导不同相关活动时，相关的参与方需要分别评估自身是否拥有主导对回报产生最重大影响的活动的权利，从而确定是否能够控制该项安排，而不是与其他参与方共同控制该项安排。

6. 综合评估多项相关协议

有时，一项安排的各参与方之间可能存在多项相关协议。在单独考虑一份协议时，某参与方可能对合营安排具有共同控制，但在综合考虑该安排的目的和设计等所有情况时，该参与方实际上可能对该安排并不具有共同控制。因此在判断是否存在共同控制时，需要综合考虑该多项相关协议。

三、合营安排中的不同参与方

只要两个或两个以上的参与方对该安排实施共同控制，一项安排就可以被认定为合营安排，并不要求所有参与方都对该安排享有共同控制。即一项合营安排的所有投资者群体中，只要其中部分投资者能够对该合营安排实施共同控制即可，构成合营安排的前提条件不要求所有投资者均具有共同控制能力。对合营安排享有共同控制的参与方（分享控制权的参与方）被称为“合营方”；对合营安排不享有共同控制的参与方被称为“非合营方”。

四、合营安排的分类

合营安排分为共同经营和合营企业。共同经营是指合营方享有该安排相关资产且承担该安排相关负债的合营安排。合营企业是指合营方仅对该安排的净资产享有权利的合营安排。合营方应当根据其在合营安排的正常经营中享有的权利和承担的义务来确定合营安排的分类。对权利和义务进行评价时，应当考虑该合营安排的结构、法律形式以及合营安排中约定的条款、其他相关事实和情况等因素。

合营安排是为不同目的而设立的（如参与方为了共同承担成本和风险，或者参与方为了获得新技术或新市场），可以采用不同的结构和法律形式。一些安排不要求采用单独主体形式开展活动，而有一些安排则涉及构造单独主体。在实务中，主体可以从合营安排是否通过单独主体达成为起点，判断一项合营安排是共同经营还是合营企业。

在因具有共同控制形成合营安排的情况下，进一步区分有关合营安排是共同经营还是合营企业，关键是看根据合营安排的合同、协议以及基于其法律形式确定的各投资方的权利、义务关系，投资方拥有的是对合营安排净资产的要求权还是对合营安排中持有有关资产份额的要求权，并基于其所承担负债的份额承担责任。

1. 单独主体

单独主体是指具有单独可辨认的财务架构的主体，包括单独的法人主体和不具备法人主体资格但法律所认可的主体。单独主体并不一定要具备法人资格，但必须具有法律所认可的单独可辨认的财务架构，确认某主体是否属于单独主体必须考虑适用的法律法规。具有可单独辨认的资产、负债、收入、费用、财务安排和会计记录，并且具有一定法律形式的主体构成法律认可的单独可辨认的财务架构。合营安排最常见的形式包括有限责任公司、合伙企业、合作企业等。在某些情况下，信托、基金也可被视为单独主体。

2. 合营安排未通过单独主体达成

当合营安排未通过单独主体达成时，该合营安排为共同经营。在这种情况下，合营方通常通过相关约定享有与该安排相关资产的权利并承担与该安排相关负债的义务，同时，享有相应收入的权利、并承担相应费用的责任，因此该合营安排应当划分为共同经营。

3. 合营安排通过单独主体达成

如果合营安排通过单独主体达成，在判断该合营安排是共同经营还是合营企业时，通常首先分析单独主体的法律形式，法律形式不足以判断时，将法律形式与合同安排结合进行分析，法律形式和合同安排结合起来仍不足以判断时，进一步考虑其他事实和情况。

（1）单独主体的法律形式。各参与方应当根据该单独主体的法律形式，判断该安排是赋予参与方享有与安排相关资产的权利、并承担与安排相关负债的义务，还是赋予参与方享有该安排的净资产的权利。即，各参与方应当依据单独主体的法律形式判断是否能将参与方和单独主体分离。例如，各参与方可能通过单独主体执行合营安排，单独主体的法律形式决定在单独主体中的资产和负债是单独主体的资产和负债，而不是各参与方的资产和负债。在这种情况下，基于单独主体的法律形式赋予各参与方的权利和义务，可以初步判定该项安排是合营企业。

在各参与方通过单独主体达成合营安排的情形下，当且仅当单独主体的法律形式没有将参与方和单独主体分离（即单独主体持有的资产和负债是各参与方的资产和负债）时，基于单独主体的法律形式赋予参与方权利和义务的判断，足以说明该合营安排是共同经营。

（2）合同安排。当单独主体的法律形式并不能将合营安排的资产的权利和对负债的义务授予该安排的参与方时，还需要进一步分析各参与方之间是否通过合同安排，赋予该安排的参与方对合营安排资产的权利和对合营安排负债的义务。合同安排中常见的某些特征或者条款可能表明该安排为共同经营或者合营企业。共同经营和合营企业的一些普遍特征的比较（包括但不限于）如表 7－1 所示。

表 7－1　　共同经营和合营企业对比表

对比项目	共同经营	合营企业
合营安排的条款	参与方对合营安排的相关资产享有权利并对相关负债承担义务	参与方对与合营安排有关的净资产享有权利，即单独主体（而不是参与方），享有与安排相关资产的权利，并承担与安排相关负债的义务
对资产的权利	参与方按照约定的比例分享合营安排的相关资产的全部利益（如权利、权属或所有权等）	资产属于合营安排，参与方并不对资产享有权利
对负债的义务	参与方按照规定的比例分担合营安排的成本、费用、债务及义务第三方对该安排提出的索赔要求，参与方作为义务人承担索赔责任	合营安排对自身的债务或义务承担责任。参与方仅以其各自对该安排认缴的投资额为对该安排承担相应的义务。合营安排的债权方无权就该安排的债务对参与方进行追索
收入、费用及损益	合营安排建立了各参与方按照约定的比例（如按照各自所耗用的产能比例）分配收入和费用的机制，某些情况下，参与方按约定的份额比例享有合营安排产生的净损益不会必然使其被分类为合营企业，仍应当分析参与方对该安排相关资产的权利以及对该安排相关负债的义务	各参与方按照约定的份额比例享有合营安排产生的净损益
担保	参与方为合营安排提供担保（或提供担保的承诺）的行为本身并不直接导致一项安排被分类为共同经营	

有时，法律形式和合同安排均表明一项合营安排中的合营方对该安排的净资产享有权利，此时，若不存在相反的其他事实和情况，该合营安排应当被划分为合营企业。有时，仅从法律形式判断，一项合营安排符合合营企业的特征，但是，综合考虑合同安排后，合营方享有该合营安排相关资产并且承担该安排相关负债，此时，该合营安排应当被划分为共同经营。

（3）其他事实和情况。如果一项安排的法律形式与合同安排均没有将该安排的资产的权利和对负债的义务授予该安排的参与方，则应考虑其他事实和情况，包括合营安排的目的和设计，其与参与方的关系及其现金流的来源等。在某些情况下，合营安排设立的主要目的是为参与方提供产出，这表明参与方可能按照约定实质上享有合营安排所持资产几乎全部的经济利益。在这种安排下，参与方根据相关合同或法律约定有购买产出的义务，并往往通过阻止合营安排将其产出出售给其他第三方的方式来确保参与方能获得产出。这样该安排产生的负债实质上是由参与方通过购买产出支付的现金流量而得以清偿。因此，如果参与方实质上是该安排持续经营和清偿债务所需现金流的唯一来源，这表明参与方承担了与该安排相关的负债。综合考虑该合营安排的其他相关事实和情况，表明参与方实质上享有合营安排所持资产几乎全部的经济利益，对合营安排所产生的负债的清偿，合营安排实质上也持续依赖于向参与方收取的产出的销售现金流，该合营安排的实质为共同经营。在实务中，参与方在合营安排中的产出分配比例与表决权比例不同，并不影响对该安排是共同经营还是合营企业的判断。

在区分合营安排的类型时，需要了解该安排的目的和设计。如果合营安排同时具有以下特征，则表明该安排是共同经营：①各参与方实质上有权享有，并有义务接受由该安排资产产生的几乎所有经济利益（从而承担了该经济利益的相关风险，如价格风险、存货风险、需求风险等），如该安排所从事的活动主要是向合营方提供产出等；②持续依赖于合营方清偿该安排活动产生的负债，并维持该安排的运营。

在考虑“其他事实和情况”时，只有当该安排产生的负债的清偿持续依赖于合营方的支持时，该安排才为共同经营，即强调参与方实质上是该安排持续经营所需现金流的唯一来源。

（4）重新评估。企业对合营安排是否拥有共同控制权，以及评估该合营安排是共同经营还是合营企业，需在初始判断的基础上持续评估。进行判断时，企业需要对所有相关的事实和情况加以考虑。如果法律形式、合同条款等相关事实和情况发生变化，合营安排参与方应当对合营安排进行重新评估：一是评估原合营方是否仍对该安排拥有共同控制权；二是评估合营安排的类型是否发生变化。相关事实和情况的变化有时可能导致某一参与方控制该安排，从而使该安排不再是合营安排。由于相关事实和情况发生变化，合营安排的分类可能发生变化，可能由合营企业转变为共同经营，或者由共同经营转变为合营企业。例如，经重新协商，修订后的合营安排的合同条款约定参与方拥有对资产的权利，并承担对负债的义务，在这种情况下，该安排的分类可能发生了变化，应重新评估该安排是否由合营企业转为共同经营。

第二节 共同经营中合营方的会计处理

一、一般会计处理原则

除合营方对持有合营企业投资应当采用权益法核算以外，其他合营安排中的合营方应当确认自身所承担的以及按比例享有或承担的合营安排中按照合同、协议等的规定归属于本企业的资产、负债、收入及费用。该处理方法一定程度上类似于比例合并，但与比例合并又存在差异。具体如下：

合营方应当确认其与共同经营中利益份额相关的下列项目，并按照相关《企业会计准则》的规定进行会计处理：一是确认单独所持有的资产，以及按其份额确认共同持有的资产；二是确认单独所承担的负债，以及按其份额确认共同承担的负债；三是确认出售其享有的共同经营产出份额所产生的收入；四是按其份额确认共同经营因出售产出所产生的收入；五是确认单独所发生的费用，以及按其份额确认共同经营发生的费用。

合营方可能将其自有资产用于共同经营，如果合营方保留了对这些资产的全部所有权或控制权，则这些资产的会计处理与合营方自有资产的会计处理并无差别。

合营方也可能与其他合营方共同购买资产来投入共同经营，并共同承担共同经营的负债，此时，合营方应当按照《企业会计准则》相关规定确认在这些资产和负债中的利益份额。例如，按照《企业会计准则第 4 号——固定资产》来确认在相关固定资产中的利益份额，按照《企业会计准则第 22 号——金融工具确认和计量》来确认在相关金融资产和金融负债中的份额。共同经营通过单独主体达成时，合营方应确认按照上述原则单独所承担的负债，以及按本企业的份额确认共同承担的负债。但合营方对于因其他股东未按约定向合营安排提供资金，按照我国相关法律或相关合同约定等规定而承担连带责任的，从其规定，在会计处理上应遵循《企业会计准则第 13 号——或有事项》的要求。

有关合营合同的安排通常描述了该安排所从事活动的性质，以及各参与方打算共同开展这些活动的方式。例如，合营安排各参与方可能同意共同生产产品，每一参与方负责特定的任务，使用各自的资产，承担各自的负债。合同安排也可能规定了各参与方分享共同收入和分担共同费用的方式。在这种情况下，每一个合营方在其资产负债表上确认其用于完成特定任务的资产和负债，并根据相关约定确认相关的收入和费用份额。当合营安排各参与方可能同意共同拥有和经营一项资产时，相关约定规定了各参与方对共同经营资产的权利，以及来自该项资产的收入或产出和相应的经营成本在各参与方之间分配的方式。每一个合营方对其在共同资产中的份额、同意承担的负债份额进行会计处理，并按照相关约定确认其在产出、收入和费用中的份额。

【例 7－2】 20×8 年 1 月 1 日，A 公司和 B 公司共同出资购买一栋写字楼，各自拥有该写字楼 50% 的产权，用于出租收取租金。合同约定，该写字楼相关活动的决策需要 A

公司和B公司一致同意方可作出；A公司和B公司的出资比例、收入分享比例和费用分担比例均为各自50%。该写字楼购买价款为8 000万元，由A公司和B公司以银行存款支付，预计使用寿命20年，预计净残值为320万元，采用年限平均法按月计提折旧。该写字楼的租赁合同约定，租赁期限为10年，每年租金为480万元，按月交付。该写字楼每月支付维修费2万元。另外，A公司和B公司约定，该写字楼的后续维护和维修支出（包括再装修支出和任何其他的大修支出）以及与该写字楼相关的任何资金需求，均由A公司和B公司按比例承担。假定A公司和B公司均采用成本法对投资性房地产进行后续计量，不考虑税费等其他因素影响。

本例中，由于关于该写字楼相关活动的决策需要A公司和B公司一致同意方可作出，所以A公司和B公司共同控制该写字楼，购买并出租该写字楼为一项合营安排。由于该合营安排并未通过一个单独主体来架构，并明确约定了A公司和B公司享有该安排中资产的权利、获得该安排相应收入的权利、承担相应费用的责任等，因此该合营安排是共同经营。A公司的相关会计处理如下：

（1）出资购买写字楼时，编制会计分录如下：

借：投资性房地产　　40 000 000（8 000×50%）

　　贷：银行存款　　40 000 000

（2）每月确认租金收入时，编制会计分录如下：

借：银行存款　　200 000（480×50%÷12）

　　贷：其他业务收入　　200 000

（3）每月计提写字楼折旧时，编制会计分录如下：

借：其他业务成本　　160 000

　　贷：投资性房地产累计折旧　　160 000［（8 000－320）÷20÷12×50%］

（4）支付维修费时，编制会计分录如下：

借：其他业务成本　　10 000（20 000×50%）

　　贷：银行存款　　10 000

二、合营方向共同经营投出或者出售不构成业务的资产的会计处理

合营方向共同经营投出或出售资产等（该资产构成业务的除外），在共同经营将相关资产出售给第三方或相关资产消耗之前（即，未实现内部利润仍包括在共同经营持有的资产账面价值中时），应当仅确认归属于共同经营其他参与方的利得或损失。如果投出或出售的资产发生符合《企业会计准则第8号——资产减值》等规定的资产减值损失的，合营方应当全额确认该损失。该规定与合营方对合营企业投出非货币性资产的规定一致。

三、合营方自共同经营购买不构成业务的资产的会计处理

合营方自共同经营购买资产等（该资产构成业务的除外），在将该资产等出售给第三方之前（即，未实现内部利润仍包括在合营方持有的资产账面价值中时），不应当确认因该交易产生的损益中该合营方应享有的部分。即，此时应当仅确认因该交易产生的损益中

归属于共同经营其他参与方的部分。

【例7-3】A公司和B公司共同设立一项安排C，假定该安排被划分为共同经营，A公司和B公司对于安排C的资产、负债及损益分别享有50%的份额。20×8年12月31日，A公司支付采购价款（不含增值税）100万元，购入安排C的一批产品，A公司将该批产品作为存货入账，尚未对外出售。该项产品在安排C中的账面价值为60万元。

本例中，安排C因上述交易确认了收益40万元。A公司对该收益按份额应享有20万元（40×50%）。但由于在资产负债表日，该项存货仍未出售给第三方，因此该未实现内部损益20万元应当被抵销，相应减少存货的账面价值。但B公司对该收益应享有20万元（40×50%），应当予以确认，B公司享有的20万元收益反映在A公司存货的期末账面价值中。

四、合营方取得构成业务的共同经营的利益份额且形成控制情况的会计处理

合营方取得共同经营中的利益份额，且该共同经营构成业务时，应当按照《企业会计准则第20号——企业合并》等相关准则进行相应的会计处理，但其他相关准则的规定不能与《企业会计准则第40号——合营安排》的规定相冲突。企业应当按照《企业会计准则第20号——企业合并》的相关规定判断该共同经营是否构成业务。该处理原则不仅适用于收购现有的构成业务的共同经营中的利益份额，也适用于与其他参与方一起设立共同经营，且由于有其他参与方注入既存业务，使共同经营设立时即构成业务。

合营方增加其持有的一项构成业务的共同经营的利益份额时，如果合营方对该共同经营仍然是共同控制，则合营方之前持有的共同经营的利益份额不应按照新增投资日的公允价值重新计量。

五、对共同经营不享有共同控制的参与方的会计处理原则

对共同经营不享有共同控制的参与方（非合营方），如果享有该共同经营相关资产且承担该共同经营相关负债的，比照合营方进行会计处理。即，共同经营的参与方，不论其是否具有共同控制，只要能够享有共同经营相关资产的权利、并承担共同经营相关负债的义务，对在共同经营中的利益份额采用与合营方相同的会计处理。否则，应当按照相关企业会计准则的规定对其利益份额进行会计处理。例如，如果该参与方对于合营安排的净资产享有权利并且具有重大影响，则按照《企业会计准则第2号——长期股权投资》等相关规定进行会计处理；如果该参与方对于合营安排的净资产享有权利并且无重大影响，则按照《企业会计准则第22号——金融工具确认和计量》等相关规定进行会计处理；向共同经营投资构成业务的资产的，以及取得共同经营的利益份额的，则按照《企业会计准则第33号——合并财务报表》及《企业会计准则第20号——企业合并》等相关准则进行会计处理。

本章关键概念

合营安排　　共同控制　　保护性权利　　集体控制　　共同经营　　合营企业

复习思考题

1. 简述共同控制及其判断原则。
2. 简述共同经营与合营企业的区别。
3. 简述共同经营中合营方的会计处理的一般原则。

第八章 清算会计

【引言】

企业解散时，一般应进行清算。企业清算按照所依据法律文件的不同，可分为解散清算和破产清算两种。本章主要介绍清算会计的概念、基本理论及其分类，并重点阐述法人企业在解散清算和破产清算时的会计处理及其相关的法律规范。

第一节 清算会计概述

一、清算会计的概念

任何事物的发展规律都是有始有终。一个企业设立、发展后，最终也会因各种原因解体或消亡。企业解散时，应依据法律规定进行清算。清算既是企业在解散过程中依法清理资产、清偿债务以及对剩余财产进行分配的行为，也是一个企业结束其法人地位时必需的会计工作程序。清算期间，企业不再开展正常的生产经营活动。因而，在清算期间不能继续应用持续经营下的会计程序和方法，而必须应用清算会计对各种清算业务或事项进行处理，并向有关方面进行报告。

清算会计是对企业清算期间所发生的各种清算业务或事项进行核算和监督，并向有关债权人、投资人及政府主管部门披露企业财务状况、清算过程和结果等会计信息的一种专门会计。它只适应于企业清算期间，与企业存续期间会计相比，清算会计的应用时限相对较短，但又是必需的。

二、清算会计对传统财务会计理论的改变

清算会计属于财务会计范畴。它与持续经营下的企业会计既有密切的联系，又有明显的区别。清算会计以所接收的解散或破产企业的资金为起点，通过对资产变现、债务清偿、分配剩余财产等事项进行核算和监督，最终反映企业资金的退出。在清算期间，没有资金的投入，也不存在资金的循环与周转。因而，清算会计在会计目标、会计假设、会计

基础、会计信息质量要求等方面与传统财务会计有很大差别，形成一些具有自身特点的特有的会计理论。

（一）对会计目标的改变

传统的财务会计目标是向财务会计报告使用者提供有关企业财务状况、经营成果和现金流量等方面的会计信息，反映企业管理层受托责任的履行情况，有助于财务报告使用者作出经济决策。清算会计的目标主要是向股东会议或人民法院等机构报告企业清算开始日、清算过程中和清算结束时的财产状况、变现偿债和清算损益等会计信息，以妥善处理各方利益人之间的经济关系。因而，清算会计的目标与传统财务会计在会计信息的使用者、提供会计信息的内容以及提供会计信息的目的等方面不同。

（二）对会计假设的改变

传统财务会计的基本假设有会计主体、持续经营、会计分期和货币计量。企业进入清算后，由于所处的环境发生了改变，使得一些传统财务会计的假设失去了存在的条件。清算会计仍需以货币作为计量单位，在会计处理中也应严格区分清算企业与股东、债权债务单位的财务关系。因而清算会计也有会计主体和货币计量假设。不过清算会计的行为主体不再是企业人员，而是清算组或管理人。在清算期间，企业已停止正常经营活动，不需要定期核算经营损益并进行财务报告。因而，持续经营假设和会计分期假设失去了存在的条件。

（三）对会计基础和会计信息质量特征的改变

传统财务会计确认、计量和报告必须以权责发生制为基础，以合理确定各期损益。清算会计是非持续经营下的会计，在清算期间不发生新的交易，不需要以权责发生制为基础确认收入和费用，其核算的基础只能是收付实现制。

因清算会计的目标与传统财务会计目标有很大差异，这就决定了会计信息质量要求并不完全适用于清算会计。清算会计信息质量主要应当具有可靠性、可理解性、重要性、及时性等特征。

三、清算会计的分类

按现有法律规定，企业解散并不都需要成立清算组进行清算。只有企业解散时需要进行清算的，才应用清算会计。企业解散进行清算的，所依据的法律文件可能不同，清算期间所发生的事项也有所区别。按照企业清算所依据法律文件及核算内容的不同，清算会计可分为解散清算会计和破产清算会计两种。

（一）解散清算会计

解散清算会计也称为普通清算会计或一般清算会计，是指企业因普通解散而进行清算所应用的会计。一般是指按公司法规定对解散企业进行清算时所应用的会计。

《中华人民共和国公司法》（以下简称《公司法》）规定，公司制企业因下列原因解散：

（1）公司章程规定的营业期限届满或者公司章程规定的其他解散事由出现（注：营业期限届满时，也可通过修改公司章程而存续，不予解散）。

（2）股东会或股东大会决议解散。

（3）因公司合并或分立需要解散。

（4）依法被吊销营业执照、责令关闭或者被撤销。

（5）公司经营管理发生严重困难，继续存续会使股东利益受到重大损失，通过其他途径不能解决的，持有公司全部股东表决权百分之十以上的股东，可以请求人民法院解散公司。

当公司因上述（1）、（2）、（4）、（5）原因解散的，应当在解散事由出现之后成立清算组，进行清算。由这几种原因导致企业解散的，应当应用清算会计对清算过程中发生的业务或事项进行处理。如果公司因合并或分立解散，则由合并各方签订合并协议或由公司作出分立决议，并编制资产负债表及财产清单。合并各方的债权债务，由合并后存续或新设的公司承继。公司分立时的财产应作相应分割，其债务由分立后的公司承担连带责任。

（二）破产清算会计

破产清算会计是指对被宣告破产的企业进行清算时所应用的会计。被宣告破产的企业经清算后，也会解散。但破产解散必须按照《中华人民共和国企业破产法》（以下简称《企业破产法》）规定的程序进行。有的企业经破产申请与受理后，可能直接被宣告破产，进入破产清算阶段。有的企业则可能经历重整、和解阶段。当重整、和解失败后，才被宣告破产，进入破产清算阶段。当企业被宣告破产进行清算后，一般没有剩余财产可向股东进行分配。为保障债权人的利益，妥善处理相关各方关系，在清算过程中，必须界定破产财产和破产债权，严格区分破产费用和共益债务，并按《企业破产法》规定的顺序清偿债务。因而，破产清算会计是一种在核算内容等方面与普通清算会计有所差别的清算会计。

第二节 解散清算会计

一、解散清算的程序

企业因解散而进行清算时，应按照《公司法》规定的程序进行。在清算中应及时清查和处理债权债务，合理分配财产，避免因企业解散造成各种经济损失和纠纷。下面以公司制企业为例，介绍解散清算的程序。

（一）成立清算组

企业解散并进行清算的，应当在解散事由出现之后 15 天内成立清算组，开始清算。清算组是在企业清算期间负责清算事务，并代表企业行使权力的机构。有限责任公司的清算组由股东组成；股份有限公司的清算组由董事会或者股东大会确定的人员组成。清算组在清算期间行使下列职权：

（1）清理公司财产，分别编制资产负债表和财产清单。

（2）通知、公告债权人。

（3）处理与清算有关的公司未了结的业务。

(4) 清缴所欠税款及清算过程中产生的税款。

(5) 清理债权、债务。

(6) 处理公司清偿债务后的剩余财产。

(7) 代表公司参与民事诉讼活动。

(二) 组织清算

清算组成立后，应积极组织公司的清算工作。清算工作主要包括：

(1) 债权申报。清算组应自成立之日起10日内通知债权人，并于60日内在报纸上公告。债权人应自接到通知书之日起30日内，未接到通知书的自公告之日起45日内，向清算组申报债权。债权人申报债权应说明债权的有关事项，并提供证明材料；清算组应当对债权进行登记。在申报债权期间，清算组不得对债权人进行清偿。

(2) 清理财产，制定清算方案。清算组成立后，应全面彻底清理企业财产，编制资产负债表和财产清单，制定清算方案，并报股东会、股东大会或者人民法院确认。

在清理财产时，不仅要核实财产的数量，而且应严格清理财产的产权，分清自有财产和非自有财产、暂存外部财产和他人存入财产；要明确哪些财产属于担保财产、抵押财产、可变卖财产等；对需要出售处理的财产物资应进行重新估价，确定其可变现净值。

清算组在清理企业财产、编制资产负债表和财产清单后，如果发现企业财产不足清偿债务的，应当依法向人民法院申请宣告破产。企业经人民法院裁定宣告破产后，清算组应当将清算事务移交给人民法院。

(3) 变现财产，清偿债务，分配剩余财产。清算组对清理的各项财产应积极变现，以满足债务清偿的需要。企业财产应按下列顺序支付费用和清偿债务：

①支付清算费用；

②支付职工的工资、社会保险费用和法定补偿金；

③缴纳所欠税款；

④清偿其他普通债务。

企业财产用于上述清偿后的剩余财产，应按照股东的出资比例（有限责任公司）或持有股份比例（股份有限公司）进行分配。

清算期间，企业仍然存续，但不得开展与清算无关的经营活动。企业财产在未依照前述程序清偿前，不能向股东分配。

(三) 编制清算报告，办理企业注销手续

企业清算结束后，清算组应当制作清算报告，报股东会、股东大会或者人民法院确认，并报送企业登记机关，申请注销企业登记，公告企业终止。

二、解散清算会计的内容及要求

目前，我国《公司法》对公司解散和清算事宜进行了规定，但尚无相应的解散清算会计准则。有关普通清算会计的内容及要求一般散见于相关规章中。概括起来，普通清算会计的工作内容及处理要求主要表现在三个方面。

(一) 提供企业清算日的会计信息

清算组在接管企业财产，全面清查企业财产后，由清算会计编制企业清算日的资产负

债表和财产清单。

（二）核算和监督清算过程中的各种清算事项

（1）核算和监督财产物资的处置、债权收回和发生的清算损益。清算组按清算方案处置财产、收取债权时，清算会计应及时对企业财产的处置和债权的收回进行核算和监督，应将处置财产和清理债权收回的可用于偿债的资金存入银行；对处置资产、处理与清算有关的未了结业务中支付的各种清算费用、发生的清理损失和清理收益，确认为清理费用和清理损益；及时交纳因处置资产及其结果发生的应交税费。

（2）核算和监督债务的偿付。清算组在核实债权人申报债权的基础上，依法定程序偿付企业债务时，清算会计应按规定及时、准确地对清偿的债务进行核算和监督。

（3）核算和监督剩余财产的分配。在解散清算中，以企业财产偿付债务后，一般有剩余财产。剩余财产应在股东之间进行分配。清算会计对剩余财产分配应进行及时、准确地核算和监督。剩余财产分配后，最后结平所有账户。

（三）编制清算财务报表

在清算期间和清算终结时，清算会计还应及时编制各种清算会计报表，向股东会或人民法院报告。清算会计报表主要包括清算损益表，清算期内现金、银行存款收支表，清算结束日资产负债表及股东分配剩余财产表等。

三、解散清算的会计处理

解散清算会计进行会计核算一般不另设新的账户体系，可在企业原账户体系中增设“清算费用”和“清算损益”两个会计账户。“清算费用”账户核算清算过程中发生的各项清算费用。支付清算费用时，计入该账户的借方；清算结束时，该账户发生额转入“清算损益”账户时，计入其贷方。“清算损益”账户核算清算过程中发生的因处置财产、清理债权等发生的损益。

【例8－1】假设某有限责任公司由甲、乙、丙三个股东组成，甲、乙、丙各方投资比例分别为40%、30%、30%。公司章程规定20×8年9月30日经营期限届满，全体股东一致同意届时解散公司。公司解散时成立了清算组，清算组及时组织了各项清算工作，20×8年10月31日清算结束。

（一）有关会计资料

资料一：该公司提供的20×8年9月30日的资产负债表如表8－1所示。

表8－1　　资产负债表

编制单位：某有限责任公司　　20×8年9月30日　　单位：元

资　　产	金　　额	负债和所有者权益	金　　额
流动资产		流动负债	
货币资金	750 000	短期借款	280 000
应收票据	150 000	应付票据	200 000
应收账款	200 000	应付账款	350 000
存货	800 000	应付职工薪酬	110 000

续表

资　　产	金　　额	负债和所有者权益	金　　额
流动资产合计	1 900 000	应交税费	60 000
非流动资产		流动负债合计	1 000 000
持有至到期投资	100 000	所有者权益	
固定资产	900 000	实收资本	1 000 000
无形资产	100 000	资本公积	300 000
非流动资产合计	1 100 000	盈余公积	500 000
		未分配利润	200 000
		所有者权益合计	2 000 000
资产总计	3 000 000	负债和所有者权益总计	3 000 000

资产负债表中有关项目金额的明细资料如下：

(1) 货币资金 750 000 元均为银行存款。

(2) 应收账款账面价值 200 000 元，其中，应收账款账户余额 250 000 元，坏账准备账户贷方余额 50 000 元。

(3) 存货账面价值 800 000 元，其中，原材料账户余额 300 000 元，库存商品账户余额 550 000 元，存货跌价准备账户贷方余额 50 000 元。

(4) 固定资产账面价值 900 000 元，原值 2 000 000 元，累计折旧 1 100 000 元。

(5) 实收资本 1 000 000 元，其中，甲股东 400 000 元，乙股东 300 000 元，丙股东 300 000 元。

(6) 应交税费 60 000 元为未交增值税。

资料二：企业资产、负债的清查结果如下：

(1) 企业不存在担保、抵押资产。

(2) 预计将 150 000 元的应收票据向银行贴现时可收入贴现净额 140 000 元。

(3) 账面余额为 250 000 元的应收账款预计可收回 160 000 元，其余部分将无法收回。

(4) 估计各种存货的含税售价为 1 170 000 元，其中应交增值税 170 000 元。

(5) 持有至到期投资 100 000 元为购买 W 公司的 3 年期债券，已持有 9 个月，预计可变现净值为 100 000 元。

(6) 预计固定资产的可收回金额为 1 200 000 元，因出售房屋建筑物应交增值税 30 000 元。

(7) 账面无形资产为即将到期的经营特许权，无可变现价值。

资料三：清算期间发生的有关业务如下：

(1) 以银行存款支付清算组酬金 40 000 元，其他清算费用 60 000 元。

(2) 假设各资产的实际变现金额与预计可变现净值一致。

(3) 以银行存款支付清算日所欠的各项流动负债，以及新发生的应交增值税 2 000 000元、城市维护建设税 14 000 元、教育费附加 6 000 元。

(4) 计算结转清算损益。

①将清算费用结转清算损益;

②计算交纳所得税,结转清算净收益;

③将纳税后的清算净收益全部结转“利润分配——未分配利润”账户。

(5) 归还股东投入资本,并分配剩余财产。退还股东投入资本,按投资比例计算甲、乙、丙各方应分配的剩余财产,并以银行存款支付。

(二) 清算期会计处理

1. 编制各清算业务会计分录

对各项清算业务编制会计分录如下:

(1) 应收票据贴现。

借:银行存款 140 000

清算损益 10 000

贷:应收票据 150 000

(2) 收回应收账款。

借:银行存款 160 000

坏账准备 50 000

清算损益 40 000

贷:应收账款 250 000

(3) 出售存货。

借:银行存款 1 170 000

存货跌价准备 50 000

贷:应交税费——应交增值税 170 000

原材料 300 000

库存商品 550 000

清算损益 200 000

借:清算损益 17 000

贷:应交税费——应交城建税 11 900

——应交教育费附加 5 100

(4) 出售持有至到期投资。

借:银行存款 100 000

贷:持有至到期投资 10 000

(5) 出售固定资产。

借:银行存款 1 200 000

累计折旧 1 100 000

贷:固定资产 2 000 000

清算损益 300 000

借:清算损益 33 000

贷:应交税费——应交增值税 30 000

——应交城建税 2 100

——应交教育费附加 900

(6) 注销无形资产。

借：清算损益 100 000

贷：无形资产 100 000

(7) 支付清算组酬金及其他清算费用。

借：清算费用 100 000

贷：银行存款 100 000

(8) 支付职工薪酬。

借：应付职工薪酬 110 000

贷：银行存款 110 000

(9) 缴纳税费。

借：应交税费——未交增值税 60 000

——应交增值税 200 000

——应交城建税 14 000

——应交教育费附加 6 000

贷：银行存款 280 000

(10) 偿还短期借款。

借：短期借款 280 000

贷：银行存款 280 000

(11) 支付应付票据。

借：应付票据 200 000

贷：银行存款 200 000

(12) 支付应付账款。

借：应付账款 350 000

贷：银行存款 350 000

2. 计算结转清算损益

(1) 结转清算费用。

借：清算损益 100 000

贷：清算费用 100 000

(2) 计算清算净损益。

清算收益 = -10 000 - 40 000 + 200 000 - 17 000 + 300 000 - 33 000 - 100 000 - 100 000 = 200 000（元）

应交所得税：200 000 × 25% = 50 000（元）

清算净收益：200 000 - 50 000 = 150 000（元）

(3) 计算缴纳所得税，并结转清算净损益。

借：清算损益 50 000

贷：应交税费——应交所得税 50 000

借：应交税费——应交所得税　　50 000
　　贷：银行存款　　50 000
借：清算损益　　150 000
　　贷：利润分配——未分配利润　　150 000

3. 编制清算财务报表（如表 8－2、表 8－3、表 8－4 所示）

表 8－2　　**清算损益表**

编报单位：某有限责任公司　　20×8 年 10 月 31 日　　单位：元

清算费用及损失	金　额	清算收益	金　额
清算费用	100 000	变卖存货溢价	200 000
其中：清算组酬金	40 000	变卖固定资产溢价	300 000
其他清算费用	60 000		
清算损失	250 000		
其中：应收票据贴现	10 000		
清理应收账款	40 000		
注销无形资产	100 000		
缴纳税费	100 000		
清算费用及损失合计	350 000	清算收益合计	500 000
清算净收益			150 000

表 8－3　　**清算期现金、银行存款收支表**

编报单位：某有限责任公司　　20×8 年 10 月 31 日　　单位：元

项　目	金　额	合　计
期初结存	750 000	750 000
期内收入		
应收票据贴现	140 000	
收回应收账款	160 000	
变卖存货	1 170 000	
出售持有至到期投资	100 000	
变卖固定资产	1 200 000	2 770 000
期内支出		
清算费用	100 000	
支付职工薪酬	110 000	
缴纳税费	330 000	
偿付短期借款	280 000	
偿付应付票据	200 000	
偿付应付账款	350 000	1 370 000
期末结余		2 150 000

表 8－4　清算结束日资产负债表

编报单位：某有限责任公司　　20×8 年 10 月 31 日　　单位：元

资　产	金　额	所有者权益	金　额
货币资金	2 150 000	实收资本	1 000 000
		资本公积	300 000
		盈余公积	500 000
		未分配利润	350 000
资产总计	2 150 000	所有者权益总计	2 150 000

（三）分配剩余财产

清算后，企业剩余资产应向股东进行分配。分配剩余财产时，对股东权益中的实收资本应按股东的出资额退还，其余部分按各股东的出资比例进行分配。

该公司清算后，共有货币资金 2 150 000 元，各股东分配额计算如下（股东分配剩余财产表略）：

甲股东应分配额 = 400 000 +（300 000 +500 000 +350 000）×40% =860 000（元）

乙股东应分配额 = 300 000 +（300 000 +500 000 +350 000）×30% =645 000（元）

丙股东应分配额 =300 000 +（300 000 +500 000 +350 000）×30% =645 000（元）

分配时的会计分录如下：

借：实收资本——甲投资者　　400 000
　　　　　　——乙投资者　　300 000
　　　　　　——丙投资者　　300 000
　　资本公积　　300 000
　　盈余公积　　500 000
　　利润分配——未分配利润　　350 000
　　贷：银行存款　　2 150 000

至此，该公司清算的所有账务均已处理完毕，各账户余额结平。清算组应向企业原登记机关办理注销登记。

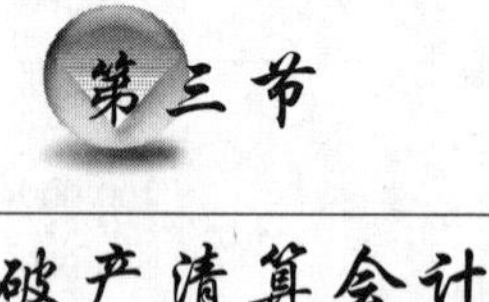

第三节 破产清算会计

一、企业破产内容

企业破产是一个复杂的过程。当企业法人不能清偿到期债务，并且资产不足以清偿全部债务或者明显缺乏清偿能力的，应按照《企业破产法》的规定清理债务。当企业法人具有前述情形，或者有明显丧失清偿能力可能的，也可以按照《企业破产法》的规定进行重整。而无论进行重整、和解，还是因不能清偿债务进行破产清算的，都应先进行申请，并经人民法院受理。可见，企业破产包括申请与受理、整顿与和解、破产清算等内容或阶段。但并不是每一个出现不能清偿到期债务、且资不抵债的企业都必须依序经历这些阶段。有的企业经破产申请与受理，在未被宣告破产前，可能有第三方为其提供足额担保或为其清偿全部到期债务；或者由企业自行清偿了全部到期债务。对此，人民法院应裁定终结破产程序，不再进行破产清算。有的企业经重整申请与实施，最后重整成功。在这种情况下，企业可继续保持其法人地位；反之，则被宣告破产，转入破产清算。

本节主要阐述破产清算会计。因破产清算与其他几个阶段密切相关，下面简要介绍一下企业破产内容。

（一）申请和受理

1. 申请

企业破产必须先申请。企业破产的申请人可以是债务人（注：这里的债务人指不能清偿到期债务、资不抵债的企业。按《企业破产法》规定，企业只有被宣告破产后，才称为破产企业。本节按《企业破产法》的规定，将未被宣告破产的企业，称为债务人）、债权人和依法负责清算责任的人。按照《企业破产法》的规定，企业法人不能清偿到期债务，并且资产不足以清偿全部债务或者明显缺乏清偿能力的，债务人可以向人民法院提出重整、和解或者破产清算申请。债务人不能清偿到期债务，债权人可以向人民法院提出重整或者破产清算申请。企业法人已解散但未清算或者未清算完毕，资产不足以清偿债务的，依法负责清算责任的人应当向人民法院申请破产清算。

2. 受理

破产案件由债务人住所地人民法院管辖。人民法院收到破产申请后，应在规定的时间内裁定是否受理。人民法院受理或不受理破产申请的，都应自裁定作出之日 5 日内送达申请人。如果不受理时，还应说明理由。

人民法院裁定受理破产申请的，应当同时指定管理人，并在规定时间内通知已知债权人，并予以公告。

（二）重整与和解

重整与和解是为了减少企业破产造成的社会损失，尽量挽救有可能恢复生机的企业所设立的两个重要阶段和内容。但重整与和解并不是法院作出破产宣告的必经程序。

1. 重整

进行重整也应进行申请。如前所述，重整申请可由债务人或者债权人依据《企业破产法》直接向人民法院提出。另外，债权人申请对债务人进行破产清算的，在人民法院受理破产申请后、宣布债务人破产前，债务人或者出资额占债务人注册资本 1/10 以上的出资人，也可以向人民法院申请重整。

人民法院经审查认为重整申请符合《企业破产法》规定的，应当裁定债务人重整，并予以公告。在重整期间，经债务人申请，人民法院批准，债务人可以在管理人的监督下自行管理财产和营业事务。这种情况下，已接管债务人财产和营业事务的管理人，应向债务人移交财产和营业事务；管理人的职权由债务人行使。如果在重整期间，管理人负责管理财产和营业事务的，可以聘请债务人的经营管理人员负责营业事务。债务人或管理人应当在规定时间内制作并向人民法院和债权人会议提交重整计划草案。重整计划草案经债权人会议表决通过后，由法院裁定批准，并予以公告。重整计划由债务人负责执行。

2. 和解

和解申请由债务人提出。债务人可以依据《企业破产法》直接向人民法院申请和解；也可以在人民法院受理破产申请后、宣布债务人破产前，向人民法院申请和解。

债务人申请和解时，应当提出和解协议草案。人民法院经审查认为和解申请符合《企业破产法》规定的，应当裁定和解，予以公告，并召集债权人会议讨论和解协议草案。债权人会议通过和解协议的，由法院裁定认可，并予以公告。管理人应向债务人移交财产和营业事务，并向人民法院提交执行职务的报告。

经人民法院裁定认可的和解协议，对债务人和全体和解债权人均有约束力。债务人应当按照和解协议规定的条件清偿债务。

（三）破产清算

1. 破产宣告

经破产清算申请与受理，或者重整、和解失败后，人民法院应依照《企业破产法》的规定，裁定并宣告企业破产。如对申请进行重整的，重整计划草案未获得通过或者未获得批准的，法院应裁定终止重整程序，并宣告债务人破产；若债务人不能执行或不执行重整计划的，法院经管理人或利害关系人请求，应裁定终止重整计划的执行，并宣告债务人破产。对进行和解的，如果和解协议草案经债权人会议表决未获得通过或未获得法院认可的，法院应裁定终止和解程序，并宣告债务人破产；若因债务人的欺诈或者其他违法行为而成立的和解协议，法院应裁定无效，并宣告债务人破产；若债务人不能执行或不执行和解协议，经债权人请求，法院应裁定终止和解协议的执行，并宣告债务人破产。

人民法院依照《企业破产法》规定对债务人宣告破产的，应在裁定作出之日起 5 日内送达债务人和管理人；自裁定作出之日起 10 日内通知已知债权人，并予以公告。

债务人被宣告破产后，债务人称为破产人，债务人财产称为破产财产，人民法院受理破产申请时对债务人享有的债权称为破产债权。

但在宣告破产前，如果第三人为债务人提供足额担保或者为债务人清偿全部到期债务的；或者债务人已清偿全部到期债务的，法院应当裁定终结破产程序，并予以公告。

2. 变价和分配

法院裁定宣告企业破产后，管理人应当及时拟定破产财产变价方案，提交债权人会议讨论，并按照债权人会议讨论通过或法院裁定的破产财产变价方案，适时地通过拍卖方式变价出售破产财产（债权人会议另有规定的除外。国家规定不能拍卖或限制转让的，应按国家规定的方式处理）。

管理人还应当及时拟定破产财产分配方案，提交债权人会议讨论通过，并提请人民法院裁定认可后执行。

3. 破产程序的终结

在破产清算中，破产企业无财产可供分配的，管理人应当请求人民法院裁定终结破产程序。法院裁定终结的，应当予以公告。然后管理人持法院终结破产程序的裁定，向破产企业的原登记机关办理注销登记。

二、管理人和债权人会议

在企业破产过程中，除涉及破产企业和人民法院外，还涉及或需要管理人。为了维护债权人利益，必须召集债权人会议。

(一) 管理人

在破产过程中，企业财产的管理和分配等事务不由人民法院直接处理，而由管理人负责。管理人由人民法院在裁定受理破产申请后指定。管理人依据《企业破产法》规定执行职务，向人民法院报告工作，并接受债权人会议和债权人委员会的监督。管理人可以由有关部门、机构的人员组成的清算组或者依法设立的律师事务所、会计师事务所、破产清算事务所等社会中介机构担任。人民法院根据债务人的实际情况，可以在征询有关社会中介机构的意见后，指定该机构具备相关专业知识并取得职业资格的人员担任管理人。

管理人履行下列职责：

(1) 接管债务人的财产、印章和账簿、文书等资料。

(2) 调查债务人财产状况，制作财产状况报告。

(3) 决定债务人的内部管理事务。

(4) 决定债务人的日常开支和其他必要开支。

(5) 在第一次债权人会议召开之前，决定继续或者停止债务人的营业。

(6) 管理或处分债务人的财产。

(7) 代表债务人参加诉讼、仲裁或者其他法律程序。

(8) 提议召开债权人会议。

(9) 人民法院认为管理人应当履行的其他职责。

(二) 债权人会议和债权人委员会

1. 债权人会议

在企业破产过程中，为了维护债权人共同利益，讨论有关破产事宜，表达债权人意见，债权人申报债权后，应召开债权人会议。第一次债权人会议由人民法院召集，以后的债权人会议在人民法院认为必要时召开，或者由管理人、债权人委员会、占债权总额 1/4 以上的债权人向债权人会议主席提议时召开。依法申报债权的债权人为债权人会议成员，有权参加债权人会议，享有表决权。债权人会议应有债务人的职工和工会代表参加，对有关事项发表意见。债权人会议设主席 1 人，由人民法院从有表决权的债权人中指定。债权人会议主席主持债权人会议。债权人会议的决议对于全体债权人均有约束力。

债权人会议的职权有：①核查债权；②申请人民法院更换管理人，审查管理人的费用和报酬；③监督管理人；④选任和更换债权人委员会成员；⑤决定继续或者停止债务人的营业；⑥通过重整计划；⑦通过和解协议；⑧通过债务人财产的管理方案；⑨通过破产财产的分配方案；⑩人民法院认为应当由债权人会议行使的其他权力。

2. 债权人委员会

债权人会议可以决定设立债权人委员会。债权人委员会由债权人会议选任的债权人代表和 1 名债务人的职工代表或者工会代表组成，其成员不得超过 9 人，由法院书面决定认可。债权人委员会行使下列职权：①监督债务人财产的管理和处分；②监督破产财产分配；③提议召开债权人会议；④债权人会议委托的其他职权。

三、破产清算会计的内容及要求

目前，我国还没有专门的会计准则对破产清算业务或事项的会计处理进行规范。我国财政部于2016年12月20日发布了《企业破产清算有关会计处理规定》，同时宣布《国有企业试行破产有关会计处理问题暂行规定》（财会字［1997］28号）废止。

一般而言，企业破产清算应在以下环节进行会计处理：①破产清算开始之时，应以初步清查结果及各项资产负债的公允价值等资料，编制清算资产负债表和财务状况估算表，并设置新的账户体系记录破产企业的资产负债及损失。②在破产清算期间，对破产清算过程中发生的各项清算业务和事项应进行核算和监督，并根据要求和需要编制阶段性会计报表。③破产清算终结时，应编制破产清算财务报表。

破产清算会计在进行具体处理时，一定要遵循《企业破产法》的规定，合理界定破产财产和破产债权，分清有关支出的界限，严格按照破产财产清偿程序清偿债务。

（一）破产财产和破产债权

1. 破产财产

债务人被宣告破产后，债务人财产称为破产财产。债务人财产主要包括以下内容：

（1）破产申请受理时属于债务人的全部财产。如宣告破产时，破产企业经营管理的属于由出资人资本形成和企业借入债务形成的各项资产。

（2）破产申请受理后至破产程序终结前债务人取得的财产。如在破产清算期间企业得到偿还的债权、收回的对外投资，以及因债务人财产的无效行为，由管理人依照《企业破产法》规定追回的财产。如在法院受理破产申请前1年内，因债务人无偿转移财产、以明显不合理价格进行交易、对没有财产担保的债务提供财产担保、对未到期的债务提前偿还、放弃债权等行为，管理人依法向法院请求予以撤销后收回的财产。在法院受理破产申请前6个月内，债务人已有不能清偿到期债务、且资不抵债的情形，但仍对个别债权人进行清偿的，管理人有权请求法院予以撤销而收回的财产。管理人依法收回的债务人的董事、监事和高级管理人员利用职权从企业获取的非正常收入和侵占的企业财产等。

在确定破产财产时需注意：在人民法院受理破产申请后，债务人占有的不属于债务人的财产，可由该财产权利人通过管理人取回。债权人在破产申请受理前对债务人负有债务的，在符合《企业破产法》规定情形的，可以向管理人主张抵销。

2. 破产债权

债务人被宣告破产后，人民法院受理破产申请时对债务人享有的债权称为破产债权。

人民法院受理破产申请时对债务人享有债权的债权人，应当依照《企业破产法》的规定在法院确定的债权申报期限内向管理人申报债权，书面说明债权的数额和有无财产担保，并提交有关证据。债权人申报的债权，应经债权人会议核查，人民法院裁定确认。在债权申报期限内，债权人未申报债权的，可以在破产财产最后分配前补充申报。但是，此前已进行的分配，不再对其补充分配。为审查和确认补充申报债权的费用由补充申报人承担。债权人未按规定申报债权的，不得行使权利。

对破产企业的特定财产享有担保权的权利人，对该特定财产享有优先受偿的权利。享有优先受偿权利的债权人，行使优先受偿的权利未能完全受偿的，其未受偿的债权作为普通债权；放弃优先受偿权利的，其债权作为普通债权。

债务人所欠职工的工资和医疗、伤残补助、抚恤费用，所欠的应当划入职工个人账户的基本养老保险、基本医疗保险费用，以及法律、行政法规规定应当支付给职工的补偿金，不必申报，由管理人调查后列出清单并予以公示。

（二）破产费用和共益债务

在破产过程中，管理人为执行职务或了结原未履行完毕的合同等发生的费用支出，应区分为破产费用和共益债务，并按规定顺序进行清偿。

1. 破产费用

破产费用是指人民法院受理破产申请后发生的下列费用：

（1）破产案件的诉讼费用；

（2）管理、变价和分配债务人财产的费用；

（3）管理人执行职务的费用、报酬和聘用工作人员的费用。

2. 共益债务

人民法院受理破产申请后发生的下列债务为共益债务：

（1）因管理人或者债务人请求对方当事人履行双方均未履行完毕的合同所发生的债务；

（2）债务人财产受无因管理所发生的债务；

（3）因债务人不当得利所发生的债务；

（4）为债务人继续营业而应支付的劳动报酬和社会保险费用，以及由此产生的其他债务；

（5）管理人或者其他相关人员执行职务致人损害所发生的债务；

（6）债务人财产致人损害所发生的债务。

3. 破产费用和共益债务的清偿

破产费用和共益债务由债务人财产随时清偿。债务人财产不足以清偿所有破产费用和共益债务的，先行清偿破产费用。债务人财产不足以清偿所有破产费用或者共益债务的，按照比例清偿。债务人财产不足以清偿破产费用的，管理人应当提请人民法院终结破产程序。人民法院应当自收到请求之日起15日内裁定终结破产程序，并予以公告。

（三）破产财产清偿顺序

破产财产在优先清偿破产费用和共益债务后，按下列顺序清偿：

（1）破产企业所欠职工的工资和医疗、伤残补助、抚恤费用，所欠的应当划入职工个人账户的基本养老保险、基本医疗保险费用，以及法律、行政法规规定的应当支付给职工的补偿金。

（2）破产企业欠缴的除上项规定以外的社会保险费用和所欠税款。

（3）普通破产债权。

在清偿过程中，如果破产财产不足以清偿同一顺序的清偿要求的，按照比例分配。破产企业的董事、监事和高级管理人员的工资按照该企业职工的平均工资计算。破产财产的分配应当以货币分配方式进行（债权人会议另有决议的除外）。

四、破产清算的会计处理

企业破产申请受理后，法院指定管理人接管企业的财产、印章和账簿等。当人民法院批准或裁定企业重整、和解后，管理人应向债务人移交财产和营业事务。企业在重整、和解期间，一般认为可沿用原账户体系进行会计处理。当企业被宣告破产进入破产清算时，管理人或清算组应指定内部有关人员负责破产清算的会计处理。破产清算会计应根据所接收的破产企业的会计资料，按照破产清算的要求建立新的账户体系，对破产企业破产财产的变现和破产债权的清偿等进行核算和监督。

（一）会计科目

破产企业的会计档案等财务资料经法院裁定由破产管理人接管的，应当在企业被法院宣告破产后，可以比照原有资产、负债类会计科目，根据实际情况设置相关科目，并增设相关负债类、清算净值类和清算损益类等会计科目。破产企业还可以根据实际需要，在一级科目下自行设置明细科目。

1. 负债类科目

（1）应付破产费用科目。本科目核算破产企业在破产清算期间发生的《企业破产法》规定的各类破产费用。

（2）应付共益债务科目。本科目核算破产企业在破产清算期间发生的《企业破产法》规定的各类共益债务。

共益债务是指在人民法院受理破产申请后，为全体债权人的共同利益而管理、变卖和分配破产财产而负担的债务，主要包括因管理人或者债务人请求对方当事人履行双方均未履行完毕的合同所产生的债务、债务人财产受无因管理所产生的债务、因债务人不当得利所产生的债务、为债务人继续经营而应支付的劳动报酬和社会保险费以及由此产生的其他债务、管理人或者相关人员执行职务致人损害所产生的债务以及债务人财产致人损害所产生的债务。

2. 清算净值类科目

本科目核算破产企业在破产报表日结转的清算损益科目余额。破产企业资产与负债的差额，也在本科目核算。

3. 清算损益类科目

（1）资产处置净损益科目。本科目核算破产企业在破产清算期间处置破产资产产生的，扣除相关处置费用后的净损益。

（2）债务清偿净损益科目。本科目核算破产企业在破产清算期间清偿债务产生的净损益。

（3）破产资产和负债净值变动净损益科目。本科目核算破产企业破产清算期间按照破产资产清算净值调整资产账面价值，以及按照破产债务清偿价值调整负债账面价值产生的净损益。

（4）其他收益科目。本科目核算除资产处置、债务清偿以外，在破产清算期间发生的其他收益。

（5）破产费用科目。本科目核算破产企业清算期间发生的《企业破产法》规定的各项破产费用，主要包括破产案件的诉讼费，管理、变价和分配债务人资产的费用，管理人执行职务的费用、报酬和聘用工作人员的费用。

(6) 共益债务支出科目。本科目核算破产企业破产清算期间发生的《企业破产法》规定的共益债务相关的各项支出。

(7) 其他费用科目。本科目核算破产企业破产清算期间发生的除破产费用和共益债务支出之外的各项其他费用。

(8) 所得税费用科目。本科目核算破产企业破产清算期间发生的企业所得税费用。

(9) 清算净损益科目。本科目核算破产企业破产清算期间结转的上述各类清算损益科目余额。

破产企业可根据具体情况增设、减少或合并某些会计科目。

(二) 账务处理

1. 破产宣告日余额结转

法院宣告企业破产时，应当根据破产企业移交的科目余额表，将部分会计科目的相关余额转入以下新科目，并编制新的科目余额表：

(1) 原“应付账款”“其他应付款”等科目中属于《企业破产法》所规定的破产费用的余额，转入“应付破产费用”科目。

(2) 原“应付账款”“其他应付款”等科目中属于《企业破产法》所规定的共益债务的余额，转入“应付共益债务”科目。

(3) 原“商誉”“长期待摊费用”“递延所得税资产”“递延所得税负债”“递延收益”“股本”“资本公积”“盈余公积”“其他综合收益”“未分配利润”等科目的余额，转入“清算净值”科目。

2. 破产宣告日余额调整

(1) 关于各类资产。破产企业应当对拥有的各类资产（包括原账面价值为零的已提足折旧的固定资产、已摊销完毕的无形资产等）登记造册，估计其破产资产清算净值，按照其破产资产清算净值对各资产科目余额进行调整，并相应调整“清算净值”科目。

(2) 关于各类负债。破产企业应当对各类负债进行核查，按照“破产企业在破产清算期间的负债应当以破产债务清偿价值计量”的规定对各负债科目余额进行调整，并相应调整“清算净值”科目。

3. 处置破产资产

(1) 破产企业收回应收票据、应收款项类债权、应收款项类投资，按照收回的款项，借记“现金”“银行存款”等科目，按照应收款项类债权或应收款项类投资的账面价值，贷记相关资产科目，按其差额，借记或贷记“资产处置净损益”科目。

(2) 破产企业出售各类投资，按照收到的款项，借记“现金”“银行存款”等科目，按照相关投资的账面价值，贷记相关资产科目，按其差额，借记或贷记“资产处置净损益”科目。

(3) 破产企业出售存货、投资性房地产、固定资产及在建工程等实物资产，按照收到的款项，借记“现金”“银行存款”等科目，按照实物资产的账面价值，贷记相关资产科目，按应当缴纳的税费贷记“应交税费”科目，按上述各科目发生额的差额，借记或贷记“资产处置净损益”科目。

(4) 破产企业出售无形资产，按照收到的款项，借记“现金”“银行存款”等科目，按照无形资产的账面价值，贷记“无形资产”科目，按应当缴纳的税费贷记“应交税费”科目，按上述各科目发生额的差额，借记或贷记“资产处置净损益”科目。

(5) 破产企业的划拨土地使用权被国家收回，国家给予一定补偿的，按照收到的补偿金额，借记“现金”“银行存款”等科目，贷记“其他收益”科目。

(6) 破产企业处置破产资产发生的各类评估、变价、拍卖等费用，按照发生的金额，借记“破产费用”科目，贷记“现金”“银行存款”“应付破产费用”等科目。

4. 清偿债务

(1) 破产企业清偿破产费用和共益债务，按照相关已确认负债的账面价值，借记“应付破产费用”“应付共益债务”等科目，按照实际支付的金额，贷记“现金”“银行存款”等科目，按其差额，借记或贷记“破产费用”“共益债务支出”科目。

(2) 破产企业按照经批准的职工安置方案，支付的所欠职工的工资和医疗、伤残补助、抚恤费用，应当划入职工个人账户的基本养老保险、基本医疗保险费用和其他社会保险费用，以及法律、行政法规规定应当支付给职工的补偿金，按照相关账面价值，借记“应付职工薪酬”等科目，按照实际支付的金额，贷记“现金”“银行存款”等科目，按其差额，借记或贷记“债务清偿净损益”科目。

(3) 破产企业支付所欠税款，按照相关账面价值，借记“应交税费”等科目，按照实际支付的金额，贷记“现金”“银行存款”等科目，按其差额，借记或贷记“债务清偿净损益”科目。

(4) 破产企业清偿破产债务，按照实际支付的金额，借记相关债务科目，贷记“现金”“银行存款”等科目。破产企业以非货币性资产清偿债务的，按照清偿的价值，借记相关负债科目，按照非货币性资产的账面价值，贷记相关资产科目，按其差额，借记或贷记“债务清偿净损益”科目。债权人依法行使抵销权的，按照经法院确认的抵销金额，借记相关负债科目，贷记相关资产科目，按其差额，借记或贷记“债务清偿净损益”科目。

5. 其他账务处理

(1) 在破产清算期间通过清查、盘点等方式取得的未入账资产，应当按照取得日的破产资产清算净值，借记相关资产科目，贷记“其他收益”科目。

(2) 在破产清算期间通过债权人申报发现的未入账债务，应当按照破产债务清偿价值确定计量金额，借记“其他费用”科目，贷记相关负债科目。

(3) 在编制破产清算期间的财务报表时，应当对所有资产项目按其于破产报表日的破产资产清算净值重新计量，借记或贷记相关资产科目，贷记或借记“破产资产和负债净值变动净损益”科目；应当对所有负债项目按照破产债务清偿价值重新计量，借记或贷记相关负债科目，贷记或借记“破产资产和负债净值变动净损益”科目。

(4) 破产企业在破产清算期间，作为买入方继续履行尚未履行完毕的合同的，按照收到的资产的破产资产清算净值，借记相关资产科目，按照相应的增值税进项税额，借记“应交税费”科目，按照应支付或已支付的款项，贷记“现金”“银行存款”“应付共益债务”或“预付款项”等科目，按照上述各科目的差额，借记“其他费用”或贷记“其他收益”科目；企业作为卖出方继续履行尚未履行完毕的合同的，按照应收或已收的金额，借记“现金”“银行存款”“应收账款”等科目，按照转让的资产账面价值，贷记相关资产科目，按照应缴纳相关税费，贷记“应交税费”科目，按照上述各科目的差额，借记“其他费用”科目或贷记“其他收益”科目。

(5) 破产企业发生《企业破产法》第4章相关事实，破产管理人依法追回相关破产资产的，按照追回资产的破产资产清算净值，借记相关资产科目，贷记“其他收益”科目。

(6) 破产企业收到的利息、股利、租金等孳息，借记“现金”“银行存款”等科目，贷记“其他收益”科目。

(7) 破产企业在破产清算终结日，剩余破产债务不再清偿的，按照其账面价值，借记相关负债科目，贷记“其他收益”科目。

(8) 在编制破产清算期间的财务报表时，有已实现的应纳税所得额的，考虑可以抵扣的金额后，应当据此提存应交所得税，借记“所得税费用”科目，贷记“应交税费”科目。

(9) 在编制破产清算期间的财务报表时，应当将“资产处置净损益”“债务清偿净损益”“破产资产和负债净值变动净损益”“其他收益”“破产费用”“共益债务支出”“其他费用”“所得税费用”科目结转至“清算净损益”科目，并将“清算净损益”科目余额转入“清算净值”科目。

(三) 会计报表和附注

破产清算会计报表主要包括清算资产负债表、清算损益表、清算现金流量表、债务清偿表及相关附注等。

法院宣告企业破产的，破产企业应当以破产宣告日为破产报表日编制清算资产负债表及相关附注。

法院或债权人会议等要求提供清算财务报表的，破产企业应当根据其要求提供清算财务报表的时点确定破产报表日，编制清算资产负债表、清算损益表、清算现金流量表、债务清偿表及相关附注。

向法院申请裁定破产终结的，破产企业应当编制清算损益表、债务清偿表及相关附注。

清算资产负债表反映破产企业在破产报表日资产的破产资产清算净值，以及负债的破产债务清偿价值。资产项目和负债项目的差额在清算资产负债表中作为清算净值列示。

清算损益表反映破产企业在破产清算期间发生的各项收益、费用。清算损益表至少应当单独列示反映下列信息的项目：资产处置净收益（损失）、债务清偿净收益（损失）、破产资产和负债净值变动净收益（损失）、破产费用、共益债务支出、所得税费用等。

清算现金流量表反映破产企业在破产清算期间货币资金余额的变动情况。清算现金流量表应当采用直接法编制，至少应当单独列示反映下列信息的项目：处置资产收到的现金净额、清偿债务支付的现金、支付破产费用的现金、支付共益债务支出的现金、支付所得税的现金等。

债务清偿表反映破产企业在破产清算期间发生的债务清偿情况。债务清偿表应当根据《企业破产法》规定的债务清偿顺序，按照各项债务的明细单独列示。债务清偿表中列示的各项债务至少应当反映其确认金额、清偿比例、实际需清偿金额、已清偿金额、尚未清偿金额等信息。

破产企业应当在清算财务报表附注中披露下列信息：

（1）破产资产明细信息；

（2）破产管理人依法追回的账外资产明细信息；

（3）破产管理人依法取回的质物和留置物的明细信息；

（4）未经法院确认的债务的明细信息；

（5）应付职工薪酬的明细信息；

（6）期末货币资金余额中已经提存用于向特定债权人分配或向国家缴纳税款的金额；

（7）资产处置损益的明细信息，包括资产性质、处置收入、处置费用及处置净收益；

（8）破产费用的明细信息，包括费用性质、金额等；

（9）共益债务支出的明细信息，包括具体项目、金额等。

五、破产清算会计报表及其附注的填列

1. 清算资产负债表及其附注的填列（如表 8－5 所示）

表 8－5　　清算资产负债表　　会清 01 表

编制单位：　　＿＿年＿＿月＿＿日　　单位：元

项　目	行　次	期末数	项　目	行　次	期末数
资产：			负债及清算净值		
货币资金			负债：		
应收票据			借款		
应收账款			应付票据		
其他应收款			应付账款		
预付款项			预收款项		
存货			其他应付款		
金融资产投资			应付债券		
长期股权投资			应付破产费用		
投资性房地产			应付共益债务		
固定资产			应付职工薪酬		
在建工程			应交税费		
无形资产			……		
……			负债合计		
资产总计			清算净值：		
			清算净值		
			负债及清算净值总计		

本表反映破产企业在破产报表日关于资产、负债、清算净值及其相互关系的信息。

本表列示的项目不区分流动和非流动，其中，“应收账款”或“其他应收款”项目，应分别根据“应收账款”或“其他应收款”的科目余额填列，同时，“长期应收款”科目余额也在上述两项目中分析填列；“借款”项目，应根据“短期借款”和“长期借款”科目余额合计数填列；“应付账款”或“其他应付款”项目，应分别根据“应付账款”“其他应付款”的科目余额填列，同时，“长期应付款”科目余额也在该项目中分析填列；“金融资产投资”项目，应根据“以公允价值计量且其变动计入当期损益的金融资产”“持有至到期投资”“可供出售金融资产”的科目余额合计数填列。

破产企业应当在破产资产负债表附注中，分别披露经法院确认以及未经法院确认的债务的明细信息，如债务项目名称以及有关金额等。破产企业应当在破产资产负债表附注中，披露应付职工薪酬的明细信息，如所欠职工的工资和医疗、伤残补助、抚恤费用，所欠的应当划入职工个人账户的基本养老保险、基本医疗保险费用，以及法律、行政法规规定应当支付给职工的补偿金。

2. 清算损益表及其附注的填列（如表 8－6 所示）

表 8－6 **清算损益表** 会清 02 表

编制单位： _____年_____月_____日至_____年_____月_____日 单位：元

项　目	行　次	本期数	累计数
一、清算收益（清算损失以“－”号表示）			
（一）资产处置净收益（净损失以“－”号表示）			
（二）债务清偿净收益（净损失以“－”号表示）			
（三）破产资产和负债净值变动净收益（净损失以“－”号表示）			
（四）其他收益			
小　计			
二、清算费用			
（一）破产费用（以“－”号表示）			
（二）共益债务支出（以“－”号表示）			
（三）其他费用（以“－”号表示）			
（四）所得税费用（以“－”号表示）			
小　计			
三、清算净收益（清算净损失以“－”号表示）			

本表反映破产企业在清算期间发生的各项收益、费用。本期数反映破产企业从上一破产报表日至本破产报表日期间有关项目的发生额，累计数反映破产企业从被法院宣告破产之日至本破产报表日期间有关项目的发生额。

“资产处置净收益”项目，根据“资产处置净损益”科目的发生额填列，如为净损失以“－”号表示。

“债务清偿净收益”项目，根据“债务清偿净损益”科目的发生额填列，如为净损失以“-”号表示。

“破产资产和负债净值变动净收益”项目，根据“破产资产和负债净值变动净损益”科目的发生额填列，如为净损失以“-”号表示。

“清算净收益”项目，根据“清算净损益”科目的发生额填列，如为清算净损失以“-”号表示。

“清算净收益”项目金额应当为“清算收益”与“清算费用”之和。

破产企业应当在清算损益表附注中，披露资产处置损益的明细信息，包括资产性质、处置收入、处置费用及处置净收益。破产企业应当在清算损益表附注中，披露破产费用的明细信息，包括费用性质、金额等。破产企业应当在清算损益表附注中，披露共益债务支出的明细信息，包括具体项目、金额等。

3. 清算现金流量表及其附注填列（如表8-7所示）

表8-7　　清算现金流量表　　会清03表

编制单位：　　____年____月____日至____年____月____日　　单位：元

项　目	行　次	本期数	累计数
一、期初货币资金余额			
二、清算现金流入			
（一）处置资产收到的现金净额			
（二）收到的其他现金			
清算现金流入小计			
三、清算现金流出			
（一）清偿债务支付的现金			
（二）支付破产费用的现金			
（三）支付共益债务的现金			
（四）支付所得税费用的现金			
（五）支付的其他现金			
清算现金流出小计			
四、期末货币资金余额			

清算现金流量表反映破产企业在破产清算期间货币资金余额的变动情况，本表应当根据货币资金科目的变动额分析填列。本期数反映破产企业从上一破产报表日至本破产报表日期间有关项目的发生额，累计数反映破产企业从被法院宣告破产之日至本破产报表日期间有关项目的发生额。

破产企业应当在清算现金流量表附注中，披露期末货币资金余额中已经提存用于向特定债权人分配或向国家缴纳税款的金额。

4. 债务清偿表的填列（如表8-8所示）

表 8－8　　债务清偿表　　会清 04 表

编制单位：　　＿＿年＿＿月＿＿日　　单位：元

债务项目	行　次	期末数	经法院确认的金额	债务清偿比例	实际需清偿金额	已清偿金额	尚未清偿金额
		①	②	③	④＝②×③	⑤	⑥＝④－⑤
有担保的债务：							
××银行			×				
××企业			×				
……			×				
小计			×				
普通债务：							
第一顺序：劳动债务							
其中：应付职工薪酬							
……							
第二顺序：国家税款债务							
其中：应交税费							
……							
第三顺序：普通债务							
其中：借款							
——××银行							
——××企业							
应付债务工具							
——××银行							
——××企业							
应付票据							
应付款项							
——××银行							
——××企业							
小计							
合计							

本表反映破产企业债务清偿情况。

本表应按有担保的债务和普通债务分类设项。期末数为负债按照破产债务清偿价值确定的金额。经法院确认的债务金额为经债权人申报并由法院确认的金额；未经确认的债务，无需填写该金额。清偿比例为根据《企业破产法》的规定，当破产资产不足以清偿同一顺序的清偿要求时，按比例进行分配时所采用的比例。

本章关键概念

企业解散　清算　清算会计　解散清算程序　解散清算会计
破产清算会计　破产财产　破产债权　破产费用　共益债务

复习思考题

1. 企业清算会计分为几种？企业清算会计与持续经营下的会计有何异同？
2. 我国公司解散有哪几种原因？各应如何进行会计处理？
3. 解散清算会计的主要内容及要求是什么？如何进行会计处理？
4. 破产清算会计的主要内容及要求是什么？如何进行会计处理？
5. 解散清算会计与破产清算会计有何异同？

第九章 分支机构会计

【引言】

为了拓展经营业务，扩大经营规模，获得规模经济效应，企业往往需要在本地区或其他地区设置分支机构。与此同时，相应地需要反映和控制分支机构经营的分支机构会计。本章首先介绍分支机构的基本特征、分支机构会计的内容和方法；其次阐述分支机构按成本计价的会计处理和按高于成本计价的会计处理；最后简要说明分支机构其他事项的会计处理。

第一节 分支机构会计概述

一、分支机构的基本特征

本章所称分支机构，是指企业的分支机构。

企业的分支机构是由企业（总部，本章以下均称总部）设立和直接控制的，不具有法人资格，其民事责任由总部承担的业务经营单位。

企业的分支机构，不同的行业有不同的名称。商品零售企业的分支机构一般称为分店，制造企业的分支机构称为分厂，金融企业的分支机构称为分行，而公司制企业，则称为分公司，等等。《中华人民共和国公司法》明确规定：“公司可以设立分公司，分公司不具有企业法人资格，其民事责任由公司承担。”因此，分支机构是企业法人的一个组成部分，本身不是一个独立的法律主体。

与分支机构类似的是母公司控制下的子公司，两者的相同之处都是企业控制下的经营单位。两者不同之处，一是母公司对子公司的控制必须符合一定的法律条件，一般不采取直接控制，更多的是间接控制；二是子公司具有法人资格，依法独立承担民事责任；三是子公司是一个会计主体。

与子公司相对照，分支机构具有以下基本特征：

（1）总部对分支机构的控制更多的是直接控制。分支机构的经营资金由总部拨给，遵循总部统一的经营和管理方针。根据分支机构的具体情况，总部对分支机构的经营和管理实行不同程度的控制，分为分散制分支机构和集中制分支机构。分散制分支机构是指在执行总部统一经营和管理方针为前提下，总部给予分支机构相对独立的自主经营权，独立计算盈亏的分支机构。集中制分支机构是指在资金和业务经营上由总部直接控制和管理的分支机构。分散制分支机构以执行总部统一经营和管理方针为前提，其本质是总部对分支机构在经营和管理方向上的直接控制，而集中制分支机构则是全面的直接控制。

（2）分支机构自身不具有法人资格。分支机构的设立是企业法人在业务上的延伸，与总部同属一个法律主体，本身不具有法人资格，其民事责任由总部承担。因此，分支机构自身没有对外筹集资本和对外投资的功能。

（3）分支机构是一个相对独立的会计主体。分散制分支机构有相对独立的自主经营权，独立计算盈亏。因此，分散制分支机构应当是一个会计主体。但是，作为一个会计主体，分散制分支机构的会计核算又有别于子公司：从账户设置上看，分支机构不设所有者权益类账户，由“总部往来”账户代替其部分功能；从核算的内容上看，有的分支机构并不核算分支机构的全部会计事项，其中有一部分由总部核算；从财务报表上看，分支机构编制的财务报表属于企业的内部报表，不能单独对外呈报。因此，分支机构作为一个会计主体不是完全意义上的会计主体，而是一个相对独立的会计主体。

集中制分支机构资金和业务经营由总部直接控制和管理，所有会计事项由总部统一核算，不是一个会计主体。

与一般独立企业相对照，分支机构仍然具有以上基本特征。

二、分支机构会计的内容和方法

分支机构不具有法人资格，可以是一个相对独立的会计主体，这决定了分支机构会计与一般企业会计在核算内容和方法上有所不同，主要表现在分散核算与集中核算、相对账户设置、总部发交分支机构商品的计价以及会计处理程序等方面。

（一）分散核算与集中核算

如前所述，分支机构分为分散制分支机构和集中制分支机构，因总部对两者在经营和管理上的控制不同，其会计核算也就不同。通常，分散制分支机构采用分散核算，集中制分支机构采用集中核算。

1. 分散核算

分散制分支机构按照总部统一经营管理的要求，有相对的自主经营权；可以自己的名义在银行开立账户，存取款项；有较为完备的存货，其存货大部分为总部调拨，也可以从企业外部购入；独立计算盈亏；是一个相对独立、自负盈亏的经营单位。因此，分散制分支机构就需要建立相应的会计账簿体系，核算从总店收到的经营资金和存货、存货采购、对外销售、应收应付款项及费用支付等，核算经营损益，编制财务报表并报送总部。由此，形成分支机构相对于总部的分散核算。

在分散核算下，有的企业总部出于对重要事项的管理需要，将分支机构的部分业务如固定资产及其折旧等，由总部统一核算。因此，分支机构在业务上的核算是不完全的。业务上可以不完全，是因为分支机构的分散核算是总部会计的一个组成部分；分支机构的分散核算与总部会计相联合才构成一个完整的会计体系；分支机构分散核算所编制的财务报表是企业的内部报表，其与总部财务报表相联合编制的联合财务报表才能对外报告。

2. 集中核算

集中制分支机构所经营的商品由总部统一采购或配送，分支机构销售商品收到的款项存入总部指定的银行账户，并逐日编制销售日报表报送总部；分支机构所发生的费用，报总部统一支付或报销。在这种情形下，分支机构不需要设置正式的会计账簿，只做必要的辅助或备查记录，所有会计事项连同凭证报送总部，由总部统一入账。

集中核算下分支机构的会计事项均由总部统一核算，其会计事项的会计处理与一个独立企业的会计处理基本相同。因此，本章后续部分，除特别说明外，均为阐述分散核算下分支机构的会计处理。

（二）相对账户的设置

分支机构的经营活动是总部经营活动的延伸，业务往来较为频繁。

为反映总部与分支机构的往来，分支机构设置“总部往来”账户，总部设置“分支机构往来”账户。“总部往来”账户在分支机构账户体系中起着资本类账户的作用，其贷方登记总部拨入的现金、商品和其他资产，以及分支机构经营所实现的净收益；借方登记送交总部的现金、商品和其他资产，以及分支机构发生的亏损；该账户的贷方余额，反映总部对分支机构的投资或在分支机构享有的权益。

“总部往来”与“分支机构往来”账户，从不同角度反映分支机构与总部往来的同一会计事项，所记录的内容相同，只是方向相反，是一对一一对应的相对账户。

（三）总部发交分支机构商品的计价

一般情况下，分支机构经营的商品大部分由总部发交。

总部发交分支机构商品属于企业内部的商品转移，不能作为销售处理。但是，总部与分支机构又分别是一个会计主体，分别计算盈亏，因此就存在所发交商品的计价问题。在实际工作中，一般有按成本计价、按成本加成计价和按售价计价三种计价方法。

1. 按成本计价

按成本计价是总部发交分支机构的商品按总部的采购成本或制造成本计价。这种计价方法是总部与分支机构商品发交计价方法中最简单、最普遍的一种计价方法。采用这种方法，分支机构存货账户期末余额是存货的实际成本，资产负债表中的存货也是存货的实际成本。

2. 按成本加成计价

按成本加成计价是总部发交分支机构的商品在商品成本的基础上按一定的比例加成，形成内部调拨价格，以此作为总部发交分支机构商品的计价标准。按成本加成计价，其价格是一种内部调拨价格，高于成本，低于市场售价。采用这种计价方法，分支机构存货账户期末余额含有内部调拨价格高于成本的未实现利润，资产负债表中的存货也含有内部调拨价格高于成本的未实现利润。

3. 按销售价格计价

按销售价格计价是总部发交分支机构的商品按对外的销售价格计价。采用这种计价方法，分支机构按销售价格记录从总部取得的商品，并按取得的收入额记录这些商品的减少，其存货账户的余额就是以销售价格计价的库存商品，包含未实现利润，资产负债表中的存货也就包含未实现利润。

由于有上述三种计价方法，分支机构的存货核算有别于一般企业的核算。本章第二节和第三节将详尽阐述。

（四）分支机构会计处理的一般程序

分支机构一般按下列程序进行会计核算：

（1）设置账户。分支机构应设置资产、负债、收入、费用和利润账户，但不设置所有者权益类账户，代替所有者权益类账户部分功能的是“总部往来”账户。

（2）日常会计处理。核算分支机构商品调入、商品采购、商品销售、应收账款、应付账款、费用支付等日常会计事项。

（3）分摊费用和调整相对账户。核算总部分摊给分支机构的费用；期末编制总部与分支机构相对账户余额调节表，调整“总部往来”与“分支机构往来”的未达账项。

（4）编制分支机构财务报表并报送总部。

（5）总部编制联合财务报表。会计期末，总部将分支机构与总部自身的财务报表联合起来，调整和抵销总部与分支机构之间往来的会计事项，编制反映整个企业的财务状况和经营成果的联合财务报表，并对外报告。

需要说明的是，分支机构会计处理程序包括了与其相关的属于总部的会计处理内容，这是分支机构会计所特有的，其根源在于分支机构会计是总部会计的一个组成部分。

第二节 按成本计价的会计处理

一、按成本计价的日常会计处理

分支机构按成本计价的日常会计处理一般包括总部发交商品、自行采购商品、对外销售商品、结算债权债务、支付各种费用等。

【例9-1】20×8年12月1日，总部设立一分支机构。总部发交分支机构的商品按成本计价。分支机构所经营的商品除总部发交的商品外，还可自行采购部分商品。本期分支机构发生下列会计事项：

（1）总部拨给分支机构经营资金300 000元，存入以分支机构名义开立的银行账户。

（2）总部发交分支机构商品，成本1 000 000元。

（3）分支机构自行采购商品200 000元，商品验收入库，其中100 000元以银行存款支付，另外100 000元货款尚未支付。

（4）分支机构支付房租、水电等经营费用45 000元，以银行存款支付。

（5）分支机构支付职工工资56 000元。

（6）分支机构销售总部发交的商品，成本600 000元，售价780 000元，款项已存入银行。

(7) 分支机构赊销总部发交的商品，成本100 000元，售价131 000元。

(8) 分支机构销售自行采购的商品，成本120 000元，售价145 000元，款项收回已存入银行。

(9) 总部转来应由分支机构负担的保险费计6 000元。

(10) 分支机构汇回总部款项800 000元。

分支机构与总部编制的会计分录如表9－1所示。

表9－1 分支机构、总部编制的会计分录

业务序号	分支机构	总部
(1)	借：银行存款 300 000 　贷：总部往来 300 000	借：分支机构往来 300 000 　贷：银行存款 300 000
(2)	借：库存商品——总部发交 1 000 000 　贷：总部往来 1 000 000	借：分支机构往来 1 000 000 　贷：库存商品 1 000 000
(3)	借：库存商品——外部购入 200 000 　贷：银行存款 100 000 　　应付账款 100 000	
(4)	借：销售费用 45 000 　贷：银行存款 45 000	
(5)	借：销售费用 56 000 　贷：应付职工薪酬 56 000 借：应付职工薪酬 56 000 　贷：银行存款 56 000	
(6)	借：银行存款 780 000 　贷：主营业务收入 780 000 借：主营业务成本 600 000 　贷：库存商品——总部发交 600 000	
(7)	借：应收账款 131 000 　贷：主营业务收入 131 000 借：主营业务成本 100 000 　贷：库存商品——总部发交 100 000	
(8)	借：银行存款 145 000 　贷：主营业务收入 145 000 借：主营业务成本 120 000 　贷：库存商品——外部购入 120 000	
(9)	借：销售费用 6 000 　贷：总部往来 6 000	借：分支机构往来 6 000 　贷：销售费用 6 000
(10)	借：总部往来 800 000 　贷：银行存款 800 000	借：银行存款 800 000 　贷：分支机构往来 800 000

将表9－1所示的会计分录登记入账后，分支机构与总部的相对账户记录如下所示：

总部往来

	(1)300 000
	(2)1 000 000
	(9)6 000
(10)800 000	
	506 000

分支机构往来

(1)300 000	
(2)1 000 000	
(9)6 000	
	(10)800 000
506000	

从上述账户记录可以看出，“总部往来”与“分支机构往来”账户记录数据具有一一对应关系，对应数据记录的是同一会计事项，只是方向相反。

二、按成本计价联合财务报表的编制

会计期末，分支机构与总部根据各自的账簿记录，编制各自独立的财务报表，以反映各自的财务状况和经营成果。但是，分支机构与总部共同组成一个法人实体，需要反映企业法人的财务状况和经营成果，并对外报告。这就需要将分支机构与总部的各自单独的财务报表联合起来，编制联合财务报表。

联合财务报表是以分支机构和总部单独的财务报表为基础，将分支机构与总部各自的资产、负债、收入、费用等项目加总联合列示。但是，在分支机构与总部单独的财务报表中，有分支机构与总部从各自的角度反映的分支机构与总部的往来业务，如“总部往来”和“分支机构往来”报表项目。立足企业整体，分支机构与总部的往来业务属于企业的内部业务事项，在编制联合报表时应当予以抵销，以便真实反映分支机构与总部作为一个法人实体同外界交往所引起的财务状况变化和经营成果。

联合财务报表的编制一般通过编制联合财务报表工作底稿的方式进行，其编制步骤一般为：首先，将总部和分支机构单独的财务报表数据过入工作底稿。其次，编制调整和抵销分录，并过入工作底稿，调整和抵销内部事项。再次，计算联合报表数据。最后，编制正式的联合财务报表。

【例9－2】沿用【例9－1】资料及会计处理。假定【例9－1】业务为本期全部业务，编制联合财务报表。

(1) 将总部单独财务报表过入工作底稿（见工作底稿“总部”栏）。

(2) 以【例9－1】会计处理为基础，编制分支机构单独财务报表，并过入工作底稿“分支机构”栏（见工作底稿“分支机构”栏）。

(3) 编制调整和抵销分录。在本例中，只有一个抵销分录：

借：总部往来　　506 000

　　贷：分支机构往来　　506 000

将上述抵销分录数据过入工作底稿“调整和抵销”栏。

需要注意的是，抵销分录不是会计分录，仅仅是为编制联合报表工作底稿服务的，抵销分录只能过入联合报表工作底稿，不可据以登记账簿。

(4) 计算工作底稿“联合报表”栏数据，完成工作底稿的编制（如表9－2所示）。

（5）根据编制完成后的工作底稿，填列正式的联合财务报表（如表9-3至表9-5所示）。

表9-2　　总部与分支机构联合财务报表工作底稿

项　　目	总　　部	分支机构	调整和抵销		联合报表
			借方	贷方	
利润表					
营业收入	26 780 000	1 056 000			27 836 000
营业成本	23 536 000	820 000			24 356 000
销售费用	769 000	107 000			876 000
利润总额	2 475 000	129 000			2 604 000
所得税费用	651 000				651 000
净利润	1 824 000	129 000			1 953 000
所有者权益变动分配表					
加：年初未分配利润	548 000				548 000
减：提取的盈余公积	182 400				182 400
分配的利润					
年末未分配利润	2 189600	129 000			2 318 600
资产负债表					
货币资金	1 280 000	224 000			1 504 000
应收账款	813 000	131 000			944 000
存货	3 625 000	380 000			4 005 000
分支机构往来	506 000			506 000	
固定资产	6 578 495				6 578 495
资产总计	12 802 495	735 000			13 031 495
短期借款	3 000 000				3 000 000
应付账款	627 000	100 000			727 000
总部往来		506 000	506 000		
实收资本	6 000 000				6 000 000
盈余公积	985 895				985 895
未分配利润	2 189 600	129 000			2 318 600
负债与所有者权益总计	12 802 495	735 000	506 000	506 000	13 031 495

表9-3　　资产负债表（简表）　　单位：元

资　　产	金　　额	负债及所有者权益	金　　额
货币资金	1 504 000	短期借款	3 000 000
应收账款	944 000	应付账款	727 000
存货	4 005 000	实收资本	6 000 000
固定资产	6 578 495	盈余公积	985 895
		未分配利润	2 318 600
资产总计	13 031 495	负债与所有者权益总计	13 031 495

表 9 – 4　　利润表（简表）　　单位：元

项　目	金　额
营业收入	27 836 000
营业成本	24 356 000
销售费用	876 000
利润总额	2 604 000
所得税费用	651 000
净利润	1 953 000

表 9 – 5　　所有者权益变动表（简表）　　单位：元

项　目	金　额
净利润	1 953 000
加：年初未分配利润	548 000
减：提取的盈余公积	182 400
分配的利润	
年末未分配利润	2 318 600

三、按成本计价的期末结账

期末结账，会计上有账结法和表结法两种方法。账结法是指每月终了将损益类账户余额转入“本年利润”账户，通过“本年利润”账户结出本月利润以及本年累计利润。表结法是每月结账时，损益类账户的余额不需要转入“本年利润”账户，而是将损益类各账户的余额直接填列到“利润表”，通过“利润表”计算出本月利润和本年累计利润。只有到年度终了，才用账结法将损益类各账户余额转入“本年利润”账户，结平损益类各账户。

对于分支机构，因其损益在会计期末全部转入总部，可以不设置“本年利润”账户，更适合采用表结法。对于总部会计，采用表结法也便于总部自身财务报表的编制。并且采用表结法可以减少总部与分支机构各月月末结账的工作量，特别是分支机构较多的企业尤为明显。

【例 9 – 3】 假定【例 9 – 1】业务资料为本年全部业务，分支机构不设“本年利润”账户，采用表结法结账。

分支机构年末结账，将本年损益全部转入总部：

借：主营业务收入　　1 056 000
　　贷：主营业务成本　　820 000
　　　　营业费用　　107 000
　　　　总部往来　　129 000

总部记录分支机构转入利润：

借：分支机构往来　　129 000

贷：本年利润——分支机构利润　　129 000

需要说明的是，采用表结法，只有在年末才结清损益类账户，平时不作上述账务处理。

四、按成本计价会计处理方法评价

从上述按成本计价会计处理的举例中可以看出，总部发交分支机构的存货按成本计价，关联总部和分支机构的账务处理、单独财务报表编制和联合财务报表编制，均对总部和分支机构会计产生系统影响。因此，有必要从会计系统的角度对这一方法作进一步的分析和评价，揭示其优点、缺点和应用条件，以便在实际工作中根据实际情况正确选择和运用这一方法。

从会计系统角度看，按成本计价会计处理方法，在会计系统上的优点和缺点是相伴相生的，优点本身蕴含缺点，并且其应用也是有条件的，主要表现在以下几个方面。

（1）总部发交分支机构的存货，均按总部存货的成本计价，保持了计价的一致性，使得分支机构单独的财务报表上以存货成本列示，真实反映了分支机构存货的成本，也便于联合财务报表的汇总编制。

（2）总部发交分支机构存货无论是总部还是分支机构均按成本计价，其收入的确认则以分支机构实际对外销售为准，立足于企业整体，符合收入确认的实现原则。与此同时，企业实现的收入只反映在分支机构的账上，其实现的利润自然就反映在分支机构的账上，最后列示于分支机构的利润表上。事实是，分支机构销售总部发交的存货所实现的收益是总部与分支机构共同努力的结果，而将其全部列示于分支机构利润表上不符合客观事实，很容易夸大分支机构的盈利能力，不利于对分支机构的考核。

（3）总部发交分支机构存货按成本计价在会计实务中是有条件的。在永续盘存制下，若总部采用全月一次加权平均法对存货发出计价，则分支机构收到总部存货的成本不能随存货随时记录，只能在月末总部计算出全月加权平均单价后才能对收到的存货进行计价。这样就会影响分支机构存货成本记录的及时性，甚至影响永续盘存制的选用。若总部存货发出计价采用其他计价方法，则不存在这一问题。

第三节 按高于成本计价的会计处理

按高于成本计价包括按成本加成计价和售价计价两种计价形式。在会计处理上，两种计价形式只是高于成本的幅度不同，其会计处理原理相同。因此本节一并加以阐述。出于简便考虑，在会计处理部分主要说明按成本加成计价的会计处理。对于按成本加成计价与售价计价会计处理两者之间的细微差别在最后的评价中说明。

一、按高于成本计价的会计账户设置

总部发交分支机构的商品按成本加成计价，其价格中包含成本和加价两部分。对于总部来说，需要反映发送分支机构商品的成本，也需要反映发交商品的加价。对于分支机构来说，其收到的总部发交的商品的计价包含成本和加价，期末存货成本自然也就包含成本和加价。在编制联合财务报表的“存货”项目时，分支机构的存货应按整个企业的成本列示，也就是应按总部的成本列示，这就需要将存货包含的加价予以抵销。所有这一切需要设置相应的会计账户，分别“成本”和“加价”予以反映。

反映“成本”和“加价”的会计账户由总部设置。对“成本”的反映，与上一节按成本计价的会计处理的账户设置相同，在“库存商品”账户中反映；对于“加价”的反映，则需要增设“存货加价”账户反映。

总部发交分支机构商品时，应借记“分支机构往来”，贷记“库存商品”（反映“成本”）和“存货加价”（反映“加价”）。分支机构收到商品时，借记“库存商品——总部发交”（包括“成本”和“加价”），贷记“总部往来”。期末编制联合财务报表时，应作抵销分录，抵销“加价”，调整已销存货的“营业成本”和未销的“存货”，使其还原为企业真实的“营业成本”和“存货”。

二、按高于成本计价的日常会计处理

【例9-4】假设【例9-1】中总部发交分支机构的商品成本1 000 000元，按10%加成，调拨价格为1 100 000元。其他会计事项不变。

本例与【例9-1】会计处理不同的是业务（2）、（6）和（7），其他业务处理与【例9-1】相同。业务（2）、（6）和（7）分支机构与总部编制的会计分录如表9-6所示。

表9-6　分支机构与总部编制的会计分录

业务序号	分支机构	总部
(2)	借：库存商品——总部发交 1 100 000 　贷：总部往来 1 100 000	借：分支机构往来 1 100 000 　贷：库存商品 1 000 000 　　存货加价 100 000
(6)	借：银行存款 780 000 　贷：主营业务收入 780 000 借：主营业务成本 660 000 　贷：库存商品——总部发交 660 000	
(7)	借：应收账款 131 000 　贷：主营业务收入 131 000 借：主营业务成本 110 000 　贷：库存商品——总部发交 110 000	

在业务（2）中，分支机构收到总部发交的库存商品的成本为1 100 000元，包括总

部的成本 1 000 000 元和加价 100 000 元。总部的“库存商品”1 000 000 元反映库存商品的成本，“存货加价”100 000 元反映存货的加价。业务（6）中，结转销售商品成本 660 000 元是按含有加价的分支机构成本结转的。业务（7）中，结转销售商品成本 110 000 元也是按含有加价的分支机构成本结转的。

将表 9－6 所示的会计分录登记入账后，分支机构与总部的相对账户记录如下所示：

总部往来

	(1)300 000 (2)1 000 000 (9)6 000
(10)800 000	
	606 000

分支机构往来

(1)300 000 (2)1 000 000 (9)6 000	
	(10)800 000
606 000	

三、按高于成本计价的联合报表的编制

按高于成本计价的联合财务报表编制步骤与按成本计价的联合财务报表编制相同。

【例 9－5】 在【例 9－4】会计处理的基础上，编制分支机构单独财务报表，与总部财务报表相联合，由总部编制联合财务报表工作底稿（如表 9－7 所示），编制联合财务报表。

按高于成本计价的工作底稿的调整和抵销，一方面要将总部与分支机构的内部往来予以抵销；另一方面还应将由存货加价引起的内部已实现和未实现利润予以抵销。

总部与分支机构的内部往来体现在“总部往来”和“分支机构往来”报表项目上，是企业的内部事项，应予抵销：

借：总部往来　　606 000

　贷：分支机构往来　　606 000

由存货加价引起的内部已实现利润体现在“营业成本”报表项目上。本例中，分支机构的“营业成本”报表项目 890 000 元是由销售总部商品结转的成本 770 000 元和销售外购商品结转的成本 120 000 元组成。销售总部发交商品 770 000 元中包含 70 000 元的存货加价，应予以抵销：

借：存货加价　　70 000

　贷：营业成本　　70 000

抵销后，结转的总部商品销售成本为 700 000 元，还原为企业真实的销售成本。

由存货加价引起的内部未实现利润体现在分支机构“存货”报表项目中。本例中，分支机构“存货”报表项目 410 000 元，其中 330 000 元为总部发交的商品，内含 30 000 元的成本加价，是未实现利润，应予抵销：

借：存货加价　　30 000

　贷；存货　　30 000

抵销后，总部发交分支机构的存货还原为企业真实的存货成本 300 000 元。

经过抵销后，“营业成本”“存货”还原为企业的真实成本，“存货加价”为零，与

按成本计价的报表数据相一致。因此，按成本计价编制的联合财务报表数据与按成本加成编制的联合财务报表数据是一致的、相等的。

表 9－7　　总部与分支机构联合财务报表工作底稿　　单位：元

项　目	总　部	分支机构	调整和抵销		联合报表
			借方	贷方	
利润表					
营业收入	26 780 000	1 056 000			27 836 000
营业成本	23 536 000	890 000		70 000	24 356 000
销售费用	769 000	107 000			876 000
利润总额	2 475 000	59 000			2 604 000
所得税费用	651 000				651 000
净利润	1 824 000	59 000			1 953 000
所有者权益变动表					
加：年初未分配利润	548 000				548 000
减：提取的盈余公积	182 400				182 400
分配的利润					
年末未分配利润	2 189 600	59 000			2 318 600
资产负债表					
货币资金	1 280 000	224 000			1 504 000
应收账款	813 000	131 000			944 000
存货	3 625 000	410 000		30 000	4 005 000
分支机构往来	606 000			606 000	
固定资产	6 578 495				6 578 495
资产总计	12 902 495	765 000			13 031 495
短期借款	3 000 000				3 000 000
应付账款	627 000	100 000			727 000
存货加价	100 000		70 000		
			30 000		
总部往来		606 000	606 000		
实收资本	6 000 000				6 000 000
盈余公积	985 895				985 895
未分配利润	2 189 600	59 000			2 318 600
负债与所有者权益总计	12 902 495	765 000	706 000	706000	13 031495

根据编制完成后的工作底稿的“联合报表”栏数据，填列正式的联合财务报表（略）。

四、按高于成本计价的年末调整和结账

按高于成本计价的年末调整和结账与按成本计价的年末调整结账都需要结清损益类账户。所不同的是按高于成本计价总部需要将已实现的存货加价转为本年利润。

【例9-6】沿用【例9-4】资料，年末调整和结账。

分支机构会计处理：

借：营业收入 1 056 000
　　贷：营业成本 890 000
　　　　销售费用 107 000
　　　　总部往来 59 000

总部会计处理：

借：分支机构往来 59 000
　　贷：本年利润——分支机构转来 59 000

借：存货加价 70 000
　　贷：本年利润——结转存货加成 70 000

调整和结账后，“总部往来”和“分支机构往来”余额均为665 000元（606 000+59 000），结转下年。“本年利润”账户将分支机构转来利润、结转存货成本加成与总部本年利润一并转入“利润分配——未分配利润”。“利润分配——未分配利润”余额结转到下年。

五、连续编制联合财务报表期初存货的抵销处理

在持续经营下，上期结账后，其账户余额结转至本期，作为本期的期初余额。账户的本期期初余额，列示于本期资产负债表上是报表各项目的期初数。

对于分支机构的“库存商品——总部运来”账户，正常情况下会有期初余额。当按高于成本计价时，分支机构的“库存商品——总部发交”账户期初余额，列示于资产负债表上是“存货”项目，包含有“成本”和“加价”两个因素，“加价”是存货中的未实现利润。连续上期，本期编制联合财务报表时，期初存货内含的未实现利润应予抵销，以真实反映企业存货的成本。

【例9-7】沿用【例9-4】资料，在【例9-6】年末结账后，分支机构的“库存商品——总部发交”余额为借方330 000元，结转至本年。总部的“存货加价”账户余额为贷方30 000元，结转至本年。若列示于资产负债表上，则是分支机构资产负债表“存货”项目的年初数和总部资产负债表“存货加价”项目的年初数。

在编制联合财务报表时，分下列三种情形进行抵销处理：

（1）期初存货全部实现销售：

借：存货加价 30 000
　　贷：营业成本 30 000

（2）期初存货全部未实现销售：

借：存货加价 30 000
　　贷：存货 30 000

（3）期初存货销售80%：

借：存货加价 30 000
　　贷：营业成本 24 000

存货 6 000

以上是单纯就期初存货的抵销所作的说明。对于本期收到的总部发交分支机构的存货，其抵销处理与前面所讲的无期初存货的抵销处理相同。从原理上讲，将期初存货的抵销处理与本期收入存货的抵销处理相加，就是连续编制联合财务报表有关存货项目的抵销处理。在实务中，当上期与本期成本加成比例相同时，期初存货应与本期收入存货一并进行抵销处理，无须区分期初存货与本期收入存货分别进行抵销处理。在编制抵销分录时，期初存货加上本期收入存货，其实现销售的部分，“存货加价”对应抵销“营业成本”；未实现销售的部分，“存货加价”对应抵销“存货”。

六、按高于成本计价会计处理方法评价

（1）总部发交分支机构的商品按成本加成计价，使商品的销售利润分割为两部分，一部分计入总部，另一部分计入分支机构，体现了利润的实现是总部与分支机构共同努力的结果，有利于评价分支机构的经营业绩，从而克服了按成本计价的缺陷。

（2）按成本加成计价，分支机构收到总部的商品按内部调拨价格计价；分支机构对外部采购的商品按实际成本计价；总部发送分支机构商品按实际成本计价。在同一个法人主体内，存货计价缺乏一致性。

（3）按成本加成计价，总部发交分支机构的商品对外销售后所实现的存货加价，并没有按月计入总部的账簿和单独利润表，仅体现在联合财务报表中，只是在年末结账时才转入总部账簿，在一定程度上影响总部实现原则的贯彻。

（4）总部发交分支机构的商品按售价计价，分支机构销售的由总部发交的商品的利润，全部反映于总部的账上和联合财务报表上，分支机构不加反映，使得分支机构来自总部的商品只有营业费用而无利润，不利于对分支机构的考核和调动分支机构的积极性。这与按成本计价恰成相反的对应。但是按售价计价有利于总部对分支机构存货的管理和控制。

第四节 其他事项的会计处理

一、相对账户的调整

分支机构会计最具特色的一对账户设置是“分支机构往来”和“总部往来”。从理论上讲，会计期末这一对账户期末余额方向相反，金额相等。但在实际工作中，这一对账户会出现余额不相等的情况，其原因有两个：一是总部或分支机构记账差错；二是总部与分支机构之间有未达账项。

总部与分支机构之间的未达账项是指两者之间在资金收付和商品交拨过程中，一方已记账，另一方尚未记账的账项。类似于银行存款日记账与银行对账单之间的未达账项。

会计期末，核对“分支机构往来”和“总部往来”账户记录，如果余额不相等，可能记账差错，也可能是未达账项。对于记账差错，应及时更正。对于未达账项，应编制相对账户余额调节表予以调节，使“分支机构往来”和“总部往来”账户余额相等。如此，在编制联合财务报表时，“分支机构往来”和“总部往来”报表项目才能抵销。

【例9-8】 某企业总部“分支机构往来”账户余额为172 000元，分支机构“总部往来”账户余额为82 000元。期末对账有如下未达账项：

(1) 12月30日，分支机构代总部收取应收账款80 000元，总部因未接到分支机构通知，尚未入账。

(2) 12月31日，分支机构汇回总部100 000元款项，总部因未取得银行的收款通知，尚未入账。

(3) 12月31日，总部发送分支机构商品，成本50 000元，分支机构尚未验收入库，尚未入账。

(4) 12月31日，总部代分支机构支付应付账款20 000元，分支机构未收到通知，尚未入账。

编制总部与分支机构相对账户余额调节表如表9-8所示。

表9-8　　总部与分支机构相对账户余额调节表

总部“分支机构往来”账户	金　额	分支机构“总部往来”账户	金　额
调节前余额	172 000	调节前余额	82 000
加：分支机构代收应收账款 减：分支机构汇回现金	80 000 100 000	加：总部发来商品 加：总部代付应付账款	50 000 20 000
调节后余额	152 000	调节后余额	152 000

对于上述未达账项，是由记账的时间差所引起，待原始凭证到达后，未达账项就成了已达账项，总部与分支机构按正常业务进行会计处理。因此，会计期末的未达账项不应在总部和分支机构账上作账务处理，也就不需要编制未达账项的会计分录。这一点与银行存款余额调节表的处理是一致的。但总部与分支机构未达账项的调节还有一个目的，就是编制联合财务报表。

在编制联合财务报表时，“总部往来”与“分支机构往来”的抵销要求其金额相等，但总部与分支机构的单独财务报表并不包含未达账项的账务处理及其金额。因此，就要求编制未达账项的调整分录，过入联合财务报表工作底稿，以正确编制联合财务报表。

根据未达账项的具体业务，编制调整分录：

(1) 借：分支机构往来　　80 000
　　贷：应收账款　　80 000

(2) 借：货币资金　　100 000
　　贷：分支机构往来　　100 000

(3) 借：存货——总部发交　　50 000
　　贷：总部往来　　50 000

(4) 借：应付账款 20 000

　　贷：总部往来 20 000

编制抵销分录：

借：总部往来 152 000

　　贷：分支机构往来 152 000

二、分支机构的固定资产核算

分支机构使用的固定资产，其会计核算有两种方式，一是总部统一核算；二是分支机构核算。

（一）总部统一核算

总部统一核算是将分支机构使用的固定资产记录在总部账上，由总部计提折旧。应由分支机构分担的折旧费用通过总部转入分支机构。分支机构不记录固定资产和累计折旧，只记录由总部转来的有关费用。

1. 总部为分支机构购置固定资产的会计处理

在总部账上，借记“固定资产”，贷记“银行存款”等账户；计提折旧，借记“销售费用”等账户，贷记“累计折旧”账户；总部将折旧费用转给分支机构，借记“分支机构往来”，贷记“销售费用”等账户；分支机构记录总部转来的折旧费，借记“销售费用”，贷记“总部往来”账户。

2. 分支机构购置固定资产的会计处理

分支机构购置固定资产时，在分支机构账上，借记“总部往来”，贷记“银行存款”等账户，并报告总部；总部收到分支机构的报告时，借记“固定资产”，贷记“分支机构往来”账户。固定资产折旧计提、折旧费用转给分支机构及分支机构转入折旧费用的账务处理与上述总部购置固定资产相同。

（二）分支机构核算

当分支机构使用的固定资产由分支机构核算时，应在分支机构账上设置“固定资产”“累计折旧”账户，全面核算固定资产购置和折旧的计提，而总部账上不再反映分支机构使用的固定资产。

在这种情况下，分支机构购置固定资产时，借记“固定资产”，贷记“银行存款”等账户；总部拨来固定资产时，借记“固定资产”，贷记“总部往来”账户；计提折旧时，借记“销售费用”等，贷记“累计折旧”账户。

三、总部账上分支机构费用的分摊

如前所述，总部发生的各项费用，如保险费、广告费、房产税、车船使用税以及统一由总部计提的固定资产折旧费等费用，有些是用于分支机构的。对于发生时即可确认为分支机构的费用，直接由分支机构负担；对于总部与分支机构的共同费用，则按一定的分配方法分摊给分支机构。

(1) 发生时即可确认为分支机构的费用，总部借记“分支机构往来”账户，贷记“银行存款”等账户；分支机构借记“销售费用”等账户，贷记“总部往来”账户。

（2）总部与分支机构的共同费用，总部先计入费用类账户，借记“费用类”账户，贷记“银行存款”等账户；然后按合理的比例分摊给分支机构，借记“分支机构往来”账户，贷记“费用类”账户。分支机构按总部分来的费用，借记“销售费用”等账户，贷记“总部往来”账户。

有的企业出于管理需要和保密起见，可能将一部分应由分支机构负担的费用，如支付给分支机构经理的工资及津贴，不转入分支机构，而是保留在总部账上，待分支机构报来报表后，再直接抵减分支机构损益，以真实反映分支机构的损益，同时满足管理和保密需要。

四、分支机构间的业务往来

分支机构间的业务往来，如果按一般企业的做法，应当设置往来账户，反映相互之间的业务往来，总部账上不作记录。但是，在分支机构会计中，出于总部对分支机构的管理和控制，分支机构之间往往不设往来账户，发生的往来业务，视同分支机构与总部的往来，通过“总部往来”核算，总部则以中间人的身份记录两个分支机构的往来。

【例9-9】 某公司下设A、B两个分支机构。A分支机构将总部发交的商品调拨给B分支机构，成本60 000元。

（1）A分支机构编制的会计分录如下：

借：总部往来　　60 000

　　贷：库存商品——总部发交　　60 000

（2）总部编制的会计分录如下：

借：分支机构往来——B　　60 000

　　贷：分支机构往来——A　　60 000

（3）B分支机构编制的会计分录如下：

借：库存商品——总部运来　　60 000

　　贷：总部往来　　60 000

采用这种方法核算分支机构间的业务往来，不仅在各分支机构有往来记录，而且在总部也有分支机构间的往来记录，有利于总部对分支机构的管理和控制。但在实际工作中，也有分支机构之间设置往来账户，反映相互之间的业务往来，总部账上不作记录的做法。显然，这种做法不利于总部对分支机构的管理和控制。

五、销售代理机构的业务处理

销售代理机构是为商品展销和与客户签订合同或订单设立的分支机构。销售代理机构一般只陈列样品，不备有存货。客户看样订货后，销售代理机构将订单转交总部，由总部决定是否赊销及赊销额度，由总部发货和办理款项结算。销售代理机构支付的费用由总部以备用金的形式拨付。

根据其业务特点，销售代理机构一般只需设置一本现金账，用以记录总部拨来的备用金，以及用备用金支付的各项费用，不需要设置整套账簿。

总部对销售代理机构的核算，视销售代理机构的净收益是否单独核算而定。

如果单独核算，则对其收入和费用需设置明细账单独反映，否则就不需要划分总部与代理机构的收入和费用。

【例9－10】某公司在异地设置一销售代理机构，本期发生下列业务：

（1）核定销售代理机构定额备用金10 000元，现金付讫。

（2）总部发交给销售代理机构产品样品10件，每件成本310元。

（3）销售代理机构销售产品，报总部发货和收款，售价53 000元，成本31 000元，总部发货并收款。

（4）销售代理机构向总部报销各项费用计8 600元，总部支付现金补足备用金。

（5）总部对该销售代理机构净收益单独核算。期末结转销售代理机构销售收入、销售成本、销售费用和利润。

（1）支付定额备用金时，编制的会计分录如下：

借：其他应收款——销售代理机构　　10 000
　　贷：库存现金　　10 000

（2）总部发送代理机构产品样品时，编制的会计分录如下：

借：库存商品——销售代理机构　　3 100
　　贷：库存商品　　3 100

（3）销售代理机构销售产品时，编制的会计分录如下：

借：银行存款　　53 000
　　贷：主营业务收入——销售代理机构　　53 000
借：主营业务成本——销售代理机构　　31 000
　　贷：库存商品　　31 000

（4）销售代理机构报销费用，补足备用金时，编制的会计分录如下：

借：销售费用——销售代理机构　　8 600
　　贷：库存现金　　8 600

（5）期末结转销售代理机构收入、成本、费用和利润时，编制的会计分录如下：

借：主营业务收入——销售代理机构　　53 000
　　贷：主营业务成本——销售代理机构　　31 000
　　　　销售费用——销售代理机构　　8 600
　　　　本年利润——销售代理机构　　13 400
借：本年利润——销售代理机构　　13 400
　　贷：本年利润　　13 400

需要说明的是，本章第二、三、四节所述的分支机构会计，除上述销售代理机构的核算外，都是假定分支机构是一个相对独立的会计主体，设置一套相对完整的会计账簿体系。实际上，企业有的分支机构，总部对其实行集中核算（见第一节“集中核算”）。在集中核算下，分支机构除了做必要的辅助或备查记录外，不进行其他核算，所有会计事项连同凭证报送总部，由总部统一入账。在这种情况下，分支机构的会计核算就类似于销售代理机构的会计核算。所不同的是分支机构有较为完备的存货，总部需对其进行数量金额核算和控制；销售代理机构只有样品没有存货，总部只需对其样品进行核算。

本章关键概念

分支机构　销售代理机构　按成本计价　按成本加成计价　总部往来
分支机构往来　相对账户调整　联合财务报表

复习思考题

1. 比较分支机构与一般独立企业有哪些区别?

2. 总部发交分支机构存货可选择哪些计价方法? 它们各自的特点是什么?

3. 比较分支机构与子公司在会计处理一般程序上有哪些区别?

4. 试分析按成本计价与按高于成本计价对总部和分支机构的单独财务报表有何影响?

5. 按成本计价编制联合财务报表与按高于成本计价编制联合财务报表在抵销处理上有何异同? 为什么?

6. 会计期末, 为什么要对相对账户进行调节? 如何编制相对账户余额调节表?

7. 分支机构的固定资产可采用哪几种核算方式? 为什么要采用不同的核算方式?

8. 销售代理机构业务的会计处理与集中制分支机构业务的会计处理是否相同? 为什么?

第十章 上市公司信息披露

【引言】

上市公司信息披露可以调整公司治理结构，保护投资者的利益，提高证券市场效率，完善证券市场的监管。本章主要介绍上市公司招股初期、股票发行和上市阶段以及公司经营阶段信息披露的内容、要求及方式。

第一节 上市公司信息披露概述

一、上市公司及其标准

上司公司是指所发行的股票可以在证券交易所上市交易的股份有限公司，是股份有限公司的一种特有类型，它与非上市公司的区别在于股票在证券交易所进行场内流通转让。这也是上市公司的主要特点。从世界各国的情况来看，上市公司都有区别于一般企业的严格的标准，其标准大多体现在资本总额、股东状况、经营能力或获利能力等方面。

《中华人民共和国证券法》规定，股票上市公司的条件为：①经核准已公开发行；②股本总额不少于人民币 3 000 万元；③公开发行的股份达到股份总数的 25% 以上；股本总额超过人民币 4 亿元的，该比例为 10% 以上；④最近 3 年无重大违法行为，财务会计报告无虚假记载。

除上述条件外，各国还有关于上市后公司审查的问题，若上市公司经营不良或违反了相关的法律法规，例如，报表造假或内部交易等，则可能被暂时或永久地取消上市资格。

二、上市公司信息披露的重要意义

上市公司信息披露一般是指股份有限公司通过招股说明书、上市公告书、定期报告书、临时报告书及其他披露文件，向广大投资者、债权人及其他信息使用者披露公司财务状况、经营成果和现金流量等对决策有用的信息。上市公司的信息披露在公司治理结构中占有重要的地位。

（一）保护投资者利益

强制信息披露制度保障了投资者的知情权，是投资者保护最重要的手段。投资者保护不仅关系到资本市场的规范和发展，而且也关系到整个经济的稳定增长。投资者尤其是中小投资者，由于信息不对称、持股比例小，相对于控股股东和管理层处于弱势地位等原因，需要重点保护。投资者保护得好，投资者对市场就有信心，入市的资金和人数就多。从资本市场的发展历程来看，保护投资者利益，让投资者树立信心，是培育和发展市场的重要环节。

另外，信息披露有利于投资者形成一个合理的证券投资组合。事实上，上市公司信息披露的这一作用是显而易见的，当市场披露了有用的信息，投资者在权衡不同证券价格所反映的风险和报酬的基础上，作出购买、持有、转让的决策，并形成一个合理的证券投资组合，这样既分散了风险，同时也将筹集到必要的资本，进而获得丰厚的利润。

（二）提高证券市场效率

证券市场的一个重要作用就是合理地配置资源，证券价格的重要性正是体现在其对资源配置效率的影响上。如果价格的偏差过大，那么在竞争者中分配稀缺资本的社会机制就会被扭曲。强制信息披露使得价格的偏差减小了，这不但使投资者获益，更重要的是它提高了资源的配置效率。当信息披露者向市场披露了有用的信息从而筹集到了必要的资本（股票或借入资金），并因此而获得了丰厚的利润，那么可以认为信息披露已达到了资源的最佳配置的目的，即实现了社会资源的最优增长、社会福利的最大化以及其他有益目标。

（三）完善证券市场监管体系

从世界各国的证券市场管理的实践来看，证券市场要遵循公开、公平、公正的原则，为市场中所有参与者创造一个良好的市场环境。而高质量的信息监管是监管者受到资本使用者和提供者尊重的必要条件，是抑制投机泛滥、防止市场垄断和操纵、保护投资者利益、减少证券市场外部性的重要手段。信息监管是证券市场监管体系的基石，而强制信息披露制度正是监管者进行高质量信息监管的前提。

（四）企业披露的信息会形成企业巨大的外部压力

企业经营状况不佳通常会引起股票价格的波动。一般中小投资者就会抛售股票，从而影响大股东的利益。针对这种情况，公司董事会、股东会为保护自己的利益会立即采取必要的措施，甚至进行公司内部结构的调整，这就为公司的自我完善起了极大的促进作用。

由于公司披露的信息可在社会上进行交流和反馈，这使公司之间能够及时交叉对比，在投资者强烈的外在制约下公平竞争，从而促使各公司不断发展，促进社会更加繁荣。如果上市公司经营状况不佳，就很可能成为被收购的对象，通过股票在市场上的买与卖，被其他公司所兼并；而要收购对方股票的公司，也要将其收购过程的各类信息对外披露。这样市场经济中的优胜劣汰可在企业披露的信息中被揭示殆尽。这是促使公司经营者尽责经营的强大制约力量。

三、上市公司信息披露的要求

上市公司信息披露的重要性决定了世界各国对上市公司的信息披露都有着较为具体的

规定，这些规定在上市公司的信息披露方面起着很强的制约作用，显而易见，按规定披露会计信息就成了上市公司会计工作的最重要的方面。

（一）美国对上市公司信息披露的要求

（1）定期报告，包括年度报告、季度报告以及临时报告。

（2）重大事项报告，发行人有责任立即公开有关重大事项信息，以防止欺诈及内幕交易，并规定了需在15日内披露重大事项。

（3）上市公司应进行实时披露，即要求实时披露导致公司经营和财务状况发生重大变化的信息。

（4）由联邦证券与交易委员会（SEC）制定规则，要求上市公司披露对公司财务状况具有重大影响的所有重要的表外交易和关系，且不以误导方式编制模拟财务信息。由SEC负责对特殊目的实体等表外交易的披露进行研究，提出建议并向国会报告。

（5）主要股东或高级管理者披露股权变更或证券转换协议。

（6）由SEC制定规则，强制要求上市公司年度报告中应包括内部控制报告及其评价，并要求会计师事务所对公司管理层作出的评价出具鉴证报告。

（7）由SEC制定规则，强制要求公司审计委员会至少应有一名财务专家，并且要予以披露。

（二）香港对上市公司信息披露的要求

1. 股票上市前

公司要披露近期的合并及收购活动，公司近期发展及未来展望，股权及股票的配售方式，招股方式与渠道，保护股东利益的措施以及过去2年发行公司的股本结构变化情况。

需具体提供的会计资料包括过去3年符合国际会计准则及经过审计的收益表、资产负债表。如最近的会计年度在上市前6个月结束则必须提供中期报告；企业的盈利预测以及注册会计师对盈利预测的审计意见；上个会计年度之后的财务状况走势预测等。

2. 股票上市后

公司要披露其中期报告和年度报告，还要提供关于股票的兑换、购买、赎回及其出售情况以及需要在发行公司注册地市场需要公开披露的其他信息。

（三）我国对上市公司信息披露的特征

（1）上市公司依法披露的信息必须真实、准确、完整，不得有虚假记载，不准有误导陈述或者重大遗漏。

（2）信息披露文件主要包括招股说明书、募集说明书、上市公告书、定期报告和临时报告等。

（3）公司的招股说明书是公司招股初期的最重要的文件。

（4）公司上市公告说明书的财会信息部分包括的信息内容广泛。

（5）公司上市后，在每个经营阶段都要定期公布经营结果的报告书，即公司的年度报告、半年度报告、季度报告。

（6）除了上述的定期报告外，公司还要根据经营中遇到的情况及时对外披露临时报告。

上市公司的信息披露分为公司招股初期的信息披露、股票发行上市阶段的信息披露、公司经营阶段的信息披露及临时报告等几个方面。

第二节 公司招股初期的信息披露

一、公司招股初期信息披露的内容

公司招股初期信息披露的内容应当是公司的历史信息，最重要的文件即为招股说明书。

招标说明书是上市公司在向机构投资者、社会公众募集股份时，由发行人起草，向社会公众披露的关于公司总体状况、股份总数、发行前股份结构、财务状况、获利能力、发行股票类型数额以及公司股利分配政策的内容的书面报告。

股份有限公司的招股说明书是供社会公众了解发起人和将要设立公司的情况，说明公司股份发行的有关事宜，指导公众购买公司股份的规范性文件。公司首次公开发行股票，必须制作招股说明书。招股说明书经政府有关部门批准后，即具有法律效力，公司发行股份和发起人、社会公众认购股份的一切行为，除应遵守国家有关规定外，都要遵守招股说明书中的有关规定，违反者要承担相应的责任。

二、招股说明书概述

（一）招股说明书的法定内容

根据《公司法》的规定，招股说明书应当附有发起人制定的公司章程，并载明下列事项：

（1）发起人认购的股份数；

（2）每股的票面金额和发行价格；

（3）无记名股票的发行总数；

（4）募集资金的用途；

（5）认股人的权利、义务；

（6）本次募股的起止期限及逾期未募足时认股人可以撤回所认股份的说明。

（二）招股说明书的形式

招股说明书应采用书面形式，其格式由发起人自行确定。

（三）招股说明书的拟订

招股说明书由发起人拟订，经所有发起人认可同意后提交政府授权部门审批。

（四）招股说明书的审批

招股说明书的审批，一般由政府授权部门进行。目前我国只允许深圳、上海两市股票上市，设立股份有限公司的招股说明书由证监会下设的股票发行审查委员会审批。

招股说明书经政府授权部门批准后，要由发起人通过新闻媒介予以公告，以便社会公众知晓。目前我国招股说明书的公告主要采取由报纸或相关的网站全文发布的形式。

三、招股说明书的特点

（1）招股说明书概要属于法定信息披露文件。招股说明书概要应当与招股说明书一并报请证券监管机构审批。作为招股说明书附件，招股说明书概要应依照法律规定和证券监管机构要求记载法定内容。

（2）凡对投资者作出投资决策有重大影响的信息，均应予以披露。

（3）发行人认为有助于投资者作出投资决策的信息，发行人可增加这部分内容。

（4）如果发行人由原有企业经改制而设立，且改制不足 3 年，则发行人在根据要求对其历史情况进行披露时，应包括原有企业情况。

（5）招股说明书有效日期为 6 个月，自招股说明书签署之日起计算。

四、招股说明书的内容

（一）招股说明书封面

招股说明书的封面应载明下列事项：①发行人的名称及公司住所；②说明发行股票的类型，例如，普通股、优先股或者境内上市外资股等；如果同时发行认股证，还须列明认股证与股票的比例；③重要提示；④发行量、每股面值、每股发行价、发行费用、募集资金，采用上网竞争价方式发行股票的，应标明发行底价；⑤发行方式及发行期；⑥拟上市证券交易所；⑦主承销商；⑧推荐人。

（二）招股说明书正文

该部分为招股说明书的主体，也是潜在股东了解公司状况的主要依据。其内容包括：①主要资料；②释义；③绪言；④发售新股的有关当事人；⑤风险因素与对策；⑥募集资金的运用；⑦股利分配政策；⑧验资报告；⑨承销人情况；⑩发行人情况；⑪发行人公司章程摘录；⑫董事、监事、高级管理人员及重要职员；⑬经营业绩；⑭股本；⑮债项；⑯主要固定资产；⑰财务会计资料；⑱资产评估；⑲盈利预测；⑳公司发展规划；㉑重要合同及重大诉讼事项；㉒其他重要事项；㉓董事会成员及承销团成员的签署意见。

（三）招股说明书附录

附录的内容至少包括以下各项①财务报表及其注释和审计报告；②财务报表差异调节表；如果发行人既发行 A 股，又发行 B 股或者既在境内发行，又在境外发行，由于会计准则的不同导致不同类型的股票同期财务报表数据不完全相同，应当对其差异编制调节表，说明差异的原因；③资产评估报告；④盈利预测报告和注册会计师的意见；⑤法律意见书；⑥发行人的公司章程和细则；⑦发行人的营业执照。

五、财务会计报告中的信息要求及披露方式

（一）招股说明书对财务报表的数据要求

发行人运行 3 年以上的，应披露最近 3 年及 1 期的财务报表；运行不足 3 年的，应披露设立后各年及最近 1 期的资产表负债表和现金流量表。

（二）财务报表数据的列示方式

一般的，每个会计年度的数据应该从左向右列示，最左一栏为最近一年报表的数据，每个年度的也均在栏顶行注明。

【例10-1】甲高新技术公司在公司股票发行上市时，20×5年~20×7年的资产负债表、利润表、现金流量表主要数据（简化格式）如表10-1、表10-2、表10-3所示，报表已经注册会计师审计鉴证，正式作为招股说明书的补充资料向社会公告。

表10-1 资产负债表主要数据 单位：元

时间 项目	20×7.12.31	20×6.12.31	20×5.12.31
资产总额	425 219 042.17	339 305 964.51	270 156 883.58
负债总额	175 418 754.43	176 799 215.23	176 430 613.42
归属于母公司所有者权益	219 295 214.18	151 948 080.49	83 633 169.33
股东权益合计	249 800 287.74	162 506 749.28	93 726 270.16

表10-2 利润表主要数据 单位：元

年度 项目	20×7年度	20×6年度	20×5年度
营业收入	164 959 480.52	104 489 883.27	95 406 814.87
营业利润	32 794 220.23	16 551 485.24	10 409 547.33
利润总额	34 219 440.25	16 913 211.36	10 789 785.89
净利润	30 010 442.12	14 280 479.12	8 828 098.34
归属于母公司所有者的净利润	27 895 367.10	13 814 911.16	8 645 291.89

表10-3 现金流量表主要数据 单位：元

年度 项目	20×7年度	20×6年度	20×5年度
经营活动产生的现金流量净额	18 436 738.54	19 035 745.88	-1 615 407.24
投资活动产生的现金流量净额	-61 017 473.49	-66 784 785.64	-47 706 144.10
筹资活动产生的现金流量净额	55 525 912.61	36 347 043.65	64 967 835.76
现金及现金等价物净增加额	12 945 177.66	-11 401 996.11	15 646 566.03

（三）相关财务分析及其需要披露的内容

根据3年来的资产负债表和利润表，发起人在其招股说明书中将其有代表意义的数据，加上必要的分析计算而列示，以此来说明公司近期的经营业绩，树立本公司的形象。

【例 10－2】甲高新技术公司在公司股票发行上市时，3 年来的财务报表分析的主要数据如表 10－4 所示，数据已经注册会计师审计鉴证，正式作为招股说明书的补充资料向社会公告。

表 10－4　　主要财务指标

项目 \ 年度	20×7 年度	20×6 年度	20×5 年度
流动比率（倍）	1.19	1.23	1.22
速动比率（倍）	0.85	0.77	0.84
资产负债率（%、母公司）	35.28	43.88	60.70
应收账款周转率（次/年）	2.90	2.23	2.83
存货周转率（次/年）	2.10	1.30	1.50
利息保障倍数（倍）	6.15	3.17	2.62
每股经营活动产生净现金流量（元）	0.23	0.27	-0.03
基本每股收益（元/股）	0.36	0.22	0.17
净资产收益率（%、全面摊薄）	12.72	9.09	10.34

（四）财务报表附注中会计政策与会计估计的内容及其列示方式

（1）财务报表的编制基准及合并财务报表范围。应说明财务报表以公司持续经营假设为基础，根据实际发生的交易事项，按照财政部 2006 年 2 月 15 日颁布的《企业会计准则》及其应用指南的有关规定，并按照证监会《公开发行证券的公司信息披露规范》，以及相关的企业会计准则所述的会计政策、会计估计进行编制。

【例 10－3】甲高新技术公司在公司股票发行上市时，报告期内纳入合并范围的子公司情况如表 10－5 所示，数据已经注册会计师审计鉴证，正式作为招股说明书的补充资料向社会公告。

表 10－5　　报告期内纳入合并范围的子公司情况表

公司名称	项　目	20×5 年	20×6 年	20×7 年
A 公司	持股比例	96%	96%	80%
	合并变化情况	合并	合并	合并
B 公司	持股比例	70%	70%	8.24%
	合并变化情况	合并	合并	部分合并[1]
C 公司	持股比例	—	—	53.50%
	合并变化情况	合并	合并	合并[2]

（2）收入确定原则。销售商品的收入，在下列条件均能满足时予以确认：①企业已将商品所有权上的主要风险和报酬转移给购货方；②企业既没有保留通常与所有权相联系的继续管理权，也没有对已售出商品实施有效控制；③收入的金额能够可靠地计量；④相

关的经济利益很可能流入企业；⑤相关的已发生或将发生的成本能够可靠地计量。

提供劳务的收入，按以下方法确认：公司在资产负债表日提供劳务交易的结果能够可靠估计的，采用完工百分比法确认提供劳务收入。让渡资产使用权收入，在下列条件均能满足时予以确认：①相关的经济利益很可能流入企业；②收入的金额能够可靠地计量。

（3）金融资产核算方法。其应包括金融资产分类以及重分类的依据和办法、初始确认和计量办法、后续确认和计量办法、金融资产减值准备的提取办法。

（4）存货核算方法。其应包括存货的内容、存货取得时入账价值的确定办法、存货发出时的计价办法、存货盘存办法、期末提取减值准备的办法等。

（5）长期股权投资和持有至到期投资核算方法。其包括长期股权投资在取得时初始投资成本入账价值的计量办法，按照同一控制下企业合并、非同一控制下企业合并、非企业合并形成的长期股权投资分别说明，另外还要说明长期股权投资后续会计处理办法的确定方式，即成本法和权益法的应用条件。

（6）固定资产的计价、折旧核算方法。固定资产计价方法：①外购的固定资产计价；②自行建造的固定资产计价；③投资者投入的计价；④非货币性资产交换、债务重组的计价。

固定资产折旧方法的说明格式如表 10－6 所示。

表 10－6　固定资产的分类、预计使用年限、预计净残值率及年折旧率

资产类别	残值率	使用年限	年折旧率（%）
房屋建筑物	5%	25～40	2.375%～3.8%
机器设备	5%	10	9.5%
运输工具	5%	10	9.5%
电子及其他设备	5%	5	19%

（7）无形资产核算方法。其包括无形资产的计价方法、无形资产摊销方法、使用寿命有限的无形资产的使用寿命确定方法、确定无形资产使用寿命考虑的因素、划分研究开发项目研究阶段支出和开发阶段的支出的具体标准等。

（8）主要资产减值准备的确定办法。其包括资产负债表日公司对长期股权投资、固定资产、在建工程、无形资产、商誉等资产的账面价值进行检查，有迹象表明上述资产发生减值的，其可收回金额的估计办法和减值损失的确认办法。如需确认资产组的还应说明资产组的认定办法及标准。

（9）借款费用资本化核算方法。其包括借款费用的内容、专门借款和一般借款的认定标准、借款费用开始资本化、暂停资本化、停止资本化的条件。

（10）利润分配核算方法。

（五）财务报表附注中的其他内容及其列示方式

1. 非经常性损益情况

列示非经常损益数据，一是要了解公司的利润总额中非经常损益的构成内容；二是要了解非经常损益在公司损益中所占的比重。

【例10－4】甲高新技术公司在公司股票发行上市时，报告期内非经常性损益明细表数据如表10－7所示，数据已经注册会计师审计鉴证，正式作为招股说明书的补充资料向社会公告。

表10－7　非经常损益明细表　单位：元

非经常性损益明细	20×7年度	20×6年度	20×5年度
(一) 非流动资产处置损益	597 291.22	4 968.50	－21 237.84
(二) 越权审批或无正式批准文件的税收返还、减免	－1	—	—
(三) 计入当期损益的政府补助，但与公司业务密切相关，按照国家统一标准定额或定量享受的政府补助除外	778 660.00	346 700.00	560 000.00
(四) 计入当期损益的对非金融企业收取的资金占用费，但经国家有关部门批准设立的有经营资格的金融机构对非金融企业收取的资金占用费除外	—	—	—
(五) 企业合并的合并成本小于合并时应享有被合并单位可辨认净资产公允价值产生损益	—	—	—
(六) 非货币性资产交换损益	—	—	—
(七) 委托投资损益	—	—	—
(八) 因不可抗力因素，如遭受自然灾害而计提的各项资产减值准备	—	—	—
(九) 债务重组损益	—	—	—
(十) 企业重组费用，如安置职工的支出、整合费用等	—	—	—
(十一) 交易价格显失公允的交易产生的超过公允价值部分的损益	—	—	—
(十二) 同一控制下企业合并产生的子公司20×5年1月1日至合并日的当期净损益	－343 252.57	1 001 221.42	393 132.16
(十三) 与公司主营业务无关的预计负债产生的损益	—	—	—
(十四) 除上述各项之外的其他营业外收支净额	49 268.80	－82 472.35	－75 743.73
(十五) 中国证监会认定的其他非经常性损益项目	—	—	—
非经常性损益合计	1 081 967.45	1 270 417.57	856 150.59
减：所得税影响金额	200 438.06	46 420.28	83 341.24
扣除所得税影响后的非经常性损益	881 529.39	1 223 997.30	772 809.35

显而易见，公司公告了扣除非经常损益的净利润，这为投资者了解公司的获利情况提供了更为有用的证据。

2. 最近末期的主要账项

这方面的数据也要通过列表的数据表示。有的公司在这方面的披露会更加详细，如对固定资产甚至按照主要产品的生产设备（工装线、专用设备）等列示原值和净值情况。

【例10-5】甲高新技术公司在公司股票发行上市时，报告期内主要账项的数据如表10-8、表10-9、表10-10、表10-11、表10-12所示，数据已经注册会计师审计鉴证，正式作为招股说明书的补充资料向社会公告。

表10-8　　固定资产　　单位：元

固定资产	资产原值	累计折旧	资产净值	成新率（%）
房屋建筑物	128 295 348.44	3 905 808.87	124 389 539.57	96.96
机器设备	86 087 440.58	26 401 554.55	59 685 886.03	69.33
运输工具	4 008 832.64	1 751 940.68	2 256 891.96	56.30
电子设备及其他	13 176 648.65	6 895 520.04	6 281 128.61	47.67
合　计	231 568 270.31	38 954 824.14	192 613 446.17	83.18

表10-9　　应收票据　　单位：元

项　目	20×7.12.31	20×6.12.31	20×5.12.31
应收票据	11 448 100.00	250 000.00	1 540 000.00

表10-10　　无形资产　　单位：元

项　目	取得方式	原　值	期末净值
××基地土地使用权	购买	18 368 053.50	16 225 116.06
××基地土地使用权	购买	16 000 000.00	15 502 293.33
挤压成型技术	购买	1 000 000.00	224 999.84
合金新工艺技术	购买	1 000 000.00	224 999.90
局域网开发	购买	128 000.00	—
办公软件	购买	187 515.90	168 764.31
合　计	—	36 683 569.40	32 346 173.44

表10-11　　短期借款

贷款银行	签订日期	期　限	利　率	金额（万元）	担保类型
M银行松桂园支行	20×7.05.03	11个月	浮动利率	500.00	保证
M银行解放路支行	20×7.07.28	6个月	浮动利率	1 500.00	保证、抵押
M银行广场支行	20×7.11.03	6个月	年率7.47%	1 500.00	保证
合　计	—	—	—	3 500.00	—

表 10－12　　应付票据　　单位：元

项　目	20×7.12.31	20×6.12.31	20×5.12.31
应付票据	7 100 000.00	9 235 000.00	5 850 467.00

3. 财务报表附注中的期后事项、或有事项及其他重要事项

由于这一部分内容不一定具有经常性，因此多以文字表述为主，数据格式为辅的方式列示。包括一切有利和不利的资产负债表日后调整事项和非调整事项；或有事项应披露对外担保、重大诉讼或仲裁事项、亏损合同等。

【例 10－6】甲高新技术公司在公司股票发行上市时，期后事项和或有事项情况如下：

（1）或有事项：本公司 20×7 年 4 月向 M 银行股份有限公司出具了编号为"60DB070047"的最高额不可撤销担保书，为 S 汽车制动有限公司向该行贷款提供最高限额为 2 000 万元的不可撤销担保，担保期限为 20×7 年 4 月 16 日至 20×8 年 4 月 16 日。至 20×8 年 6 月 30 日止，S 汽车制动有限公司在 M 银行的贷款余额为 1 000 万元。

除上述事项形成的或有事项外，本公司无需要披露的其他或有事项。

（2）期后事项：本公司无资产负债表日后重要事项。

数据已经注册会计师审计鉴证，正式作为招股说明书的补充资料向社会公告。

六、风险因素、关联方关系及公司治理

（一）风险因素及其披露要求

应披露的风险包括市场风险、业务经营风险、管理风险、财务风险、技术风险、政策性风险和汇率风险等。

投资者在发行新股时，招股说明书需要披露的市场风险有市场竞争风险和市场需求风险；经营风险有客户相对集中风险和市场开拓风险。

发行人招股说明书需要披露的管理风险有风险实际控制人发生变化风险、规模快速扩张引致的管理风险等。

财务风险包括应收账款风险、存货风险、对外投资风险、偿债风险等。

其他需要披露的风险还包括人力资源风险、税收优惠政策变动风险、募集资金投资项目的风险、股市风险等。

这样的信息在招股说明书中要专门披露，还体现在其他方面，如风险因素中的管理因素，一般也包括交易风险。

（二）关联方关系及其披露要求

无论是否发生关联方交易，均应当在附注中披露与母公司和子公司有关的下列信息：母公司和子公司的名称，母公司不是该企业最终控制方的，还应当披露最终控制方名称；母公司和最终控制方均不对外提供财务报表的，还应当披露母公司之上与其最相近的对外提供财务报表的母公司名称；母公司和子公司的业务性质、注册地、注册资本（或实收资本、股本）及其变化；母公司对该企业或者该企业对子公司的持股比例和表决权比例。

企业与关联方发生关联方交易的，应当在附注中披露该关联方关系的性质、交易类型及交易要素。交易要素至少应当包括：交易的金额；未结算项目的金额、条款和条件，以

及有关提供或取得担保的信息；未结算应收项目的坏账准备金额；定价政策。

（三）公司治理结构及其披露要求

公司治理结构主要是指公司股东大会、董事会、监事会及其与公司高管之间相互制约的制度性安排，是公司有效运行的重要保证措施。

我国法律对公司治理信息披露的一般要求是：发行人应披露股东大会、董事会、监事会、独立董事、董事会秘书制度的建立健全及运行情况，说明上述机构和人员履行职责的情况。发行人应披露战略、审计、提名、薪酬与考核等各专门委员会的设置情况。发行人应披露公司管理层对内部控制完整性、合理性及有效性的自我评估意见以及注册会计师对公司内部控制的鉴证意见。

七、财务分析、募股资金运用和股利分配政策

（一）财务分析及其披露分析

说明书的财务分析都是由管理层作出的，一般包括财务状况分析、盈利状况分析和公司资本性支出分析。

1. 财务状况分析

发行人应披露公司资产负债的主要构成，最近3年及1期发生变化，还应分析变化的主要因素；最近3年及1期流动比率、速动比率、资产负债率等偿债能力比率，并结合公司的现金流量、资信状况、融资渠道、授信额度及负债、或有负债等情况，分析说明公司偿债能力；发行人最近3年及1期经营活动产生的现金流量净额为负数或远低于当期净利润的，应分析披露原因；发行人应披露应收账款周转率、存货周转率等财务指标的变动趋势，并结合市场发展、行业竞争状况及公司的具体情况分析说明公司的资产周转能力等。

【例10－7】甲高新技术公司在公司股票发行上市时，财务状况分析的主要指标如表10－13、表10－14、表10－15、表10－16、表10－17所示，数据已经注册会计师审计鉴证，正式作为招股说明书的补充资料向社会公告。

表10－13　资产构成情况分析

项　目	20×7.12.31		20×6.12.31		20×5.12.31	
	金额（万元）	比例（%）	金额（万元）	比例（%）	金额（万元）	比例（%）
货币资金	3 209.54	7.55	1 915.03	5.64	3 055.23	11.31
应收账款	5 983.67	14.07	5 405.84	15.93	3 958.83	14.65
预付账款	2 098.83	4.94	1 146.59	3.38	1 873.40	6.93
存货	4 970.05	11.69	5 291.35	15.59	4 324.57	16.01
流动资产合计	17 579.94	41.34	14 187.76	41.81	14 035.55	51.95
固定资产	19 503.12	45.87	12 299.96	36.25	4 283.01	15.85
在建工程	770.64	1.81	5 318.64	15.68	6 442.77	23.85
无形资产	3 263.85	7.68	1 755.58	5.17	1 818.71	6.73
非流动资产合计	24 941.97	58.66	19 742.84	58.19	12 980.13	48.05
资产总额	42 521.90	100.00	33 930.60	100.0	27 015.69	100.00

表 10－14　负债构成情况分析

项　目	20×7.12.31		20×6.12.31		20×5.12.31	
	金额（万元）	比例	金额（万元）	比例	金额（万元）	比例
短期借款	9 000.00	51.31%	6 000.00	33.94%	7 300.00	41.38%
应付票据	710.00	4.05%	923.50	5.22%	585.05	3.32%
应付账款	3 603.10	20.54%	2 569.50	14.53%	1 678.61	9.51%
其他应付款	472.17	2.69%	1 002.13	5.67%	1 427.06	8.09%
流动负债总计	14 785.78	84.29%	11 498.34	65.04%	11 551.52	65.47%
长期借款	0.00	0.00%	3 500.00	19.80%	4 034.07	22.86%
专项应付款	2 603.46	14.84%	2 681.59	15.17%	2 043.95	11.59%
非流动负债合计	2 756.10	15.71%	6 181.59	34.96%	6 091.55	34.53%
负债合计	17 541.88	100.0%	17 679.92	100.0%	17 643.06	100.0%

表 10－15　偿债能力分析

财务指标	20×7.12.31	20×6.12.31	20×5.12.31
流动比率（倍）	1.19	1.23	1.22
速动比率（倍）	0.85	0.77	0.84
资产负债率（母公司）	35.28%	43.88%	60.70%
资产负债率（合并）	41.25%	52.11%	65.31%
财务指标	20×7 年度	20×6 年度	20×5 年度
息税折旧摊销前利润（万元）	5 199.51	2 838.14	1 942.53
利息保障倍数（倍）	6.15	3.17	2.62

表 10－16　资产周转能力分析

项　目	20×7 年度	20×6 年度	20×5 年度
应收账款周转率（次/年）	2.90	2.23	2.83
存货周转率（次/年）	2.10	1.30	1.50

表 10－17　现金流量分析　单位：万元

项　目	20×7 年度	20×6 年度	20×5 年度
经营活动产生的现金流量净额	1 843.67	1 903.57	－161.54
投资活动产生的现金流量净额	－6 101.75	－6 678.48	－4 770.61
筹资活动产生的现金流量净额	5 552.59	3 634.70	6 496.78
现金及现金等价物净增加额	1 294.52	－1 140.20	1 564.66

2. 公司盈利能力分析

发行人应披露最近 3 年及 1 期营业收入的构成及比例，增减变化的情况及原因并分别按产品（或服务）类别及业务、地区分布列示；应根据公司的实际情况，分析利润的主要来源、可能影响盈利能力连续性和稳定性的主要因素，经营成果变化的原因，主要产品的销售价格或主要原材料等价格频繁变动且影响较大的，应作各因素的敏感性分析；分析公司综合毛利率、分行业毛利率的数据及变动情况并说明相关因素对毛利率的影响程度。

【例10－8】甲高新技术公司在公司股票发行上市时，盈利能力分析的主要指标如表10－18、表10－19、表10－20、表10－21所示，数据已经注册会计师审计鉴证，正式作为招股说明书的补充资料向社会公告。

表10－18　营业收入和净利润分析　单位：万元

项　目	20×7年度	20×6年度	20×5年度
营业收入	16 495.95	10 448.99	9 540.68
净利润	3 001.04	1 428.05	882.81

表10－19　营业收入分产品构成分析

项　目		20×7年度		20×6年度		20×5年度	
		金额（万元）	比例（%）	金额（万元）	比例（%）	金额（万元）	比例（%）
航空航天产品	军民用飞机刹车片	6 453.96	39.12	3 919.76	37.51	4 802.44	50.34
	航天用炭复合材料	1 333.80	8.09	1 700.81	16.28	545.97	5.72
环保型高性能汽车刹车片		3 549.00	21.51	2 511.74	24.04	1 675.43	17.56
高性能模具材料		3 089.82	18.73	2 149.11	20.57	1 770.33	18.56

表10－20　利润构成分析

项　目	20×7年度		20×6年度		20×5年度
	金额（万元）	同比增长	金额（万元）	同比增长	金额（万元）
营业利润	3 279.42	98.13%	1 655.15	59.00%	1 040.95
利润总额	3 421.94	102.32%	1 691.32	56.75%	1 078.98
净利润	3 001.04	110.15%	1 428.05	61.76%	882.81

表10－21　分产品毛利构成分析

项　目	20×7年度		20×6年度		20×5年度	
	毛利（万元）	比重	毛利（万元）	比重	毛利（万元）	比重
航空航天产品	4 279.60	72.51%	3 377.11	76.14%	2 884.69	79.52%
环保型高性能汽车刹车片	814.29	13.80%	419.12	9.45%	103.39	2.85%
高性能模具材料	806.79	13.67%	487.10	10.98%	573.57	15.81%
所有产品合计	5 902.03	100%	4 435.00	100%	3 614.81	100%

3. 公司资本性支出分析

发行人应披露最近3年及1期重大的资本性支出情况，如果公司固定资产大规模增加或有跨行业投资，应当分析资本性支出对公司主营业务和经营成果的影响；应披露未来可预见的重大资本性支出计划及资金需求量；未来资本性支出跨行业支出计划跨行业投资的，应说明其与公司未来发展战略的关系。

【例10-9】甲高新技术公司在公司股票发行上市时，公司资本支出分析的主要指标如表10-22所示，数据已经注册会计师审计鉴证，正式作为招股说明书的补充资料向社会公告。

表10-22 报告期内资本性支出 单位：万元

资本性支出类别	20×8年1~6月	20×7年度	20×6年度	20×5年度
固定资产投资	470.56	8 268.87	8 624.72	1 952.88
无形资产投资	18.75	1 600.00	1 052.53	-
开发支出	703.01	1 017.60	-	-
合　计	1 192.32	10 886.47	9 677.25	1 952.88

（二）募股资金运用及其披露要求

在公司的实际业务中，募股资金运用的披露有多种方式。

【例10-10】甲高新技术公司在公司股票发行上市发行成功后，所募集的资金将用于下列项目的投资建设，如表10-23所示，数据已经注册会计师审计鉴证，正式作为招股说明书的补充资料向社会公告。

表10-23 募集资金用途

序　号	项目名称	募集资金投资额（万元）
1	高性能炭/炭复合材料产品技术改造工程	5 980.97
2	粉末冶金飞机刹车技术改造工程	5 992.17
3	环保型高性能汽车刹车片技术改造工程	4 996.12
4	高性能模具材料技术改造工程	2 498.79
合　计		19 468.05

注：上述项目资金的使用，按照轻重缓急的顺序安排。若本次实际募集资金小于上述项目投资资金需求，缺口部分由本公司自筹方式解决；若实际募集资金大于上述项目投资资金需求，则用于补充公司流动资金。

（三）股利分配政策及其披露要求

我国法律要求发行人应披露最近3年的股利分配政策、实际股利分配情况以及发行后的股利分配政策。

1. 股利分配的一般政策

公司在股利分配方面实行同股同权、同股同利的原则，具体分配比例由本公司董事会视公司发展情况提出方案，经股东大会决议后执行。除分配年度股利外，经股东大会决议，公司还可分配中期股利。公司可以采取现金或者股票方式分配股利。

2. 发行人报告期内的股利分配情况

考虑公司生产经营及项目投资的资金需求情况，公司报告期是否进行分红派息。

3. 发行前滚存利润共享安排

根据公司股东大会决议，公司本次公开发行股票并上市成功，则首次公开发行股票前滚存的未分配利润由发行后新老股东依其所持股份比例共同享有。

八、其他需披露的事项

（一）招股说明书中的其他重要事项

其包括交易金额在500万元以上或者虽未达到前述标准但对企业生产经营活动、未来发展或财务状况具有重要影响的合同；对财务状况、未来前景等可能产生较大影响的诉讼或仲裁事项；控股股东或实际控制人、控股子公司，发行人董事、监事、高级管理人员和核心技术人员作为一方当事人的重大诉讼或仲裁事项等。

（二）历次资产评估情况

评估结果应包括账面原值、账面净值、评估值、增值额、增值率等要按照评估项目逐项列示。其格式如表10－24所示。

表10－24　资产评估情况　单位：万元

项　目	账面价值	调整后账面价值	评估价值	增减值	增减率（%）
流动资产	2 473.92	2 469.99	2 534.55	64.56	2.61
长期股权投资	984.00	984.00	992.52	8.52	0.87
固定资产	683.24	681.71	879.11	197.40	28.96
其中：设备	683.24	681.71	879.11	197.40	28.96
资产总计	4 141.16	4 135.70	4 406.18	270.48	6.54
流动负债	541.16	541.16	541.16	0.00	0.00
负债总计	541.16	541.16	541.16	0.00	0.00
净资产	3 600.00	3 594.54	3 865.02	270.48	7.52

除以上情况外，还要披露评估单位、评估基准日及其期间，各项目所采用的评估方法，评估报告确认的各类资产评估价值等。

（三）历次验资情况

其主要包括验资单位、验资时间与期间、验资范围、验资报告确认的各类资产、负债及股本的数额及其在公司股份中所占比率。

（四）与公司实行社会责任相关的需披露事项

（1）关于环境保护方面的信息披露。

（2）关于土地使用状况方面的信息披露。

（3）关于高管层人员薪酬方面的信息披露。

（4）关于职工薪酬及其社会保障方面信息的披露。

九、盈利预测的编制与审查

盈利预测是指新股发行公司对预测期间的经营成果所作的预计和测算。其是规范新股发行的重要内容，通过明确盈利预测报告的内容、编制要求与方法，可以提高盈利预测信息的质量，维护投资者的利益，盈利预测的主要根据为公开发行股票公司信息披露的内容与格式准则第1号《招股说明书的内容与格式》和第9号《新股发行公司财务会计资料的内容与格式》及其他相关法规。

（一）盈利预测的编制要求

（1）新股发行公司在编制盈利预测报告时，应当正确确定盈利预测的期间。凡在会计年度的前6个月编制盈利预测报告的，预测期间应截至本会计年度末；凡在会计年度的后6个月编制盈利预测报告的，预测期应截至下一会计年度末。发行人本次募集资金用于重大资产购买的，应当披露发行人假设按照预计购买基准完成的盈利报告及假设发行当年1月1日完成购买的盈利预测报告。

（2）发行人披露预测报告，应申明："本公司预测盈利报告是管理层在最佳估计的基础上编制的，但所依据的各种假设具有不确定性，投资者进行投资决策时应谨慎使用。"

（3）在编制盈利预测报告时，应当正确确定盈利预测基准，合理提出盈利预测基本假设，科学运用盈利预测方法，所选用的会计政策应与前期保持一致。盈利预测基准是公司盈利预测的编制基础，主要包括以下三个方面的内容：①经具有证券相关业务许可证的注册会计师审计的公司前3年经营业绩；②预测期间公司的生产经营能力、投资计划、生产计划和营销计划；③公司采用的会计政策。盈利预测基本假设是公司根据经济形势和行业特点对预测期间的一般经济环境、经营条件、相关的金融与税收政策、市场情况等盈利预测的编制前提所作出的合理假设。盈利预测报告中应说明编制盈利预测所依据的法律、法规、利率、汇率、税率、能源和原材料供应、产品价格等假定条件。

（4）发行人披露的预测盈利报告应包括盈利预测表及其说明。

（二）盈利预测报告的内容与格式

1. 盈利预测报告的内容

其包括盈利预测基准、盈利预测基本假设、盈利预测表和盈利预测说明四个部分。

2. 盈利预测报告的格式

盈利预测报告是反映预测期间利润来源和构成的预测报表。盈利预测表应按利润表格式编制。在盈利预测表中应分项提供上年实现利润数和本年预测利润数等的构成情况。本年预测数应分栏列示已审实现数、未审实现数、预测数和合计数。凡有控股子公司并需要编制合并会计报表的，应分别编制母公司盈利预测表与合并盈利预测表。盈利预测表各预测项目应分别编制解释性附表。

盈利预测表的格式如表10－25所示。

（三）盈利预测的方法

（1）营业收入的预测应从销售量和销售价格两个方面进行预测。销售量的预测应以前3年同期实际销售量的历史资料为依据，结合预测年度合同订货量、生产经营计划和已实现销售量，考虑预测期间销售量的变动趋势进行测算。销售量预测方法包括定性分析法和定量分析法。销售价格的预测应根据市场价格水平、供求关系及企业的定价策略来进行测算。

表 10－25 盈利预测表 单位：元

项　目	上年实现数	本年预测数			
		已审计实现数	未审计实现数	预测数	合计数
一、营业收入					
减：营业成本					
税金及附加					
销售费用					
管理费用					
财务费用					
资产减值损失					
加：公允价值变动损益					
加：投资收益					
二、营业利润					
加：营业外收入					
减：营业外支出					
三、利润总额					
减：所得税费用					
四、净利润					
五、每股收益					
基本每股收益					
稀释每股收益					

预测中包括的预测期内新投入使用项目的收入，应在考虑投产时间、预测期内产量和销售量、市场价格及其他有关情况的基础上，慎重研究确定。

（2）营业成本预测应根据单位产品营业成本和预测销售量确定。单位产品生产成本从以下三个方面测算：①直接材料成本预测。对可比产品的直接材料成本应根据以往的直接材料成本，考虑单位产品原材料消耗量及原材料价格在预测期间的变化趋势进行预测；对不可比产品的直接材料，应根据产品设计和工艺定额对构成产品实体的材料进行分项测算，汇总确定产品直接材料成本。②直接人工成本预测。采用计时工资制的，应根据产品的工时定额和预测期间小时工资率标准进行预测；采用计件工资制的，应按核定的计件单价预测。③制造费用预测。制造费用应根据历史资料以及预测期间的变动趋势进行测算。生产单位的管理人员职工薪酬根据人员编制和工资增长计划进行预测；折旧费根据固定资产原值或评估后价值和预测期间增减固定资产价值以及采用的折旧政策等进行预测；水电费根据水电耗用量及水电价格进行预测等。在预测制造费用总额的基础上，应结合生产计划，确定单位产品负担的制造费用预测数。

在预测各类产品单位生产成本、生产产量的基础上，应根据营销计划和产成品发出的计价方法测算单位产品营业成本和营业成本预测数。

（3）税金及附加预测应按税法规定根据主营业务收入和税法规定的增值税率、消费税率、城建税率、教育费附加费率等进行预测。

（4）销售费用、管理费用预测应根据历史资料及预测期间的变动趋势进行测算。销售费用、管理费用中的职工薪酬、折旧费、修理费、水电费等项目的预测方法与制造费用中相同项目的预测方法一致。营业费用中的广告费、展览费根据公司的营销计划预测，运输费、装卸费、保险费等应根据历史资料和营销计划测算。管理费用中与工资相关的工会经费、职工教育经费、劳动保险费、待业保险费应根据预测期间预计的工资支出和规定的计提标准逐项预测。与资产相关的房产税、车船使用税、土地使用税、资产减值准备、无形资产摊销以及其他各种摊提费用等，应根据预测期间预计的资产价值和规定的计提及摊销标准逐项预测。

（5）财务费用预测由预测的利息支出（减利息收入）、汇兑损失（减汇兑收益）以及相关的手续费三部分构成。利息收入预测应根据预测期间人民币及外币存款数、存期及利率测算，拆借资金利息收入应根据金额及合同利率测算。利息支出根据预测期间的借款计划、银行利率测算。汇兑损失应根据预测期间持有的外币资产、负债及汇率差异测算。

（6）投资收益预测应以公司投资为依据，根据投资性质、核算方法和收益水平确定投资收益预测数。重要的投资项目，应取得被投资单位的盈利预测资料，并进行审核确认。对短期投资收益，一般不列入预测范围。

（7）营业外收入不应列入预测范围，营业外支出应按稳健原则对可能发生的支出加以预测。

（8）所得税应根据预测的利润总额和法定税率进行预测。享受地方所得税返还优惠政策的，返还的所得税不得在预测所得税时减去。

第三节 公司股票发行、上市阶段的信息披露

一、股票询价、定价及发行期间的信息要求与披露方式

（一）股票价格制定方式

1. 竞价发行

在国外，竞价发行是指一种由多个承销机构通过招标竞争确定证券发行价格，并在取得承销权后向投资者推销证券的发行方式，也称招标购买方式。在我国，竞价发行是指主承销商利用证券交易所的交易系统，以自己作为唯一的“卖方”，按照发行人确定的底价将公开发行股票的数量输入其在交易所的股票发行专户；投资者作为“买方”，在指定时间通过交易所会员交易柜台以不低于底价的价格及限购数量，进行竞价认购的一种发行方式。

2. 定价发行

定价发行是发行价格固定，采用证券交易所先进的交易系统来发行股票的发行方式，我国目前广泛采用这种方式。

网上定价发行与网上竞价发行相比的特点是：一是发行价格的确定方式不同，定价发行方式事先确定价格；二是认购成功者的确认方式不同，定价发行按抽签决定。

3. 询价发行

首次公开发行股票的公司（以下简称发行人）及其保荐机构通过向机构投资者询价的方式确定发行价格时应采用累计投标询价的方式。

其主要流程包括：①刊登招股说明书前，发行人及其保荐机构应根据要求向中国证券监督管理委员会（以下简称中国证监会）提交定价估值报告。经中国证监会同意，发行人及其保荐机构应向询价对象提供上述定价估值报告，并在征求询价对象意见的基础上确定发行价格区间。询价对象是指依法设立的证券投资基金、合格境外机构投资者（QFII）、符合中国证监会规定条件的证券公司以及其他中国证监会认可的机构投资者。②招股说明书刊登后，发行人及其保荐机构应组织路演推介，在招股说明书披露的发行价格区间内进行累计投标询价，并综合累计投标询价结果和市场走势等情况确定发行价格。③询价对象参加累计投标询价时应全额缴付申购资金。单一询价对象的申购上限为拟向询价对象配售的股份总量。④保荐机构应向参与累计投标的询价对象配售股票，公开发行数量在4亿股以下的，配售数量应不超过本次发行总量的20%；公开发行数量在4亿股以上（含4亿股）的，配售数量应不超过本次发行总量的50%。

二、股票发行阶段的信息披露要求

这一阶段披露的主要信息是《股票网上发行公告》和《股票网下发行公告》以及《股票定价、网下发行结果及网上中签率公告》和《网上资金申购发行摇号中签结果公告》。

（一）股票网上发行公告

（1）发行基本情况。包括：①发行的股票每股面值，发行数量；②发行方式，例如，发行全部采用网上累计投标询价方式发行，按照5倍的超额认购倍数最终确定发行价格；③申购价格区间；④申购时间；⑤发行地点，全国所有与上交所交易系统联网的各证券营业网点；⑥发行对象；⑦申购简称。

（2）发行方式。如是询价发行还是竞价发行，还应说明发行价格的确定过程。

（3）申购数量的确定。说明每个股票账户申购委托数量最少不得低于多少股；每个股票账户能申购的次数；同一股票账户多次申购如何处理；每个股票账户申购数量上限等。

（4）申购程序。包括：①办理开户登记；②存入足额申购资金；③申购手续。

（5）配号与抽签。包括：①申购配号确认；②公布发行价格与中签率；③摇号抽签；④公布中签结果。

（6）清算与交割。

（7）发行费用。

（二）股票定价、网下发行结果及网上中签率公告

其除进行股票发行的一般性说明之外，还要说明锁定金额、验资情况、网上、网下的

中签率；其最重要的部分是详细列明各投资者的申购数、获配数和退款金额，并简述最终的整体发行结果。《网上资金申购发行摇号中签结果公告》则是按照申购的号码公布摇号结果，确定认购资格。其主要内容如下：

（1）保荐人（主承销商）。

（2）发行价格及确定依据。发行人和保荐人（主承销商）根据网下累计投标询价的情况，并参考发行人的基本面、可比公司估值水平及市场情况，确定发行价格以及该价格对应的市盈率。

（3）网下累计投标询价情况。保荐人（主承销商）应根据《证券发行与承销管理办法》及相关法规的要求，按照在中国证券业协会登记备案的配售对象对网下配售对象的资格进行核查和确认。在规定的截止时间内，有多少配售对象通过证交所申购平台提交的有效申购报单，有效申购总量，冻结资金总额，对应的有效申购总量。

（4）网上申购情况。根据证券交易所提供的数据，公告网上发行有效申购户数，有效申购股数。

（5）发行结构和回拨机制实施情况。公告根据何种原因股票从网下发行回拨到网上发行以及回拨机制实施后的发行结构，回拨机制实施后网下最终配售比例，网上发行最终中签率等。

三、股票上市阶段的信息要求及披露方式

当股票成功发行后，就应发布上市公告书，宣布股票可以在股票市场上流通，此时的信息要求及其披露方式就是对上市公告书的解释。

具体来说，在上市公告书中需披露的会计信息主要为以下几点：

（1）发行人应披露注册会计师对本次上市前首次公开发行股票所募股资金的验资报告。

（2）发行人应披露上市前股权结构及各类股东的持股情况。

（3）发行人应简要披露在招股说明书中披露的财务会计资料及首次公开发行后的重大财务变化，应转载到招股说明书中。

（4）会计师事务所对发行人财务报告出具标准无保留的审计报告的，发行人应在上市公告书中说明。

（5）发行人应简要披露在招股说明书中披露的盈利预测数据。

第四节 上市公司经营阶段的信息披露

一、上市公司经营阶段信息披露的内容

上市公司进入正常的经营阶段后，每个会计期间都应对外提供定期报告，包括中期报

告和年度报告。除此之外，公司若发生重大事件和对外收购事件，还要及时编制反映这方面情况的临时报告。

公司的年度报告是公司会计年度经营状况的全面总结。报告不仅要按会计准则等规定的格式对外提供财务报表，还要以文字和数据的方式提供企业的财务报告附注，并一定要附有注册会计师的审计报告。除此之外，财务报告中要提供上市公司系列的经济指标，业务经营执行情况及结果的说明，前次募集资金使用情况及说明等。

公司的临时报告主要是重大事件公告。临时报告披露的内容为公司发生的无法事先预测的重大事件，收购公告披露的内容则为其他法人单位持有某已上市公司发行在外普通股达到一定股份比例的事项。

二、上市公司定期报告的内容

上市公司应当披露的定期报告包括年度报告、中期报告和季度报告。凡是对投资者作出投资决策有重大影响的信息均应当披露。年度报告中的财务会计报告应当经具有证券、期货相关业务资格的会计师事务所审计。年度报告应当在每个会计年度结束之日起 4 个月内，中期报告应当在每个会计年度的上半年结束之日起 2 个月内，季度报告应当在每个会计年度第 3 个月、第 9 个月结束后的 1 个月内编制完成并披露。

（一）年度报告的内容

（1）公司基本情况。

（2）主要会计数据和财务指标。

（3）公司股票、债券发行及变动情况，报告期末股票、债券总额、股东总数，公司前 10 大股东持股情况。

（4）持股 5% 以上股东、控股股东及实际控制人情况。

（5）董事、监事、高级管理人员的任职情况、持股变动情况、年度报酬情况。

（6）董事会报告。

（7）管理层讨论与分析。

（8）报告期内重大事件及对公司的影响。

（9）财务会计报告和审计报告全文。

（10）中国证监会规定的其他事项。

（二）中期报告内容

（1）公司基本情况。

（2）主要会计数据和财务指标。

（3）公司股票、债券发行及变动情况、股东总数、公司前十大股东持股情况，控股股东及实际控制人发生变化的情况。

（4）管理层讨论与分析。

（5）报告期内重大诉讼、仲裁等重大事件及对公司的影响。

（6）财务会计报告。

（7）中国证监会规定的其他事项。

（三）季度报告的内容

（1）公司基本情况。

（2）主要会计数据和财务指标。

（3）中国证监会规定的其他事项。

三、上市公司定期报告的其他要求

（1）公司董事、高级管理人员应当对定期报告签署书面确认意见，监事会应当提出书面审核意见，说明董事会的编制和审核程序是否符合法律、行政法规和中国证监会的规定，报告的内容是否能够真实、准确、完整地反映上市公司的实际情况。

（2）董事、监事、高级管理人员对定期报告内容的真实性、准确性、完整性无法保证或者存在异议的，应当陈述理由和发表意见，并予以披露。

（3）上市公司预计经营业绩发生亏损或者发生大幅变动的，应当及时进行业绩预告。

（4）定期报告披露前出现业绩泄露，或者出现业绩传闻且公司证券及其衍生品种交易出现异常波动的，上市公司应当及时披露本报告期相关财务数据。

（5）定期报告中财务会计报告被出具非标准审计报告的，上市公司董事会应当针对该审计意见涉及事项作出专项说明。定期报告中财务会计报告被出具非标准审计意见，证券交易所认为涉嫌违法的，应当提请中国证监会立案调查。

（6）上市公司未在规定期限内披露年度报告和中期报告的，中国证监会应当立即立案稽查，证券交易所应当按照股票上市规则予以处理。

四、上市公司的临时报告

（一）临时报告的内容

我国《上市公司信息披露管理办法》第 4 章专门对上市公司的临时报告进行了规范。按法律规定："发生可能对上市公司证券及其衍生品中交易价格产生较大影响的重大事件，投资者尚未得知时，上市公司应当立即披露，说明事件的起因、目前的状态和可能产生的影响"。临时报告的主要内容包括：

（1）公司的经营方针和经营范围的重大变化。

（2）公司的重大投资行为和重大的购置财产的决定。

（3）公司订立重要合同，可能对公司的资产、负债、权益和经营成果产生重要影响。

（4）公司发生重大债务和未能清偿到期重大债务的违约情况，或者发生大额赔偿责任。

（5）公司发生重大亏损或者重大损失。

（6）公司生产经营的外部条件发生的重大变化。

（7）公司的董事、1/3 以上监事或者经理发生变动；董事长或者经理无法履行职责。

（8）持有公司 5% 以上股份的股东或者实际控制人，其持有股份或者控制公司的情况发生较大变化。

（9）公司减资、合并、分立、解散及申请破产的决定或者依法进入破产程序、被责令关闭。

（10）涉及公司的重大诉讼、仲裁，股东大会、董事会决议被依法撤销或者宣告无效。

（11）公司涉嫌违法违规被有关机关调查，或者受到刑事处罚、重大行政处罚；公司董事、监事、高级管理人员涉嫌违法违纪被有关机关调查或者采取强制措施。

（12）新公布的法律、法规、规章、行业政策可能对公司产生重大影响。

（13）董事会就发行新股或者其他再融资方案、股权激励方案形成相关决议。

（14）法院裁决禁止控股股东转让其所持股份；任一股东所持公司5%以上股份被质押、冻结、司法拍卖、托管、设定信托或者被依法限制表决权。

（15）主要资产被查封、扣押、冻结或者被抵押、质押。

（16）主要或者全部业务陷入停顿。

（17）对外提供重大担保。

（18）获得大额政府补贴等可能对公司资产、负债、权益或者经营成果产生重大影响的额外收益。

（19）变更会计政策、会计估计。

（20）因前期已披露的信息存在差错、未按规定披露或者虚假记载，被有关机关责令改正或者经董事会决定进行更正。

（21）中国证监会规定的其他情形。

（二）临时报告的披露方式

各国关于上市公司信息披露要求都规定，若公司发生了上述重大事件，应当编制临时报告，向政府机构，证券交易所，公司股东乃至社会公众公告。

从一般的工作方式看，我国现阶段已经有了较为规范的方式，上海证券交易所为了进一步指导上市公司做好信息披露工作，协助公司董事、监事及董事会秘书履行信息披露义务，为投资者提供及时、准确、完整的临时报告，制定了《上市公司临时报告系列格式指引》，包括：

（1）上市公司收购、出售资产及债务重组公告格式指引。

（2）上市公司关联交易公告格式指引。

（3）上市公司分配及转增股本实施公告格式指引。

（4）上市公司股东大会召开通知格式指引。

（5）上市公司股东大会决议公告格式指引。

（6）上市公司对外（含委托）投资公告格式指引。

（7）上市公司为他人提供担保公告格式指引。

（8）上市公司改变募集资金用途公告格式指引。

（9）上市公司股票交易异常波动公告格式指引。

（10）上市公司澄清公告格式指引。

（11）上市公司涉及诉讼、仲裁公告格式指引。

（12）上市公司新股发行（配股、增发）获准公告格式指引。

（13）上市公司变更证券简称公告格式指引。

（14）独立董事候选人声明、提名人声明公告格式指引。

（15）独立董事履历表格式指引（报备）。

本章关键概念

定期报告　招股说明书　非经常损益　或有事项　股利分配政策
竞价发行盈利预测报告　定价发行　询价发行　中期报告　临时报告

复习思考题

1. 上市公司信息披露的意义是什么？
2. 招股说明书的内容有哪些？
3. 招股说明书财务信息要披露哪些内容？
4. 招股说明书会计报表的列示方式？
5. 盈利预测报告如何编制？
6. 股票发行阶段要披露哪些信息？
7. 上市公司经营阶段信息如何披露？

第十一章 股权激励

【引言】

股权激励产生于20世纪五六十年代的美国，进而在全世界范围内获得广泛地发展。它是企业激励和约束管理层的一个重要的制度安排，在企业价值创造及经济增长等方面发挥了积极作用。本章首先介绍股权激励的基本概念及有关法律法规的相关规定，并在此基础上重点阐述股权激励的会计处理，即股份支付。

第一节 股权激励概述

股权激励主要是指上市公司以本公司股票为标的，对其董事、高级管理人员以及其他员工进行的长期性激励。国内外实践证明，股权激励对于改善公司治理结构，降低代理成本，提升管理效率，增强公司凝聚力和市场竞争力有着非常积极的作用。2006年1月27日，国务院国有资产监督管理委员会发布了《国有控股上市公司（境外）实施股权激励试行办法》；2006年9月30日，国务院国有资产监督管理委员会和财政部发布了《国有控股上市公司（境内）实施股权激励试行办法》；2016年7月13日，中国证监会发布了《上市公司股权激励管理办法》。这些法规的出台为企业实施股权激励创造了条件。

一、股权激励方式

股权激励的方式包括股票期权、限制性股票以及法律、行政法规允许的其他方式。上市公司应以期权激励机制为导向，根据实施股权激励的目的，结合本行业及本公司的特点确定股权激励的方式。

（一）股票期权

股票期权是指公司授予激励对象在未来一定期限内以预先确定的价格（行权价）和条件购买本公司一定数量股票的权利。如果满足约定的行权要求，持有股票期权的激励对象可以行使上述权利，以特定价格购买公司股票，也可以放弃行权。一般来说，在满足行权条件后，当行权日公司股票的市场价格高于行权价时，持有股票期权的激励对象可以通过行权获取市场价格和行权价的差额；而当行权日公司股票的市场价格低于行权价时，持有股票期权的激励对象可以选择放弃行使权力。作为上市公司激励机制的股票期权只有执行或不执行两种选择权，不得用于转让、担保或者偿还债务。

股票期权在本质上是一种权力，是激励对象购买本公司股票的选择权，它将激励对象所能获得的报酬与公司股票价格联系起来，实现了管理层和股东利益的高度一致性，有助于公司的长期发展。股票期权是目前为止国际上最为经典、使用范围最为广泛的一种股权激励方式。它具有高风险、高回报的特点，适合处于成长初期或扩张期的企业。

（二）限制性股票

限制性股票是指按预先确定的条件授予激励对象一定数量的本公司股票。激励对象获得的股票，其转让等部分权利受到限制，需要满足一定的条件方可解锁，因此称为限制性股票。限制性股票抛售相比于股票期权要严格得多，激励对象只有完成预定目标后，才能将限制性股票从二级市场抛售，从中获得收益，如果预定目标没有完成或者激励对象在禁售期限到期之前离开企业，公司有权将免费赠与的限制性股票收回或者按激励对象购买价格回购并予以注销。需要注意的是，限制性股票在解除限售前不得转让、用于担保或偿还债务，但是，其激励对象可以和其他股东一样获得股息，也拥有对应股份的表决权。

显然，经营者的努力程度、公司业绩、公司股票价格和管理者报酬间相关程度越高，限制性股票激励的效果也就越好。与股票期权相比较而言，限制性股票是已现实持有的、归属受到限制的收益，而股票期权是未来收益的权利，前者可以激励人和吸收人，后者的主要作用是留住人。限制性股票适用于成熟型企业或者对资金投入要求不是非常高的企业。在股权激励中，限制性股票的使用频率仅次于股票期权，尤其是进入 21 世纪后，使用限制性股票的公司越来越多。

我国上市公司授予激励对象限制性股票，应当在股票激励计划中载明有关事项，如获取股票的业绩条件、禁售期限、授予价格等。

（三）股票增值权

股票增值权是指公司授予激励对象在未来一定时期和约定条件下，获得规定数量的股票价格上升所带来收益的权利。股票增值权，实质上是公司授予激励对象的一种权利，激励对象虽然不拥有股票的所有权，也不能参与分红，但可以通过公司股票价格的上升或公司业绩的上升，按约定比例获得等于股价上扬或业绩提升所带来的收益的现金。通常，被授权人在约定条件下行权，上市公司按照行权日与授权日二级市场股票差价乘以授权股票数量，向被授权人发放现金。股票增值权也不能转让、用于担保和偿还债务。

股票增值权计划实质上也是将激励对象的利益与公司价值长期挂钩，但是股票增值权与股票期权不同，股票期权的持有者在行权的时候要支付相应的现金以购买股票，而股票增值权的持有者则无需支付对价，不用购买股票，仅就公司股价的差额部分要求公司予以兑现，从而获得相应的收益。在股票增值权计划中，被激励者不拥有所有权及衍生的表决权和配股权，不会影响公司的股权结构，不会稀释公司的股权。

按照公司与激励对象的约定，股票增值权的兑现方式不尽相同，可以全额兑现，也可以是部分兑现。并且股票增值权的实施也不仅仅局限于现金方式，也可以采用股票的方式来予以实施，或者可以用现金和股票组合的方式来予以实施。

由于股票增值权在激励对象行权的时候需要支付相应的对价，而对价的支付往往采用现金的方式，所以股票增值权计划一般适用于现金流量比较充足且发展稳定的公司。我国境外上市公司多使用股票增值权。

（四）虚拟股票

虚拟股票有别于实质性股份，它是指如果激励对象实现公司的业绩目标，则公司授予激励对象一种虚拟的股票。激励对象可以根据被授予的虚拟股权份额参与公司的分红并享有股价升值收益，但激励对象没有股票的所有权、表决权，不能将股票转让和出售，且该收益权在离开企业时自动失效。

虚拟股票主要是通过股东将部分剩余索取权让与激励对象的方法，将激励对象的长期收益与公司的长远发展联系起来。虚拟股票不会影响公司的股权结构，避免了二级市场股票价格下跌给股票持有人带来的影响，只要激励对象完成既定目标，就可以享受到股票的分红权，其本质上是将奖金延期支付。但是，虚拟股票在股利支付时会给公司带来很大的现金流支付压力，尤其是在公司股价涨幅程度较高的时候。因此，虚拟股票一般也适用于现金流量比较充裕的公司。有些非上市公司选择虚拟股票方式（即假定公司净资产折成若干数量股份）进行股权激励。

（五）业绩股票

业绩股票是指公司在年初确定一个合理的业绩目标和一个科学的绩效评估体系，当激励对象经过努力成功完成公司年度业绩目标之后，公司将无偿给予激励对象约定数量的股票，或者提取一定比例的奖励基金购买股票后授予激励对象。业绩股票的流通变现也有时间和数量上的限制。激励对象在以后的若干年内经业绩考核通过后可以获准兑现规定比例的业绩股票；但激励对象未能通过业绩考核或出现有损公司的行为、非正常离职等情况时，其未兑现部分的业绩股票将予以取消。

业绩股票实质上是一种“奖金”延迟发放，在效果上具有长期激励的效应，对于公司业绩目标的完成具有直接的激励效果。但是，这种激励方式要求企业支付一定的现金回购股票或者提取奖励基金给员工购买股票，会给企业带来现金压力。因此，业绩股票激励模式比较适合于业绩稳定并持续增长、现金流充裕的企业。

总的来说，在上述的激励方式中，股票期权是应用最为广泛的激励工具。当前，国外上市公司股权激励模式正逐渐从以股票期权模式为主导向以限制性股票、业绩奖励、储蓄计划等多元化的方式转变。我国上市公司中，股票期权也一直占据主导地位，但最近几年限制性股票、股票增值权等多元化股权激励工具的使用也逐渐增多。

二、实施股权激励的条件

公司实施股权激励应当符合一定的条件。我国证券监管部门、国有资产管理部门、财政部门等对一般上市公司、国有控股境内公司和境外上市公司实行股权激励计划的条件作出了相应的规定。

《上市公司股权激励管理办法》规定，上市公司存在下列情形之一的，不得实行股权激励计划：①最近一个会计年度财务会计报告被注册会计师出具否定意见或者无法表示意见的审计报告；②最近一个会计年度财务报告内部控制被注册会计师出具否定意见或者无法表示意见的审计报告；③上市后最近36个月内出现过未按法律法规、公司章程、公开承诺进行利润分配的情形；④法律法规规定不得实行股权激励的；⑤中国证监会认定的其他情形。

《国有控股上市公司（境内）实施股权激励试行办法》规定，实施股权激励的上市公司应具备以下条件：①公司治理结构规范，股东会、董事会、经理层组织健全，职责明确，外部董事（含独立董事，下同）占董事会成员半数以上；②薪酬委员会由外部董事构成，且薪酬委员会制度健全，议事规则完善，运行规范；③内部控制制度和绩效考核体系健全，基础管理制度规范，建立了符合市场经济和现代企业制度要求的劳动用工、薪酬福利制度及绩效考核体系；④发展战略明确，资产质量和财务状况良好，经营业绩稳健；近3年无财务违法违规行为和不良记录；⑤证券监管部门规定的其他条件。

上市公司应当设立激励对象获授权益、行使权益的条件。拟分次授出权益的，应当就每次激励对象获授权益分别设立条件；分期行权的，应当就每次激励对象行使权益分别设立条件。激励对象为董事、高级管理人员的，上市公司应当设立绩效考核指标作为激励对象行使权益的条件。

绩效考核指标应当包括公司业绩指标和激励对象个人绩效指标。相关指标应当客观公开、清晰透明，符合公司的实际情况，有利于促进公司竞争力的提升。上市公司可以公司历史业绩或同行业可比公司相关指标作为公司业绩指标对照依据，公司选取的业绩指标可以包括净资产收益率、每股收益、每股分红等能够反映股东回报和公司价值创造的综合性指标，以及净利润增长率、主营业务收入增长率等能够反映公司盈利能力和市场价值的成长性指标。以同行业可比公司相关指标作为对照依据的，选取的对照公司不少于3家。

上市公司可以同时实行多期股权激励计划。同时实行多期股权激励计划的，各期激励计划设立的公司业绩指标应当保持可比性，后期激励计划的公司业绩指标低于前期激励计划的，上市公司应当充分说明其原因与合理性。

三、股权激励计划的拟订

股权激励计划应包括股权激励方式、激励对象、激励条件、授予数量、授予价格及其确定的方式、行权时间限制或解锁期限等主要内容。《上市公司股权激励管理办法》规定，上市公司应当在股权激励计划中载明下列事项：①股权激励的目的；②激励对象的确定依据和范围；③拟授出的权益数量，拟授出权益涉及的标的股票种类、来源、数量及占上市公司股本总额的百分比；分次授出的，每次拟授出的权益数量、涉及的标的股票数量及占股权激励计划涉及的标的股票总额的百分比、占上市公司股本总额的百分比；设置预留权益的，拟预留权益的数量、涉及标的股票数量及占股权激励计划的标的股票总额的百分比；④激励对象为董事、高级管理人员的，其各自可获授的权益数量、占股权激励计划拟授出权益总量的百分比；其他激励对象（各自或者按适当分类）的姓名、职务、可获授的权益数量及占股权激励计划拟授出权益总量的百分比；⑤股权激励计划的有效期，限制性股票的授予日、限售期和解除限售安排，股票期权的授权日、可行权日、行权有效期和行权安排；⑥限制性股票的授予价格或者授予价格的确定方法，股票期权的行权价格或者行权价格的确定方法；⑦激励对象获授权益、行使权益的条件；⑧上市公司授出权益、激励对象行使权益的程序；⑨调整权益数量、标的股票数量、授予价格或者行权价格的方法和程序；⑩股权激励会计处理方法、限制性股票或股票期权公允价值的确定方法、涉及估值模型重要参数取值合理性、实施股权激励应当计提费用及对上市公司经营业绩的影响；⑪股权激励计划的变更、终止；⑫上市公司发生控制权变更、合并、分立以及激励对象发生职务变更、离职、死亡等事项时股权激励计划的执行；⑬上市公司与激励对象之间相关纠纷或争端解决机制；⑭上市公司与激励对象的其他权利义务。

（一）激励对象的确定

根据证券监管部门的规定，股权激励计划的激励对象可以包括上市公司的董事、高级管理人员、核心技术人员或者核心业务人员，以及公司认为应当激励的对公司经营业绩和未来发展有直接影响的其他员工，但不应当包括独立董事和监事。在境内工作的外籍员工任职上市公司董事、高级管理人员、核心技术人员或者核心业务人员的，可以成为激励对象。单独或合计持有上市公司5%以上股份的股东或实际控制人及其配偶、父母、子女，不得成为激励对象。其中，高级管理人员是指对公司决策、经营、管理负有领导职责的人员，包括经理、副经理、财务负责人（或其他履行上述职责的人员）、董事会秘书和公司章程规定的其他人员。

同时，证券监管部门规定，下列人员不得成为激励对象：①最近12个月内被证券交易所认定为不适当人选；②最近12个月内被中国证监会及其派出机构认定为不适当人选；③最近12个月内因重大违法违规行为被中国证监会及其派出机构行政处罚或者采取市场禁入措施；④具有《公司法》规定的不得担任公司董事、高级管理人员情形的；⑤法律法规规定不得参与上市公司股权激励的；⑥中国证监会认定的其他情形。

（二）标的股票来源和数量

拟实行股权激励计划的上市公司，可以通过向激励对象发行股份、回购本公司股份等方式来解决标的股票来源。上市公司可以回购不超过公司已发行股份总额的5%用于奖励公司员工。实际操作上，上市公司可以实行一次批准所需标的股票总额度，以后随着公司向激励对象授予或激励对象行权而分次发行的做法。国有控股上市公司实施股权激励所需标的股票来源，可以根据本公司的实际情况，通过向激励对象发行股份、回购本公司股份以及法律法规允许的其他方式确定，不得由单一国有股股东支付或擅自无偿量化国有股权。

证券监管部门规定，上市公司全部有效的股权激励计划所涉及的标的股票总数累计不得超过公司股本总额的10%；非经股东大会特别决议批准，任何一名激励对象通过全部有效的股权激励计划获授的本公司股票累计不得超过公司股本总额的1%。这是因为，股权激励计划中标的股票的数量是需要均衡考虑的因素，既要考虑一定的标的股票数量所带来的激励作用，又要考虑一定的标的股票数量对资本结构的影响。此处所称股本总额是指股东大会批准最近一次股权激励计划时公司已发行的股本总额。

除遵循一般上市公司规定外，国有控股上市公司在股权激励计划有效期内授予的股权总量，应结合上市公司股本规模的大小和股权激励对象的范围、股权激励水平等因素，在0.1%～10%之间合理确定。但首次实施股权激励计划授予的股权数量原则上应控制在上市公司股本总额的1%以内。国有控股境内上市公司任何一名激励对象通过全部有效的股权奖励计划获授的本公司股权，累计不得超过公司股本总额的1%，经股东大会特别决议批准的除外。国有控股境外上市公司在股权激励计划有效期内任何12个月期间授予任一人员的股权（包括已行使和未行使的股权）超过上市公司发行总股本的1%的，上市公司不再授予其股权。

同时，对于国有控股境内上市公司的高管人员，股权授予的具体数量应从严把握。在股权激励计划有效期内，授予股权激励的高管人员个人股权激励预期收益水平，应控制在其薪酬总水平（含预期的期权或股权收益）的30%以内。而国有控股境外上市公司则要求控制在40%以内。

（三）激励计划的时间要素

1. 股权激励计划的有效期

上市公司股权激励计划的有效期从首次授予权益日起不得超过10年。

上市公司在推出股权激励计划时，可以设置预留权益，预留比例不得超过本次股权激励计划拟授予权益数量的20%。上市公司应当在股权激励计划经股东大会审议通过后12个月内明确预留权益的授予对象；超过12个月未明确激励对象的，预留权益失效。相关法律、行政法规、部门规章对上市公司董事、高级管理人员买卖本公司股票的期间有限制的，上市公司不得在相关限制期间内向激励对象授出限制性股票，激励对象也不得行使权益。

上市公司启动及实施增发新股、并购重组、资产注入、发行可转债、发行公司债券等重大事项期间，可以实行股权激励计划。

激励对象参与股权激励计划的资金来源应当合法合规，不得违反法律、行政法规及中国证监会的相关规定。上市公司不得为激励对象依股权激励计划获取有关权益提供贷款以及其他任何形式的财务资助，包括为其贷款提供担保。

2. 股票期权行权时间限制

采用股票期权激励方式的，应当设置行权限制和行权有效期，并按设定的时间表分批行权。

行权限制期为股权自授予日（授权日）至股权生效日（可行权日）止的期限。行权限制期原则上不得少于2年，在限制期内不可以行权。

行权有效期为股权生效日至股权失效日止的期限，即为股权限制期满后至股权终止日的时间，实务中由上市公司根据实际情况确定，但不得低于3年。公司在行权有效期内原则上采取匀速分批行权办法；超过行权有效期的，其权利自动失效，并不可追溯行使。

授权日是指上市公司向激励对象授予限制性股票、股票期权的日期，且须为交易日。可行权日是指激励对象可以开始行权的日期，且须为交易日。

3. 其他时间要求

限制性股票授予日与首次解除限售日之间的间隔不得少于12个月。

在限制性股票有效期内，上市公司应当规定分期解除限售，每期时限不得少于12个月，各期解除限售的比例不得超过激励对象获授限制性股票总额的50%。

股票期权授权日与获授股票期权首次可行权日之间的间隔不得少于12个月。

在股票期权有效期内，上市公司应当规定激励对象分期行权，每期时限不得少于12

个月，后一行权期的起算日不得早于前一行权期的届满日。每期可行权的股票期权比例不得超过激励对象获授股票期权总额的 50%。股票期权各行权期结束后，激励对象未行权的当期股票期权应当终止行权，上市公司应当及时注销。

（四）股权授予价格的确定

上市公司在授予激励对象限制性股票时，应当确定授予价格或授予价格的确定方法。授予价格不得低于股票票面金额，且原则上不得低于下列价格较高者：①股权激励计划草案公布前 1 个交易日的公司股票交易均价的 50%；②股权激励计划草案公布前 20 个交易日、60 个交易日或者 120 个交易日的公司股票交易均价之一的 50%。上市公司采用其他方法确定限制性股票授予价格的，应当在股权激励计划中对定价依据及定价方式作出说明。

上市公司在授予激励对象股票期权时，应当确定行权价格或者行权价格的确定方法。行权价格不得低于股票票面金额，且原则上不得低于下列价格较高者：①股权激励计划草案公布前 1 个交易日的公司股票交易均价；②股权激励计划草案公布前 20 个交易日、60 个交易日或者 120 个交易日的公司股票交易均价之一。上市公司采用其他方法确定行权价格的，应当在股权激励计划中对定价依据及定价方式作出说明。

国有控股境内和境外上市公司实施股权激励时，确定股权的授予价格或行权价格还应当遵循国有资产管理部门的有关规定。

四、股权激励计划的实施

上市公司董事会下设的薪酬与考核委员会负责拟订股权激励计划草案。上市公司实行股权激励，董事会应当依法对股权激励计划草案作出决议，拟作为激励对象的董事或与其存在关联关系的董事应当回避表决。

董事会应当按照规定履行公示、公告程序后，将股权激励计划提交股东大会审议。独立董事及监事会应当就股权激励计划草案是否有利于上市公司的持续发展，是否存在明显损害上市公司及全体股东利益的情形发表意见。独立董事或监事会认为有必要的，可以建议上市公司聘请独立财务顾问，对股权激励计划的可行性、是否有利于上市公司的持续发展、是否损害上市公司利益以及对股东利益的影响发表专业意见。上市公司未按照建议聘请独立财务顾问的，应当就此事项作特别说明。

上市公司应当在召开股东大会前，通过公司网站或者其他途径，在公司内部公示激励对象的姓名和职务，公示期不少于 10 天。监事会应当对股权激励名单进行审核，充分听取公示意见。上市公司应当在股东大会审议股权激励计划前 5 日披露监事会对激励名单审核及公示情况的说明。

上市公司召开股东大会审议股权激励计划时，独立董事应当就股权激励计划向所有的股东征集委托投票权。股东大会应当对股权激励计划内容进行表决，并经出席会议的股东所持表决权的 2/3 以上通过。除上市公司董事、监事、高级管理人员、单独或合计持有上市公司 5% 以上股份的股东以外，其他股东的投票情况应当单独统计并予以披露。

上市公司股东大会审议股权激励计划时，拟为激励对象的股东或者与激励对象存在关联关系的股东，应当回避表决。

上市公司董事会应当根据股东大会决议，负责实施限制性股票的授予、解除限售和回购以及股票期权的授权、行权和注销。上市公司监事会应当对限制性股票授予日及期权授予日激励对象名单进行核实并发表意见。

五、股权激励计划的变更

上市公司在股东大会审议通过股权激励方案之前可对其进行变更。变更需经董事会审议通过。

上市公司对已通过股东大会审议的股权激励方案进行变更的，应当及时公告并提交股东大会审议，且不得包括下列情形：①导致加速行权或提前解除限售的情形；②降低行权价格或授予价格的情形。

独立董事、监事会应当就变更后的方案是否有利于上市公司的持续发展，是否存在明显损害上市公司及全体股东利益的情形发表独立意见。律师事务所应当就变更后的方案是否符合相关法律法规的规定、是否存在明显损害上市公司及全体股东利益的情形发表专业意见。

六、股权激励计划的终止

上市公司发生下列情形之一的，应当终止实施股权激励计划，不得向激励对象继续授予新的权益，激励对象根据股权激励计划已获授但尚未行使的权益应当终止行使：①最近一个会计年度财务会计报告被注册会计师出具否定意见或者无法表示意见的审计报告；②最近一个会计年度财务报告内部控制被注册会计师出具否定意见或者无法表示意见的审计报告；③上市后最近36个月内出现过未按法律法规、公司章程、公开承诺进行利润分配的情形；④法律法规规定不得实行股权激励的；⑤中国证监会认定的其他情形。

在股权激励计划实施过程中，出现前文述及的不得成为激励对象情形之一的（证券监管部门规定不得成为激励对象的六种情形），上市公司不得继续授予其权益，其已获授但尚未行使的权益应当终止行使。

国有控股上市公司股权激励计划的终止除遵循上述规定外，还应遵循证券监管部门、国有资产管理部门和财政部的相关特定要求。

上市公司在股东大会审议股权激励计划之前拟终止实施股权激励的，需经董事会审议通过。上市公司在股东大会审议通过股权激励计划之后终止实施股权激励的，应当由股东大会审议决定。律师事务所应当就上市公司终止实施激励是否符合相关法律法规的规定、是否存在明显损害上市公司及全体股东利益的情形发表专业意见。

上市公司股东大会或董事会审议通过终止实施股权激励计划决议，或者股东大会审议未通过股权激励计划的，自决议公告之日起3个月内，上市公司不得再次审议股权激励计划。

第二节 股份支付的会计处理

一、股份支付概述

（一）股份支付的含义

根据我国《证券法》《公司法》和《上市公司股权激励管理办法》等规定，企业可以通过股票期权等权益工具对职工实行激励。企业向其雇员支付期权作为薪酬或奖励措施的行为是目前具有代表性的股份支付交易，我国部分企业目前实施的职工期权激励计划即属于这一范畴。股权激励业务的会计处理遵循《企业会计准则第 11 号——股份支付》（以下简称股份支付准则）的规定。IPO 公司大股东若将其持有的拟 IPO 企业股份以较低价格转让给高管、核心技术人员，或高管、核心技术人员以较低的价格向 IPO 企业增资，此两种行为均应视为股权激励，以股份支付进行会计处理。

股份支付是指企业为获取职工和其他方提供服务而授予权益工具或者承担以权益工具为基础确定的负债的交易。

理解股份支付的定义要把握股份支付的三个特征。

1. 股份支付是企业与职工或其他方之间发生的交易

以股份为基础的支付可能发生在企业与股东之间、合并交易中的合并方与被合并方之间或者企业与其职工之间，其中，只有发生在企业与其职工或向企业提供服务的其他方之间的交易，才可能符合《企业会计准则第 11 号——股份支付》对股份支付的定义。

2. 股份支付是以获取职工或其他方服务为目的的交易

企业在股份支付交易中意在获取其职工或其他方提供的服务（费用）或取得这些服务的权利（资产）。企业获取这些服务或权利的目的是用于其正常生产经营，不是转手获利等。

3. 股份支付交易的对价或其定价与企业自身权益工具未来的价值密切相关

股份支付交易与企业与其职工间其他类型交易的最大不同是交易对价或其定价与企业自身权益工具未来的价值密切相关。在股份支付中，企业要么向职工支付其自身权益工具，要么向职工支付一笔现金，而其金额高低取决于结算时企业自身权益工具的公允价值。对价的特殊性可以说是股份支付定义中最突出的特征。企业自身权益工具包括会计主体本身、母公司和同集团的其他会计主体的权益工具。

（二）股份支付的环节

股份支付不是一蹴而就的交易，往往会涉及相当长的一段时间。以薪酬性股票期权为例，典型的股份支付通常涉及四个主要环节：授予、可行权、行权和出售。典型股份支付交易环节如图 11－1 所示。

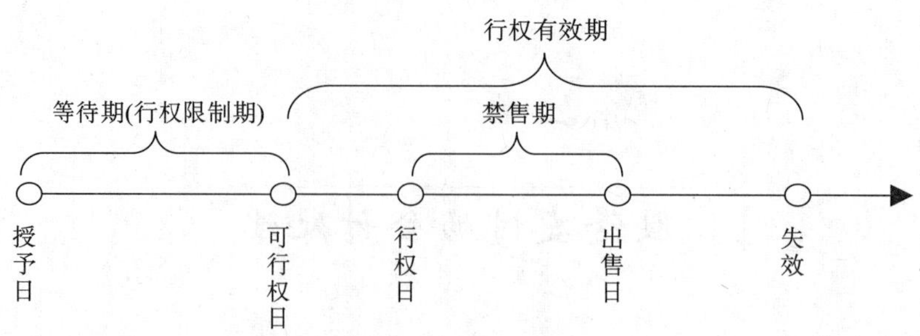

图 11－1　典型股份支付交易环节示意图

1. 授予日

授予日是指股份支付协议获得批准的日期。其中“获得批准”是指企业与职工或其他方就股份支付的协议条款和条件已达成一致，该协议获得股东大会或类似机构的批准。这里的“达成一致”是指双方在对该计划或协议内容充分形成一致理解的基础上均接受其条款和条件。如果按照相关法规的规定，在提交股东大会或类似机构之前存在必要程序或要求，则应履行该程序或满足该要求。

2. 可行权日

可行权日是指可行权条件得到满足、职工或其他方具有从企业取得权益工具或现金权利的日期。有的股份支付协议是一次性可行权，有的则是分批可行权。一次性可行权和分批可行权类似购买合同一次性付款和分期付款，只有达到可行权条件的股票期权才是职工真正拥有的“财产”，才能去择机行权。从授予日至可行权日的时段是可行权条件得到满足的期间，因此称为“等待期”，又称“行权限制期”。

3. 行权日

行权日是指职工和其他方行使权利、获取现金或权益工具的日期。例如，持有股票期权的职工行使了以特定价格购买一定数量本公司股票的权利，该日期即为行权日。行权是按期权的约定价格实际购买股票，一般是在可行权日之后到期权到期日之前的可选择时段内行权。

4. 出售日

出售日是指股票的持有人将行使期权所取得的期权股票出售的日期。按照我国法规规定，用于期权激励的股份支付协议应在行权日与出售日之间设立禁售期，其中国有控股上市公司的禁售期不得低于 2 年。

（三）可行权条件的种类

股份支付通常涉及授予、可行权、行权和出售四个环节，其中，从授予日至可行权日的时段被称为等待期。等待期就是指可行权条件得到满足的期间。可行权条件是指能够确定企业是否得到职工或其他方提供的服务，且该服务使职工或其他方具有获取股份支付协议规定的权益工具或现金等权利的条件；反之，为非可行权条件。企业根据国家有关规定实施股权激励的，股份支付协议中确定的相关条件不得随意变更。

可行权条件包括服务期限条件和业绩条件。

1. 服务期限条件

服务期限条件是指职工完成规定服务期间才可行权的条件。例如，在股份支付协议中规定，向总经理授予500 000股股票期权，约定总经理从即日起在公司连续服务5年，即可以每股6元的价格购买500 000股公司股票。"连续服务5年"就是服务期限条件。

2. 业绩条件

业绩条件是指企业达到特定业绩目标职工才可行权的条件，具体包括市场条件和非市场条件。市场条件是指行权价格、可行权条件以及行权可能性与权益工具的市场价格相关的业绩条件，如股份支付协议中关于股价至少上升至何种水平职工可相应取得多少股份的规定。企业在确定权益工具在授予日的公允价值时，应考虑股份支付协议规定的可行权条件中的市场条件和非可行权条件的影响；但市场条件和非可行权条件是否得到满足不影响企业对预计可行权情况的估计。非市场条件是指除市场条件之外的其他业绩条件，如股份支付协议中关于达到最低盈利目标或销售目标才可行权的规定。企业在确定权益工具在授予日的公允价值时，不考虑非市场条件的影响。但非市场条件是否得到满足影响企业对预计可行权情况的估计。对于可行权条件为业绩条件的股份支付，只要职工满足了其他所有非市场条件（如利润增长率等），企业就应当确认已取得的服务。

（四）股份支付工具的主要类型

股份支付分为以权益结算的股份支付和以现金结算的股份支付两大类。

1. 以权益结算的股份支付

以权益结算的股份支付是指企业为获取服务而以股份或其他权益工具作为对价进行结算的交易。以权益结算的股份支付最常用的工具有两类：限制性股票和股票期权。

2. 以现金结算的股份支付

以现金结算的股份支付是指企业为获取服务而承担的以股份或其他权益工具为基础计算的交付现金或其他资产的义务的交易。以现金结算的股份支付最常用的工具有两类：虚拟股票和现金股票增值权。

二、股份支付的确认和计量原则

（一）以权益结算的股份支付

1. 换取职工服务的权益结算的股份支付

对于换取职工服务的股份支付，企业应当以股份支付所授予的权益工具的公允价值计量。企业应在等待期内的每个资产负债表日，以对可行权权益工具数量的最佳估计为基础，按照权益工具在授予日的公允价值，将当期取得的服务计入相关资产成本或当期费用，同时计入资本公积中的其他资本公积。

对于授予后立即可行权的换取职工提供服务的权益结算的股份支付（如授予限制性股票的股份支付），应在授予日按照权益工具的公允价值，将取得的服务计入相关资产成本或当期费用，同时计入资本公积中的股本溢价。

2. 换取其他方服务的权益结算的股份支付

对于换取其他方服务的股份支付，企业应当以股份支付所换取的服务的公允价值计量。企业应当按照其他方服务在取得日的公允价值，将取得的服务计入相关资产成本或费用。

如果其他方服务的公允价值不能可靠计量，但权益工具的公允价值能够可靠计量，企业应当按照权益工具在服务取得日的公允价值计量，将取得的服务计入相关资产成本或费用。

3. 权益工具公允价值无法可靠确定时的处理

在极少情况下，授予权益工具的公允价值无法可靠计量，企业应当在获取对方提供服务的时点、后续的每个报告日和结算日，以内在价值计量该权益工具，内在价值的变动计入当期损益。同时，企业应当以最终可行权或实际行权的权益工具数量为基础，确认取得服务的金额。内在价值是指交易对方有权认购或取得的股份的公允价值，与其按照股份支付协议应当支付的价格间的差额。

企业对上述以内在价值计量的已授予权益工具进行结算时，应当遵循以下要求：

（1）结算发生在等待期内的，企业应当将结算作为加速可行权处理，即立即确认本应于剩余等待期内确认的服务金额；

（2）结算时支付的款项应当作为回购该权益工具处理，即减少所有者权益。结算支付的款项高于该权益工具在回购日内在价值的部分，计入当期损益。

（二）以现金结算的股份支付

企业应当在等待期内的每个资产负债表日，以对可行权情况的最佳估计为基础，按照企业承担负债的公允价值，将当期取得的服务计入相关资产成本或当期费用，同时计入负债，并在结算前的每个资产负债表日和结算日对负债的公允价值重新计量，将其变动计入损益。

对于授予后立即可行权的现金结算的股份支付（如授予虚拟股票或业绩股票的股份支付），企业应当在授予日按照企业承担负债的公允价值计入相关资产成本或费用，同时计入负债，并在结算前的每个资产负债表日和结算日对负债的公允价值重新计量，将其变动计入损益。

三、以权益结算的股份支付的会计处理

股份支付的会计处理必须以完整、有效的股份支付协议为基础。以权益结算的股份支付应当以授予职工的权益工具的公允价值计量。

（一）立即可行权

1. 授予日

对于授予后立即可行权的以权益结算的股份支付，企业应当在授予日按照权益工具的公允价值，借记“管理费用”科目或资产成本类科目，贷记“资本公积——其他资本公积”科目。

2. 行权日

在行权日，企业应当根据行权时收到的款项（实际行权的权益工具数量与实际行权价格之积），借记“银行存款”科目，同时结转授予日确认的资本公积，借记“资本公积——其他资本公积”科目，按照转换成的股本面值，贷记“股本”科目，按借贷方的差额，贷记“资本公积——股本溢价”科目。

（二）行权有附加条件

1. 授予日

在授予日，不作账务处理。

2. 等待期内每个资产负债表日

企业应当在等待期内的每个资产负债表日，以对可行权权益工具数量的最佳估计数为基础，按照授予日权益工具的公允价值，将当期取得的服务计入相关资产成本或管理费用，借记“管理费用”“生产成本”“制造费用”“销售费用”“研发支出”“在建工程”等科目，同时确认所有者权益，贷记“资本公积——其他资本公积”科目。

对于授予的存在活跃市场的期权等权益工具，应当按照活跃市场中的报价确定其公允价值。对于授予的不存在活跃市场的期权等权益工具，应当采用期权定价模型等确定其公允价值。

需要注意的是，①可行权权益工具的数量在可行权日之前是不能准确确定的，如果后续信息表明可行权权益工具的数量与以前的估计不同，企业应当在每个资产负债表日进行调整，并在可行权日调整至实际可行权的权益工具数量。可行权日后，不再对已确认的成本费用和资本公积进行调整。②以授予日权益工具的公允价值，确认各期成本费用，不确认其后续公允价值变动的影响。这是因为，根据《企业会计准则第22号——金融工具确认与计量》规定，权益工具是不进行重新计量的，这与现金结算的股份支付不同。③可行权日之后不再对已确认的成本费用和所有者权益总额进行调整。

在具体的会计处理中，根据上述权益工具的公允价值和预计可行权的权益工具数量，计算截至当期累计应确认的成本费用金额，再减去前期累计已确认金额，作为当期应确认的成本费用金额。

3. 可行权日

在可行权日，行权条件得到满足，等待期结束，预计可行权权益工具的数量已确定，与未来实际可行权权益工具的数量保持一致。其会计处理与等待期内的每个资产负债表日的会计处理相同。

4. 行权日

在行权日，企业应根据行权时实际收到的款项，借记“银行存款”科目，结转等待期内确认的资本公积，借记“资本公积——其他资本公积”科目，按照新增的股本面值，贷记“股本”科目，按上述借方金额和贷方金额的差额，贷记“资本公积——股本溢价”科目。

【例 11-1】（附服务年限条件的权益结算股份支付）A公司为一家上市公司。20×5年1月1日，A公司股东大会批准董事会此前审议通过并提请审议的股权激励计划，决定向100名管理人员每人授予100股股票期权，这些职员从20×5年1月1日起在该公司连续服务3年，即可以每股4元购买100股A公司股票。公司估计该期权在授予日的公允价值为15元。

第1年有8名管理人员离开A公司，A公司估计3年累计离开的管理人员的比例为18%；第2年又有3名管理人员离开公司，公司估计3年累计离开的管理人员的比例为12%；第3年又有3名管理人员离开。

20×8年1月1日，A公司股票的公允价值为每股28元。未离开的管理人员全部行权获得股票。A公司股票面值为每股1元。

A公司上述业务的会计处理如下：

（1）20×5年1月1日：授予日不作账务处理。

（2）等待期内的每个资产负债表日：

①费用和资本公积计算过程如表11－1所示。

表11－1 单位：元

年份	计算	当期费用	累计费用
20×5	100×100×（1－18%）×15×1/3	41 000	41 000
20×6	100×100×（1－12%）×15×2/3－41 000	47 000	88 000
20×7	86×100×15－88 000	41 000	129 000

②账务处理如下：

20×5年12月31日：

借：管理费用 41 000

　　贷：资本公积——其他资本公积 41 000

20×6年12月31日：

借：管理费用 47 000

　　贷：资本公积——其他资本公积 47 000

20×7年12月31日：

借：管理费用 41 000

　　贷：资本公积——其他资本公积 41 000

（3）20×8年1月1日：

借：银行存款 34 400

　　资本公积——其他资本公积 129 000

　　贷：股本 8 600

　　　　资本公积——股本溢价 154 800

【例11－2】（附非市场业绩条件的权益结算股份支付）A公司为一家上市公司。20×5年1月1日，A公司股东大会批准董事会此前审议通过并提请审议的股权激励计划，决定向100名管理人员每人授予100股股票期权，一旦达到如下可行权条件，则可以每股8元购买100股A公司股票：20×5年末，公司当年净利润增长率达到15%；20×6年末，公司20×5年～20×6年2年净利润平均增长率达到12%；20×7年末，公司20×5年～20×7年3年净利润平均增长率达到10%。每份期权在20×5年1月1日的公允价值为18元。

20×5年12月31日，公司净利润增长了14%，同时有8名管理人员离开，公司预计20×6年将以同样速度增长，即20×5年～20×6年2年净利润平均增长率能够达到14%，因此预计20×6年12月31日将可行权。另外，预计第2年又将有8名管理人员离开公司。

20×6 年 12 月 31 日，公司净利润仅增长了 8%，但公司预计 20×5 年～20×7 年 3 年净利润平均增长率可达到 11%，因此，预计 20×7 年 12 月 31 日将可行权。另外，实际有 10 名管理人员离开，预计第 3 年将有 6 名管理人员离开公司。

20×7 年 12 月 31 日，公司净利润增长了 11%，3 年平均增长率为 11%，满足了可行权条件（即 3 年净利润平均增长率达到 10%）。当年有 5 名管理人员离开。

分析：

按照股份支付会计准则，本例中的可行权条件是一项非市场业绩条件。

第 1 年末，虽然没能实现净利润增长 15% 的要求，但公司预计下年将以同样的速度增长，因此能实现 2 年平均增长 12% 的要求。所以公司将其预计等待期调整为 2 年。由于有 8 名管理人员离开，公司同时调整了期满（2 年）后预计可行权期权的数量（100－8－8）。

第 2 年末，虽然 2 年实现 12% 增长的目标再次落空，但公司仍然估计能够在第 3 年取得较理想的业绩，从而实现 3 年平均增长 10% 的目标。所以公司将其预计等待期调整为 3 年。由于第 2 年有 10 名管理人员离开，高于预计数字，因此公司相应调整了第 3 年预计离开的人数（100－8－10－6）。

第 3 年末，目标实现，实际离开人数为 5 人。公司根据实际情况确定累计费用，并据此确认了第 3 年费用和调整。

A 公司上述业务的会计处理如下：

（1）20×5 年 1 月 1 日：授予日不作账务处理。

（2）等待期内的每个资产负债表日。

①费用和资本公积计算过程如表 11－2 所示。

表 11－2 单位：元

年　份	计　　算	当期费用	累计费用
20×5	（100－8－8）×100×18×1/2	75 600	75 600
20×6	（100－8－10－6）×100×18×2/3－75 600	15 600	91 200
20×7	（100－8－10－5）×100×18－91 200	47 400	138 600

②账务处理如下：

20×5 年 12 月 31 日：

借：管理费用　　75 600

　　贷：资本公积——其他资本公积　　75 600

20×6 年 12 月 31 日：

借：管理费用　　15 600

　　贷：资本公积——其他资本公积　　15 600

20×7 年 12 月 31 日：

借：管理费用　　47 400

　　贷：资本公积——其他资本公积　　47 400

(3) 20×8年1月1日，假定77名管理人员全部行权，A公司股票面值为1元：

借：银行存款　　61 600
　　资本公积——其他资本公积　　138 600
　　贷：股本　　7 700
　　　　资本公积——股本溢价　　192 500

四、以现金结算的股份支付的会计处理

以现金结算的股份支付的会计处理，按照企业承担的以股份或其他权益工具为基础计算确定的负债的公允价值计量。

（一）立即可行权

1. 授予日

对于授予后立即可行权的以现金结算的股份支付，在授予日，企业应当按照所承担负债的公允价值计入相关资产成本或费用，同时确认负债，借记“管理费用”科目或资产成本类科目，贷记“应付职工薪酬——股份支付”科目。

2. 结算前的每个资产负债表日

对于授予后立即可行权的以现金结算的股份支付，在结算前的每个资产负债表日和结算日对负债的公允价值重新计量，将其变动计入损益。

3. 行权日

在行权日，借记“应付职工薪酬——股份支付”科目，贷记“银行存款”科目。

（二）行权有附加条件

1. 授予日

在授予日，不作账务处理。

2. 等待期内每个资产负债表日

对于以现金结算的股份支付，企业应当在等待期内的每个资产负债表日，以某一资产负债表日预计可行权工具的数量为基础，乘以当日权益工具的公允价值，将取得的职工或其他方提供的服务计入相关资产成本或管理费用，借记“管理费用”“生产成本”“制造费用”“销售费用”“研发支出”“在建工程”等科目，同时确认负债，贷记“应付职工薪酬——股份支付”科目。

需要注意的是，①当可行权权益工具的数量与以前的估计不同时，需要进行调整，应按照企业承担负债的公允价值金额调整成本费用和应付职工薪酬；②以现金结算的股份支付，如果各个资产负债表日的权益工具的公允价值发生变动，应当按照每个资产负债表日权益工具的公允价值重新计量，确定成本费用和应付职工薪酬。

3. 可行权日

在可行权日，行权条件得到满足，等待期结束，应当将可行权的权益工具的数量调整至实际水平，并调整债务的公允价值。其会计处理与等待期内的每个资产负债表日的会计处理相同。

4. 可行权日之后

以现金结算的股份支付，企业在可行权日之后不再确认成本费用，但是由于负债

（应付职工薪酬）是以权益工具的公允价值为基础计算的，所以当可行权日之后权益工具的公允价值发生变动时，负债（应付职工薪酬）的公允价值亦随之变动，企业应确认这一公允价值变动的影响，计入当期损益，即公允价值变动损益。

5. 行权日

在行权日，企业应根据行权的实际情况，按照所支付的现金，借记“应付职工薪酬——股份支付”科目，贷记“银行存款”科目。

【例 11－3】（现金股票增值权）A 公司为一上市公司。20×5 年 1 月 1 日，A 公司股东大会批准董事会此前审议通过并提请表决的股票增值权计划，授予该公司 160 名中层以上职员每人 100 份现金股票增值权。这些职员从 20×5 年 1 月 1 日起在该公司连续服务 3 年，即可按照当时股价的增长幅度获得现金，该增值权应在 20×9 年 12 月 31 日之前行使。A 公司估计，该增值权在负债结算之前的每一资产负债表日以及结算日的公允价值和可行权后的每份增值权现金支出额如表 11－3 所示。

表 11－3 单位：元

年 份	公允价值	支付现金
20×5	28	
20×6	30	
20×7	36	32
20×8	42	40
20×9		50

第 1 年有 16 名职员离开 A 公司，A 公司估计 3 年中还将有 12 名职员离开；第 2 年又有 8 名职员离开公司，公司估计还将有 8 名职员离开；第 3 年又有 12 名职员离开。第 3 年末，有 56 人行使股份增值权取得了现金。第 4 年末，有 40 人行使了股份增值权。第 5 年末，剩余 28 人也行使了股份增值权。

A 公司上述业务的会计处理如下：

（1）20×5 年 1 月 1 日：授予日不作账务处理。

（2）费用和应付职工薪酬计算过程如表 11－4 所示。

表 11－4 单位：元

年 份	负债计算 ①	支付现金计算 ②	负债 ③	支付现金 ④	当期费用 ⑤
20×5	（160－28）×100×28×1/3		123 200		123 200
20×6	（160－32）×100×30×2/3		256 000		132 800
20×7	（160－36－56）×100×36	56×100×32	244 800	179 200	168 000
20×8	（160－36－56－40）×100×42	40×100×40	117 600	160 000	32 800
20×9	0	28×100×50	0	140 000	22 400
总额				479 200	479 200

其中：①计算得③，②计算得④；当期③ - 前一期③ + 当期④ = 当期⑤。

(3) 20×5 年 12 月 31 日：

借：管理费用　123 200

　贷：应付职工薪酬——股份支付　123 200

(4) 20×6 年 12 月 31 日：

借：管理费用　132 800

　贷：应付职工薪酬——股份支付　132 800

(5) 20×7 年 12 月 31 日：

借：管理费用　168 000

　贷：应付职工薪酬——股份支付　168 000

借：应付职工薪酬——股份支付　179 200

　贷：银行存款　179 200

(6) 20×8 年 12 月 31 日：

借：公允价值变动损益　32 800

　贷：应付职工薪酬——股份支付　32 800

借：应付职工薪酬——股份支付　160 000

　贷：银行存款　160 000

(7) 20×9 年 12 月 31 日：

借：公允价值变动损益　22 400

　贷：应付职工薪酬——股份支付　22 400

借：应付职工薪酬——股份支付　140 000

　贷：银行存款　140 000

第三节 股份支付的特殊问题与信息披露

一、权益工具公允价值的确定

股份支付是以权益工具为基础的支付。股份支付中权益工具公允价值的确定，应当以市场价格为基础。如果授予的股份等权益工具存在活跃市场，则应当按照活跃市场中的报价来确定公允价值；如果授予的权益工具不存在活跃市场，则应当考虑估值技术。通常情况下，企业应当按照《企业会计准则第 22 号——金融工具确认和计量》的有关规定来确定权益工具的公允价值，并根据股份支付协议的条款和条件进行调整。

（一）股份

对于授予职工的股份，其公允价值应按企业股份的市场价格计量，同时考虑授予股份所依据的条款和条件（不包括市场条件之外的可行权条件）进行调整。如果企业股份未公开交易，则应按估计的市场价格计量，并考虑授予股份所依据的条款和条件进行调整。例如，如果股份支付协议规定了期权股票的禁售期，则会对可行权日后市场参与者愿意为该股票支付的价格产生影响，并进而影响该股票期权的公允价值。

（二）股票期权

对于授予职工的股票期权，因其通常受到一些不同于交易期权的条款和条件的限制，因而在许多情况下难以获得其市场价格。如果不存在条款和条件相似的交易期权，就应通过期权定价模型估计所授予的期权的公允价值。

在选择适用的期权定价模型时，企业应考虑熟悉情况和自愿的市场参与者将会考虑的因素。所有适用于估计授予职工期权的定价模型至少应考虑以下因素：①期权的行权价格；②期权期限；③基础股份的现行价格；④股价的预计波动率；⑤股份的预计股利；⑥期权期限内的无风险利率。

此外，企业选择的期权定价模型还应考虑熟悉情况和自愿的市场参与者在确定期权价格时会考虑的其他因素，但不包括那些在确定期权公允价值时不考虑的可行权条件和再授予特征因素。确定授予职工的股票期权的公允价值，还需要考虑提前行权的可能性。比如，在职工必须在终止劳动合同关系前行使所有可行权期权时，就应当考虑预计提前行权的影响。

下面进一步具体说明估计授予职工的期权价格所应考虑的因素。

1. 期权定价模型的输入变量的估计

在估计基础股份的预计波动率和股利时，目标是尽可能接近当前市场或协议交换价格所反映的价格预期。在通常情况下，对于未来波动率、股利和行权行为的预期存在一个合理的区间。这时应将区间内的每项可能数额乘以其发生概率，加权计算上述输入变量的期望值。

2. 预计提早行权

出于各种原因，职工经常在期权失效日之前提早行使股票期权。考虑提早行权对期权公允价值的影响的具体方法取决于所采用的期权定价模型的类型。但无论采用何种方法，预计提早行权时都要考虑以下因素：①等待期的长度；②以往发行在外的类似期权的平均存续时间；③基础股份的价格（有时根据历史经验，职工在股价超过行权价格达到特定水平时倾向于行使期权）；④职工在企业中所处的层次（有时根据历史经验，高层职工倾向于较晚行权）；⑤基础股份的预计波动率（一般而言，职工倾向于更早地行使高波动率的股份的期权）。

3. 预计波动率

预计波动率是对预期股份价格在一个期间内可能发生的波动金额的度量。期权定价模型中所用的波动率的度量是一段时间内股份的连续复利回报率的年度标准差。波动率通常以年度表示，而不管计算时使用的是何种时间跨度基础上的价格，如每日、每周或每月的价格。

一个期间股份的回报率（可能是正值也可能是负值）衡量了股东从股份的股利和价格涨跌中受益的多少。股份的预计年度波动率是指一个范围（置信区间），连续复利年回报率预期处在这个范围内的概率大约为2/3（置信水平）。

估计预计波动率要考虑以下因素：

(1) 如果企业有股票期权或其他包含期权特征的交易工具（如可转换公司债券）的买卖，则应考虑这些交易工具所内含的企业股价波动率。

(2) 在与期权的预计期限（考虑期权剩余期限和预计提早行权的影响）大体相当的最近一个时期内企业股价的历史波动率。

(3) 企业股份公开交易的时间。与上市时间更久的类似企业相比，新上市企业的历史波动率可能更大。

(4) 波动率向其均值（即长期平均水平）回归的趋势，以及表明预计未来波动率可能不同于以往波动率的其他因素。有时企业股价在某一特定期间因为特定原因剧烈波动，如因收购要约或重大重组失败，则在计算历史平均年度波动率时，可剔除这个特殊期间。

(5) 获取价格要有恰当且规则的间隔。价格的获取在各期应保持一贯性。例如，企业可用每周收盘价或每周最高价，但不应在某些周用收盘价、某些周用最高价。再如，获取价格时应使用与行权价格相同的货币来表示。

除了上述考虑因素，如果企业因新近上市而没有历史波动率的充分信息，应按可获得交易活动数据的最长期间计算其历史波动率，也可考虑类似企业在类似阶段可比期间的历史波动率。如果企业是非上市企业，在估计预计波动率时没有历史信息可循，可考虑以下替代因素：

(1) 在某些情况下，定期向其职工（或其他方）发行期权或股份的非上市企业，可能已为其股份设立了一个内部“市场”。估计预计波动率时可以考虑这些“股价”的波动率。

(2) 如果上述方法不适用，而企业以类似上市企业股价为基础估计其自身股份的价值，企业可考虑类似上市企业股价的历史或内含波动率。

(3) 如果企业未以类似上市企业股价为基础估计其自身股份的价值，而是采用了其他估价方法对自身股份进行估价，则企业可推导出一个与该估价方法基础一致的预计波动率估计数。

4. 预计股利

计量所授予的股份或期权的公允价值时是否应当考虑预计股利取决于被授予方是否有权取得股利或股利的等价物。

如果职工被授予期权，并有权在授予日和行权日之间取得基础股份的股利或股利等价物（可现金支付，也可抵减行权价格），所授予的期权应当像不支付基础股份的股利那样进行估价，即预计股利的输入变量应为零。相反，如果职工对等待期内或行权前的股利或股利等价物没有要求权，对股份或期权在授予日公允价值的估计就应考虑预计股利因素。

一般来说，预计股利应以公开可获取的信息为基础。不支付股利且没有支付股利计划的企业应假设预计股利收益率为零。如果无股利支付历史的新企业被预期在其职工股票期权期限内开始支付股利，可使用其历史股利收益率（零）与大致可比的同类企业的股利收益率均值的平均数。

5. 无风险利率

无风险利率一般是指期权行权价格以该货币表示的、剩余期限等于被估价期权的预计期限（基于期权的剩余合同期限，并考虑预计提早行权的影响）的零息国债当前可获得的内含收益率。如果没有此类国债，或环境表明零息国债的内含收益率不能代表无风险利率，应使用适当的替代利率。

6. 资本结构的影响

通常情况下，交易期权是由第三方而不是企业签出的。当这些股票期权行权时，签出人将股份支付给期权持有者。这些股份是从现有股东手中取得的，因此交易期权的行权不会有稀释效应。

如果股票期权是企业签出的，在行权时需要增加已发行在外的股份数量（要么正式增发，要么使用先前回购的库存股）。假定股份将按行权价格而不是行权日的市场价格发行，这种现实或潜在的稀释效应可能会降低股价，因此期权持有者行权时，无法获得像行使其他方面类似但不稀释股价的交易期权一样多的利益。这一问题能否对企业授予股票期权的价值产生显著影响，取决于各种因素，包括行权时增加的股份数量（相对于已发行在外的股份数量）。如果市场已预期企业将会授予期权，则可能已将潜在的稀释效应体现在授予日的股价中。企业应考虑所授予的股票期权未来行权的潜在稀释效应，是否可能对股票期权在授予日的公允价值构成影响。企业可修改期权定价模型，以将潜在稀释效应纳入考虑范围。

二、可行权条件和条款的修改

通常情况下，股份支付协议生效后，不应对其条款和条件随意修改。但在某些情况下，可能需要修改授予权益工具的股份支付协议中的条款和条件。例如，股票除权、除息或其他原因需要调整行权价格或股票期权数量。此外，为了得到更佳的激励效果，有关法规也允许企业依据股份支付协议的规定，调整行权价格或股票期权数量。但应当由董事会作出决议并经股东大会审议批准，或者由股东大会授权董事会决定。《上市公司股权激励管理办法》对此作出了严格的限定，必须按照批准股份支付计划的原则和方式进行调整。

在会计核算上，无论已授予的权益工具的条款和条件如何修改，甚至取消权益工具的授予或结算该权益工具，企业都应至少确认按照所授予的权益工具在授予日的公允价值来计量获取的相应的服务，除非因不能满足权益工具的可行权条件（除市场条件外）而无法可行权。

（一）条款和条件的有利修改

企业应当分别以下情况，确认导致股份支付公允价值总额升高以及其他对职工有利的修改的影响：

(1) 如果修改增加了所授予的权益工具的公允价值，企业应按照权益工具公允价值的增加（即修改前后的权益工具在修改日的公允价值之间的差额）相应地确认取得服务的增加。

如果修改发生在等待期内，在确认修改日至修改后的可行权日之间取得服务的公允价值时，应当既包括在剩余原等待期内以原权益工具授予日公允价值为基础确定的服务金额，也包括权益工具公允价值的增加。如果修改发生在可行权日之后，企业应当立即确认权益工具公允价值的增加。如果股份支付协议要求职工只有先完成更长期间的服务才能取得修改后的权益工具，则企业应在整个等待期内确认权益工具公允价值的增加。

（2）如果修改增加了所授予的权益工具的数量，企业应将增加的权益工具的公允价值相应地确认为取得服务的增加。

如果修改发生在等待期内，在确认修改日至增加的权益工具可行权日之间取得服务的公允价值时，应当既包括在剩余原等待期内以原权益工具授予日公允价值为基础确定的服务金额，也包括增加的权益工具的公允价值。

（3）如果企业按照有利于职工的方式修改可行权条件，如缩短等待期、变更或取消业绩条件（而非市场条件），企业在处理可行权条件时，应当考虑修改后的可行权条件。

【例 11-4】 20×8 年 1 月 1 日，上市公司 A 公司向其 30 名管理人员每人授予 100 股股票期权，这些职员从 20×8 年 1 月 1 日起在该公司连续服务 3 年，即可以 5 元每股购买 100 股 A 公司股票，从而获益。公司估计该期权在授予日的公允价值为 18 元。

①第 1 年年末有 3 名职员离开 A 公司，A 公司估计未来有 3 名职员离开：

借：管理费用　　14 400 ［（30 - 3 - 3）×18×100×1/3］

　贷：资本公积——其他资本公积　　14 400

②第 2 年年末又有 2 名职员离开公司，A 公司估计未来没有人员离开公司。假定 A 公司 20×9 年 12 月 31 日修改授予日的公允价值为 21 元。

借：管理费用　　20 600 ［（30 - 3 - 2）×21×100×2/3—14 400］

　贷：资本公积——其他资本公积　　20 600

（二）条款和条件的不利修改

如果企业以减少股份支付公允价值总额的方式或其他不利于职工的方式修改条款和条件，企业仍应继续对取得的服务进行会计处理，如同该变更从未发生，除非企业取消了部分或全部已授予的权益工具。具体包括如下几种情况：

（1）如果修改减少了所授予的权益工具的公允价值，企业应当继续以权益工具在授予日的公允价值为基础，确认取得服务的金额，而不应考虑权益工具公允价值的减少。

（2）如果修改减少了授予的权益工具的数量，企业应当将减少部分作为已授予的权益工具的取消来进行处理。

（3）如果企业以不利于职工的方式修改了可行权条件，如延长等待期、增加或变更业绩条件（而非市场条件），企业在处理可行权条件时，不应当考虑修改后的可行权条件。

（三）取消或结算

如果企业在等待期内取消了所授予的权益工具或结算了所授予的权益工具（因未满足可行权条件而被取消的除外），企业应当：

（1）将取消或结算作为加速可行权处理，立即确认原本应在剩余等待期内确认的金额。

（2）在取消或结算时支付给职工的所有款项均应作为权益的回购处理，回购支付的金额高于该权益工具在回购日公允价值的部分，计入当期费用。

（3）如果向职工授予新的权益工具，并在新权益工具授予日认定所授予的新权益工具是用于替代被取消的权益工具的，企业应以与处理原权益工具条款和条件修改相同的方式，对所授予的替代权益工具进行处理。权益工具公允价值的增加是指在替代权益工具的授予日，替代权益工具公允价值与被取消的权益工具净公允价值（即其在取消前立即计量的公允价值减去因取消原权益工具而作为权益回购支付给职工的款项）之间的差额。如果企业未将新授予的权益工具认定为替代权益工具，则应将其作为一项新授予的股份支付进行处理。

企业如果回购其职工已可行权的权益工具，应当借记所有者权益，回购支付的金额高于该权益工具在回购日公允价值的部分，计入当期费用。

三、回购股份进行职工期权激励

企业以回购股份形式奖励本企业职工的，属于权益结算的股份支付。

企业回购股份时，应按回购股份的全部支出作为库存股处理，同时进行备查登记。按照股份支付准则中对职工权益结算股份支付的规定，企业应当在等待期内每个资产负债表日按照权益工具在授予日的公允价值，将取得的职工服务计入成本费用，同时增加资本公积（其他资本公积）。在职工行权购买本企业股份时，企业应转销交付职工的库存股成本和等待期内资本公积（其他资本公积）累计金额，同时，按照其差额调整资本公积（股本溢价）。

实务中，上市公司实施限制性股票的股权激励安排中，常见做法是上市公司以非公开发行的方式向激励对象授予一定数量的公司股票，并规定锁定期和解锁期，在锁定期和解锁期内，不得上市流通及转让。达到解锁条件，可以解锁；如果全部或部分股票未被解锁而失效或作废，通常由上市公司按照事先约定的价格立即进行回购。

对于此类授予限制性股票的股权激励计划，向职工发行的限制性股票按有关规定履行了注册登记等增资手续的，上市公司应当根据收到职工缴纳的认股款确认股本和资本公积（股本溢价），按照职工缴纳的认股款，借记“银行存款”等科目，按照股本金额，贷记“股本”科目，按照其差额，贷记“资本公积——股本溢价”科目；同时，就回购义务确认负债（作收购库存股处理），按照发行限制性股票的数量以及相应的回购价格计算确定的金额，借记“库存股”科目，贷记“其他应付款——限制性股票回购义务”（包括未满足条件而须立即回购的部分）等科目。

上市公司应当综合考虑限制性股票锁定期和解锁期等相关条款，按照股份支付准则相关规定判断等待期，进行与股份支付相关的会计处理。对于因回购产生的义务确认的负债，应当按照《企业会计准则第22号——金融工具确认和计量》相关规定进行会计处理。上市公司未达到限制性股票解锁条件而需回购的股票，按照应支付的金额，借记“其他应付款——限制性股票回购义务”等科目，贷记“银行存款”等科目；同时，按照注销的限制性股票数量相对应的股本金额，借记“股本”科目，按照注销的限制性股票数量相对应的库存股的账面价值，贷记“库存股”科目，按其差额，借记“资本公积——股本溢价”科目。上市公司达到限制性股票解锁条件而无需回购的股票，按照解锁股票相对应的负债的账面价值，借记“其他应付款——限制性股票回购义务”等科目，按照解锁股票相对应的库存股的账面价值，贷记“库存股”科目，如有差额，则借记或贷记“资本公积——股本溢价”科目。

上市公司在等待期内发放现金股利的会计处理，应视其发放的现金股利是否可撤销采取不同的方法：

（1）现金股利可撤销，即一旦未达到解锁条件，被回购限制性股票的持有者将无法获得（或需要退回）其在等待期内应收（或已收）的现金股利。等待期内，上市公司在核算应分配给限制性股票持有者的现金股利时，应合理估计未来解锁条件的满足情况，该估计与进行股份支付会计处理时在等待期内每个资产负债表日对可行权权益工具数量进行的估计应当保持一致。对于预计未来可解锁限制性股票持有者，上市公司应分配给限制性股票持有者的现金股利应当作为利润分配进行会计处理，借记“利润分配——应付现金股利或利润”科目，贷记“应付股利——限制性股票股利”科目；同时，按分配的现金股利金额，借记“其他应付款——限制性股票回购义务”等科目，贷记“库存股”科目；实际支付时，借记“应付股利——限制性股票股利”科目，贷记“银行存款”等科目。对于预计未来不可解锁限制性股票持有者，上市公司应分配给限制性股票持有者的现金股利应当冲减相关的负债，借记“其他应付款——限制性股票回购义务”等科目，贷记“应付股利——限制性股票股利”科目；实际支付时，借记“应付股利——限制性股票股利”科目，贷记“银行存款”等科目。后续信息表明不可解锁限制性股票的数量与以前估计不同的，应当作为会计估计变更处理，直到解锁日预计不可解锁限制性股票的数量与实际未解锁限制性股票的数量一致。

（2）现金股利不可撤销，即不论是否达到解锁条件，限制性股票持有者仍有权获得（或不得被要求退回）其在等待期内应收（或已收）的现金股利。等待期内，上市公司在核算应分配给限制性股票持有者的现金股利时，应合理估计未来解锁条件的满足情况，该估计与进行股份支付会计处理时在等待期内每个资产负债表日对可行权权益工具数量进行的估计应当保持一致。对于预计未来可解锁限制性股票持有者，上市公司应分配给限制性股票持有者的现金股利应当作为利润分配进行会计处理，借记“利润分配——应付现金股利或利润”科目，贷记“应付股利——限制性股票股利”科目；实际支付时，借记“应付股利——限制性股票股利”科目，贷记“银行存款”等科目。对于预计未来不可解锁限制性股票持有者，上市公司应分配给限制性股票持有者的现金股利应当计入当期成本费用，借记“管理费用”等科目，贷记“应付股利——应付限制性股票股利”科目；实际支付时，借记“应付股利——限制性股票股利”科目，贷记“银行存款”等科目。后续信息表明不可解锁限制性股票的数量与以前估计不同的，应当作为会计估计变更处理，直到解锁日预计不可解锁限制性股票的数量与实际未解锁限制性股票的数量一致。

四、集团内股份支付的特别考虑

企业集团（由母公司和其全部子公司构成）内发生的股份支付交易，应当按照以下规定进行会计处理：

（1）结算企业以其本身权益工具结算的，应当将该股份支付交易作为权益结算的股份支付处理；除此之外，应当作为现金结算的股份支付处理。结算企业是接受服务企业的投资者的，应当按照授予日权益工具的公允价值或应承担负债的公允价值确认为对接受服务企业的长期股权投资，同时确认资本公积（其他资本公积）或负债。

（2）接受服务企业没有结算义务或授予本企业职工的是其本身权益工具的，应当将该股份支付交易作为权益结算的股份支付处理；接受服务企业具有结算义务且授予本企业职工的是企业集团内其他企业权益工具的，应当将该股份支付交易作为现金结算的股份支付处理。

五、股权激励在财务报表中的信息披露

（一）关于股权激励的信息披露

根据《上市公司股权激励管理办法》的规定，上市公司应当在定期报告中披露报告期内股权激励的实施情况，包括：

（1）报告期内激励对象的范围。

（2）报告期内授出、行使和失效的权益总额。

（3）至报告期末累计已授出但尚未行使的权益总额。

（4）报告期内权益价格、权益数量历次调整的情况以及经调整后的最新权益价格与权益数量。

（5）董事、高级管理人员各自的姓名、职务以及在报告期内历次获授、行使权益的情况和失效的权益数量。

（6）因激励对象行使权益所引起的股本变动情况。

（7）股权激励的会计处理方法及股权激励费用对公司业绩的影响。

（8）报告期内激励对象获授权益、行使权益的条件是否成就的说明。

（9）报告期内终止实施股权激励的情况及原因。

（二）关于股份支付的信息披露

根据《企业会计准则第 11 号——股份支付》的相关规定，股份支付除了已经确认和计量的项目在表内的披露，还应当在报表附注中披露与股份支付有关的下列信息：

（1）当期授予、行权和失效的各项权益工具总额。

（2）期末发行在外的股份期权或其他权益工具行权价格的范围和合同剩余期限。

（3）当期行权的股份期权或其他权益工具以其行权日价格计算的加权平均价格。

（4）权益工具公允价值的确定方法。

企业对性质相似的股份支付信息可以合并披露。

同时，企业还应当在附注中披露股份支付交易对当期财务状况和经营成果的影响，至少包括下列信息：

（1）当期因以权益结算的股份支付而确认的费用总额。

（2）当期因以现金结算的股份支付而确认的费用总额。

（3）当期以股份支付换取的职工服务总额及其他方服务总额。

本章关键概念

股票期权　限制性股票　股票增值权　虚拟股票　业绩股票　股份支付

以权益结算的股份支付　　以现金结算的股份支付

复习思考题

1. 股权激励的方式有哪些？股权激励有何作用？
2. 实施股权激励的条件有哪些？
3. 如何拟订股权激励计划？
4. 如何实施股权激励计划？
5. 什么是股份支付？股份支付有哪些主要环节？
6. 以权益结算的股份支付如何进行确认和计量？
7. 以现金结算的股份支付如何进行确认和计量？